马克思主义理论研究
和建设工程重点教材



# 公共财政概论

（第二版）


《公共财政概论》编写组

主　编　樊丽明

副主编　杨志勇

主要成员（以姓氏笔画为序）

马海涛　邓淑莲　石绍宾　朱　青　孙　开　李齐云
林致远

本版修订组

主持人　樊丽明

修订组成员（以姓氏笔画为序）

马海涛　石绍宾　朱　青　孙　开　李齐云　杨志勇
陈　东　姜爱华　谢贞发


高等教育出版社·北京

**二维码资源访问**

使用微信扫描本书内的二维码，输入封底防伪二维码下的20位数字，进行微信绑定，即可免费访问相关资源。注意：微信绑定只可操作一次，为避免不必要的损失，请您刮开防伪码后立即进行绑定操作！

**教学课件下载**

本书有配套教学课件，供教师免费下载使用，请访问 xuanshu. hep. com. cn，经注册认证后，搜索书名进入具体图书页面，即可下载。


**图书在版编目（CIP）数据**

公共财政概论／《公共财政概论》编写组编. -- 2 版. -- 北京：高等教育出版社，2024. 5（2025. 7 重印）
马克思主义理论研究和建设工程重点教材
ISBN 978-7-04-061625-5

Ⅰ. ①公… Ⅱ. ①公… Ⅲ. ①公共财政学-高等学校-教材 Ⅳ. ①F810

中国国家版本馆 CIP 数据核字（2024）第 029098 号

公共财政概论
GONGGONG CAIZHENG GAILUN

责任编辑 奚 玮　封面设计 王 鹏　版式设计 于 婕　责任绘图 于 博
责任校对 胡美萍　责任印制 赵 佳

| | | | |
|---|---|---|---|
| 出版发行 | 高等教育出版社 | 网　　址 | http://www. hep. edu. cn |
| 社　　址 | 北京市西城区德外大街4号 | | http://www. hep. com. cn |
| 邮政编码 | 100120 | 网上订购 | http://www. hepmall. com. cn |
| 印　　刷 | 涿州市星河印刷有限公司 | | http://www. hepmall. com |
| 开　　本 | 787mm×1092mm　1/16 | | http://www. hepmall. cn |
| 印　　张 | 26. 5 | 版　　次 | 2019年8月第1版 |
| 字　　数 | 490千字 | | 2024年5月第2版 |
| 购书热线 | 010-58581118 | 印　　次 | 2025年7月第8次印刷 |
| 咨询电话 | 400-810-0598 | 定　　价 | 52. 00元 |




物 料 号　61625-00

# 目　录

# 绪　论

本书是一部介绍公共财政基本原理和分析公共财政运行机理的教科书。

本绪论，首先界定公共财政学的研究对象，然后概括全书的内容体系，指出学习公共财政概论的重要意义，最后介绍学习方法。绪论部分对全书的学习起到启发和引导的作用。

## 一、研究对象

财政是随着国家的产生而形成的一种经济关系及特殊分配关系，财政学就是研究以国家（或政府）为主体的财政分配关系的科学。新中国成立以来，我国财政学界以马克思主义政治经济学为基础理论，借鉴西方国家财政理论的研究成果，总结中国财政运行的实践经验，对财政理论和制度进行创新，丰富了财政学的内容体系，逐步形成了具有中国特色的财政学。

财政学作为研究财政分配关系的科学，其研究对象是财政分配活动及其规律性。研究财政学，就是要从纷繁复杂的社会经济运行及现象中梳理、归纳出财政分配活动，着重研究财政职能定位、财政分配的过程及其内容、财政分配与社会经济活动的相互关联等，揭示财政分配的规律性，进而为制定财政制度和财政政策提供科学的理论指导，以更好地引领财政实践，实现国家的既定目标。

财政学的研究离不开对财政制度的分析，国家的财政分配活动是在一定的制度框架下进行的，这些制度应该是系统反映财政经济规律，并指导和约束现实的财政分配过程。财政学的研究重点不在于具体的、经常变化的财政制度，而是在剖析财政分配过程、揭示财政分配规律的基础上，总结归纳出基本的稳定的制度框架，并探讨财政制度随条件变化而变化的演进趋势。

在中国特色社会主义新时代，公共财政成为与我国社会主义市场经济体制相对应的新的财政模式，有着独特的制度设计和运行机制，发挥着重要的职能作用。作为新时代的新财政模式，公共财政学的研究对象可确定为：社会主义市场经济体制下的公共财政分配活动和分配关系及其规律性。

## 二、内容体系

在介绍本书的内容体系之前，先讲解一下公共财政学与公共财政概论的关系：就学科属性及内容体系而言，它们并没有根本的区别，二者的名称可以通用或互换；其区别在于，公共财政学通常被视为一门学科或学说，强调它的完整性、系统性及与其他相关学科的协调性，讲求“全”，而公共财政概论作为一门课程或教科书，注重它的概括性和知识性，强调基本知识和基础理论的介绍和讲解，力求“精准、简明”。

当代公共财政学是脱胎于传统财政学而形成的新的学科体系，在继承财政学研究传统的基础上，扩展了财政学的研究领域，从更高、更广和更新的视野来研究财政经济问题。因此，公共财政学具有不同于传统财政学的内容体系。《公共财政概论》的编写按照如下的逻辑线索展开：在体系设计上，把市场机制和非市场机制（即政府干预机制）的资源配置统一到一个分析框架之中；在分析逻辑上，将国家（政府）视为一个组织系统，国家的意志和政府的决策是由一套政治程序决定的，并运用新的分析方法去研究分析政治程序的经济效应；在分析重点上，把研究的视角扩展到整个公共部门或公共领域以及与之相关的财政分配关系，特别关注公共财政支出的经济分析，特别强调财政对国民经济和整体社会的影响；在内容安排上，以公共财政基本知识、基础理论的阐释和中国财政实际运行状况的分析为主。

这种内容体系的设计体现了本书的编写理念和特点：（1）原则性。即坚持马克思主义在意识形态领域的指导地位，坚持马克思主义科学世界观和方法论，以此作为贯穿全书的一条红线。（2）基础性。即注重向读者传授公共财政的基本概念、基础理论和基本知识，帮助读者认识和把握财政运行的普遍规律。（3）创新性。运用经济理论及学术研究的最新成果，解答公共财政诸多重大实践问题和时代课题，并在公共财政实践的基础上不断推进财政理论创新和制度创新。（4）中国化时代化。坚持理论联系实际，把马克思主义普遍原理与中国财政实践相结合，并兼收并蓄其他国家财政制度的合理成分和成功经验，构造能够体现中国政治经济制度本质和反映中国财政运行特殊规律的中国特色社会主义公共财政学（体系）。

本书除绪论外共有十四章，依据各章阐释的内容分为五个部分。

第一部分是公共财政基础理论部分，包括第一章“公共财政与公共财政思想”和第二章“公共财政职能”。第一章先是追溯了财政的起源和发展过程，分析了公共财政产生的经济条件和历史背景，界定公共财政的含义，分析公共财政与国家财政的关系，随后阐述新时代中国特色社会主义公共财政的定位及特征，之后梳理和凝练不同时期的公共财政思想，最后概括习近平新时代中国特色社会主义思想引领下的公共财政思想。第二章首先从政府与市场的关系入手，分析市场的有效性和市场失灵，指出市场经济中既要发挥市场在资源配置中的决定性作用，又要更好地发挥政府作用，随后系统论述了市场经济条件下公共财政的主要职能。

第二部分是对财政支出的分析，包括第三章至第六章。第三章“财政支出总论”从总体上研究财政支出的内容及分类，财政支出规模与结构的变化趋势及理论分析，财政支出的经济效应，财政支出绩效的内涵及评价方法，以及全面实施财政支出预算绩效管理的重点等。第四章至第六章就不同用途的主要类别的财政支出，如消费性支出、投资性支出、转移性支出等，分别进行分析，阐明其概念及性质、内容、适用范围及改革取向和趋势。

第三部分是对财政收入的分析，包括第七章至第十章。第七章“财政收入总论”分析介绍财政收入的概念、特征与分类、财政收入规模与结构，从理论和实践上对财政收入规模扩大和结构变化进行解释和总结。第八章“税收”研究税收的概念和原则，介绍税收制度的构成要素，阐明税收负担及其转嫁原理，探讨税制结构的不同类别及影响因素。在这一章的“中国税收制度”一节里，重点介绍中国现行税收体系，分析其存在的突出问题，指出改革与完善的方向与构想。第九章“非税收入”介绍了除税收以外的几种重要的财政收入形式，主要是政府性收费、政府性基金、国有资本经营收入和社会保险基金收入。第十章是对特殊的政府信用，也是重要的财政收入形式——“公债”的阐述，阐明政府公债的概念、用途及公债的发行、流通与偿还，分析公债负担，并对改革开放以来我国地方债的发展演变及地方债管理改革进行了介绍。

第四部分主要是对财政管理和运行的分析，包括第十一章和第十二章。第十一章“政府预算”阐明政府预算的概念、原则、分类等，介绍政府预算的编制、审批、执行、决算等环节，探索中国政府预算管理制度改革的方向和要求。第十二章“财政体制”分析财政体制的理论基础和框架构成，阐述政府之间财政分配关系的逻辑，分析中国财政体制改革的进程和方向。

第五部分是从宏观视野和全球视角考察财政问题，包括第十三章和第十四章。第十三章“财政平衡与财政政策”介绍财政平衡与财政赤字的基本规定，通过对财政赤字的分析，重点落脚在实现财政平衡与社会总供求平衡；随后对财政政策类型、财政政策目标、财政政策作用机理进行理论分析，介绍了财政政策与货币政策的配合，并总结中国财政政策的实践，谋划财政政策优化的策略。第十四章“国际财政”主要分析中国在对外开放和经济全球化背景下的财政问题，先是界定国际财政的概念，对国际财政做出了理论分析，强调中国在国际财政关系中的定位与发展；随后分析了国际财政支出的有关问题；最后论述了国际税收治理等重要的国际财政问题。

## 三、学习意义

财政乃公众大事、国家要事，关乎民生福祉和国家兴衰。“财者，为国之命而万事之本。国之所以存亡，事之所以成败，常必由之。”① 目前，我国公共财政正面临改革和发展的重大机遇，在全面建设社会主义现代化国家的进程中，其理论和体制机制都需要创新，以适应经济社会全面、协调、可持续发展和国家治理现代化的需要。这就要求我们正确认识市场经济条件下公共财政的理论和运行规律，系统把握其运行机理和规则，建立现代财政制度，制定财政政策，为新时代改革开放和现代化建设做出应有的贡献。

经济实践需要经济理论指导，公共财政同样如此。本书的目的是通过运用马克思主义经济学和市场经济理论的基本原理构建一个规范的分析框架，阐述公共财政的运行规律和作用机理，旨在向读者传授财政理论知识，讲解财政运行规则，回答财政现实问题，以帮助读者深入理解公共财政的特点和作用，提高理论水平和实践能力。

学习公共财政概论有助于构建和发展中国特色的财政学理论。随着改革不断深化和发展持续深入，中国特色社会主义进入新时代，社会主要矛盾已经转化为人民日益增长的美好生活需要和不平衡不充分的发展之间的矛盾，经济运行步入新常态，呈现出不同于以往的新特征，迫切需要科学的理论解释和指导。学习公共财政概论，在引进、借鉴、消化和吸收西方财政学理论有益成分的同时，结合我国实际探索公共财政的运行规律和改革路径，将促进我国财政学理论的发展和繁荣。

学习公共财政概论有助于指导我国财政工作实践。学习公共财政概论对于厘清市场和政府的关系、正确认识政府功能和角色定位大有裨益，有助于我们正确把握国家治理能力和治理体系现代化对财政的要求，正确理解和适应经济社会形态全面进入新时代，正确认识“财政是国家治理的基础和重要支柱”② 的功能定位和财政运行规律，正确运用财政政策手段和工具建立现代公共财政体系，为实现全面建设社会主义现代化国家的宏伟目标提供财力支持和制度保障。

## 四、学习方法

### （一）基本方法：唯物辩证法

唯物辩证法是马克思主义创立的科学研究方法，是研究自然科学和社会科学必须遵循的科学的方法论。根据唯物辩证法，物质世界发生、发展、变化过程无不体现了如下三大规律：对立统一规律、质量互变规律、否定之否定规律。按照唯物辩证法学习和研究公共财政学，就是以唯物辩证法所揭示的物质世界运动的

---

① ［宋］苏辙：《栾城集·上皇帝书》。

② 《关于〈中共中央关于全面深化改革若干重大问题的决定〉的说明》，《习近平谈治国理政》，外文出版社 2014 年版，第 80 页。

三大规律为基本线索，来把握和研究现代社会公共财政活动过程的内部联系，了解和观察各种联系是如何既相互矛盾又相互统一的，研究和考察公共财政活动与其他社会政治经济活动之间的联系是如何发生变化进而又导致整个公共财政活动变化和发展的，进而更全面了解和深刻掌握公共财政活动与发展规律。比如，运用唯物辩证法研究和分析财政活动与市场经济运行的关系，财政活动与政府活动之间的联系，财政支出与财政收入之间的联系，各项财政支出之间的联系，财政收入体系内部各种收入之间的联系，公共财政与经济社会协调发展的关系，公共财政政策调节国民经济运行的机理和政策体系，等等。

运用唯物辩证法的方法学习和研究公共财政学，首先应当坚持用马克思主义的基本立场和观点来考察分析财政现象、财政活动，探寻和厘清庞杂繁复的财政关系中隐含的规律，探索公共财政的演进方向和优化路径。例如，马克思主义关于经济基础和上层建筑之间辩证关系的科学理论，国家是阶级统治的工具、是统治阶级意志的集中体现的国家学说，一切生产关系和分配关系的背后其实隐藏的是人与人之间的经济关系、本质上是经济利益关系等科学论断，为公共财政的理论研究和实践探索指明了根本方向。

其次，要运用唯物辩证法的思维来正确理解公共财政学中的一些基本概念、基本范畴，系统把握其演变与发展的轨迹，这是理解公共财政学一般原理的前提条件。例如，如果我们不理解“财政”“公共财政”和“公共部门”的含义，就无法进一步理解公共财政学的主要研究对象和内容；不了解财政和公共财政的历史演化过程，就不能深刻理解公共财政的发展规律，也就不能深入了解和掌握新时代中国特色社会主义公共财政的时代特征和内容体系。

再次，学习和研究公共财政学应当掌握“一般与个别、普遍与特殊”的关系这个“关于事物矛盾问题的精髓”，即唯物辩证法的精髓。通过把握一般与个别、普遍与特殊的辩证关系，运用公共财政学一般理论对各国公共财政实践进行描述、分析和解释，提炼出共同点，凝练出普遍规律。同时，这些共同的、规律性的东西是否适用于某个国家和地区，需要对比不同国家和地区财政运行的条件和制约因素，找出不同形态财政的特殊性，这样使一般与个别结合起来，正确认识财政运行规律的普遍性与不同国家和地区及不同时期财政实践特殊性的关系。

最后，学以致用，将财政理论紧密联系并指导财政实践。公共财政学作为一门新兴的应用经济学科，与实践有着密不可分的关系，它从公共部门财政经济活动实践中探索公共财政运行规律，并凝练上升为理论，继而又将理论应用于实践，为实践活动提供科学的理论依据，指导财政实践活动的开展。因此，学习公共财政学应当学会运用马克思主义理论和唯物辩证法去理解物质与精神、理论与实践、客观现实与规律性的关系，用科学的财政理论分析财政实践、指导财政实践、解决实际问题，也只有如此，才能真正牢固掌握所学到的公共财政学知识。

（二）马克思主义政治经济学分析方法

前面提到，公共财政学的研究对象是公共财政分配活动和分配关系及其规律性，而这种研究离不开对社会生产关系和分配关系（即社会经济关系）及其发展规律的认识，离不开对人类社会各个发展阶段的生产、交换以及与之相适应的社会产品分配和消费规律的认识，因此，我们对公共财政学的学习和研究自始至终不能脱离对马克思主义政治经济学理论成果的领悟和把握。比如，马克思主义认为政治经济学是研究社会生产关系及其规律性的学说，特定生产关系形态及性质决定分配关系（包括财政分配关系）的性质及基本状况，生产资料所有制性质决定分配关系的基本属性和分配形式，分配关系则反映了特定生产关系；马克思主义政治经济学揭示了资本主义生产和再生产过程及内在矛盾，又科学预见了社会主义生产关系及其发展规律，为认识既往和当今时代的财政提供了基本立场、观点和方法，为创建新型公共财政学提供了科学的理论指导；马克思主义政治经济学剖析社会再生产过程中生产、流通、分配和消费的“四个环节”，预测社会主义分配先要采取“六项扣除”，随后再进行“按劳分配”等分配方式的理论；马克思主义政治经济学研究中坚持存在决定意识、经济基础决定上层建筑的唯物主义世界观和方法论，对于财政关系及其规律性、公共财政的演进方向和优化路径等的研究，都具有根本性的指导意义。

（三）实证分析方法与规范分析方法

实证分析方法与规范分析方法实际上是两种相互联系同时又相互区别的研究方法。一般说来，公共财政学的研究方法就是这两种具体研究方法的统一。

所谓实证分析，是指按照事物的本来面目来描述事物的“实然”状态，说明研究对象究竟“是什么”，或者究竟是什么样的。实证分析方法的主要特点，是通过对客观存在物的验证（即所谓“实证”）来概括和说明已有的结论是否正确。它的主要作用或者说重点，是“说”清楚事物的来龙去脉，进而做出事物究竟是什么或者是什么样的结论。将实证分析方法运用于公共财政学，就是通过对公共财政活动实际情况的分析与描述，讲清楚它实际上是一种什么样的活动；讲清楚公共财政部门的职责、公共支出和公共收入究竟是怎样界定、划分的，对经济、社会、公众、公共部门本身、国家财政状况已经以及将会产生什么样的影响；讲清楚有关公共财政政策怎样发挥作用以及作用的结果，等等。在实证分析中，计量经济分析方法正在被越来越广泛地运用。

而规范分析则与实证分析不同，通过规范分析所要回答的问题是“应当是什么”，即“应然”状态。规范分析方法的主要特点是在进行分析以前，要先确定相应的准则，然后，再依据这些准则来分析判断研究对象目前所处的状态是否符合这些准则。因此，规范分析是以一定的价值判断为基础的。将规范分析方法运用于公共财政学，就是要根据一系列准则，来分析和判断现行公共财政活动是否与既定准则相符合，如果不符合，那么应当如何调整。至于如何运用规范分析方法研究公共财政行为，则要视具体的研究对象而定。例如，如果我们将规范分析方法用于对现行税制的研究，就需要根据“效率”“公平”等税制设置原则，来分析和判断现行税制是否符合这些原则，如果不符合，那么究竟在哪些方面存在偏离，今后应当如何调整税制使之与上述原则要求相一致，等等。

实际上，对所有经济科学来说，实证分析方法与规范分析方法具有同等重要的作用。作为研究方法，两者只是适用的条件、服务的目的不同而已，两种方法的运用往往是相互联系、相互补充的。规范分析要以实证分析为基础，实证分析则离不开规范分析的指导，即使是最彻底的实证分析，也不可避免地带有以某些规则或标准（比如公平与效率）为准绳的价值判断。在经济学研究当中，一方面，在运用规范分析方法研究某些问题时，常常需要运用实证分析方法论证研究对象与既定规则之间的符合程度；另一方面，在运用实证分析方法研究某类问题时，常常需要运用某些价值判断和既定准则来验证分析结果。在具体运用中，通过实证分析可能揭示出公共财政学中最基本的效率、公平、福利的增加与损失等范畴与原理，而规范分析则可以对公平与效率的关系、公共产品供给及受益主体、公共部门在市场经济中作用的定位、社会公众的利益保护等问题给出明确的回答。

（四）比较分析方法

比较分析方法，主要是通过对不同国家和地区、不同经济制度下公共部门的活动及公共财政现象加以比较，进而总结出具有指导意义的结论或规律。比较分析方法主要运用于以下两个方面：

（1）横向与纵向的比较。所谓横向比较，主要是指在同一时期内对不同的国家和地区公共财政各要素的比较，譬如公共财政主体、公共产品、公共支出与公共收入、公共预算制度等的比较。所谓纵向比较，主要是指对公共财政发展进程的比较，观察洞悉不同历史阶段公共财政的形态、结构、运行机制有什么不同。通过“纵横交错”的比较分析，人们能够较为清晰地认识在特定历史阶段不同国家和地区公共财政的特点，从而为采取不同的公共财政模式提供借鉴。

（2）理论与实践的比较。公共财政学作为现代经济学的分支，是与多学科交叉融合的。从理论上讲，不同国家和地区因为具有不同的学术传统、理论偏好及文化背景，对公共经济要素之间的解释也不同，有强调市场作用的自由主义传统，也有强调政府作用的干预主义传统，两者对公共财政模式的看法存在较大差异。理论的不一致，导致了公共财政实践模式及运行方式的不同。通过对公共财政学理论基础、研究对象、研究方法、学术传统的比较，通过对公共财政实践模式和运行方式的比较，我们可以形成较为全面完整的对公共财政的认知。

由此可见，所谓公共财政比较分析方法就是对各种公共财政理论、各类公共财政实践模式、不同国家和地区、不同历史时期的公共财政形态进行比较，从而把握公共财政中一般与个别、普遍与特殊、共性与个性之间的关系，推进公共财政理论建设，增强从事公共财政活动的实践能力。

（五）案例研究方法

案例研究方法是指一种对已经发生的真实事件或某种现象进行探索、描述或解释，并试图从中推导出新的假说或结论的研究分析方法。这是一种综合的研究分析方法，一个案例可以运用多种方法对其进行描述、解释和说明。在公共财政研究中，我们可以通过一个具体的财政事例或事件，对公共财政行为、公共财政政策、公共财政制度等做出详细的描述和深入的剖析。既可以是纯粹描述，从大量的历史事实中总结出财政运行规律，也可以是以公共财政理论作为指导，检验理论在具体的公共财政活动中的适用性。通过对财政案例的研究，我们可以深化对公共财政理论的认识，并从中发现理论与实践的差异，找出存在的问题及症结所在，探索解决问题的途径和办法，不断推进公共财政理论研究和实践活动的深入。与其他方法相比，案例研究方法具有综合性、直接现实性、真实性、实践性的特征，但在应用中也要充分考虑它的代表性和可靠性。

编者谈

“绪论”的学习要领

## 思考题

1. 公共财政学的研究对象是什么？
2. 在新时代学习公共财政概论有什么特殊的意义？
3. 思考我国进入新时代“财政是国家治理的基础和重要支柱”的功能定位。
4. 如何正确掌握和运用公共财政概论的学习方法？

▶ 即测即评

# 第一章　公共财政与公共财政思想

财政本质上是以国家为主体的分配活动，同时亦是一个历史范畴，随着国家的产生而形成，并随着经济社会的发展而不断演化。财政在不同时期具有不同的表现形式，公共财政是与市场经济相适应的财政运行模式。

本章共两节。第一节为公共财政概述，分析财政的起源和发展过程，界定公共财政的含义，剖析公共财政与国家财政的关系，并阐述中国特色社会主义公共财政的特色。第二节为公共财政思想，梳理和凝练不同时期的公共财政思想，概括习近平新时代中国特色社会主义思想引领下的公共财政思想。

## 第一节　公共财政概述

### 一、财政

#### （一）财政的起源

财政活动及行为是一种历史现象，自国家产生起就产生了财政，所以财政是一个历史范畴。在现实社会生活中，财政是以政府为主体参与国民收入分配所形成的特殊分配关系，具体表现为政府一系列的收支活动，因此它又是一个经济范畴。

财政分配活动早在原始社会末期就出现了，它随着国家的产生而形成，并随着经济社会的发展而不断扩展，逐步演化和发展成精细且复杂的财政体系和现代财政制度。

从起源上考察，财政是人类社会发展到一定历史阶段的产物。当人类脱离蒙昧时代发展到氏族社会的全盛时期，由于生产力还不够发达，人们只能在一个氏族或部落里共同劳动，共同占有劳动成果，大体平均地分配产品。除了个人生活消费的需要外，在共同生活中不可避免地产生某些公共需要。但在这种生产不发达的原始公社共产制经济条件下，为满足公共需要而占用的劳动力或产品，从分配性质上说，仍然是在这个共同体中的成员共同劳动，共同占有劳动成果，大体平均地分配产品中的公共扣除，并没有改变共同劳动、共同占有和消费共同劳动成果的性质。也就是说，并没有产生使财政分配从氏族公社单一的社会产品分配体系中分化并独立出来的必要条件。

到了氏族社会的后期，随着社会生产力的发展，人们劳动所获得的产品，除了满足最低限度的生活需要外，还或多或少地有了一定剩余，出现了私有财产，导致了私有制的产生。伴随着私有制逐步成为整个社会的经济基础，社会日益分裂为根本利益互相对立的阶级，并产生了维护统治阶级既得利益的暴力统治工具——国家。而国家一旦产生，就必须从社会产品分配中占有一部分国民收入来维持国家机构的存在并保证实现其职能，于是产生了财政这种特殊的经济行为和经济现象，从而，以运用国家权力进行分配为特征的各种财政活动，如贡纳、捐税、俸禄等相继出现。恩格斯对国家以及财政与国家的关系曾有过明确的论证："国家是社会在一定发展阶段上的产物；国家是承认：这个社会陷入了不可解决的自我矛盾，分裂为不可调和的对立面而又无力摆脱这些对立面。而为了使这些对立面，这些经济利益互相冲突的阶级，不致在无谓的斗争中把自己和社会消灭，就需要有一种表面上凌驾于社会之上的力量，这种力量应当缓和冲突，把冲突保持在'秩序'的范围以内；这种从社会中产生但又自居于社会之上并且日益同社会相异化的力量，就是国家。"① 但是国家作为"一种表面上凌驾于社会之上的力量"，本身并不从事物质资料的生产，无法通过自身的生产为自己提供这部分物质资料。国家的特点之一是拥有公共权力。"这种公共权力在每一个国家里都存在。构成这种权力的，不仅有武装的人，而且还有物质的附属物，如监狱和各种强制设施，这些东西都是以前的氏族社会所没有的。"②"为了维持这种公共权力，就需要公民缴纳费用——捐税。"③ 由此可见，财政就是国家为了维护并依靠它所拥有的公共权力，强制地占有一部分社会产品，从而从整个社会产品的分配中独立出来的一种以国家为主体的分配活动。

虽然西方古典经济学及财政学界没有从财政的起源上探讨财政与国家或政府之间存在的密切关系，但是，在他们对财政问题的论述中却时刻体现着对这一密切关系的肯定。例如，被恩格斯誉为"创建了财政学"的英国经济学家斯密在其所著的《国民财富的性质和原因的研究》一书中，专门论述财政问题的第五篇被冠以《论君主或国家的收入》的标题。在另一本被誉为"具有里程碑意义"的穆勒所著的《政治经济学原理》一书中，专门论述财政问题的第五篇也被冠以《政府的影响》的标题。而综观当今西方国家的财政学，也都十分重视财政与国家或政府的关系，自 20 世纪 60 年代以来，有的学者甚至将财政学等同于"政府经济学"或"公共部门经济学"，将政府经济活动视为与市场经济相对应的一个特殊的经济领域加以研究，并且许多学者逐步从政治的角度来研究政府经

① 《马克思恩格斯文集》第四卷，人民出版社 2009 年版，第 189 页。
② 《马克思恩格斯文集》第四卷，人民出版社 2009 年版，第 190 页。
③ 《马克思恩格斯文集》第四卷，人民出版社 2009 年版，第 190 页。

济活动的特殊规律性，以便协调政府与市场的关系，扩展和深化了对财政学的研究。

应当指出，国家和政府是既相联系又有区别的两个概念。[①] 国家是阶级统治的工具，具有政治、社会、经济和公共管理等多项职能，而财政是为国家实施并实现其职能提供财力的，因而说财政是国家的经济行为或以国家为主体的分配活动，无疑是正确的。但是，国家是通过国家机器或国家机构来实施并实现其职能的，各级政府组织事实上是国家的载体，国家的各项职能必须由各级政府机构和各个政府部门来完成。因此，“财政是政府经济行为”和“财政是国家经济行为”两种说法在此处的含义是一致的。明确财政是一种政府经济行为，并不意味着忽视财政法治化和立法监督。特别是在市场经济体制下，政府和企业、居民共同构成市场的经济实体，在分析政府与市场关系时，明确财政是政府的一种经济行为，有利于我们对财政的分析。

（二）财政的概念

综合上述分析可知，财政既是一个历史范畴，是伴随着国家的产生而产生的，又是一个经济范畴，是以国家或政府为主体的分配活动，是国家（政府）在社会再生产过程中，通过多种收入形式，集中一部分国民生产总值或国民收入，用于满足实现其职能需要的收支活动。应当指出的是，由于政府的财政收支活动体现了政府与其他经济主体之间的利益关系，而这种利益关系在不同社会制度下具有不同的性质，所以，不同社会制度下的财政具有不同的性质。换言之，财政作为一种以国家（政府）为主体的分配活动，不同性质国家中的财政性质也不同，或者说，国家的性质决定着财政的性质，即财政的本质属性，完整的财政概念应当是一般属性和特殊属性的统一。

据此，准确地把握财政的概念，就应当从财政的一般属性和特殊属性两个层面来理解。一般属性的财政是国家为实现其职能，凭借政治权力参与一部分社会产品或国民收入分配所进行的一系列经济活动及形成的特殊分配关系[②]，它涵盖了一切在历史上存在过的国家及其财政最基本的和共同的属性，换言之，财政一

---

① 通常，可将国家看作政府、居民和领土的总称。在多数场合，国家与政府含义相同，两个概念可以混用甚至互换。但值得注意的是，一方面，各国政府普遍采用科层制结构，既有中央政府或联邦政府，又有各级地方政府，此时国家与政府的含义就不尽相同；另一方面，由于政体不同，各国对政府的界定差异较大，比如，有的国家的政府只涵盖行政当局，而不包含立法和司法部门。国际货币基金组织对政府所下的定义是：由公共当局及其通过政治程序设立的机构组成，并在它的疆域或管辖地区内实施强制的垄断权力。

② 这里所说的“特殊分配关系”，是指国家作为分配主体、凭借政治权力参与国民收入分配而形成的分配关系，应当把它与各个市场主体凭借生产资料或资源要素的所有权和占有权（即财产权力）参与国民收入分配所形成的“一般分配关系”区别开来。

般属性指的是财政最基本和最稳定的部分。诸如国家与税收的关系、财政的公共性、财政支出与收入的关系、财政收支平衡等，对于不同历史时期的各个国家的财政都是带有“共性”的问题，它可以高度抽象化，并不需要考察具体国家的特殊性及国家性质。特殊属性的财政是与具体政治经济制度密切相关的财政模式，比如与君主政体和农业经济社会（奴隶制与封建制社会）相适应的君主财政模式，与资本主义代议制民主政治和市场经济相适应的公共财政模式，以及曾经与计划经济和高度集权的传统社会主义相适应的全能型计划财政模式等。财政的这种特殊属性，是由特定国家在某一特定历史时期的社会形态、政治制度、经济体制和法律文化等诸多因素决定的。在这一层面上，国家财政又被具体化为解释某个国家在某个时期的财政现象和特点。

## 二、公共财政与国家财政

### （一）公共财政的含义

根据以上对财政概念的分析，我们也可以把公共财政视为一般属性和特殊属性的统一。就一般属性而言，公共财政具备财政所有的共性和构成要件，遵循着一般的运行规律。一切公共财政都是以国家为主体，为履行国家（政府）的职能和满足社会公共需要，为公众提供公共产品和公共服务，凭借国家强制的政治权力，参与社会产品和国民收入分配而形成的分配关系。就特殊属性而言，公共财政是与市场经济体制相匹配，而绝非与非市场经济体制相兼容的财政模式，它显然不同于自然经济、计划经济等非市场经济形态下的国家财政，而有其自身独特的规律和特征。

据此，我们可以将公共财政的含义确定为：公共财政是在市场经济体制下，以市场机制在资源配置中发挥决定性作用为基础，在划分公共需要和私人需要的前提下，为弥补市场缺陷和为公众提供公共产品与公共服务而采取的一种财政类型和财政模式。

### （二）公共财政与国家财政的关系

在理解了公共财政的含义之后，我们再来分析公共财政与国家财政的关系。

从对财政起源和演化进程的考察可以得知，一切财政都与国家有着天然、必然和内在的联系，因此可以说，一切财政都是“国家的财政”。把财政与国家联系起来，是要说明财政这种特殊分配关系最为本质的属性，把它与其他所有不以国家为分配主体的分配关系和分配方式显著地区别开来。但是，国家历来是阶级统治的工具，政府是执行统治阶级意志的权力机构，由于国家性质、国家形态有所不同，因此，与某种特定性质的国家相依托和相伴随的财政也就有了特殊性质，往往铭刻上了深深的“阶级烙印”，即具有了在特定社会经济形态下的本质特征。就此而论，从人类历史发展进程考察，自从财政产生以后，出现过奴隶制度下的国家财政、封建制度下的国家财政、资本主义制度下的国家财政、社会主义制度下的国家财政。显然，与不同社会经济形态相联系的国家财政的阶级性质、本质属性也就不同。

财政理论研究已经深刻地揭示，公共财政是国家财政的一种具体表现形式和运行方式。公共财政与国家财政，可以描述为“被包容”与“包容”、“个性”与“共性”、“特殊”与“一般”的关系。公共财政是在资本主义生产方式确立以后，实行了市场经济体制的国家普遍采用的财政模式，它虽然必定和某个具体的国家相联系，也具有国家的阶级属性，但更多的是强调它是一种与市场经济体制相伴随行的财政模式和运行方式。公共财政理论已经充分地揭示了公共财政模式存在和运行的理由及依据：在市场经济条件下，由于存在市场失灵，需要政府出面纠正市场失灵，主要就是通过提供公共产品和公共服务以满足社会公共需要，以此弥补市场缺陷，财政即担当此任的制度安排和处理相关分配关系的政策体系，此时国家财政的类型选择和模式设计必然就是公共财政。可见，市场与政府的互补直接决定了一个国家的经济主导模式及财政模式。现实也已昭示，不论是实行资本主义制度的市场经济国家，还是实行社会主义制度的市场经济国家，都选择了公共财政的相同模式。而奴隶制度和封建制度下的国家财政，传统社会主义时期的国家财政，要么是君主财政或家私财政，要么是全能型计划财政或生产建设型财政，而不是公共财政。

## 三、中国特色社会主义公共财政

### （一）新时代中国特色社会主义公共财政的定位——国家治理的基础和重要支柱

财政是国家治理的基础和重要支柱。这是新时代对财政的新定位。党的十八届三中全会提出，全面深化改革的总目标是完善和发展中国特色社会主义制度、推进国家治理体系和治理能力现代化。财政的现代化是国家治理体系和治理能力现代化的重要组成部分。财政的现代化就是要建立现代财政制度。现代财政的实质是公共财政，现代财政和公共财政是高度统一的。党的二十大提出，中国共产党的中心任务就是团结带领全国各族人民全面建成社会主义现代化强国、实现第二个百年奋斗目标，以中国式现代化全面推进中华民族伟大复兴。新时代公共财政的定位，要围绕国家治理展开。作为国家治理的基础和重要支柱，财政重在为国家治理的现代化提供财力保障。高效提供财力保障，是新时代中国特色社会主义公共财政发展的要求。

（二）中国特色社会主义公共财政的特征

第一，是人民性与公共性相统一的财政。中国特色社会主义制度的性质决定了我国社会主义财政是人民性与公共性相统一的财政。坚持以人民为中心是新时代坚持和发展中国特色社会主义的基本方略。这就要求财政工作的一切出发点和落脚点都是为了满足广大人民群众美好生活的共同需要，充分体现社会主义公共财政的最大目的及“公共性”的本意和宗旨，即符合和满足广大人民群众的最广泛愿望和最根本利益。因此，中国特色社会主义公共财政是坚持以人民为中心、坚持人民主体地位、实现人民对美好生活向往而加油助力的财政，是多谋民生之利、多解民生之忧的财政，是不断增进民生福祉、保证全体人民在发展中有更多获得感、幸福感、安全感的财政，是不断促进人的全面发展、实现全体人民共同富裕、不断促进社会公平正义的财政。新时代的财政工作必须坚持以人民为中心的发展思想，坚持民生取向，尤其要在幼有所育、学有所教、劳有所得、病有所医、老有所养、住有所居、弱有所扶上持续发力，不断取得新进展，充分发挥公共财政对于社会财富再分配的调节和杠杆作用，推进社会公正和公平，更好地服务于国家发展和长治久安。

第二，是与社会主义市场经济体制相适应的现代财政。经过改革探索，中国放弃了传统计划经济体制模式，开辟了社会主义市场经济的正确道路，建立了社会主义市场经济体制体系。原有的与计划经济体制相对应的全能型、包揽型、建设型及统收统支的计划财政不能适应市场经济发展的需要，其僵化的体制机制必须加以改造和改革，因此，我们确定的与社会主义市场经济体制相适应的财政目标模式就是建立现代财政制度。如前所述，理论和实践证明，一切选择了市场经济体制模式的市场经济国家都采取了公共财政模式。我国市场经济体制下的公共财政模式主要是从运行机制和机理上证明它与传统计划经济体制下的财政模式存在着区别，但并不是指它们在性质和本质属性上有差别。基于此，在新时代，需要在财政运行机制和机理再造、公共财政制度重塑上积极探索、大胆创新，尽快建立与社会主义市场经济相适应和相匹配的现代财政制度。

第三，是与国家治理相适应的民主法治财政。财政乃庶政之母，是政府履行职能的基础所在，财政与政府、财政与国家治理如影随形、密不可分。国家治理中的资源汲取与配置、公共产品提供、资源再分配、收入分配关系协调、公共管理与社会治理以及调控能力行使等都与财政密切相关，公共财政承担着现代国家治理的物质基础、体制保障、政策工具和监管手段的职责，在治国安邦中始终发挥着基础性、制度性、保障性作用。我国财政实践证明，围绕政府收支所形成的一系列财政制度安排，它的优劣不仅直接决定着财政职能的履行状况，而且事关所有政府职能的履行状况，进而决定着国家治理体系的运行状况和国家治理的实现水平。在新时代我国实行的新一轮财税体制改革，是关乎国家治理体系和治理能力现代化的深刻变革，是立足全局、着眼长远的制度创新。通过改革创新奠定现代财政制度的坚实基础，实现公共财政的民主化和法治化，就能有效提升国家治理能力和治理效率，促进国家治理体系和治理能力现代化的尽快实现。

第四，是开放包容、推动构建人类命运共同体的大国财政。中国坚持走和平发展道路，奉行互利共赢的开放战略，谋求开放创新、包容互惠的发展前景，推动构建人类命运共同体，促进全球治理体系变革，建设持久和平、普遍安全、共同繁荣、开放包容、清洁美丽的世界。中国始终做世界和平的建设者、全球发展的贡献者、国际秩序的维护者。当前我国处于世界多极化、经济全球化、社会信息化、文化多样化深入发展，全球治理体系和国际秩序变革加速推进，各国相互联系和依存日益加深，国际力量对比趋向平衡，和平发展大势不可逆转的国际大环境中。同时，世界面临的不稳定性和不确定性突出，人类面临诸多共同挑战。在这样的世界格局中，构建人类命运共同体是世界各国的共同责任，也是新时代中国义不容辞的责任担当。新时代是我国日益走近世界舞台中央、不断为人类作出更大贡献的时代。作为新时代的中国财政，是具备了国际视野和融入世界发展潮流的开放型财政，是促进全球治理体系和国际秩序变革的大国担当财政，是促进世界多极发展与和平发展的包容财政，是推动构建人类命运共同体而勇立潮头的责任担当财政。

## 第二节　公共财政思想

### 一、西方经济学中的财政思想

#### （一）古典经济学派的财政思想

人类关于国家财政的思想古已有之，但是作为专门的研究对象，形成系统的学说和学科体系，则始于古典经济学派。古典经济学的鼻祖配第于 1662 年出版的《赋税论》，较为详细地论述了各种公共经费和各种征税方法，并分析了税收与国民财富、税收与国家实力之间的关系，认为国民财富的增减是赋税经济效果的主要标志，被视为财政学的开山之作，为财政学的创立奠定了基石。但是，此时作为萌芽状态的一些财政思想还不能构成系统和完整的财政学说，因为配第等人并没有把财政分配作为社会经济活动的一个组成部分进行研究，而仅仅作为“官房学”、国家理财学存在。正如马克思所说，在斯密之前，“全部以前的财政学都纯粹是国家的；国家经济仅仅被看做全部国家事务中的一个部门，从属于国家本身”①。

斯密是古典经济学最杰出的代表和开拓者。斯密在1776年出版的代表作《国民财富的性质和原因的研究》（亦称作《国富论》）中，在运用价值、社会分工、交换、工资、利润、地租等一系列经济范畴对资本主义经济进行分析的基础上，专门列出一篇（“第五篇”）研究财政问题，论述了君主或国家的费用（“经费论”）、一般收入或公共收入的源泉（“收入论”）、国债和财政赤字（“国债论”或“平衡论”）。在《国富论》中，斯密给“被看作政治家或立法家的一门科学的政治经济学提出两个不同的目标：第一，给人民提供充足的收入或生计，或者更确切地说，使人民能给自己提供这样的收入或生计；第二，给国家或社会提供充分的收入，使公务得以进行。总之，其目的在于富国裕民”。其中第一个目标是国民经济问题，第二个目标是财政问题。

古典经济学的集大成者李嘉图继承和发展了斯密的思想，他于1817年发表《政治经济学及赋税原理》。李嘉图根据劳动价值理论，认为税收来自劳动产品的价值，赋税的来源是资本和收入。同时，李嘉图接受斯密提出的“公平、确实、便利、经济”四项税收原则，认为社会的一切收入都应该征税，人们应该按自己的财力负担税收，但是，税收具有妨碍生产和耕种的通病，会给生产带来负担，因此，最好的财政计划就是节流，最好的赋税就是税额最少的赋税。

此时的财政学虽然还以财政收支为重点，但已经不同于以往单纯研究政府收支的“官房学”，而是把财政作为一个分配范畴与社会经济活动联系起来分析它们之间的内在联系；把是否有利于经济发展作为判断财政活动效应优劣的标准。斯密把财政学融于政治经济学之中，从流通领域到生产领域，从现象到本质，揭示了财政与经济的内在联系，建立了较为系统的财政理论体系。

19世纪70年代至20世纪初期，被称作西方经济学“边际革命”时代，新古典经济学相伴而生。在这一时期，奥地利、意大利、瑞典等西方国家的学者将“边际革命”的理论和方法运用到财政分析中，对公共需求的性质与特征、公共产品的内涵与外延等问题做出了初始的探讨，促成了财政学向公共财政学的演变。

### （二）近代西方国家的财政思想

#### 1. 凯恩斯主义的财政思想和政策

20世纪初，主要的西方国家由自由资本主义演变为垄断资本主义，资本主义固有的矛盾逐渐暴露，经济危机开始周期性地袭击和破坏资本主义经济。20世纪二三十年代，西方资本主义国家爆发了空前严重的经济危机，从而宣告了自

---

① 《马克思恩格斯文集》第一卷，人民出版社2009年版，第105页。

由放任的古典经济理论的破产。

英国经济学家凯恩斯在其名著《就业、利息和货币通论》一书中对自由经济提出质疑，认为自由放任的资本主义经济不能自动实现均衡发展，主张国家（政府）对经济进行全面干预，财政政策自然成为国家干预经济的重要工具。凯恩斯主张的财政政策是建立在有效需求理论基础之上的。该理论认为，经济衰退、就业不足的根本原因在于整个社会的有效需求不足，而有效需求不足又是由边际消费倾向递减、资本的边际效率递减、货币的灵活性（流动性）偏好三大心理规律造成的。要刺激经济回升，保持经济繁荣，就要增加有效需求，而在私人部门投资和消费需求不足的情况下，政府应担当起这一重任。据此，凯恩斯提出了以减少税收来刺激私人投资和消费、增加政府支出来增加政府需求、大量举债来弥补财政赤字为主要内容的赤字财政政策，即扩张性财政政策。

凯恩斯学派的经济理论自 20 世纪 30 年代开始，尤其是第二次世界大战以后，为许多资本主义国家政府所接受，其财政政策主张也被广泛采纳。在理论和实践的推动下，西方资本主义国家政府的经济活动和作用日益扩大，从传统单向的财政收支扩展到对经济的管理和调控，关于政府财政的理论、理念、内容及分析方法均发生了重大的变革，这极大地扩展了公共财政学的研究领域。

2. 后凯恩斯主义的财政思想

20 世纪中期以来，西方资本主义国家经济社会矛盾继续加深，并表现为经济停滞与通货膨胀并存即“滞胀”的奇特形态。凯恩斯主义经济思想和政策主张的严重后遗症促使西方各国政府纷纷调整其财政经济政策，新经济自由主义学派、供给学派和理性预期学派等应运而生，对西方国家的财政思想和政策产生了影响。

1959 年，美国经济学家马斯格雷夫出版了《财政学原理：公共经济研究》。该书首开在财政学教材中加入公共产品①论述和引入“公共经济”概念的先河，指出公共产品是政府活动存在的经济学依据，是政府行为的基础。公共产品理论的创立，大大增加了财政学的基本理论分析，引起财政学根本思路的变化，并在财政学中占据了核心理论的地位。

供给学派②认为，政府不应当过多刺激需求，而应当更加关注刺激供给，据此提出的财政论点及主张包括：大幅度降低个人和企业纳税的税率，以增加个人储蓄能力，刺激人们工作的积极性，提高企业的投资能力和投资积极性，从而促

① 根据萨缪尔森（1954）最早的定义，公共产品是一个人的消费不会影响其他人消费的产品。有关公共产品的详细分析见第二章公共财政职能。

② 主要倡导者和代表人物包括蒙代尔、拉弗、吉尔德等。

进经济增长，并抑制通货膨胀；取消国家过多干预，加强劳动和商品市场的竞争；减缓政府预算支出的增长速度，逐步实现预算平衡；削减社会福利支出等。

理性预期学派①以独有的理性预期理论反对长期居于正统地位的凯恩斯经济学，他们认为，国家干预经济的任何措施都是无效的，要保持经济稳定，就应该听任市场经济的自动调节，反对任何形式的国家干预，所以这个学派被视作彻底的经济自由主义。②

美国经济学家斯蒂格利茨在信息经济学、公共财政、发展经济学、产业组织理论等领域均有建树，他所著的《公共部门经济学》《公共经济学讲义》等教材是西方通行的财政学教科书。斯蒂格利茨指出，在传统经济学看来，在自由的、不受管制的市场中，个人追求各自的利益会使整个社会的福利最大化，但事实却并非如此，一旦将信息不完全性引入分析之中，就很难得出市场是有效率的推论。出于这样的逻辑，斯蒂格利茨认为：政府的干预是有正当理由的，所以政府和其他机构必须巧妙地干预市场，以使其正常运作。斯蒂格利茨的经济和财政思想不仅为观察市场经济运行拓宽了理论视角，而且为转型经济的体制设计和政策选择提供了有启发性的思路。

近几十年来，西方经济学特别是宏观经济学、微观经济学、福利经济学的发展在一定程度上为公共财政学提供了理论支持。公共财政学不仅在内容上比传统的财政学有很大拓展，如研究公共财政存在的合理性及其合理范围的界定，研究公共抉择和政府决策的内容及其政治程序的经济效应，注重分析财政收支的社会经济效应，重视研究财政政策对宏观经济的调控与管理等，而且在研究方法的改进、定性研究与定量研究结合，注重数理分析，增加实证考察和案例分析等方面，使财政理论研究更为具体和深化。

综上所述，西方国家不同时期的经济理论和财政思想反映了资本主义形成和发展过程中的各种矛盾，而不同学派的财政学说又是在不同的社会经济背景下，适应资产阶级的需要，针对当时存在的各种经济问题和社会矛盾，采取相应的财政政策，为摆脱资本主义危机和维护资本主义制度服务。有些财政政策主张虽在不同程度上缓和了经济危机，促进了经济发展，但同时又带来了新的矛盾和危机，或加剧了矛盾和危机。但是，在西方财政学的整个理论体系中，某些理论和方法反映了社会生活的现实情况和经济运行的一般规律，含有一定的合理成分，有可资借鉴之处。

---

① 主要代表人物有卢卡斯、萨金特和华莱士等。

② 此外，还有公共选择学派，他们以“经济人”假定为分析武器，把政治决策的分析和经济学理论结合起来，用市场行为模式说明政治行为模式，用经济学分析方法研究政治决策过程。

## 二、马克思主义经典作家的财政思想

### （一）马克思和恩格斯的财政思想

马克思和恩格斯曾对国家以及财政与国家的关系有过明确论述。恩格斯在《家庭、私有制和国家的起源》中指出，“国家是社会在一定发展阶段上的产物”①，是“一种表面上凌驾于社会之上的力量”②。国家的特点之一就是拥有公共权力，“为了维持这种公共权力，就需要公民缴纳费用——捐税。……随着文明时代的向前进展，甚至捐税也不够了；国家就发行票据，借债，即发行公债”③。由此可见，财政就是国家为了维护并依靠它所拥有的公共权力，强制地占有一部分社会产品，从而从整个社会产品的分配中独立出来的一种以国家为主体的分配活动。

对于资本主义国家财政反映的资本主义分配关系和剥削本性，马克思和恩格斯持抨击和批判态度，认为资本主义财政是资产阶级政府统治工人阶级和人民的工具，随着无产阶级革命的胜利，资本主义制度被社会主义制度所代替，资本主义财政也必定会被社会主义财政所取代。社会主义制度和与之相适应的国家财政的建立，是历史发展的必然规律和趋势。

在谈到未来社会主义国家的分配问题时，马克思在他写于 1875 年的《哥达纲领批判》一书中，设想政府对社会总产品和国民收入实行“先扣后分”的方式。马克思认为，如果把“劳动所得”这个用语首先理解为劳动的产品，那么集体的劳动所得就是社会总产品。社会总产品在分配之前，首先要扣除：“第一，用来补偿消耗掉的生产资料的部分。第二，用来扩大生产的追加部分。第三，用来应付不幸事故、自然灾害等的后备基金或保险基金。”④ 马克思认为，从劳动所得中先扣除这些属于生产性消费的部分“在经济上是必要的，至于扣除多少，应当根据现有的物资和力量来确定，部分地应当根据概率计算来确定，但是这些扣除无论如何根据公平原则是无法计算的。剩下的总产品中的另一部分是用来作为消费资料的。在把这部分进行个人分配之前，还得从里面扣除：第一，同生产没有直接关系的一般管理费用。同现代社会比起来，这一部分一开始就会极为显著地缩减，并随着新社会的发展而日益减少。第二，用来满足共同需要的部分，如学校、保健设施等。同现代社会比起来，这一部分一开始就会显著地增加，并随着新社会的发展而日益增长。第三，为丧失劳动能力的人等等设立的基金，总

---

① 《马克思恩格斯文集》第四卷，人民出版社 2009 年版，第 189 页。

② 《马克思恩格斯文集》第四卷，人民出版社 2009 年版，第 189 页。

③ 《马克思恩格斯文集》第四卷，人民出版社 2009 年版，第 190—191 页。

④ 《马克思恩格斯文集》第三卷，人民出版社 2009 年版，第 432 页。

之，就是现在属于所谓官办济贫事业的部分”①。这些扣除属于集体消费的部分。

马克思认为，只有在做了上述“六项扣除”之后，“才谈得上在集体中的各个生产者之间进行分配的那部分消费资料……虽然从一个处于私人地位的生产者身上扣除的一切，又会直接或间接地用来为处于社会成员地位的这个生产者谋利益”②。尽管马克思没有指明进行这些社会扣除的主体，但他认为这应当也必须是由政府做的事情。不难看出，“六项扣除”的每一项都与财政分配直接相关，都离不开财政的主导作用。

马克思和恩格斯创建的理论体系是揭露资本主义的深刻矛盾、打碎旧世界的革命理论和批判理论，因此他们特别注重用阶级分析的观点考察资本主义国家财政的性质，鲜明地指出资本主义财政的根本目的在于维持资本主义国家机器运转和维护资本主义制度，而不是工人阶级和人民的公共利益，即使一些表面的、形式上的公共支出也不会改变其性质。对于未来社会主义财政制度和模式，马克思和恩格斯并没有勾画详细和具体的蓝图。正因如此，马克思和恩格斯认为：“人们的观念、观点和概念，一句话，人们的意识，随着人们的生活条件、人们的社会关系、人们的社会存在的改变而改变，这难道需要经过深思才能了解吗？”③

马克思和恩格斯历来反对先验地为未来新社会的建设规定具体细节，然而他们在揭示人类社会发展一般规律的基础上，阐明了研究社会主义社会的方法论原则，指出了社会主义社会的发展目标，即社会主义的基本价值。正是这种科学的方法论原则和社会主义的价值目标，以及他们对社会主义社会若干基本特征的前瞻性论述，成为我们构建社会主义财政体系的理论指针。马克思和恩格斯预见性地指出，在建立社会主义社会以后，国家的经济职能将有所扩展，承担起领导和安排经济建设的任务，国家的财政收支活动也将更多地包含经济建设方面的收支内容。马克思和恩格斯的财政思想经过不断的继承发展，成为社会主义国家构建财政体系的理论基础。

### （二）列宁的财政思想

列宁领导十月革命，建立第一个社会主义国家。苏维埃政权建立之后，迅速掌握了国家的经济命脉，摧毁了资产阶级的国家政权机构，及时提出了建设社会主义强国的纲领，成功实现了苏联共产党和苏维埃国家工作重点的转移，取得了社会主义建设的巨大成就。列宁在领导革命和建设的实践中，非常重视财政的地位和作用，提醒全党：“如果我们的财政政策不成功，那么，我们的一切根本改

① 《马克思恩格斯文集》第三卷，人民出版社 2009 年版，第 433 页。

② 《马克思恩格斯文集》第三卷，人民出版社 2009 年版，第 433 页。

③ 《马克思恩格斯文集》第二卷，人民出版社 2009 年版，第 50—51 页。

革都会遭到失败。”[①]列宁把马克思主义的经济理论与苏联的具体实际相结合，在没有先例借鉴的情况下进行艰辛的探索，把社会主义财政由设想变成了现实。

在列宁领导的苏联时期，由于苏维埃政权处于资本主义国家的包围和封锁中，为了尽快建立社会主义国家强大的经济基础，曾经一度实行“战时共产主义”政策，国家财政实行高度集中的“供给制”模式。中央集权的计划经济体制之后又建立起来，该体制的核心是全能型的计划财政模式。全能型计划财政模式是指在传统社会主义国家的中央集权的计划经济体制中，以国家统收统支、集中分配社会资源为基础，将全社会的经济活动和公共产品提供全部纳入国家统一的财政计划的财政模式。这一模式深刻地影响了此后建立的许多社会主义国家的财政制度建设。列宁意识到，应当对高度集权的计划经济体制和财政模式进行改革，果断终止了“战时共产主义”政策，转而实行新经济制度。但是列宁在生前没能来得及对全能型的计划财政模式进行全面改造和深入变革。

（三）毛泽东的财政思想

中国共产党在百年光辉历程中，不断推进马克思主义中国化时代化，形成了社会主义财政思想。毛泽东的财政思想就是结合新民主主义革命时期，以及社会主义革命和建设时期中国共产党财政思想的集中体现。

毛泽东创造性地运用马克思主义的基本原理，把马克思主义与中国革命和建设的具体实践相结合，阐明了中国革命和建设的一系列重大问题，领导中国革命走向胜利，指引社会主义建设取得巨大成就。在毛泽东及中国共产党第一代领导集体的领导下，经过全国人民的艰苦奋斗，中国建立了比较完备的社会主义工业体系和国民经济体系。

早在新民主主义革命时期，毛泽东就极为重视党领导下的根据地的财政工作。他在1934年就强调，“从发展国民经济来增加我们财政的收入，是我们财政政策的基本方针”，“财政的支出，应该根据节省的方针”。[②]他的《抗日时期的经济问题和财政问题》（1942年）、《必须学会做经济工作》（1945年）等著作，创见性地揭示了经济与财政的辩证关系。毛泽东认为，决定财政的是经济，“发展经济，保障供给，是我们的经济工作和财政工作的总方针……未有经济无基础而可以解决财政困难的，未有经济不发展而可以使财政充裕的”[③]。

新中国成立伊始，毛泽东在党的七届三中全会上做了《为争取国家财政经济状况的基本好转而斗争》的书面报告，提出“巩固财政经济工作的统一管理和

---

① 《列宁全集》第三十四卷，人民出版社2017年版，第327—328页。
② 《毛泽东选集》第一卷，人民出版社1991年版，第134页。
③ 《毛泽东选集》第三卷，人民出版社1991年版，第891页。

统一领导，巩固财政收支的平衡和物价的稳定”的工作方针。在1956年4月的《论十大关系》中，提出要处理好“国家、生产单位和生产者个人的关系”“中央和地方的关系”。毛泽东特别强调，“处理好中央和地方的关系，这对于我们这样的大国大党是一个十分重要的问题”。他明确提出：“应当在巩固中央统一领导的前提下，扩大一点地方的权力，给地方更多的独立性，让地方办更多的事情。这对我们建设强大的社会主义国家比较有利。我们的国家这样大，人口这样多，情况这样复杂，有中央和地方两个积极性，比只有一个积极性好得多。”①这一时期针对中国实际，毛泽东主张实行“统一领导，分散经营”的财政体制。

在1957年2月的《关于正确处理人民内部矛盾的问题》中，毛泽东鲜明提出要科学把握正确处理社会主义社会矛盾的基本方法，坚持用不同的方法来解决不同性质的矛盾。对于经济工作，提出国民经济应当遵循有计划按比例发展的规律，应当把价值规律作为计划工作和财经工作的工具，应当按照“统筹兼顾，适当安排”的方针，处理好生产与生活、积累与消费的关系等与财政相关的重要政策问题。

毛泽东一贯反对把经济与财政割裂开来甚至对立起来的错误观念，他以辩证法的观点提出，在强调经济对财政的决定性作用的同时，也决不能忽视财政对经济的反作用。财政问题是国民经济问题的综合反映，财政政策的好坏会影响经济的发展。好的财政政策可以促进经济的发展，提高经济发展的速度；反之，会阻碍经济的发展，甚至扼杀经济发展的活力，破坏现有的经济基础。但是，单纯财政观点也是要力戒的。他指出，不懂得整个经济的重要性，只在单纯的财政收支问题上打圈子，这是一种陈旧的保守的观点。财政政策的好坏固然足以影响经济，但是决定财政的却是经济。忘记发展经济，忘记开辟财源，而企图从收缩必不可少的财政开支去解决财政困难的保守观点，是不能解决任何问题的，只会把财政引向绝路，最终使财政陷入无法摆脱的困境。这些观点和思想，涉及财政基础、财源建设、财政收支、财政平衡和财政政策等重要的财政理论和实践问题。

毛泽东在社会主义改造完成后指出，“我们对于社会主义时期的革命和建设，还有一个很大的盲目性，还有一个很大的未被认识的必然王国”②。正是基于这种认识，毛泽东在理论和实践中不断探索适合中国国情的社会主义发展道路，也引领了对中国社会主义财政工作及其规律性的初步探索。如今中国选择了社会主义市场经济的发展道路，这是毛泽东所处的那个年代和历史环境所不可预知的，所以我们不能苛求毛泽东等老一辈革命家对当下的财政制度和模式做出具体的勾

① 《毛泽东文集》第七卷，人民出版社1999年版，第31页。
② 《毛泽东文集》第八卷，人民出版社1999年版，第198页。

画和设计。时至今日，毛泽东的财政思想依然闪烁出伟大的思想光辉，对建立中国特色社会主义公共财政仍具有重要的启迪和指导意义。

## 三、社会主义革命和建设时期的财政思想

新中国的诞生开始了全新的财政理论构建过程，尽管一开始主要是引自苏联的财政理论，没能创建中国自己全新的财政理论，但已经在马克思主义的指导下，讨论什么是财政的本质和社会主义财政的性质等问题。其中“国家分配论”“国家资金运动论”“价值分配论”“剩余产品价值运动论”等具有代表性。

“国家分配论”强调财政以国家为分配主体，旨在说明财政的本质是以国家为主体的分配活动和分配关系，这是不同社会形态中财政的共同本质，即“财政一般”的本质。“国家分配论”认为，国家财政是阶级社会的产物。它是一定的阶级专政国家为实现其职能的需要，依据其权力参与社会产品的分配所形成的财政分配关系。这种国家财政分配关系是构成各社会产品分配关系的一个组成部分。① 社会主义财政的本质是无产阶级专政的国家为实现其职能分配社会产品和国民收入而形成的分配关系，它具有“取之于民、用之于民”的本质特征。国家财政的基本要素是：国家是财政分配的主体；财政分配的客体是一部分社会产品或国民收入，主要是剩余产品；在自然经济中，分配是实物的分配。在商品货币关系中，分配是价值的分配；财政分配的目的，是满足国家实现其职能的需要。②

“国家资金运动论”指出，财政不只是分配关系，而是包括国家资金的形成、分配、周转、使用一系列过程中所形成的种种经济关系。“国家资金的筹集、分配、使用、周转，都是国家资金的运动……都体现了国家同各方面（企业、个人、各阶级、各民族、各地区、各部门……）的经济关系。因此……社会主义财政就是社会主义国家资金运动所体现的经济关系。”③ 这种观点实际上是强调财政作为分配范畴，应从社会再生产出发加以研究。

“价值分配论”认为，财政是国家以价值形式进行社会产品和国民收入的分配而形成的分配关系。财政的分配乃是国家对价值的分配，财政同商品货币经济有本质联系。“国家参与价值的分配，必然在社会的多个方面，首先是在各个阶级之间形成一系列的分配关系，而这些分配关系——国家分配价值所发生的分配关系，就是财政现象的本质。”“社会主义财政是以价值形式进行的社会产品和

---

① 《社会主义财政学》编写组：《社会主义财政学》，中国财政经济出版社 1980 年版，第 5 页。

② 张馨等：《当代财政与财政学主流》，东北财经大学出版社 2000 年版，第 401 页。

③ 李成瑞：《从实践中的若干体会来谈社会主义财政的实质和范围问题》，《经济研究》，1965 年第 8 期，第 20 页。

国民收入的分配关系”①。“价值分配论”指出，价值和分配是财政的两个最基本的要素。

“剩余产品价值运动论”认为，社会主义财政是剩余产品价值的生产、分配、使用，即剩余产品价值的运动过程。②

## 四、改革开放和社会主义现代化建设新时期的财政思想

### （一）财政思想的新发展

改革开放以来，中国坚持走中国特色社会主义道路，形成了中国特色社会主义理论体系，这个理论体系既展现了当代马克思主义的勃勃生机，又为继续进行理论创新打开了广阔的空间。

财政基础理论继续得到发展，“国家分配论”进一步巩固了主流地位，其他理论也有不同程度的发展。其中，发展最为迅速的是“剩余产品价值运动论”和新创立的“社会共同需要论”。

“剩余产品价值运动论”后又称“剩余产品（价值）决定论”。该理论指出：“财政是发生在经济基础与上层建筑领域以国家为主导的一种分配关系，既包含着作为经济基础的财政关系，也包含着作为上层建筑的财政政策。”③ 该理论认为：“与一般分配过程不同，财政分配的对象不是社会总产品和国民收入，而是包含在社会总产品和国民收入中的剩余产品，这是财政分配的质的规定性，也是财政分配区别于其他分配关系的本质特征。”④ 该理论更进一步指出，“剩余产品是满足社会共同需要的手段和积累的唯一源泉”⑤。事实上，该论点已经隐约意识到“剩余产品价值”只存在于商品货币存在之处，存在于市场经济环境中，这对于中国财政理论的发展产生了一定的影响。

“社会共同需要论”则突出满足社会的共同需要，强调财政的分配是为满足社会的共同需要而对人力、财力、物力进行分配的活动。该理论认为，人类社会从产生财政起，已经历了原始氏族社会财政（后期是农村公社财政）、阶级社会财政和社会主义财政三个历史阶段，其中，阶级社会财政和社会主义财政都是国家占据分配关系的支配地位，因此，从财政分配中占据支配地位主体的表现形式

---

① 王亘坚：《论财政学的对象》，财政部财政科学研究所、中央财政金融学院主编：《财政学问题讨论集》上册，中国财政经济出版社1965年版，第202页。

② 财讯：《1964年财政学讨论会论文选辑》，财政部财政科学研究所、中央财政金融学院主编：《财政学问题讨论集》下册，中国财政经济出版社1965年版，第202页。

③ 王绍飞：《改革财政学》，中国财政经济出版社1989年版，第1页。

④ 王绍飞：《改革财政学》，中国财政经济出版社1989年版，第9页。

⑤ 王绍飞：《财政学新论》，中国财政经济出版社1984年版，第8页。

来概括，又可以把这两个历史阶段的财政概括为国家财政。不同历史阶段上的财政都有其特殊性，但有两点是共同的：“（1）都是社会再生产过程中客观形成的，满足社会共同事务消费需要（下简称社会共同需要）的分配；（2）都是以社会的代表占据支配地位而进行的，社会集中化的分配，反映的是社会与个人和社会集团之间的分配关系。这两个共同点用一句话概括，则是社会再生产过程中为满足社会共同需要而形成的社会集中化的分配关系，这就是财政范畴的一般本质或内涵。”① “社会共同需要论”进一步解释道，“社会共同事务需要，并不是人人都需要，更不是全社会人人的主观欲望和主观要求的总和。……而是不以人们的主观意志为转移的客观要求。……人类社会进入阶级社会后，不仅改变了社会共同需要的性质，而且也改变了社会共同需要的表现形式，原来社会共同事务需要表现为社会中心执行社会职能的需要”，国家产生后，“国家成了统治社会的力量”，“因而，社会共同事务的需要，则表现为国家实现职能的需要”。② 从中可以发现，“社会共同需要论”已经初显“由公共部门提供公共产品以满足社会公众的公共需要”的“公共财政”端倪，“社会共同需要论在中国财政理论的发展史上，毕竟是财政‘公共性’问题的最初提出者”③。此后兴起的“公共财政论”认为财政以安排诸如管理支出、社会保障、公共工程支出等公共支出为主，较好地满足了社会公共需要，并且保障了市场经济的运行，正是市场经济条件下推崇的财政模式。

中国不同时期关于财政的各种学术思想实际上是从不同的角度对国家财政的内涵与外延进行的探索，它们各有鲜明的中心论点，但相互之间并不绝对排斥，对许多问题的看法也有交叉，有的甚至吸收了其他学派的重要思想。各种观点之间明显的共同点是，对现代财政而言，都承认在国家出现之后，财政是国家的一种经济行为，而且都承认财政是一个分配范畴，必须从社会再生产出发，即以财政和经济的关系为基本线索研究财政问题。但在财政分配主体、财政分配对象（客体）、财政分配形式等问题的看法上，又存在一定的差异，体现出各自的特点。这些研究成果和思想，对于创建社会主义市场经济体制下的中国公共财政有着极其重要的启发引领作用和借鉴意义。

#### （二）与社会主义市场经济相适应的公共财政思想

在中国特色社会主义理论体系引领下，中国财政理论研究日益繁荣，研究领域不断拓宽，研究内容逐步深入。随着社会主义市场经济体制的确立和对外开放

---

① 何振一：《理论财政学》，中国财政经济出版社 1987 年版，第 3 页。

② 何振一：《理论财政学》，中国财政经济出版社 1987 年版，第 5—8 页。

③ 张馨等：《当代财政与财政学主流》，东北财经大学出版社 2000 年版，第 418 页。

的扩大，学习和借鉴西方国家公共财政的研究成果，大大丰富了中国的财政理论体系。虽然公共财政理论是“舶来品”，但是由于西方发达国家市场经济发展较早，因而积累形成了探讨市场经济中财政运行规律的理论，这些研究成果是人类社会的共同财富。鉴于不同国家市场经济运行存在共性，学习借鉴现代西方公共财政的有关内容，并且结合中国的实际加以改造和运用实有必要。

迄今，西方学者的公共产品理论、市场缺陷分析、财政职能理论、税收效应和税负转嫁理论、社会总供求平衡公式、公共生产及公共定价、公共财政政策运用等都已引入中国财政理论研究和实践。在公共财政研究内容方面，中国财政学者结合中国财政分配实践的发展变化，对财政与经济的辩证关系、财政效益、社会保障、国债运行管理、预算管理、政府间财政关系等问题的研究形成成果，丰富了财政体系的内容；在研究方法上，注重定性研究与定量研究的结合，规范分析与实证分析的结合。

中国的公共财政在理论创新和改革开放实践的推动下，在吸收中外学者财政理论研究成果的基础上不断发展。

1. 建立社会主义公共财政体系的基本理论

20 世纪 90 年代中国确立了社会主义市场经济体制改革目标，进入 21 世纪之际正式确立了社会主义公共财政模式，伴随财政模式的转型，关于公共财政模式的理论兴起并且日益成熟。通过理论研究揭示：公共财政是与市场经济相适应的国家（政府）财政，是指国家（政府）集中一部分社会资源，用于为公众（和市场）提供公共产品和公共服务，满足社会公共需要的分配活动或经济行为。公共财政在国民经济和社会活动中占有重要的地位，它对依法促进公平分配、调控宏观经济、合理配置市场资源，起着不可代替的作用。公共财政的历史使命在于它支持、促进市场经济体制的形成和发展。公共财政的宗旨是满足社会公共需要，是按社会公共利益来进行的一种社会集中性分配。作为与社会主义市场经济相适应的财政模式，其收支必须是建立在法治基础之上的，一切财政收支活动必须纳入法治规范的范围。正是公共财政的这些共性特征，使已经选择了社会主义市场经济体制的中国，必须向着公共财政的模式转型。

2. 探索公共财政运行规律和新特点

公共财政是与市场经济相适应的财政模式，对它要以弥补市场失灵为基本的价值判断，根据市场经济社会对公共产品和公共服务的基本需要，对国家治理层面的社会公共需要，对政府和公共部门职能的要求，对公共经济和公共资源配置的特殊机理和机制等做出决策安排，因此与以前的财政相比，有其特殊的运行规律和特点。总结改革开放以来财政的实践经验并上升到规律层面，是中国特色公共财政的重要理论创新和理论贡献。比如，遵循公共财政运行规律，要以市场机制在资源配置中发挥基础性作用的理念来定位公共财政的职能和作用；以财政职能的新定位确定财政支出的规模与结构；以财政支出的需要规定财政收入的规模与形式；以对经济形势及经济运行态势的正确判断来确定公共财政政策与财政收支平衡状态等，都体现了对财政运行规律的新认识、新理解和新运用，是具有理论创新意义的思路。

3. 公共财政制度建设和政策体系改进

公共财政是新时期的新财政模式，必须重视和加强制度建设和制度创新。完善的财政制度是财政良性运行的前提和保证。在中国特色社会主义理论指导下，财政理论和制度不断创新，财政制度建设持续推进，包括国有企业分配制度改革、分税制体制改革、税收制度改革、政府预算制度改革、财政管理体制改革，以及事权与支出责任划分的制度改进等，形成了较为完备的公共财政制度框架。

与此同时，努力探索公共财政政策体系改进路径，逐步深化对财政政策工具及作用机理的理论认识。财政政策是财政制度的运作载体及实施媒介，健全的财政政策体系的形成及政策工具的正确运用，有助于实现财政制度的最佳效果，充分释放政策“红利”。建立健全公共财政体系需要多种政策工具合理搭配和综合运用，并视经济环境而分类施策，逆经济风向而动，分别采取扩张性或紧缩性的政策措施，实现宏观经济的均衡发展。面对 1998 年的亚洲金融危机和 2008 年的国际金融危机，为了应对经济下行的压力，中国实施了积极财政政策，并且取得了显著效果。

## 五、中国特色社会主义新时代的财政思想

中国特色社会主义进入新时代，新时代对财政定位与财政改革提出了新的要求。党的十九大把习近平新时代中国特色社会主义思想确立为全党的指导思想和全国人民为实现中华民族伟大复兴而奋斗的行动指南。习近平新时代中国特色社会主义思想的一个重要内容，是明确提出了“全面深化改革的总目标是完善和发展中国特色社会主义制度、推进国家治理体系和治理能力现代化”。习近平新时代中国特色社会主义思想从全局和战略的高度深刻阐述了加快建立现代财政制度和深化财税体制改革的目标要求与主要任务。在习近平新时代中国特色社会主义思想统领下，新时代公共财政思想对于财政工作的引领体现在：

（一）财政职能界定和作用定位

党的十八届三中全会指出，全面深化改革的重点是经济体制改革，核心问题是处理好政府和市场的关系，使市场在资源配置中起决定性作用和更好发挥政府作用。这不仅是一次重大的理论创新，也是从实践中总结出来的成功经验，表明了对政府和市场关系认识的进一步深化。基于对政府与市场关系的新认识，党的十八届三中全会明确提出了财政的职能定位，即财政是国家治理的基础和重要支

柱。这充分表明，以往作为经济范畴的财政，已经延伸到经济、政治、文化、社会、生态文明和党的建设各个领域，上升至国家治理层面，要在国家治理的总格局中加以新的定位。

党的二十大指出："必须完整、准确、全面贯彻新发展理念，坚持社会主义市场经济改革方向，坚持高水平对外开放，加快构建以国内大循环为主体、国内国际双循环相互促进的新发展格局。"党的二十大也对财政有明确的阐述，如"健全宏观经济治理体系，发挥国家发展规划的战略导向作用，加强财政政策和货币政策协调配合，着力扩大内需，增强消费对经济发展的基础性作用和投资对优化供给结构的关键作用。健全现代预算制度，优化税制结构，完善财政转移支付体系"。

这些都意味着我们党和政府对财政运行规律的认识达到了一个新高度，也表明以现代财政运行规律和中国特色财政运行规律为研究对象的中国财政学要相应做出新的理论概括，对实践给予新的理论指引，在历史与现实相结合、理论与实践相结合的过程中推动理论和实践学科创新，构建中国特色的公共财政体系，以适应新时代中国特色社会主义的新要求。

（二）建立现代财政制度

改革开放以来，我国的经济体制发生了由传统计划经济向现代市场经济的根本性转变，多年来坚持社会主义市场经济改革方向，推行了一系列经济体制改革措施。在推进社会主义市场经济体制建立和完善的过程中，努力探索与之相适应的新型财政体系，明确了要把计划经济体制下的传统财政模式，转向与社会主义市场经济体制相匹配的公共财政模式，这既标志着财政模式的质变，也为我国财政改革指明了方向和道路，即建立现代财政制度。

建立现代财政制度是深化财税体制改革的必然要求，也是完善和发展中国特色社会主义制度、推进国家治理体系和治理能力现代化的必然要求。现代财政制度体现着政府与市场、政府与社会、中央与地方的关系，涉及经济、政治、文化、社会和生态文明建设各个方面，是国家治理体系的重要组成部分。

建立现代财政制度重在完善财政体制机制，目标是建立权责清晰、财力协调、区域均衡的中央和地方财政关系，建立全面规范透明、标准科学、约束有力的预算制度，深化税收制度改革，形成税法统一、税负公平、调节有度的税收制度体系，充分发挥公共财政在优化资源配置、提供公共服务、调节收入分配、保护生态环境、维护国家安全等方面的职能作用，促进更高质量、更有效率、更加公平、更可持续的发展，更好推动人的全面发展和社会全面进步。

（三）宏观经济治理中的财政政策

财政政策是宏观经济治理的重要工具。财政政策与货币政策要协调，共同促进宏观经济治理。财政政策、货币政策要与产业政策、科技政策、社会政策形成共促高质量发展的合力。这也指明了财政政策改进的总体思路。

（四）全球治理中的大国财政思维

当前，世界之变、时代之变、历史之变正以前所未有的方式展开。全球治理格局正在发生变化。2013 年，习近平首次提出构建人类命运共同体的倡议。近年来，中国同世界各国的友好合作不断拓展，人类命运共同体理念得到越来越多人的支持和赞同，这一倡议正在从理念转化为行动。

中国致力于推动构建人类命运共同体。中国积极参与应对全球气候变化谈判，大力维护国际公共安全，创新南南合作方式，积极落实联合国千年发展目标，在减贫、卫生、教育等多个领域取得了显著成就，充分展现了中国为人类进步事业勇于担当的宽广胸怀。此外，中国还积极参与全球性公共产品和服务的提供，包括区域性的反恐、医疗救助和对外援助等，通过设立金砖国家新开发银行、亚洲基础设施投资银行等国际机构，与沿线国家共建“一带一路”，将不同国家的资源整合在一起，努力实现资源在全球范围内的优化配置，促进国际合作，实现各国共同发展。

所有这些，都体现着新时代的大国财政思维。中国作为负责任的大国，积极承担国际责任和义务，配合中国在全球治理中的角色定位，充分发挥财政在全球治理中的重要支撑作用。

编 者 谈

公共财政与公共财政思想

## 思考题

1. 怎样理解财政的一般属性和特殊属性？
2. 如何正确认识公共财政与国家财政的关系？
3. 怎样理解新时代中国特色社会主义公共财政的定位与特征？
4. 社会主义革命和建设时期，关于财政本质和社会主义财政性质的代表性学说有哪些？
5. 如何理解现代财政制度改革的意义和目标？

▶ 即测即评

# 第二章　公共财政职能

深化经济体制改革的核心问题是处理好政府与市场的关系。在市场经济条件下，市场在资源配置中起决定性作用，在满足完全竞争的条件下，市场机制有助于实现效率。但在不具备完全竞争条件或条件具备但市场竞争结果不能令人满意时，就出现了市场失灵，需要更好发挥政府的作用。公共财政的基本职能主要体现在弥补市场失灵领域，具体表现为资源配置职能、收入分配职能和经济稳定与发展职能。

本章共两节。第一节是政府与市场，主要介绍市场的有效性和市场失灵，分析混合经济中有效市场与有为政府的关系。第二节是财政职能，着重分析公共财政的基本职能，结合“财政是国家治理的基础和重要支柱”地位，探讨财政在国家治理中的职能作用。

## 第一节　政府与市场

### 一、市场有效性

#### （一）市场与资源配置效率

迄今，人类社会已经历过自然经济、计划经济和市场经济三种不同的经济运行模式。自然经济主要依赖传统社会的经验和习惯进行资源配置，容易实现社会经济秩序的稳定和延续，但过于依赖传统和习惯也会窒息社会的创新。因此，自然经济模式下社会经济发展较为缓慢，难以实现资源的有效配置。计划经济主要依赖政府计划，所有资源均由政府进行配置，所有生产、分配及消费的决策也都由政府做出，但由于政府对生产者的生产技术和消费者的需求信息难以完全和准确把握，生产什么和为谁生产的问题难以有效解决。因此，在经济正常运行的条件下，资源容易错配，难以达到最优状态。在市场经济条件下，以价格机制为核心的市场①对资源配置起决定性作用，通过价格机制，消费者和生产者在市场上相互发生作用，很好地解决了生产什么、如何生产以及为谁生产的问题，实现了资源配置效率的最大化。

---

① “市场”一词的本来含义是指人们买卖商品或进行商品交换的场所。随着商品经济的发展，市场也得到了充分的发展和完善。现代社会中的“市场”被赋予了更加广泛的含义：市场是一种实现不同产权主体之间经济联系的系统空间，同时又是“一种物品的买主与卖主之间互相作用，以决定其价格和数量的过程”（萨缪尔森、诺德豪斯，1992）。

市场机制是如何发挥调节作用的呢？换句话说，市场机制是如何使资源实现最优配置状态的呢？

假定在一个完全竞争的市场上，消费者根据其收入状况和偏好在市场中公开他们愿意支付某种商品和服务的程度；生产者（其成本结构既定）在市场上显示出他们愿意在各种价格上提供其商品和服务的数量。这种买卖的意愿最终可以使商品和服务的需求和供应达到均衡状态，就是说，某种商品和服务既不会提供过多，也不会供应不足（见图 2-1）。

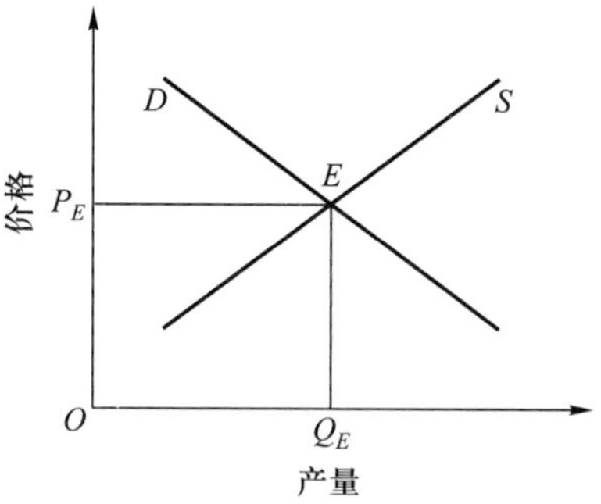


图 2-1　完全竞争市场中均衡价格和均衡数量的决定

假如市场上商品的价格高于均衡价格，则供给量大于需求量，市场出现商品过剩现象，企业不得不降价销售；反之，若商品的价格低于均衡价格，则需求量大于供给量，市场出现商品短缺现象，消费者为了买到自己所需要的商品，就不得不支付更高的价格。通过供求双方的自发调节，总能实现产量和价格的均衡，最终使资源配置达到最佳状态。

通过分析可知，在完全竞争的市场中，价格是资源配置的指示器，竞争性市场体系是社会资源的配置机制。在由市场这只“看不见的手”确定价格的情况下，追求自我利益的个人和企业在自由市场中进行买卖交易，所有参与者在竞争性市场中进行自愿交易而得益，利用社会资源所生产的产值达到最大化，从而实现了资源配置效率。

在现代福利经济学中，一般以意大利经济学家帕累托命名的“帕累托最优”① 状态来表述资源的最优配置状态。帕累托最优是指这样一种状态，即在不使其他人的境况变坏的同时，任何人的境况都不会变得更好。从经济学的角度说，帕累托最优状态意味着整个经济都已无法再通过资源的重新配置，在无损于

① 现代经济学中还使用其他效率概念，如卡尔多效率。在现实中，常见有人受益，就有人受损。曾任英国剑桥大学教授的卡尔多在 1939 年提出“补偿原则”，指收益能够弥补损失，就是有效率的表现。卡尔多效率概念对应的就是这种效率。

其他任何社会成员的前提下，使一个或几个社会成员的处境变得更好。这意味着社会资源配置在现有生产条件下已无改善的余地。

然而，在现实中，许多原因导致帕累托最优资源配置难以实现，但人们仍然使用这一概念作为判断资源配置是否最优或是否具有经济效率的标准。与帕累托最优相关的一个概念是“帕累托改进”。帕累托改进是指资源配置的变化至少使一个人的福利提高而没有人受到损害。因此，帕累托最优也可以说是不可能存在帕累托改进的状态。

（二）市场机制有效的条件

在完全竞争的市场中，市场机制是配置社会资源的最有效方式。所谓完全竞争市场是附加了种种严格假设条件的市场，只有具备了各种条件，市场机制的作用才能有效发挥。这些条件是：

第一，市场上拥有众多的消费者和生产者。这意味着市场必须是完全竞争的，单个消费者或生产者打算购买的或所能提供的产品数量仅在市场总量中占有极少的份额，以至于单个消费者或生产者的消费或生产行为变化都不足以影响市场价格的形成。换言之，市场中的任何一个消费者或生产者都只是价格的接受者，而不是价格的决定者。如果一个或少数生产者控制了供给，这种市场被称作卖方垄断；如果一个或少数消费者控制了需求，这种市场被称作买方垄断，由此而产生的价格使得资源配置状态迥异于充分竞争的情况。当垄断出现时，资源配置是低效率的，会造成社会福利损失。

第二，市场中的各种资源具有完全的流动性。这意味着包括人力、物力和财力在内的各种资源能够在市场价格的引导下，在不同的企业、行业和地区之间自由转移，不存在任何法律的或社会的障碍。有了这种流动性，市场机制的作用就得以充分发挥，引导社会资源不断流向社会价值最大的用途。

第三，买卖双方拥有完全信息。这意味着消费者和生产者了解相关市场的所有信息。在市场中，基于这种信息充分且对称，消费者的支付意愿与生产者的出售意愿才能实现调和。反之，在市场中表露出的“意愿”往往只是一厢情愿。如果只是部分信息表露，市场则不可能有效地完成这种调和功能，相应的市场价格可能会偏离信息完全对称下的价格，导致资源配置低效。

第四，生产者所提供的同种产品是同质的、无差别的。这意味着任何生产者的产品都不会由于消费者自身的消费习惯或偏好而对不同品牌、包装或服务的同种产品产生不同的偏好，导致出现某种程度的垄断。

在满足上述四个基本条件的完全竞争市场上，无数自利的理性的买方和卖方，借助于价格机制、供求机制、竞争机制，以及理性人之间的利益互动机制，将各种看似杂乱无章、缺乏秩序的经济活动有序化。换言之，借助于市场这只

“看不见的手”，社会经济系统得到了有效运作，使社会资源配置达到了最优状态。

## 二、市场失灵

西方经济理论论证了完全竞争市场可实现现有技术条件下的资源最优配置，即实现帕累托最优，使得社会上每一个人的经济福利都没有可能在不减少他人福利的前提下进一步提高。然而在现实经济中，充分满足完全竞争性市场所严格假设的种种条件的情况是罕见的。因此，完全竞争市场的理论模型像是“经济学家的乌托邦”，就像物理学中没有摩擦力的理想状态，虽然有助于我们认识市场机制的本质，但毕竟不是现实。退一步说，即使满足了这些条件从而市场机制能够实现帕累托效率，它也不能解决诸如收入和财富分配不公、自发竞争导致的经济波动等问题。与市场有效性一样，市场失灵（也称市场失效）也是一种客观存在。

具体来说，市场失灵主要有以下几种表现。

### （一）垄断

市场高效是以完全自由竞争为前提的。而完全自由竞争的市场要求每一个市场都拥有众多的买者和卖者，因为只有市场上的买者或卖者越多，每一个人或行为主体才不具有控制市场供求和价格的能力，市场的竞争性才不会受到影响。但现实市场的某些领域却存在两种情况：一种是只有一个买者或卖者的市场，这种市场称为完全垄断；另一种是受少数几个相互串通的大企业控制的市场，这种市场称为寡头垄断。这种市场中垄断一旦形成，就不能通过充分竞争来实现理想目标，因为垄断者可能通过限制产量抬高价格，使价格高于其边际成本，获得额外利润。垄断限制了竞争，阻碍了生产要素的充分流动，造成资源配置低效率。产生这一结果的主要原因包括产品之间的不可替代性以及进入壁垒，进入壁垒又进一步可以分为自然的进入壁垒（导致自然垄断）、资源的进入壁垒和法律的进入壁垒（如公共特许权、行政许可、专利或版权）等。

### （二）公共产品

公共产品（含公共服务）是与私人产品相对的一类产品。

1. 公共产品的界定

公共产品的思想很早就已产生，但在理论文献中正式提出要归功于萨缪尔森。萨缪尔森（1954）在《公共支出的纯理论》一文中提到，公共产品是一个人的消费不会影响其他人的消费的产品。虽然之后理论界对公共产品的研究逐渐增多，但目前被广泛接受的定义是从公共产品的特征加以界定的，即公共产品是具有非排他性和非竞争性的产品。①

区分或辨别公共产品与私人产品的标准通常是受益的排他性或非排他性，消费的竞争性或非竞争性。纯粹的私人产品具有排他性和竞争性，纯粹的公共产品具有非排他性和非竞争性。

（1）非排他性。排他性是指个人可以被排除在消费某种物品的利益之外，当消费者为某种产品付费购买之后，他人就不能享用此种产品所带来的利益；非排他性是指一些人在享用某种产品带来的利益时，无法排除其他人同时从此种产品中获得利益，或者说，在市场经济条件下，在技术上无法将未付费者排除在此种产品的受益范围之外。例如，每个公民都可以无差别地受益于国防所提供的安全保障，每个人都可以从天气预报中得到气象信息等。

（2）非竞争性。竞争性是指一个人在享用某种产品时，会排斥其他人同时享用该产品；非竞争性是指任何人对某种产品的享用，不排斥、不妨碍其他人同时享用，也不会因此而减少其他人享用该种产品的数量或质量。易言之，增加一个消费者不会减少任何一个人对该种产品的消费量；或者说，增加一个消费者，其边际成本等于零。例如，街上的路灯下行人数量的变化不会增加路灯的费用，也不会影响其他人获得路灯带来的好处。

2. 公共产品的分类

（1）纯公共产品与准公共产品。

根据公共产品的性质，按照非排他性和非竞争性的有无和程度差异，可将公共产品分为纯公共产品和准公共产品，其中，准公共产品又被进一步细分为公共资源和俱乐部产品。

如前述定义，纯公共产品是指同时具有非排他性和非竞争性的产品，如国防。完全符合非排他性、非竞争性的公共产品非常稀少，公共产品这个大集合中除纯公共产品以外的公共产品就是准公共产品。

公共资源主要是指具备非排他性而不具备非竞争性的公共产品。这类产品不能排除任何人的消费和使用，但增加的消费和使用会带来额外的成本，即边际成本大于零。江河湖海、森林、空气、野生动物等都是公共资源的典型例子。“公地”是一种典型的公共资源，它不排除任何人的使用，但使用者之间存在竞争关系。虽然个人不需要为资源的使用付费，但个人的收益却与使用量有关，因此每个人都有增加使用量的冲动，最终导致资源的破坏和枯竭。过度放牧导致的沙漠化，

① 需要注意的是，公共产品不是指公共部门生产的产品，它与公共部门提供的产品也不是等同的概念，一种产品之所以是公共产品，主要是因为它在消费上具有非竞争性和非排他性，而不在于它由谁生产、由谁提供。

过度捕鱼导致的鱼种的灭亡，都是现实中曾经发生和正在上演的“公地的悲剧”①。

俱乐部产品主要是指具备非竞争性而不具备非排他性的公共产品。这类产品边际成本为零，但可以通过某种手段，按照某种标准，阻止某些人对该产品的消费和使用。譬如，收费公路、机场码头、收费公园、有线电视、图书馆、游泳馆等，即属于俱乐部产品之列。

与公共资源相反，俱乐部产品可以将不付费者排除在该产品的消费之外。在俱乐部达到拥挤点②之前，在俱乐部内增加一个使用者的边际成本为零；在达到拥挤点以后，增加一个使用者的边际成本大于零。例如，进公园需要买门票，这样就可以将不付费的人排除在公园之外。当游人不多的时候，增加一个游人并不会引起成本的增加，但若遇到节假日，大量游客同时涌入，不但公园方面需要增加人力维持秩序和及时清洁卫生，游人也会因为拥挤而产生诸多不便和不悦，这时，边际成本就大于零，从而具有消费上的竞争性。

（2）地方性公共产品、全国性公共产品、地区性公共产品和全球性公共产品。

地方性公共产品指受益范围局限于国内某一特定区域的公共产品。在我国，行政辖区包含省、自治区、直辖市，以及地级市、县和乡镇。例如，一个村镇的道路修建和路灯架设，一个城市的休闲广场，都是主要受益者为一个辖区内居民的公共产品。

全国性公共产品，顾名思义就是受益范围在一国以内的，覆盖所有疆域，全体公民都可以平等受益的公共产品，如国防、法律制度、文化道德建设等。

地区性公共产品是指受益范围涵盖多个有连续边界的主权国家的公共产品。例如，欧盟国家共同使用一套果蔬食品安全标准；上海合作组织成员国进行联合军事演习，打击恐怖势力、维护地区安全；北美自由贸易区的贸易政策等。

全球性公共产品是公共产品概念在国际范围内的延伸，它是一种惠及全球、全人类的公共产品。其受益范围不只包含某一特定地区和某一特定人群，而是范

---

① 经济学上有一则著名的寓言——公地的悲剧。这是由美国生态学家哈丁在其论文《公地的悲剧》中虚构的一个故事：政府将一块茂盛的公共草场向所有牧民免费开放，允许他们自由放牧他们希望数量的牛。随着公共草地上载畜量的增加，公共草地上的牛会达到饱和。此时再增加一头牛就会降低草场的质量，减少每头牛所能获得的平均草量。但由于牧民的收益取决于他自己饲养的牛的数量，每增加一头牛所导致的草场质量下降的损失却由所有牧民平摊，因此，对牧民来说多养牛是划算的。如果每个牧民都抱有这样的想法，则畜牧量会不断增加，草场也会不断退化，最终不能满足牛的食量，导致牛的饥饿和死亡。

② 理论上，俱乐部内部增加一个消费者的边际成本为零。但实际上，许多俱乐部受设施的限制，不可能无限量地接纳使用者，俱乐部的规模是有限的，并且在达到某一点后会出现拥挤，这时俱乐部内部成员将会呈现出竞争关系，我们把这个点称为拥挤点。

围覆盖全球，成员扩展到全人类。

除了以上两种分类方式，公共产品还有其他的分类方式。如按物质形态，将公共产品划分为有形的公共产品和无形的公共产品，前者包括资源、基础设施等，后者包括制度、法律、文化和社会秩序等；按消费层次，将公共产品划分为满足人们生理需求和安全需求的公共产品、满足人们社交需求和尊重需求的公共产品、满足人们自我实现需求的公共产品。

3. 公共产品供给中的“搭便车”问题

一般来说，以排他性和竞争性为特征的私人产品可以通过交换的方式来决定其消费主体，因此市场机制是实现这类产品生产的最佳途径。虽然公共产品不能由市场统一定价，但如果人们都能自觉地按照自己从公共产品中获得的边际收益相应地承担公共产品成本，那就自然地实现了公共产品的有效供给。瑞典经济学家林达尔对公共产品有效供给进行了研究，提出了“林达尔均衡”理论模型。

然而，这种均衡的实现是以如下假设为前提的：第一，每个社会成员都愿意准确地披露自己可从公共产品或公共服务的消费中获得的边际效用，而不存在隐瞒或低估其边际效用从而逃避自己应承担的成本费用的动机。第二，每个社会成员都清楚地了解其他社会成员的偏好及收入状况，甚至清楚地掌握任何一种公共产品可给彼此带来的真实的边际效用，从而不存在隐瞒个人边际效用的可能。

可以看出，公共产品有效供给的关键在于消费者按自己从公共产品消费中获得的边际效用水平真实地表示自己对公共产品的需求，从而承担公共产品的成本。然而，这也正是公共产品有效供给的困难所在。人们不管付费与否，其所能消费的公共产品量总是相同的。如果消费者所承担的公共产品成本取决于自己申报的从公共产品中获益的情况，那么他就会有隐瞒或从低申报自己真实效用水平的动机。在一个人口众多的社会里，没有人能够做到对其他所有社会成员的偏好和经济状况都无所不知，因而人们便有可能隐瞒其从公共产品消费中获得的真实收益，从而在不付出代价的情况下，享受既存的公共产品的收益，于是出现了“搭便车”问题，从而使市场机制在这类产品的供给中失效。

（三）外部性

完全竞争市场要求所有产品的成本和收益均内在化，即产品的生产者要承担生产这一产品而给社会带来的全部成本，同时这一产品所带来的全部利益都归该生产者或该产品的购买者享有。而在现实生活中，有些产品或服务会产生外部性。

所谓外部性，是指私人成本与社会成本或私人收益与社会收益的非一致性。产生外部性的主要原因是某人或某企业的行为影响了其他人或其他企业，却没有为之承担相应的成本费用或没有获得相应的报酬补偿。

根据表现形式，外部性可分为两种。一种是正外部性（外部收益），即产品或服务给所有者以外的其他人带来了利益，但所有者却未能得到应有的收益补偿。前述的公共产品就是外部性的一个特例，这类产品的内部收益很少，其所提供的绝大部分收益都外部化了。另一种是负外部性（外部成本），即产品或服务给所有者以外的其他人带来了损害，但受损者未得到应有的损失补偿。例如，生产过程中所排放的废气、废水会污染环境，使生活在这一环境中的人们都受到损害，而受损者并未得到补偿，污染者也没有承担相应的污染治理成本。

根据来源，外部性又可分为生产的外部性和消费的外部性。这样，可将外部性做以下分类：

（1）生产的正外部性（生产的外部收益）。如养蜂场接近果园，蜜蜂传播花粉提高了果树产量，养蜂者的活动使果园主受益。同样，养蜂场也因果园的存在得到蜂蜜产量增加的好处。这里，养蜂场和果园双方都给对方带来了外部收益而不能得到对方支付的报酬。

（2）消费的正外部性（消费的外部收益）。如人们注射预防传染病的疫苗，可使他人减少传染上疾病的可能，或者消费者的某些消费偏好和习惯增加了对某些产品的需求，使企业增加了收益，这些都是消费的外部收益。

（3）生产的负外部性（生产的外部成本）。工厂排放废气、废水或废物，会严重污染环境，危害居民身体健康，或损害他人的生产活动，如水污染不能再养鱼或灌溉，这些是最经常被引用的典型的外部成本的例子。

（4）消费的负外部性（消费的外部成本）。吸烟者给同一场合的不吸烟者身体健康造成损害，高层住宅里的人们把垃圾扔在一楼住户的庭院里，都是消费的外部成本。甚至交通堵塞中也存在外部成本，如果某人在高峰时间驾车外出，就会使道路更加拥挤，其他车辆也不得不放慢行驶速度。

当存在外部性时，实际上是边际社会收益或边际社会成本，与边际私人收益或边际私人成本之间存在着非一致性。当某种产品或劳务的边际社会收益大于边际私人收益时，即为正外部性，会导致产品或劳务供给不足；反之，当某种产品或劳务的边际社会成本大于边际私人成本时，即为负外部性，会导致产品或劳务供给过多。无论哪种情况，都意味着资源配置不合理，出现效率损失现象，而这种效率损失又是完全竞争的市场机制所不能克服的。

（四）信息不对称

完全竞争市场要求所有的生产者和消费者都具有充分信息，生产者要知道消费者需要什么、需要多少，消费者要知道关于产品的各种信息。但在现实的市场中，由于经济行为主体的独立性和分散性，市场交易各方的信息种类繁多、情况不一，有的甚至差异悬殊，市场主体不可能获取所有的信息，因此，信息不对称是现实中的常态。

信息不对称会带来逆向选择和道德风险的问题。

1. 逆向选择

在完全竞争条件下，市场机制自身具有较强的正向选择机制，那些竞争优势突出、竞争力强的市场参与者一定会在市场竞争中脱颖而出。但信息不对称则容易导致逆向选择问题。逆向选择是由事前信息不对称引起的，即在签订合同或从事交易之前就存在信息不对称，某些特征被隐藏，从而导致交易一方做出与另一方期望截然相反的选择。阿克洛夫在其 1970 年发表的《柠檬市场：质量的不确定性和市场机制》中举了一个二手车市场的案例。他指出，在二手车市场中，卖方比买方拥有更多的信息，买方只能从车的表面情况来加以判断，处于信息相对劣势。由于二者的信息不对称，即使卖方说得天花乱坠，买方也总是采取压低价格这一常用策略以避免信息不对称带来的风险损失。但买方过低的价格也使得卖方不愿意提供高质量的产品，从而低质品充斥市场，高质品被逐出市场，最后导致二手车市场萎缩。

2. 道德风险

道德风险是由事后的信息不对称引起的，即在合同签订后一方做出另一方不可观察的行为，从而对居于信息相对劣势的一方带来不利影响。比如，在没有购买保险之前，车辆的所有人往往会十分呵护自己的车辆，对它照顾有加。但在签订保险合同之后，被保险人往往以“反正车辆有保险”为由，忽视对车辆的爱护，从而增加保险人出险理赔的风险。

不管是事前还是事后的信息不对称，都会导致经济主体的行为偏离完全竞争的市场均衡结果，从而难以实现资源的高效配置。

（五）收入分配不公平

市场低效的上述种种表现证明了仅靠市场机制本身无法实现帕累托最优。然而，即使市场经济的运行能自行达到帕累托最优状态，也只是保证了资源配置效率的实现，并没有解决收入分配的公平问题。按照帕累托最优所揭示的原理，只要一个人的境况得到改善而又不损及另一个人的境况，就存在福利的增进，即所谓的帕累托改进。但是，如果经济最初就处于不公平状态，那么越是接近帕累托最优状态，可能达到的收入分配结果越是不公平，也就是越高的效率往往自发伴随着越不公平的分配结果。

收入分配根据次序的不同，可以分为初次分配、再分配及第三次分配。市场主要介入初次分配领域，按照各经济主体的生产要素（包括劳动、资本和土地等）多少和贡献大小来进行。由于各主体拥有的生产要素在质和量上会有很大差别，生产要素进入市场竞争的环境条件亦有不同，按市场规则进行分配必然会造成收入分配的差距。比如，因为资本与劳动相比更为稀缺，所以拥有较多资本的个人即使不参加劳动，也可能会获得比普通劳动者更多的收入。同时也会出现另外一些情形，比如，那些竞争中的失败者，或无力提供生产要素者，或因遭遇自然或社会风险后无法提供生产要素者，根据要素分配规则只能在市场中取得少量收入，甚至无法取得收入；而在不充分竞争条件下（如自然垄断），当收入分配机制尚不健全时，部分经济主体又会取得高额收入。如果不加以干预，这些初次分配中的收入差距往往又会成为收入差距进一步扩大的原因，不仅与公平目标相抵触，还会引起许多社会问题，最终直接威胁到市场机制本身的存在。可以说，没有分配上的公平，经济的高效率发展也就不可能长久地维持下去。

（六）宏观经济波动

社会总供给与社会总需求的平衡是市场经济正常运行的基本前提之一。但是，在自由放任的市场经济中，自发的过度竞争不可避免地会导致各个商品与要素市场的供求失衡，进而导致社会总供求的长期失衡，宏观经济波动，造成高失业、高通货膨胀和周期性的经济萧条和危机等多种问题，其结果必然是破坏价格机制，市场机制自身难以正常运行，从而最终导致社会资源配置的无效率。关于经济波动的原因，这里列示几个重要因素。

1. 需求冲击

需求冲击主要指经济体中影响产品和劳务需求的事件。减税、货币供应量的增加、政府支出的增加或者对外出口需求的增加都是正的需求冲击。需求冲击通常会使总产出与利率和通货膨胀率产生同向变动。例如，政府支出的大幅度增加将会刺激经济并提高 GDP，还会提高利率，如果此时对产品和劳务的需求已经相当于或者超过了整个经济的总生产能力，就会使通货膨胀率上升。

2. 供给冲击

供给冲击主要指可能引起生产能力和成本变化的事件。石油进口价格的变化，对大量农作物产生破坏的霜冻、洪水和干旱等自然灾害，经济体中劳动力受教育水平的变化，或者劳动力愿意参加工作的工资率的变化等，都可能引起生产能力和成本的变化，进而影响经济的波动。例如，石油进口价格的大幅度上升，使得石油供给大幅度地减少，于是供小于求，从而引发石油价格的大幅度上涨，由此引发通货膨胀。在短期内，通货膨胀率的上升会引起更高的名义利率。随着原材料价格的上涨，经济的生产能力下降，经济中个体的购买力也会随着产品价格的上涨而下降，于是，经济增速开始下滑。

3. 技术进步

严格来讲，技术进步是一种供给冲击。一般来说，技术进步会提高生产能力，降低生产成本，促进经济的发展。但同时，技术进步也会产生一些不利的影响，比如新技术的广泛采用必然会带来生产率的提升，从而降低对劳动力的需求，造成失业人数增加。

4. 体制变化

一般来说，体制转换会释放大量红利，带来生产率的大幅提升，促进经济快速增长。但在体制转轨过程中，也容易出现一些结构性的失衡，造成短时期的通货膨胀及失业增加等现象。

## 三、政府与市场的关系

人类过去的经济实践充分说明，完全依赖市场的无政府经济根本不存在，而完全依赖政府计划排斥市场手段的计划经济也存在较大缺陷。综观世界各国，混合经济已经成为一个普遍现象。在混合经济中，市场与政府都在资源配置中发挥各自的作用，只是两者发挥作用的领域和程度有所不同。

党的十九届五中全会审议通过的《中共中央关于制定国民经济和社会发展第十四个五年规划和二〇三五年远景目标的建议》提出："坚持和完善社会主义基本经济制度，充分发挥市场在资源配置中的决定性作用，更好发挥政府作用，推动有效市场和有为政府更好结合。"

### （一）有效市场：市场在资源配置中起决定性作用

经济发展就是要提高资源尤其是稀缺资源的配置效率，以尽可能少的资源投入生产尽可能多的产品、获得尽可能大的效益。理论和实践都证明，市场配置资源是最有效率的形式。市场经济本质上就是市场决定资源配置的经济，市场决定资源配置是市场经济的一般规律，这是经过长期实践形成的普遍规律，是人类社会的文明成果和共同财富。

改革开放以来，对政府和市场的关系，我国一直在根据实践拓展和认识深化寻找新的科学定位。1992 年，党的十四大提出了我国经济体制改革的目标是建立社会主义市场经济体制，强调"要使市场在社会主义国家宏观调控下对资源配置起基础性作用"。这一重大理论突破，对我国改革开放和经济社会发展发挥了极为重要的作用。党的十五大进一步强调，"使市场在国家宏观调控下对资源配置起基础性作用"；党的十六大提出，"在更大程度上发挥市场在资源配置中的基础性作用"；党的十七大提出，"从制度上更好发挥市场在资源配置中的基础性作用"；党的十八大提出，"更大程度更广范围发挥市场在资源配置中的基础性作用"；党的十八届三中全会及党的十九大均提出，"使市场在资源配置中起决定性作用"；党的二十大提出，"充分发挥市场在资源配置中的决定性作用"。可以看出，我国对政府和市场关系的认识在不断深化。

我国社会主义市场经济是在坚持社会主义基本制度前提下的市场经济，经过多年实践，所有制结构、市场要素体系、分配制度等各方面改革不断深入，社会主义市场经济体制从初步建立到不断完善、成熟，推动着我国经济长期快速发展，创造出令世人惊叹的奇迹。但同时也要看到，社会主义市场经济体制建设中仍存在不少问题，主要是市场秩序不规范，以不正当手段谋取经济利益的现象广泛存在；生产要素市场发展滞后，要素闲置和大量有效需求得不到满足并存；市场规则不统一，部门保护主义和地方保护主义大量存在；市场竞争不充分，阻碍优胜劣汰和结构调整，等等。

当前，我国已进入高质量发展阶段，要构建高水平社会主义市场经济体制，应坚持和完善社会主义基本经济制度，形成以公有制为主体、多种所有制经济共同发展的所有制结构，激发各类市场主体活力。坚持发挥市场在资源配置中的决定性作用，建设统一开放、竞争有序、制度完备、治理完善的高标准市场体系。坚持实施更大范围、更宽领域、更深层次对外开放，依托我国大市场优势，促进国际合作，实现互利共赢，建设更高水平开放型经济新体制。

（二）有为政府：更好发挥政府作用

需要指出的是，市场在资源配置中起决定性作用，并不意味着市场是唯一的资源配置机制和手段。市场并非万能，前文分析的诸多市场失灵表现即已证明，市场的有效性需要特定的适用条件，在条件不满足时市场往往无能为力；或者即使条件满足，市场也往往难以令人满意；更有甚者，资本的逐利性会让市场主体过于追逐经济利益，有时甚至会出现违反社会道德和法律的情形。

要解决这些问题，必须充分发挥政府的职能作用。与市场行为不同，政府行为往往具有公共性、普遍性、强制性和非营利性等特点，政府管制、税收、法律等多种手段的综合运用，可以较好地解决市场垄断、公共产品提供、外部性矫正以及信息不对称等问题，促进收入公平分配，实现宏观经济稳定发展。从我国实际情况看，科学的宏观调控和有效的政府治理，是发挥社会主义市场经济体制优势的内在要求，能较好地处理那些市场做不了和做不好的问题，从而推动社会主义市场经济体制健康有序运转。

中国特色社会主义进入新时代后，要更好地发挥政府作用，就必须切实转变政府职能，深化行政体制改革。要健全宏观调控体系，保持宏观经济稳定，防范区域性、系统性风险，实现经济持续健康发展。要加强市场活动监管，优化公共服务，建设服务型政府，促进社会公平正义和社会稳定，促进共同富裕。要严格依法行政，全面正确履行政府职能，进一步简政放权，克服政府职能错位、越位、缺位现象。

（三）政府与市场的协调配合

政府和市场的作用不是相互对立，而是相辅相成的；不是简单地让市场作用多一些、政府作用少一些的数量问题，而是要统筹把握，优势互补，有机结合，协同发力。

一方面，市场在资源配置中起决定性作用，不是起全部作用，并非意味着政府无所作为，而是必须坚持有所为、有所不为。我国实行的是社会主义市场经济体制，必须坚持发挥社会主义制度的优越性、发挥党和政府的积极作用，着力提高宏观调控和科学管理的水平，与市场机制共同发挥作用。

另一方面，更好发挥政府作用，不是更多发挥政府作用，而是在保证市场发挥决定性作用的前提下，解决市场管不了或管不好的问题。要划清政府和市场的边界，凡属市场能发挥作用的，政府要简政放权；凡属市场不能有效发挥作用的，政府应当主动作为。要找准市场功能和政府行为的最佳结合点，切实把市场和政府的优势都充分发挥出来，更好地体现社会主义市场经济体制的特色和优势。

## 第二节 财政职能

在市场经济国家中，公共财政的基本职能主要有资源配置职能、收入分配职能、经济稳定与发展职能三个方面。

### 一、资源配置职能

资源既包括土地、矿藏等自然资源，也包括人力、财力等经济资源。配置是指资源在不同部门、地区、产品等之间的分配。因此，资源配置就是将各种资源分配于不同的使用方向，从而形成一定的资产结构、产业结构、技术结构和地区结构，以提高资源利用效率的过程。而资源的最优配置就是使社会各种资源始终处于一种最优组合状态，产生最大的社会经济效益。

#### （一）资源配置职能的界定

众所周知，在市场经济条件下，市场机制在资源配置中起决定性作用，在没有政府介入的情况下，市场会通过价格与产量的均衡，自发地形成一种资源配置状态。但是由于存在市场失灵，市场自发形成的配置状态不可能实现最优的效率状态，因而需要政府的介入。所以，财政的资源配置职能是由政府介入或干预资源配置所产生的，其特点和作用就是通过财政本身的收支活动为政府供给公共产品提供财力，在一定程度上纠正外部性，引导资源流向，弥补市场失灵，最终实现全社会资源配置的最优效率状态。由此可见，财政资源配置职能的重点包括以下几个方面。

1. 供给公共产品

如前所述，市场机制不能很好地解决公共产品供给中的“搭便车”问题，从而引起市场失灵。但公共产品对消费者和全社会往往又是不可缺少的，因此，由政府供给公共产品，成为政府必须行使的职能。政府供给公共产品，主要是通过公民或其代表的集体选择程序，以强制征税为主要手段筹集资金，安排政府支出以供给公共产品。

需要特别指出的是，政府对公共产品的供给负有主要责任和义务，并不排斥其他主体对公共产品的供给。在公共产品的供给上，除政府供给机制外，还存在市场供给和自愿供给两种机制。市场供给是指营利组织根据市场需求，以营利为目的，按照经济规律和市场原则供给公共产品（主要是准公共产品中的俱乐部产品），并以收费方式补偿成本的机制。自愿供给是指公民个人、单位，以自愿为基础，以社会捐赠或公益彩票等形式无偿或部分无偿地筹集资金，直接或间接地用于教育、体育、济贫、救灾等公益用途，并接受公众监督的一种机制。在某些特定的条件下，市场供给机制和自愿供给机制对政府供给机制形成有益补充。相关案例参见专栏 2-1。

**专栏 2-1　北京地铁 4 号线建设：PPP 的案例**

随着城市的不断扩展，大力发展公共交通尤其是轨道交通成为许多城市的必然选择。传统理论认为，城市内的公共交通基础设施主要承担公益性责任，难以取得利润，市场主体不愿涉足，因此应以政府投资为主。北京地铁 4 号线的实践却提供了另外一种模式，即政府与社会资本合作（PPP）模式。

2005 年 2 月 7 日，北京市交通委代表北京市政府与香港地铁有限公司和北京首都创业集团有限公司组成的联合体草签了北京地铁 4 号线的特许经营协议。这是国内轨道交通领域第一个以特许经营方式进行市场化运作的基础设施项目，也是第一个采取引入港资、以公私合营模式进行的项目。

根据协议，北京市政府和联合体拟组建的特许公司按照 7∶3 的比例进行投资，特许公司获得建设运营北京地铁 4 号线的特许权。北京市政府负责轨道的土建工程，特许公司负责地铁 4 号线的车辆、信号、通信等主要设备的投资建设，并在 30 年的特许经营期内负责地铁 4 号线的运营和管理，在特许经营期结束后，特许公司将项目设备无偿移交给北京市政府。

按照 PPP 方案，政府不再对地铁 4 号线运营进行补贴，预计项目期内可节约北京市政府补贴 10 亿元左右。在项目运营期间，特许公司除了票价收入之外，还可以通过一些非票价方式，如在车站、车厢内设置广告和建立一些零售商业设施获得利润。

资料来源：根据京港地铁网站以及相关资料整理。

公共产品的生产是与供给不同的概念，供给与生产可以分离。公共产品供给主要是解决公共产品的价值补偿问题，即如何筹集资金，并由谁来提供；公共产品生产则主要涉及公共产品的物理形成过程，即公共产品的物理形态由谁制造出来。公共产品生产根据主体的不同，可以分为政府生产和私人生产两种形式。就公共产品的政府供给来说，既可以采用政府生产、政府供给的方式，也可以采用私人生产、政府供给的方式。

2. 矫正外部性

对外部性的矫正必须着眼于对边际私人收益或边际私人成本的调整。当某种产品或劳务的边际私人收益或成本被调整到足以使个人或企业的决策考虑其所产生的外部性，即考虑实际的边际社会收益或成本时，就被称作外部性内在化。这个过程，也就是外部性得以矫正，资源配置由不具有效率到具有效率的过程。可见，外部性内在化，实际上就是外部性的边际价值被定价。负外部性（外部成本）的内在化，就是边际外部成本被加入计算到边际私人成本中，从而使产品、劳务的价格能反映全部的边际社会成本；正外部性（外部收益）的内在化，就是边际外部收益被加入计算到边际私人收益中，从而使产品、劳务的价格能反映全部的边际社会收益。

由市场机制的自发作用调节资源配置，不能达到帕累托最优，也不能实现外部性内在化。因此，矫正外部性的责任责无旁贷地落在政府身上。政府矫正外部性又可采用多种措施，但执行不同措施的难易程度和效果有所不同。

矫正措施一：政府管制。政府管制或称公共管制，即对生产消费行为做出某些限制，主要适合对负外部性的矫正。限制的形式可根据具体情况来制定。比如，为了控制污染，政府可规定排出的污染物限制在一个可接受的水平；或者直接禁止有污染物的生产等。

矫正措施二：法律手段。立法可以看作另一种意义上的管制。对于因权益界限不明确而造成的外部性问题，可通过立法以明确生产者和消费者权益的方法来解决。科斯定理指出，如果交易成本为零，在产权明确界定的情况下，在相关交易方之间将既定的权力自由交换是有效率的，政府仅通过设定初始权力归属就可以使外部性内在化。这其实是通过法律确定产权归属，借助市场机制的作用来矫正外部性。

编 者 谈

科斯定理与外部性矫正

矫正措施三：实行一体化。实行一体化意味着经济主体边界的扩展，从而将之前不曾考虑的外部收益或成本纳入决策考量范围。比如，养蜂和果园可互为对方带来外部收益，如果果园的主人同时经营养蜂生意，外部收益就内在化了。需要注意的是，实行一体化所能解决外部性的范围是有限的。因为从经济组织的运行来看，对利益最大化的追求必然要求组织具有适度的规模。一旦组织规模过大，推行一体化所产生的边际成本将超过因此而带来的边际收益，从而造成效率的损失。

矫正措施四：政府税收。政府税收主要是用来矫正负外部性。矫正性税收着眼于边际私人成本的调整。其基本原理是：对带有负外部性的产品或劳务征收相当于其边际外部成本大小的税收，以此将征税产品或劳务的边际私人成本提高到同边际社会成本相一致的水平，即可实现负外部性内在化。所以，征税额与外部性相等是这种矫正性措施的基本特征。有关庇古税内容，参见专栏 2-2。

**专栏 2-2 庇 古 税**

庇古是英国经济学家，剑桥学派的主要代表之一。庇古青年时代在剑桥大学学习，最初专业是历史，后受到经济学家马歇尔的影响，在其鼓励下转学经济学。庇古 1920 年出版的《福利经济学》被视为福利经济学的经典。

庇古在分析控制环境污染这种负外部性行为时，指出政府可以对产生负外部性的企业征收一种惩罚性的税收或收费，以实现负外部性的内在化，后来人们就把这种矫正性税收称为“庇古税”。

20 世纪 70 年代以来，许多国家采用“庇古税”的思想，利用税收手段（如美国的硫税、芬兰的碳税、丹麦的生态税等）治理环境，取得了明显的社会效果，环境污染得到有效控制，环境质量有了进一步的改善。除了环境方面的好处，许多学者研究表明，“庇古税”还对提高效率、增加就业、促进增长等具有积极的作用，因此也称“庇古税”有“双重红利”效应。

资料来源：根据相关资料整理。

矫正措施五：政府补贴。政府提供补贴主要用来矫正正外部性。矫正性补贴着眼于边际私人收益的调整。其基本原理是：对带有正外部性的产品或劳务，按照该种产品或劳务的边际外部收益的大小发放补贴，以此将补贴产品或劳务的边际私人收益提高到同边际社会收益相一致的水平，即可实现正外部性内在化。所以，补贴额与外部性相当是这种矫正性措施的基本特征。

3. 对自然垄断的管制

政府常用的管制手段是价格管制。价格管制主要体现为政府的公共定价，但怎么定价、定价多少又是十分复杂的问题。举例来说，如果政府根据平均成本定价，虽然企业无法获得垄断利润，但仍没有达到完全竞争市场的效率要求；如果根据边际成本定价，虽然这是经济效率所要求的定价，但由于边际成本总是低于平均成本，企业将因此而亏损，需要政府给予一定的财政补贴才能维持。

一般来说，财政进行资源配置的范围是由国家的经济职能和财政自身的特点、能力所决定的。具体而言，市场经济中财政配置资源的范围应当包括政府履行职能支出、基础设施、基础工业、社会公益性事业等。

需要指出的是，财政配置资源的合理范围不是一成不变的，财政配置资源的范围受市场机制完善程度制约。市场发育状况越好，筹资机制越健全，微观经济主体的独立性越大，居民收入水平越高，财政进行资源配置的范围相对越小。尤其是基础工业投资、部分社会公益投资、文化教育等项目可以转向市场调节。但这种变化并不一定是单方向的，往往是在减少一些项目的同时，因市场经济发展而产生新的对政府支出的需要，如环境保护和改善方面的支出。此外，即使是实行相同经济体制的国家，因其生产力发展所处的阶段、采取的经济发展战略以及其他国情存在差异，财政配置资源的范围也会有所差别。例如，处于经济发展起飞阶段的国家，基础设施和基础工业建设的任务繁重，尤其是实行重化工业—加工工业—高科技产业发展战略的国家或地区，政府投资额巨大；而经济发展进入成熟阶段的国家，政府直接投资的比重相对较少。

（二）财政介入资源配置的机制和手段

1. 实现资源在政府和私人部门之间的合理配置

从社会总资源配置的角度看，政府和私人部门各应获得合理的份额。一方面既能保证满足政府提供公共产品的需要，另一方面又能保证私人部门顺利发展的需要，从而实现社会总资源配置的均衡。这就要根据市场经济条件下政府的职能，确定财政职能的合理范围，并进而确定财政参与国民收入分配的适当比例。

2. 优化财政支出结构

财政支出结构即财政资源内部的配置比例，主要包括生产性支出和非生产性支出比例、购买性支出和转移性支出比例。前一个比例表明资本品和消费品的配置结构，后一个比例则表明财政配置功能的大小。这两个比例的恰当与否，直接决定了财政资源内部的配置是否合理。

3. 合理运用财政收支政策，调节市场机制

政府投资、税收、公债、补贴等财政手段在一定程度上能够引导社会资源在不同地区和不同部门之间的流动，对市场机制配置资源起到引导、修正和补充的作用，从而有助于提高社会总体的资源配置效率。

4. 提高财政配置资源的效率

财政配置资源的目标是使社会总资源得到最有效的利用，因此，财政的资源配置也必须讲求效率。比如，通过对投资和非生产性支出进行成本效益分析，以判明其所费资源和所获社会经济效益的对比关系，作为决定是否安排某项支出、

安排顺序和安排多少数量的依据，以最大限度地做到用最少的财政支出取得最大的社会经济效益。

## 二、收入分配职能

收入分配通常是指一定时期内所创造的国民收入在国家、企业和个人等多种经济主体之间的分割，以及由此形成的收入流量的分配格局和存量的财产分配格局。收入分配的理想目标是实现分配公平。分配公平包括经济公平和社会公平两个方面。其中，经济公平要求各经济主体获取收入的机会均等，等质等量的要素投入应获得等量的收入，因此，经济公平是在平等竞争的环境下由等价交换来实现的，是市场经济的内在要求。社会公平则要求将收入差距维持在一定阶段上社会各阶层所能接受的合理范围内，因此，社会公平不是收入的均等，其标准受到人们的经济承受力、心理承受力、政治经济大环境等多种因素的影响。

### （一）收入分配职能的界定

在市场经济条件下，收入分配首先受市场机制调节，收入按照投入要素的数量、质量、市场价格进行分配，要素收入与要素投入相对称。因此，市场机制调节收入的结果可以较好地体现经济公平。但是，社会公平却难以通过市场机制予以完全实现。因为个人拥有原始生产要素多少的不同以及个人禀赋、努力程度的不同，市场机制分配的结果可能会造成富者越富、贫者越贫的结果，即在市场经济中通常不存在以社会公平为目标的再分配机制，一些无劳动能力又无其他要素可以提供的人，就无法通过市场取得收入，以维持生存。而且在市场经济中，即使有一些私人慈善机构能够进行某些方面的再分配活动，但是由于能力有限和缺乏协调，也不能从根本上解决社会公平问题。因此，政府的介入是必然的。财政的收入分配职能就是要求财政运用多种方式，参与国民收入的分配和调节，以期达到收入分配的经济公平和社会公平。

财政的收入分配职能总会使一些人受益，一些人受损。依据公平与效率的原则，如果一味地追求社会公平必然会造成效率损失，情况严重的会影响生产积极性，阻碍社会经济发展；如果财政不对市场分配格局进行调节，贫富差距悬殊的分配结果又会造成社会秩序紊乱，反过来影响市场效率的实现。因此，在发挥财政的收入分配职能时，应当兼顾公平与效率之间的均衡，在不损失或尽量少损失效率的前提下，通过财政的再分配政策，最大限度地实现社会公平的目标。

财政进行收入分配的逻辑前提之一是划清市场分配与财政分配的原则界限。一般来说，在市场经济中，市场可以形成较为合理的企业职工工资、租金收入、利息收入、股息红利收入、企业利润等，使之符合经济公平，所以财政原则上不应直接介入这些要素价格的形成（稀缺资源的垄断性收入除外）。

（二）财政介入收入分配的机制和手段

1. 运用政府税收调节企业收入和个人收入，使之符合社会公平

税收是调节收入分配的主要手段：通过间接税调节各类商品的相对价格，从而调节各经济主体的要素分配；通过企业所得税调节公司的利润水平；通过个人所得税调节个人的劳动收入和非劳动收入，使之维持在一个合理的差距范围内；通过资源税调节由于资源条件和地理条件而形成的级差收入；通过遗产税、赠与税调节个人财产分布；通过消费税调节个人的实际收入水平，等等。

2. 规范政府的资产性收入

政府作为资产所有者，应遵循市场原则，依据财产权利，以股息、红利、利息、上缴利润等形式取得所有权收入。

3. 规范工资制度

这里是指由国家预算拨款的公务员工资制度以及事业单位职工的工资制度。凡应纳入工资范围的收入都应纳入工资总额，取消各种明补和暗补，提高工资的透明度；实现个人消费品的商品化，取消变相的实物工资；建立以工资收入为主、工资外收入为辅的收入制度。在规定公务员和事业单位人员的工资构成、等级、增长等制度时，要使之与企业职工工资形成较合理的比例，从而符合经济公平。

4. 完善社会保险制度

为解决信息不对称所引发的逆向选择和道德风险问题，应由政府出面在社会范围内组织强制性的社会保险制度。① 社会保险着眼于全社会的共同利益，强制全体社会成员参加，将成员个体的养老、医疗、失业、工伤等风险在全社会范围内分担化解，可以有效克服机会主义现象，有助于解决企业和个人无力解决的社会保险问题。

5. 完善特殊群体的社会保障制度

特殊群体的社会保障制度在我国主要包括社会救助、社会福利和社会优抚，各自针对不同人群。社会救助是针对社会成员因无劳动能力和其他要素，无收入或收入甚少从而不能维持最低限度生活水平时，通过转移性支出，如救济支出、救灾支出或扶贫支出等，保证其最基本生活需要，使每个社会成员得以维持起码的生活水平和福利水平。社会福利是针对特殊困难群体、特殊弱势群体所提供的物质帮助和服务，如儿童福利、老年福利、残疾人福利等。社会优抚是针对为国家和社会做出过特殊贡献的贡献者本人及其家属，通过抚恤、优待和安置等方

---

① 中国目前的社会保险制度包括基本养老保险、基本医疗保险（含生育保险）、失业保险、工伤保险。有关社会保险的相关内容，参见本书第六章第一节。

式，对其提供一定资金或服务、具有褒扬性质的特殊社会保障。

## 三、经济稳定与发展职能

### （一）经济稳定与发展职能的界定

经济稳定包含充分就业、物价稳定和国际收支平衡等多重含义。其中，充分就业是指有能力工作、愿意工作且在寻找工作的人的充分就业。由于经济结构的不断调整，就业结构也在不断变化，在任一时点上，总会有一部分人暂时脱离工作岗位而处于待业状态，所以，充分就业并不意味着可就业人口的100%全部就业，一般来说，95%~97%的就业率就可认为达到了充分就业。物价稳定是指物价上涨幅度维持在不至于影响社会经济正常运行的范围内。因为在纸币制度下，物价上涨是一种经常现象，只要物价的上涨幅度限于社会可以忍受的范围之内，即不破坏社会经济正常运行，此时的物价就是一种稳定的物价。一般认为，年物价上涨率保持在5%以下就可视为物价稳定。国际收支平衡是指一国在国际经济往来中，应当维持经常性项目收支（进出口收支、劳务收支和无偿转移收支）的大体平衡，因为国际收支与国内收支是密切联系的，国际收支不平衡同时意味着国内收支的不平衡。

增长和发展是不同的概念。增长是指一个国家的产品和劳务的数量的增加，通常用国民生产总值（GNP）或国内生产总值（GDP）及其人均水平来衡量。发展是一个包括经济增长、经济和社会进步等若干内容在内的概念。它不仅意味着一国实际产出的增加，而且意味着随着产出的增加而带来的经济结构的优化，经济效益的提高，地区经济发展水平差距的缩小，收入分配结构的改善，以及社会进步和生活质量的提高，如教育、文化、卫生、社会保障事业的发展等。简言之，发展是一个通过物质生产的不断增长来满足人们不断增长的基本需要的概念，对发展中国家来说，包括消除贫困、失业、文盲、疾病和收入分配不公平等现象。

在任何经济体制下，经济的稳定和发展都是政府希望实现的目标，因此必然构成财政的重要职能之一。财政的经济稳定和发展职能，就是财政作为政府重要的宏观调控手段，通过运用多种财政手段，有意识地影响和调控经济，以实现经济的稳定发展。

### （二）财政介入经济稳定与发展的机制和手段

1. 运用各种收支手段，逆经济风向调节，促进社会总供求的平衡

经济稳定的目标集中体现为社会总供给和社会总需求的大体平衡。如果社会总供求保持了平衡，物价水平就基本稳定，经济增长率也是适度的，而充分就业和国际收支平衡也不难实现。财政政策是维系总供求大体平衡的重要手段。当总

需求超过总供给时，财政可以实行紧缩政策，减少支出和增加税收或两者并举；一旦出现总需求小于总供给的情况，财政可以实行适度放松政策，增加支出和减少税收或两者并举，由此扩大总需求。在这个过程中，财政收支发生不平衡是可能的而且是允许的。针对不断变化的经济形势而灵活地变动支出和税收，被称为“相机抉择”的财政政策。

2. 运用财政收支活动中的制度性因素，发挥“自动稳定”的作用

例如，通过制定累进所得税制度发挥稳定经济的作用。当经济过热、投资增加、国民收入增加时，累进所得税会自动随之增加，从而可以适当压缩人们的购买能力，防止发生通货膨胀。当经济衰退、投资减少、国民收入下降时，累进所得税又会自动随之递减，从而防止因总需求过度缩减而导致的经济萧条。再如制定完备的失业救济金制度，由于其规定了领取失业救济金的收入标准，当人们的收入因经济过热而普遍增加时，可领取失业救济金的人数自然减少，救济金支出随之减少，从而财政总支出“自动”得到压缩；反之，当人们的收入因经济不景气而普遍下降时，有资格领取失业救济金的人数自然增加，救济金支出随之增加，从而财政总支出“自动”获得增加。总之，通过财政的某些制度性安排，可以自动适应经济周期的变化，减小波动幅度。从原则上说，凡是业已规定的、当经济现象达到某一标准就必须安排的收入和支出，均具有一定的“自动稳定”作用。只是这种“自动稳定”机制的作用大小要受制于各国实际的收支制度的具体规定。

3. 通过合理安排财政收支结构，促进经济结构优化

例如，通过投资、补贴和税收等多方面安排，加快农业、能源、交通运输、邮电通信等公共设施的发展，消除经济增长中的“瓶颈”，并支持第三产业的兴起，加快产业结构的转换，保证国民经济稳定与高速发展的最优结合。同时，财政应切实保证那些非生产性的社会公共需要，为经济和社会发展提供和平与安定的环境。提高治理污染、保护生态环境以及文教、卫生支出的增长速度，同时完善社会福利和社会保障制度，使增长与发展相互促进，相互协调，避免出现某些发展中国家曾经出现的“有增长而无发展”或“没有发展的增长”的现象。

## 四、财政基本职能的总体考察

上述财政的三种职能之间，既有一致性，又有矛盾性。

其一致性表现为互为条件，相互促进。收入分配是各职能的前提，因为一切收支活动都涉及各经济主体之间的利益关系。资源配置是通过各经济主体实现的，调整资源配置必然触及各经济主体的经济利益，调整资源配置的过程也就是

调整经济利益的过程。经济稳定与发展则一般表现为前两种职能的结果，反过来又成为实现前两种职能的前提条件。

其矛盾性则主要表现在以下三个方面。

（一）资源配置职能和收入分配职能的矛盾

财政收入分配职能的实现主要是通过税收转移方案而实现的，即政府通过课征累进所得税从高收入家庭筹措资金，再通过补助金或救济金制度，把资金转移给低收入家庭。而资源配置职能的实现需要筹集财政资金以提供公共产品，如果这部分资金主要是通过税收取得，当预算规模较小时，通过累进税取之于高收入阶层即可满足需要，但当预算规模较大时，资金的大部分就不得不取之于中等收入与低收入阶层，这就妨碍了财政再分配职能的实现。总之，财政的收入分配职能侧重于“削高补低”区别对待的再分配效应，财政的资源配置职能则侧重于公共性、基础性、规模性的公共产品供给，政府需根据具体国情统筹兼顾。

（二）资源配置职能和经济稳定与发展职能的矛盾

前面提过，财政经济稳定与发展的职能表现在，当经济萧条、失业增加出现时，政府往往扩大财政支出以增加社会总需求，而当经济过热、通货膨胀出现时，政府常常缩减财政开支以限制社会总需求。而资源配置的职能表现在政府通过财政支出提供公共产品。财政支出的变化必然会影响公共产品的提供，从而影响资源配置职能的实现。当经济萧条需要扩大财政支出时，公共产品的供给易出现相对过剩情况，而当经济过热需要紧缩开支时，公共产品则往往面临供给不足的问题。因此，财政资源配置的顺周期需求和财政调节经济稳定与发展的逆周期需求之间的矛盾也是一种客观存在。

（三）收入分配职能和经济稳定与发展职能的矛盾

财政经济稳定与发展的职能还可以通过税收的增加或削减来实现，即在严重失业时期实行减税，特别是对低收入阶层实行较多的税收减免，因为较之高收入者，低收入者的花费会多于其被减免的税收额，因而更有利于需求的扩大。在通货膨胀时期则实行增税，特别要提高低收入阶层的税收，因为他们比高收入者更可能降低需求。这种做法无疑会影响财政调节收入分配职能的实现。除上述矛盾外，如果只考虑经济增长目标，收入分配职能的实现与经济增长也会出现冲突。较高的增长率要求较高的资本形成率，而较高的资本形成率则要求增加储蓄与投资。由于高收入者的边际储蓄倾向要高于低收入阶层，所以似乎需要一个累退所得税制，这与要求实行累进所得税制的财政再分配职能相矛盾。

总之，财政诸职能之间的矛盾是客观存在的，调节矛盾的主要途径是要根据各种财政调节手段的不同功能，并结合一定时期的政策目标对运行机制实施政策调节，以形成相对协调的财政运行机制。

## 五、国家治理与财政职能

当前，我国已经进入全面深化改革的历史阶段。党的十八届三中全会首次提出“推进国家治理体系和治理能力现代化”这个重大命题，并把“完善和发展中国特色社会主义制度、推进国家治理体系和治理能力现代化”① 确定为全面深化改革的总目标，系统擘画了经济、政治、文化、社会、生态以及党的建设等方面的改革任务。在深化财税体制改革部分，首次提出“财政是国家治理的基础和重要支柱”，将财政上升到国家治理层面，赋予其国家治理的“基础和重要支柱”地位，并明确指出“科学的财税体制是优化资源配置、维护市场统一、促进社会公平、实现国家长治久安的制度保障”，由此也进一步明晰了财政在实现国家治理体系和治理能力现代化过程中的职能作用。

与前文分析的资源配置、收入分配、经济稳定与发展等公共财政的基本职能相比，作为国家治理基础和重要支柱的财政，其职能范围有了较大扩展，具体表现在以下四个方面。

第一，优化资源配置职能。市场决定资源配置是市场经济的一般规律，健全社会主义市场经济体制必须遵循这条规律，着力解决市场体系不完善、政府干预过多和监管不到位问题。财政优化资源配置的主要机制和手段包括：(1) 减少政府对资源的直接配置，推动资源配置依据市场规则、市场价格、市场竞争实现效益最大化和效率最优化。(2) 充分发挥财政的资源配置职能，弥补市场失灵，推动经济更有效率、更加公平、更可持续发展。

第二，维护市场统一功能。维护市场统一的前提和基础是处理好政府和市场的关系，科学界定政府和市场的边界，推动有为政府和有效市场的更好结合；重点和关键则在于建设全国统一大市场。具体来说，财政维护市场统一的主要机制和手段包括：(1) 健全政府间财政关系，合理划分财政事权与支出责任，促进基本公共服务均等化。(2) 落实税收法定原则，有序推进税收立法，

① 国家治理体系主要是指党领导人民治理国家的制度体系，包括根本政治制度、基本政治制度、基本经济制度、中国特色社会主义法律体系，以及经济、政治、文化、社会、生态文明建设和党的建设等各领域的体制机制。国家治理能力则是指运用制度体系管理国家和社会各方面事务的能力，包括治党治国治军、促进改革发展稳定、维护国家安全利益、应对重大突发事件、处理各种复杂国际事务等方面的能力。治理体系与治理能力二者之间是相辅相成、密不可分的。一方面，治理体系是治理能力形成的基础，治理能力的提升有赖于治理体系的建构；另一方面，治理能力彰显治理体系的功能，治理能力强大是治理体系完备的表现，只有不断提升治理能力才能充分发挥治理体系的效能。

维护全国大市场的统一。(3) 完善财税优惠政策，及时清理短期性、暂时性的各类优惠政策，破除全国统一大市场建设的地方保护、市场分割和区域壁垒。(4) 规范税收执法，完善税收征管流程，推进税收征管公平，提升税收执法管理现代化水平。

第三，促进社会公平职能。公平正义是中国特色社会主义的内在要求。中国式现代化既要创造比资本主义更高的效率，又要更有效地维护社会公平，更好实现效率与公平相兼顾、相促进、相统一。要实现社会公平目标，一方面应推动经济发展，通过发展夯实实现社会公平的物质基础，另一方面要充分发挥财政对社会公平的促进作用。具体来说，财政促进社会公平的主要机制和手段包括：(1) 加大对教育、医疗、就业等基本公共服务的提供力度，提高公共服务的获得感，实现基本公共服务均等化。(2) 加强社会保障体系建设，完善社会保险制度，加大对社会救助、社会福利系统的支持力度，确保社会保障体系公正、健康运行。(3) 完善三次分配政策体系，促进收入和财富的公平分配，实现共同富裕(见专栏 2-3)。

**专栏 2-3 扎实推动共同富裕（节选）**

总的思路是，坚持以人民为中心的发展思想，在高质量发展中促进共同富裕，正确处理效率和公平的关系，构建初次分配、再分配、三次分配协调配套的基础性制度安排，加大税收、社保、转移支付等调节力度并提高精准性，扩大中等收入群体比重，增加低收入群体收入，合理调节高收入，取缔非法收入，形成中间大、两头小的橄榄型分配结构，促进社会公平正义，促进人的全面发展，使全体人民朝着共同富裕目标扎实迈进。

第一，提高发展的平衡性、协调性、包容性。要加快完善社会主义市场经济体制，推动发展更平衡、更协调、更包容。要增强区域发展的平衡性，实施区域重大战略和区域协调发展战略，健全转移支付制度，缩小区域人均财政支出差异，加大对欠发达地区的支持力度。要强化行业发展的协调性，加快垄断行业改革，推动金融、房地产同实体经济协调发展。要支持中小企业发展，构建大中小企业相互依存、相互促进的企业发展生态。

第二，着力扩大中等收入群体规模。要抓住重点、精准施策，推动更多低收入人群迈入中等收入行列。高校毕业生是有望进入中等收入群体的重要方面，要提高高等教育质量，做到学有专长、学有所用，帮助他们尽快适应社会发展需要。技术工人也是中等收入群体的重要组成部分，要加大技能人才培养力度，提高技术工人工资待遇，吸引更多高素质人才加入技术工人队伍。中小企业主和个体工商户是创业致富的重要群体，要改善营商环境，减轻税费负担，提供更多市场化的金融服务，帮助他们稳定经营、持续增收。进城农民工是中等收入群体的重要来源，要深化户籍制度改革，解决好农业转移人口随迁子女教育等问题，让他们安心进城，稳定就业。要适当提高公务员特别是基层一线公务员及国有企事业单位基层职工工资待遇。要增加城乡居民住房、农村土地、金融资产等各类财产性收入。

第三，促进基本公共服务均等化。低收入群体是促进共同富裕的重点帮扶保障人群。要加大普惠性人力资本投入，有效减轻困难家庭教育负担，提高低收入群众子女受教育水平。要完善养老和医疗保障体系，逐步缩小职工与居民、城市与农村的筹资和保障待遇差距，逐步提高城乡居民基本养老金水平。要完善兜底救助体系，加快缩小社会救助的城乡标准差异，逐步提高城乡最低生活保障水平，兜住基本生活底线。要完善住房供应和保障体系，坚持房子是用来住的、不是用来炒的定位，租购并举，因城施策，完善长租房政策，扩大保障性租赁住房供给，重点解决好新市民住房问题。

第四，加强对高收入的规范和调节。在依法保护合法收入的同时，要防止两极分化、消除分配不公。要合理调节过高收入，完善个人所得税制度，规范资本性所得管理。要积极稳妥推进房地产税立法和改革，做好试点工作。要加大消费环节税收调节力度，研究扩大消费税征收范围。要加强公益慈善事业规范管理，完善税收优惠政策，鼓励高收入人群和企业更多回报社会。要清理规范不合理收入，加大对垄断行业和国有企业的收入分配管理，整顿收入分配秩序，清理借改革之名变相增加高管收入等分配乱象。要坚决取缔非法收入，坚决遏制权钱交易，坚决打击内幕交易、操纵股市、财务造假、偷税漏税等获取非法收入行为。

第五，促进人民精神生活共同富裕。促进共同富裕与促进人的全面发展是高度统一的。要强化社会主义核心价值观引领，加强爱国主义、集体主义、社会主义教育，发展公共文化事业，完善公共文化服务体系，不断满足人民群众多样化、多层次、多方面的精神文化需求。要加强促进共同富裕舆论引导，澄清各种模糊认识，防止急于求成和畏难情绪，为促进共同富裕提供良好舆论环境。

第六，促进农民农村共同富裕。促进共同富裕，最艰巨最繁重的任务仍然在农村。农村共同富裕工作要抓紧，但不宜像脱贫攻坚那样提出统一的量化指标。要巩固拓展脱贫攻坚成果，对易返贫致贫人口要加强监测、及早干预，对脱贫县要扶上马送一程，确保不发生规模性返贫和新的致贫。要全面推进乡村振兴，加快农业产业化，盘活农村资产，增加农民财产性收入，使

> 更多农村居民勤劳致富。要加强农村基础设施和公共服务体系建设，改善农村人居环境。
>
> 资料来源：习近平：《扎实推动共同富裕》，《求是》2021年第20期，第7—8页。

第四，实现国家长治久安职能。“当前和今后一个时期，我们在国际国内面临的矛盾风险挑战都不少，决不能掉以轻心。”① 国家治理的过程是不断应对各类社会矛盾和防范风险的过程。财政实现国家长治久安的主要作用机制和手段包括：（1）发挥好经济稳定与发展职能，有效防止经济波动，促进经济高质量发展。（2）统筹发展和安全，贯彻总体国家安全观，为健全国家安全体系提供各类物质基础和保障，切实增强维护国家安全的能力。

## 思考题

1. 市场机制发挥作用的条件是什么？
2. 如何理解市场在资源配置中起决定性作用和更好发挥政府作用？
3. 如何识别公共产品和私人产品？请举例说明。
4. 举例说明负外部性及其主要治理方式。
5. 如何理解财政的收入分配职能？

▶ 即测即评

① 《下好先手棋　打好主动仗——习近平总书记关于防范化解重大风险论述综述》，《人民日报》2021年4月15日。

# 第三章　财政支出总论

财政支出是财政活动的一个重要方面，是国家（政府）把筹集到的财政资金用于社会生产和生活各个方面的分配活动。财政对经济社会的影响作用主要表现在财政支出上，换句话说，政府在一定时期内各项公共政策目标能否实现，在很大程度上取决于财政支出的规模、结构和绩效。财政支出是政府履行经济社会管理职能的直接体现，也是政府配置社会资源的重要手段，涉及纳税人以及社会各个阶层、各方面的切身利益，直接关乎老百姓的幸福感和获得感，为社会各界所关注。在安排财政支出过程中，政府需要处理政治、经济、社会等各类错综复杂的利益关系。

本章共分四节。第一节为财政支出概述，介绍财政支出的概念与分类。第二节为财政支出规模与结构，主要包括财政支出规模与结构的变化趋势及理论分析，财政支出规模与结构的优化方向。第三节为财政支出的经济效应，介绍财政支出的收入效应、替代效应、经济增长效应、挤出效应和收入分配效应。第四节为财政支出绩效，介绍财政支出绩效的内涵、评价方法及全面实施财政支出预算绩效管理的重点。

## 第一节　财政支出概述

### 一、财政支出的概念

财政支出可从静态和动态两个方面来理解。从静态来看，财政支出通常是指各级政府通过预算形式安排、支配的资金量，这个资金量是指一个预算年度终了时政府所累积支出的总量。从动态来看，财政支出是各级政府在一个预算年度内持续分配预算资金的活动过程。政府安排财政资金的根本目的是满足其履行职能的需要，因此，财政支出规模是否适度、财政支出结构安排合理与否，直接关系到政府能否充分、有效地履行其职能。

一国财政支出又是各级政府履行职能所支付的成本，财政支出的规模和结构不仅反映政府介入经济社会生活的深度和广度，而且反映政府实施宏观调控的具体意图。财政支出的规模应当适度、结构应当合理，而提高财政支出效益是加强财政支出管理的基本要求。政府职能范围的大小决定财政支出的范围，如果政府职能范围发生变化，财政支出的范围也要相应发生变化。在市场经济条件下，政府职能范围应当限定在市场失灵领域，从而决定了财政支出的范围也应当限于市场失灵领域。

## 二、财政支出的分类

财政支出的分类，是按照一定的划分标准对各类财政支出项目进行归类。财政支出分类的目的，是知晓财政支出的去向，分析财政支出的变化规律，从而加强财政支出管理，使财政支出的结构更加优化，财政资源配置效率更高。

常见的财政支出分类主要有以下四种。

### （一）按政府职能分类

由于财政支出是为了实现国家职能而安排的，按政府职能分类是比较常用且非常重要的分类方法，它提供了某项财政支出的目的信息。

国际货币基金组织（IMF）出版的《2014 年政府财政统计手册》将财政支出按政府职能划分为 10 个类别，分别是一般公共服务，国防，公共秩序和安全，经济事务，生态环境保护，住房和社会福利设施，医疗保健，娱乐、文化和宗教，教育，以及社会保障（见专栏 3-1）。

**专栏 3-1　国际货币基金组织按政府职能划分的财政支出类别**

（1）一般公共服务：包括行政和立法机关、金融和财政事务、对外事务，对外经济援助，一般服务，基础研究，一般公共服务的研究与开发，未另分类的一般公共服务，公共债务交易，各级政府间的一般性转移等。

（2）国防：包括军事防御，民防，对外军事援助，国防的研究与开发，未另分类的国防等。

（3）公共秩序和安全：包括警察服务，消防服务，法庭，监狱，公共秩序和安全的研究与开发，未另分类的公共秩序和安全等。

（4）经济事务：包括一般经济，商业和劳工事务，农业，林业，渔业和狩猎业，燃料和能源，采矿业，制造业和建筑业，运输，通信，其他行业，经济事务的研究与开发，未另分类的经济事务等。

（5）生态环境保护：包括废物管理，废水管理，减轻污染，保护生物多样性和自然景观，生态环境保护的研究与开发，未另分类的生态环境保护等。

（6）住房和社会福利设施：包括住房开发，社区发展，供水，街道照明，住房和社会福利设施的研究与开发，未另分类的住房和社会福利设施等。

（7）医疗保健：包括医疗产品，器械和设备，门诊服务，医院服务，公共医疗保健服务，医疗保健的研究与开发，未另分类的医疗保健等。

（8）娱乐、文化和宗教：包括娱乐和体育服务，文化服务，广播和出版服务，宗教和其他社区服务，娱乐、文化和宗教的研究与开发，未另分类的娱乐、文化和宗教等。

(9) 教育：包括学前和初等教育，中等教育，中等教育后的非高等教育，高等教育，无法定级的教育，教育的辅助服务，教育的研究与开发，未另分类的教育等。

(10) 社会保障：包括伤病和残疾，老龄，遗属，家庭和儿童，失业，住房，未另分类的社会排斥，社会保障的研究与开发，未另分类的社会保障等。

资料来源：《2014 年政府财政统计手册》(Government Finance Statistics Manual 2014)，第 143 页。

2007 年之前，我国财政支出按政府职能分为五大类，分别为：经济建设支出、社会文教支出、行政管理费支出、国防支出和其他支出。2007 年 1 月 1 日，在参考国外支出的政府职能分类办法的基础上，结合我国政府职能构成和财政管理的实际需要，我国开始实施新的财政支出分类，这一分类在按政府职能设置的基础上同时考虑了政府活动、行业以及资金用途等，将全部财政支出分为 17 大类。此后财政部几乎每年都会同中国人民银行以及国家税务总局等部门，根据财政改革的需要，对政府收支分类科目不断进行修改、补充和完善，目前已经形成了《2023 年政府收支分类科目》，其中一般公共预算支出功能分类科目如表 3-1 所示。

**表 3-1 我国 2023 年一般公共预算支出功能分类科目**

| 类名称 | 设款 | 类名称 | 设款 |
|---|---|---|---|
| 1. 一般公共服务支出 | 26 | 15. 商业服务业等支出 | 3 |
| 2. 外交支出 | 9 | 16. 金融支出 | 5 |
| 3. 国防支出 | 5 | 17. 援助其他地区支出 | 9 |
| 4. 公共安全支出 | 11 | 18. 自然资源海洋气象等支出 | 3 |
| 5. 教育支出 | 10 | 19. 住房保障支出 | 3 |
| 6. 科学技术支出 | 10 | 20. 粮油物资储备支出 | 4 |
| 7. 文化旅游体育与传媒支出 | 6 | 21. 灾害防治及应急管理支出 | 7 |
| 8. 社会保障和就业支出 | 21 | 22. 预备费 | — |
| 9. 卫生健康支出 | 13 | 23. 其他支出 | 2 |
| 10. 节能环保支出 | 15 | 24. 转移性支出 | 10 |
| 11. 城乡社区支出 | 6 | 25. 债务还本支出 | 3 |
| 12. 农林水支出 | 8 | 26. 债务付息支出 | 3 |
| 13. 交通运输支出 | 6 | 27. 债券发行费用支出 | 3 |
| 14. 资源勘探工业信息等支出 | 7 | | |

资料来源：中华人民共和国财政部制定：《2023 年政府收支分类科目》，中国财政经济出版社 2022 年版。

财政支出按政府职能分类是目前我国编制执行财政预算、进行预算拨款采用的分类方法。这种分类方法可以较为明确、具体地体现财政资金在各项职能或事业间的分配格局和各项职能的实现程度，并反映各项财政职能在不同时期的变动情况，以这种方法研究财政支出结构可以反映一国政府在某一时期的工作重点。

（二）按经济性质分类

财政支出按经济性质可分为购买性支出和转移性支出。

购买性支出是指政府为开展政务活动的需要，按照等价交换原则，从市场上购买商品和服务而发生的支付活动。具体包括政府部门的消费支出和投资支出，前者诸如国防支出、行政支出，后者如各级政府公共投资支出。政府在付出这类支出的同时，获得了相应的商品和服务的所有权和使用权。政府只有购买这些商品和服务，才能生产出公众所需的公共产品和服务。它是政府对经济资源的一种消耗，因此又称为消耗性支出。

转移性支出是指政府单方面地、无偿地支付给其他经济主体的财政资金，不相应地获得商品和服务。具体包括社会保障支出、财政补贴支出和税式支出等。政府在付出资金时，并没有相应地获得任何回报。这时，政府所扮演的是一个“中间人”的角色，将一部分人的收入转移给支出的接受者。所以，它对资源在政府和企业、个人之间的配置不产生影响，只影响企业、个人之间的收入再分配。它体现的是政府在收入分配方面的职能和作用。社会保障支出是指政府通过财政向因各种原因暂时或永久性丧失劳动能力、失去工作机会或生活面临困难的社会成员提供基本生活保障的支出（本书第六章中将详细介绍社会保障支出）。财政补贴支出是指通过影响相对价格结构，从而改变资源配置结构、供给结构和需求结构的政府无偿支出，主要有价格补贴、企业亏损补贴、财政贴息等。其中，价格补贴是指政府向某种商品的生产经营者或消费者无偿支付补贴资金，以维持一定价格水平的措施，其实质是对这些生产经营者或消费者的经济利益损失所做的补偿，一般多用于农业、对外贸易和交通运输业等领域；企业亏损补贴又称国有企业计划亏损补贴，主要是指国有企业按照国家计划生产、经营某些产品，当出现政策性亏损时，政府向这些企业拨付的补贴资金；财政贴息是指政府对使用某些规定用途的银行贷款的企业，就其支付的贷款利息提供的补贴，即财政代企业向银行支付一部分利息。税式支出是指由特殊的法律条款规定的、给予特定类型的活动或纳税人以各种税收优惠待遇而形成的税收收入损失或放弃的税收收入，包括照顾性税式支出和刺激性税式支出。照顾性税式支出主要是针对纳税人由于客观原因在生产经营上发生临时困难而无力纳税所采取的照顾性措施。刺激性税式支出主要是指用来改善资源配置、增进经济效率的特殊减免规定，其主要目的在于正确引导产业结构、产品结构、进出口结构以及市场供求，促进纳税人开发新产品、新技术以及积极安排劳动就业等。

如果将购买性支出、转移性支出对经济的不同影响与财政职能结合起来考察，还可以看到两类支出与履行财政职能之间的关系。由于购买性支出的影响集中在社会资源配置状况、社会总供给与总需求的平衡上，因此，购买性支出成为政府履行其资源配置职能和经济稳定与发展职能的工具；而转移性支出的影响集中在分配领域，因此，转移性支出成为财政履行收入再分配职能的重要工具。

按照 2007 年 1 月 1 日正式实施的政府收支分类改革，我国政府支出经济分类科目设“工资福利支出”“商品和服务支出”“对个人和家庭的补助”“对企事业单位的补贴”“转移性支出”“赠与”“债务利息”“债务还本”“基本建设支出”“其他资本性支出”“贷款转贷及产权参股”“其他支出”12 类。《2023 年政府收支分类科目》将政府支出经济分类科目分为“政府预算支出经济分类科目”和“部门预算支出经济分类科目”两大类，前者包括“机关工资福利支出”“机关商品和服务支出”“对事业单位经常性补助”等 15 类，后者包括“工资福利支出”“商品和服务支出”“对个人和家庭的补助”等 10 类。

按经济性质分类是按支出的经济性质和具体用途所做的一种分类。在按政府职能分类明确反映政府职能活动的基础上，按经济性质分类反映政府的钱究竟是怎么花出去的，是政府财政支出具体形式的体现。与按政府职能分类相比，按经济性质分类从不同侧面、以不同方式反映政府支出活动，使得政府的财政支出更加全面规范、公开透明。

（三）按行政级次分类

一般而言，按照行政级次可将财政支出分为中央财政支出和各级地方财政支出。例如，我国有五级政府，根据《中华人民共和国预算法》（简称《预算法》）“一级政府一级预算”的原则，财政支出也分为五级，分别为中央财政支出，省、自治区、直辖市财政支出，设区的市、自治州财政支出，县、自治县、不设区的市、市辖区财政支出，以及乡、民族乡、镇财政支出，后四项财政支出通常统称为“地方财政支出”。再如，美国是联邦制国家，其政府由联邦政府、州政府和地方政府组成，与之相适应的财政支出也由联邦财政支出、州财政支出和地方财政支出三个级次组成，后两者合起来也称为“地方财政支出”。

财政支出的行政级次分类反映了中央与地方在财政资源配置中的地位和相互关系。从我国历年的改革实践来看，在财政体制中，中央和地方之间的财政分配关系一直是财政体制的核心问题。这一问题的焦点在于中央与地方各级政府在财政资源配置上是否与其职能定位和权责划分相适应。

（四）按财政支出具体方式分类

财政支出按照具体方式分类，可以分为财政拨款、财政性贷款、财政补贴三种形式。财政拨款，是指各级人民政府对纳入政府预算管理的事业单位、社会团体等各类组织无偿拨付的财政资金，用于公共事业、教育、卫生方面的补贴，是财政支出的最基本方式。例如，对于我国各行政管理部门所需要的资金和国有非营利事业单位支大于收的差额，一般采用财政拨款的形式。对于企业用来构建固定资产和完成技术改造所需的专项资金，拨付企业的粮食定额补贴，鼓励企业解决职工就业问题的奖励款项，拨付企业开展科技研发活动的科研经费等，均属于财政拨款类型。

财政性贷款，是指为适应经济发展的客观需要，由财政部门以信用方式、以偿还为条件发放的财政资金。总体上来说，我国财政支出是无偿拨付的，但是在某些领域，通过信用方式进行财政支出分配，也不失为一种拨付的手段。国家将一部分财政资金拨给银行，通过银行以信贷的形式发放，形成财政性贷款，主要用于有经济收入的生产单位和企业。财政性贷款具有利息较低、到期归还、承担资金使用效益的经济责任。财政性贷款与银行贷款在一些信用形式方面有相似之处，但是在贷款性质、还款来源、贷款条件等方面差别较大。前者以国家为主体，多为长期性投资，只是使用“信用”的形式；而后者多为短期性贷款，完全是信贷资金的运动。

财政补贴，是指国家为了特定的政治、经济和社会目标，由财政安排专项基金向企业或个人提供的补贴。现有的财政补贴主要有：价格补贴、亏损补贴、职工生活补贴、利息补贴等，主要补贴对象为企业、职工和城镇居民，补贴范围包括工业、农业、商业、交通等各个国民经济部门以及生产、流通、消费各环节。财政补贴的目的是定向支持生产发展，调节供求关系，稳定市场经济，维护生产者与消费者的利益。在一定时期内，若能适当运用财政补贴，有利于协调政治、经济与社会中出现的利益矛盾，起到促进社会主义市场经济发展的积极作用。但是如果财政补贴过度，即补贴范围过广、项目过多，也会造成价格关系的扭曲，使商品真实价格体系混乱，加剧财政困难，降低国民经济效益。

## 第二节　财政支出规模与结构

### 一、财政支出规模及其变化趋势

（一）财政支出规模的含义

财政支出规模是指在一定时期（预算年度）内，政府根据国民经济发展状况和政府职能实现的要求等因素，安排和使用的财政资金的绝对量与相对量。

从概念上讲，财政支出规模有预算支出规模和决算支出规模两种形式。前者是指政府在编制年度预算时，根据支出的预算要素测算出的年度支出数；后者则是指预算年度内财政实际完成的支出总量。预算支出和决算支出往往不完全相等。但由于决算支出是实际政府活动的反映，所以进行财政支出规模比较时，一般都选用决算支出。财政支出规模反映了政府对国内生产总值的实际占有规模和程度，体现了国家的职能和政府的活动范围，是研究和确定财政分配规模的重要指标。

（二）财政支出规模的衡量指标

衡量财政支出规模的指标通常有绝对指标和相对指标两类。

财政支出规模的绝对指标，即财政支出的绝对规模，是指以一国货币单位表示的、预算年度内政府实际安排和使用的财政资金的数量总额。它可以直观地反映某一财政年度内政府支配的社会资源总量，但难以反映政府支配的社会资源在社会资源总量中所占的比重，因而不能充分反映政府在整个社会经济发展中的地位。由于绝对指标以本国货币为单位，加之不同国家的经济发展水平存在明显差异，因此不便进行横向的国际比较；另外，这一指标是以现价反映的名义财政支出规模，与以前年度，特别是物价水平变化较大年度的支出绝对额之间缺乏可比性，因此也不便进行支出规模的纵向分析。因而，相较于绝对指标，相对指标通常被作为衡量和考察财政支出规模的指标，它既可以用于不同国家支出规模的横向比较，也可以用于一国不同经济发展时期支出规模的纵向分析。

财政支出规模的相对指标，即财政支出的相对规模，是指在预算年度内政府实际安排和使用的财政资金的数额占相关经济总量指标（一般指国内生产总值）的比率。其公式为：

$$\text{财政支出相对规模}=\frac{\text{财政支出绝对规模}}{GDP}\times 100\%$$

它反映了一定时期内全社会创造的财富中由政府直接支配和使用的份额，反映了社会资源在市场和政府配置之间的比例，体现了社会财力的集中程度，也反映了财政支出与宏观经济运行以及国民收入分配之间相互关联、相互制约的关系。通过该指标，可以看出政府经济活动在整个国民经济活动中的地位及重要性。

一般地讲，在经济发展水平、产业结构等条件大致相同的情况下，财政支出相对规模越大，说明财政参与国民（内）生产总值分配的比例越高，社会财力越集中，财政支出的规模越大，政府对经济运行的介入或干预程度也就越高；反之亦然。运用相对指标研究财政支出规模，可以综合全面地反映政府的财政支出水平。如果脱离国民经济和社会发展的相关指标来研究和确定财政支出规模，就割裂了经济运行和财政支出的内在联系，也就不能真实、客观和准确地确定财政支出的规模。

（三）财政支出增长的衡量指标

由财政支出规模的绝对指标和相对指标可以衍生出反映财政支出增减变化情况的三个指标。

1. 财政支出增长率

财政支出增长率表示当年财政支出绝对规模比上年同期财政支出绝对规模增长的百分比，即所谓“同比”增长率，用 $\Delta G(\%)$ 表示。其计算公式为：

$$\Delta G(\%)=\frac{\Delta G}{G_{n-1}}=\frac{G_n-G_{n-1}}{G_{n-1}}$$

式中，$\Delta G$ 表示当年财政支出绝对规模比上年财政支出绝对规模的增（减）额；$G_n$ 表示当年财政支出绝对规模；$G_{n-1}$表示上年财政支出绝对规模。

财政支出增长率不仅考虑到了经济增长因素，而且在一定程度上消除了物价变动的影响，因而可以全面反映财政支出的增长趋势。值得注意的是，该指标不能无限提高，其数量极限是客观存在的。

2. 财政支出增长弹性系数

财政支出增长弹性系数是指财政支出增长率与国内生产总值增长率之比，反映了财政支出规模变化与 GDP 变化之间的联系，以 $E_g$ 表示。当弹性系数大于 1 时，表明财政支出增长速度快于国内生产总值增长速度，财政支出占国内生产总值的比重上升；当弹性系数等于 1 时，则说明财政支出规模与 GDP 以相同比例增长，财政支出占国内生产总值的比重保持不变；当弹性系数小于 1 时，则说明财政支出规模增速小于 GDP 增速，财政支出占国内生产总值的比重下降。其计算公式为：

$$E_g=\frac{\Delta G(\%)}{\Delta GDP(\%)}$$

其中：

$$\Delta GDP(\%)=\frac{\Delta GDP}{GDP_{n-1}}=\frac{GDP_n-GDP_{n-1}}{GDP_{n-1}}$$

式中，$\Delta GDP(\%)$ 代表国内生产总值增长率；$\Delta GDP$ 代表当年国内生产总值比上年国内生产总值的增（减）额。

3. 财政支出增长的边际倾向

财政支出增长的边际倾向表明财政支出增长额与国内生产总值增长额之间的关系，即国内生产总值每增加一个单位的同时财政支出增加多少，或财政支出增长额占国内生产总值增长额的比例，以 MGP 表示。其计算公式为：

$$MGP=\frac{\Delta G}{\Delta GDP}$$

（四）财政支出规模变化趋势

无论从发达国家还是发展中国家来看，财政支出规模都呈现出一定的上涨趋势。表 3-2 列示了 2007—2022 年部分经济合作与发展组织（OECD）国家财政支出相对量情况，整体而言，这些国家的财政支出呈现出稳中有升的态势，但受经济下滑影响，多数国家从 2010 年开始呈现出一定的下滑趋势。2020 年由于新冠疫情的影响，各国实施大规模财政刺激政策来应对危机，导致各国财政支出占比在 2020 年均出现一定幅度的上升。以美国为例，其财政支出绝对量在过去多年内一直保持上升态势，从 2010 年的 6.47 万亿美元增加到 2019 年的 8.17 万亿美元，增长了 26.3%。2020 年，美国财政支出总额更是大幅上升至近 9.98 亿元，较上年增长 22.2%。但从相对量上看，美国相对财政支出规模在 2020 年以前基本呈现出先升后降的趋势，并在 2009 年达到最高点 41.6%后开始出现下滑，最终保持在 35%左右的水平。

**表 3-2　2007—2022 年部分 OECD 国家一般财政支出占 GDP 比重**　　单位：%

| 年份 | 澳大利亚 | 加拿大 | 法国 | 德国 | 希腊 | 意大利 | 日本 | 韩国 | 西班牙 | 瑞典 | 英国 | 美国 |
|---|---|---|---|---|---|---|---|---|---|---|---|---|
| 2007 | 34.3 | 38.5 | 52.6 | 43.4 | 47.5 | 46.8 | 33.1 | 19.6 | 39.3 | 48.4 | 38.5 | 34.6 |
| 2008 | 35.1 | 38.8 | 53.3 | 44.2 | 51.3 | 47.8 | 34.1 | 19.9 | 41.4 | 49.0 | 40.9 | 37.1 |
| 2009 | 37.8 | 43.4 | 57.2 | 48.2 | 54.5 | 51.1 | 38.7 | 20.3 | 46.2 | 51.3 | 44.5 | 41.4 |
| 2010 | 37.0 | 43.1 | 56.9 | 48.1 | 53.0 | 49.9 | 37.7 | 18.6 | 46.0 | 49.4 | 44.6 | 39.8 |
| 2011 | 36.3 | 41.6 | 56.3 | 45.2 | 55.1 | 49.2 | 38.6 | 19.1 | 46.2 | 48.7 | 43.5 | 38.8 |
| 2012 | 36.6 | 40.9 | 57.1 | 44.9 | 53.7 | 50.6 | 38.6 | 19.7 | 49.5 | 49.9 | 43.7 | 37.2 |
| 2013 | 36.5 | 40.0 | 57.2 | 44.9 | 52.0 | 51.0 | 38.8 | 19.9 | 46.4 | 50.6 | 42.0 | 35.8 |
| 2014 | 36.9 | 38.4 | 57.2 | 44.3 | 50.7 | 50.9 | 38.4 | 19.8 | 45.3 | 49.7 | 41.2 | 35.4 |
| 2015 | 37.4 | 40.0 | 56.8 | 44.1 | 51.2 | 50.3 | 37.3 | 19.7 | 44.0 | 48.4 | 40.3 | 35.2 |
| 2016 | 37.4 | 40.8 | 56.7 | 44.4 | 49.9 | 49.1 | 37.2 | 19.5 | 42.5 | 48.8 | 39.5 | 35.6 |
| 2017 | 36.9 | 40.5 | 56.5 | 44.2 | 48.5 | 48.8 | 36.7 | 19.6 | 41.3 | 48.2 | 39.0 | 35.4 |
| 2018 | 37.0 | 40.7 | 55.6 | 44.3 | 48.5 | 48.4 | 36.7 | 20.4 | 41.8 | 48.8 | 38.7 | 35.6 |
| 2019 | 39.1 | 40.6 | 55.4 | 45.0 | 47.7 | 48.5 | 37.3 | 22.6 | 42.3 | 48.1 | 38.5 | 36.0 |

续表

| 年份 | 澳大利亚 | 加拿大 | 法国 | 德国 | 希腊 | 意大利 | 日本 | 韩国 | 西班牙 | 瑞典 | 英国 | 美国 |
|---|---|---|---|---|---|---|---|---|---|---|---|---|
| 2020 | 44.6 | 52.7 | 61.5 | 50.4 | 59.7 | 57.0 | 44.6 | 25.1 | 51.9 | 51.0 | 49.9 | 44.8 |
| 2021 | 42.2 | 45.9 | 59.1 | 51.3 | 57.4 | 57.3 | 42.8 | 25.8 | 50.6 | 48.4 | 46.3 | 43.0 |
| 2022 | 38.4 | 41.5 | 58.5 | 49.7 | 55.5 | 56.8 | 44.0 | 27.9 | 47.8 | 46.8 | 45.1 | 38.5 |

注：阴影部分表示 IMF 当年的预测值。

资料来源：国际货币基金组织网站。

再以我国财政支出①为例，从财政支出规模的绝对指标来看，我国财政支出总额在自改革开放以来的 40 多年内跨过了千亿元级、万亿元级、十万亿元级，进入了二十万亿元水平，总体规模大幅上升，而财政支出占 GDP 的比重则经历了一个从逐渐降低到逐渐升高的翻转趋势，究其原因，在于改革开放之初我国经济还带有一定的计划色彩，表现在财政管理上，政府集中度要高一些。同时，在经济体制转型过程中，产生了大量行政支出以及用于调动经济主体积极性的财政补贴支出；随着改革开放和社会主义市场经济体制改革的深入，原有的高度集中的统一计划管理体制被打破，政府开始逐步放权让位给国有企业，人民群众收入水平逐渐提高，政府的职能逐渐转向市场失灵的领域，因此财政管理的政府集中度开始下降；但长期较低的财政支出占比并不利于社会经济的发展，限制了政府发挥宏观调控作用的能力，随着社会主义市场经济体制的逐步推进以及国家经济的不断发展，财政支出规模又呈现出不断上涨的趋势。2005 年我国顺应经济形势转向稳健的财政政策，2005—2007 年财政支出占 GDP 比重呈现较为稳定的态势。2008 年受国际金融危机与汶川地震灾害影响，我国再次开始实施积极财政政策，推出了十项举措，加快民生工程、基础设施、生态环境建设和灾后重建，计划在 2009—2010 年完成 4 万亿元的投资规划，以扩大内需。此后十余年间，我国财政政策保持积极基调，财政支出规模再次扩张，财政支出占 GDP 比重上升至 20%以上，并长期保持 21%~26%的水平，如表 3-3 所示。

**表 3-3 1978—2021 年我国财政支出及其占 GDP 比重情况**

| 年份 | 财政支出/亿元 | GDP/亿元 | 财政支出占 GDP 比重/% |
|---|---|---|---|
| 1978 | 1 122.10 | 3 678.7 | 30.5 |
| 1991 | 3 386.62 | 22 005.6 | 15.4 |

① 此处的财政支出指“一般公共预算支出”。

续表

| 年份 | 财政支出/亿元 | GDP/亿元 | 财政支出占 GDP 比重/% |
|---|---|---|---|
| 1992 | 3 742.20 | 27 194.5 | 13.8 |
| 1993 | 4 642.30 | 35 673.2 | 13.0 |
| 1994 | 5 792.62 | 48 637.5 | 11.9 |
| 1995 | 6 823.72 | 61 339.9 | 11.1 |
| 1996 | 7 937.55 | 71 813.6 | 11.1 |
| 1997 | 9 233.56 | 79 715.0 | 11.6 |
| 1998 | 10 798.18 | 85 195.5 | 12.7 |
| 1999 | 13 187.67 | 90 564.4 | 14.6 |
| 2000 | 15 886.50 | 100 280.1 | 15.8 |
| 2001 | 18 902.58 | 110 863.1 | 17.1 |
| 2002 | 22 053.15 | 121 717.4 | 18.1 |
| 2003 | 24 649.95 | 137 422.0 | 17.9 |
| 2004 | 28 486.89 | 161 840.2 | 17.6 |
| 2005 | 33 930.28 | 187 318.9 | 18.1 |
| 2006 | 40 422.73 | 219 438.5 | 18.4 |
| 2007 | 49 781.35 | 270 092.3 | 18.4 |
| 2008 | 62 592.66 | 319 244.6 | 19.6 |
| 2009 | 76 299.93 | 348 517.7 | 21.9 |
| 2010 | 89 874.16 | 412 119.3 | 21.8 |
| 2011 | 109 247.79 | 487 940.2 | 22.4 |
| 2012 | 125 952.97 | 538 580.0 | 23.4 |
| 2013 | 140 212.10 | 592 963.2 | 23.6 |
| 2014 | 151 785.56 | 643 563.1 | 23.6 |
| 2015 | 175 877.77 | 688 858.2 | 25.5 |
| 2016 | 187 755.21 | 746 395.1 | 25.2 |
| 2017 | 203 085.49 | 832 035.9 | 24.4 |
| 2018 | 220 904.13 | 919 281.1 | 24.0 |
| 2019 | 238 858.37 | 986 515.2 | 24.2 |
| 2020 | 245 679.03 | 1 013 567.0 | 24.2 |
| 2021 | 245 673.00 | 1 143 669.7 | 21.5 |

资料来源：国家统计局网站。

同时，国际经验表明，一般发达国家财政支出的规模要高于发展中国家财政支出的规模。对比主要发达国家的相对指标情况，我国财政支出占 GDP 的比重仍属于较低水平，这说明我国财政支出规模仍存在一定的提高空间。我国财政支出相对规模较低，主要原因包括：一是总量上，我国预算管理总体实行以收定支、收支平衡原则，政府财政收入规模在一定程度上制约着财政支出规模；二是结构上，发达国家已经建立起比较完善的社会保障体系和社会福利制度，财政收入中社会保障税收入较高，相应地，财政支出中社会保障和福利支出较多，而我国社会保障体系目前还处于建立和完善阶段，没有单独的社会保障税，社会保障支出也相对较少。未来随着经济形势与人口结构变化，我国政府稳定经济、推动增长与提供养老保障的职责将进一步得到强化，扩大财政支出规模将有利于发挥财政职能作用，加快构建新发展格局，推动高质量发展。

无论是从近年来发达国家财政支出规模的变化，还是从我国财政支出规模的发展来看，财政支出规模都直接受到经济发展水平的影响。财政支出是政府履行职能的需要，是“上层建筑”，在财政支出规模变化上，“经济基础”决定“上层建筑”的规律仍然适用。

## 二、财政支出规模变化的理论分析

对于财政支出增长现象的解释，主要有四种理论，即瓦格纳的政府活动扩张理论、皮考克和威斯曼的梯度渐进增长理论、马斯格雷夫和罗斯托的经济发展阶段理论，以及鲍莫尔的非平衡增长理论。

### （一）政府活动扩张理论

19 世纪 80 年代，德国经济学家瓦格纳考察了英国产业革命和当时的美、法、德、日等国的工业化状况之后认为，一国工业化经济的发展与本国财政支出之间存在着一种函数关系，即随着现代工业社会的发展，“对社会进步的政治压力”增大，且在工业经营方面因“社会考虑”而产生的要求增加，政府支出也随之增加。后人将其称为“瓦格纳法则”。瓦格纳法则可以表述为：随着人均国民生产总值（GNP）的提高，财政支出占 GNP 的比重相应提高，如图 3-1 所示。

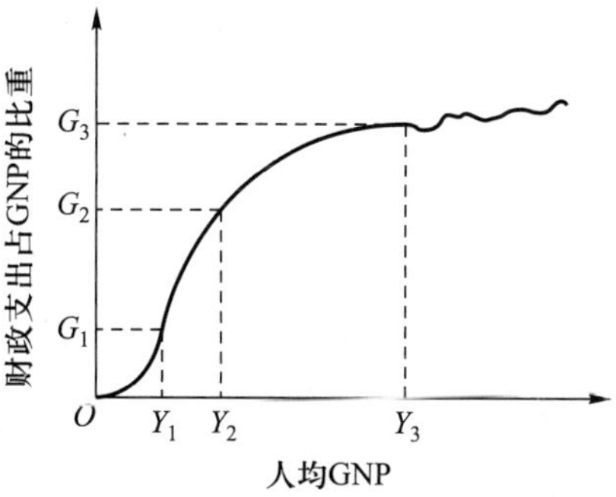


图 3-1　瓦格纳法则

瓦格纳认为，财政支出规模形成上升趋势的基本原因是工业化。从政治因素看，随着经济的工业化，不断扩张的市场与这些市场中的行为主体之间的关系更加复杂化，这需要建立司法体系和管理制度，以规范行为主体的社会经济活动。从经济因素看，政府对经济活动的干预及其从事的生产性活动，也会随着经济的工业化而不断扩大。因为随着工业化经济的发展，不完全竞争市场结构更加突出，市场机制不可能完全有效地配置整个社会资源，这就需要政府对资源进行再配置，实现资源配置的高效率。另外，城市化以及高居住密度会导致外部性和拥挤现象，这些都需要政府出面进行干预和管制。同时，教育、娱乐、文化、保健以及福利服务的需求收入弹性较大。也就是说，随着人均收入的增加，人们对上述服务的需求增加更快，要求政府为此增加支出。

经济发达国家自 18 世纪末到如今 200 多年经济发展的实践，证明了瓦格纳法则符合财政支出规模发展变化的一般趋势。尽管由于各经济发达国家的国情有所不同，财政支出相对规模的高低以及变化情况也有所不同，但却明显存在一种共同趋势：随着人均国民生产总值的增长而逐渐上升。同时，历史数据也说明，财政支出相对规模的上升不可能是无止境的，当经济发展到一定高度则呈相对稳定的趋势，即稳定在一定的水平上，上下略有波动，目前的经济发达国家已经达到这个阶段。

瓦格纳认为工业化是财政支出规模上升的基本原因，并从政治因素和经济因素两个方面做了进一步分析。但其无法解释诸如同样是工业化国家甚至是工业化相同阶段的国家，财政支出规模差异非常大的现象，因此该理论也只是从工业化这一侧面解释了财政支出增长。

（二）梯度渐进增长理论

梯度渐进增长理论是由英国经济学家皮考克和威斯曼提出的。他们在 20 世纪 60 年代初对英国 1890 年以后的财政支出历史数据进行了经验分析后认为，在正常年份财政支出呈现一种渐进的上升趋势，但当社会经历激变（如战争、经济大萧条或其他严重灾害）时，财政支出规模会急剧上升；当这种激变时期过后，财政支出规模将下降，但不会低于原来的趋势水平，这就是梯度渐进增长，如图 3-2 所示。因这一理论实质上揭示了财政支出增长的两类原因，即内在因素和外在因素，故也称为内外因素论。

财政支出增长的内在因素是指民众可以忍受的税收水平的提高。一般来说，政府的意愿总是财政支出越多越好，这样可以使政府的权力不断扩大；民众的意愿则是税收负担越低越好。政府的征税水平一旦超过了民众的忍受限度，他们就会通过手中的选票行使否决权。因此，政府的财政支出水平在一定程度上受到税收水平的制约。但是，随着经济的发展和人均收入水平的提高，即使税率保持不

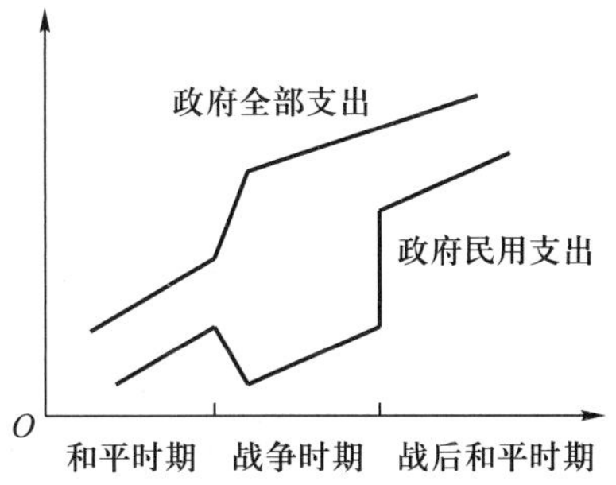


图 3-2　梯度渐进增长理论

变，税收收入也会随之增加，财政支出便与经济总量同步增长。

财政支出增长的外在因素，是指社会动荡对财政支出造成压力。在危急时期，私人部门无法解决战争、饥荒和经济危机等所造成的种种社会经济问题，只有政府采取行动才能缓解这些灾难对社会、经济的消极影响。因此，此时的财政支出必然呈阶梯式上升。皮考克和威斯曼利用三个相互联系的概念即置换效应、审视效应和集中效应分析了非常时期的财政支出增长过程。

1. 置换效应

置换效应包括对以前财政支出水平的置换和对私人部门支出的置换。前者是指在危急时期，新的、较高的支出（税收）水平替代了以前的、较低的支出（税收）水平，而在危急时期过后，这种新的支出水平因公众的税收容忍程度提高并不会逆转，即使支出水平有所下降，也不会低于原来的趋势水平；后者是指在社会总资源的配置中，私人部门的份额因公共部门的份额增加而减少。也就是说，在危急时期，财政支出在一定程度上会取代私人支出，而且财政支出的增加呈阶梯状。

2. 审视效应

社会动荡暴露出许多社会问题，这迫使政府和公众重新审视公共部门和私人部门各自的职责，认识到有些社会经济活动应当纳入政府的活动范围，公共部门需要提供一些新的公共产品。与此同时，随着公众觉悟水平的提高，可容忍的征税水平在危急时期过后明显提高。这样，公共部门规模扩张、财政支出规模增长的趋势不可避免。

3. 集中效应

在非常时期，中央政府显然要集中较多的财力，甚至会发行大量国债以满足财力增长的需求。即使在正常时期，为了促进经济增长，中央政府的经济活动在整个公共部门的经济活动中所占比重也具有明显提高的倾向。

皮考克和威斯曼将财政支出增长归因于内在因素和外在因素，前者是指经济发展，后者是指社会动荡，他们观察到诸如战争、饥荒之类的社会动荡对财政支出增长的影响。但随着全球进入相对和平时期，社会动荡并非常态，用这一观点来解释财政支出的持续增长显然也是不全面的。

（三）经济发展阶段理论

马斯格雷夫和罗斯托用经济发展阶段理论解释财政支出增长的原因，这一理论在罗斯托的《经济成长的过程》《经济成长的阶段》等著作中得到了集中体现。在经济发展的早期阶段，由于公共产品尤其是经济发展所必需的社会基础设施（如公路、铁路、桥梁、法律和秩序、电力、环境卫生、供水系统、通信、教育等）供给不足，政府公共投资往往要在社会总投资中占较高比重。因为这些公共投资对于帮助早期阶段的经济“起飞”，以及促进经济发展进入中期阶段来说是必不可少的前提条件。

当经济发展进入中期阶段后，社会基础设施供求趋于均衡，政府公共投资在社会总投资中的比重有可能降低，但财政支出总规模并不一定下降甚至有可能继续上升。其原因在于，当经济社会发展进入中期阶段后，市场失灵问题日益突出，并成为阻碍经济发展进入成熟阶段的关键因素。这就要求政府加强对经济的干预，以矫正、补充、完善市场机制的不足。政府对经济干预范围的扩大和干预力度的加大必然导致财政支出的增长。

随着经济发展由中期阶段进入成熟阶段，公共财政支出结构会发生很大变化，即从以社会基础设施投资支出为主，转向以教育、保健和社会福利支出为主，购买性支出相对下降，转移性支出相对上升。从长期来看，财政支出结构的这种变化趋势导致了财政支出规模的不断扩大。

经济发展阶段理论考虑到经济发展的不同阶段对财政支出增长的影响，并具体分析了经济发展不同阶段财政支出结构的变化。但这一理论不能完全解释处于相同经济发展阶段的国家财政支出规模呈现出较大差别的现象，因此，这一理论也只是从经济发展阶段的角度对财政支出增长进行了分析。

（四）非平衡增长理论

美国经济学家鲍莫尔认为，政府财政支出增长也可以从私人部门与公共部门平均劳动生产率的增长差别（非平衡增长）的角度得到解释。他把国民经济区分为劳动生产率提高迅速的私人部门和劳动生产率提高缓慢的公共部门，同时假定这两个部门的工资水平相同，并且随着劳动生产率的提高而相应提高。在对两个部门的有关数据进行测算的基础上，他得出如下结论：

（1）劳动生产率提高缓慢的部门，其产品的单位成本不断上涨；劳动生产率提高迅速的部门，其产品的单位成本或是维持不变，或是不断下降。

（2）如果消费者对劳动生产率提高缓慢部门的产品需求富有弹性，该部门的产品产量将越来越少，甚至可能停产。

(3) 如果要维持劳动生产率较低部门的产品在整个国民经济中的比重，必须使生产力不断进入该部门。

(4) 如果要维持这两个部门的平衡增长，政府部门的支出只能增加，同时也会导致整个经济增长率的不断降低。

根据以上结论，鲍莫尔认为劳动生产率偏低的政府公共部门必然越来越大，其支出水平也越来越高。

非平衡增长理论从私人部门与公共部门平均劳动生产率差别这一角度解释了财政支出增长，认为公共部门劳动生产率较低，为维持两个部门平衡增长，必须不断增加政府部门的开支，财政支出不断增长，而且整个经济增长率会不断降低。但这一理论无法解释在相当长的一段时间内，全球出现的财政支出增加的同时经济增长率不断提高的现实，因此不可避免地也带有一定的片面性。

以上四大理论，从不同的视角分析了财政支出增长的原因。但探究财政支出增长的原因，不能囿于一个层面，应该运用马克思主义的唯物辩证法，用全面的、发展的眼光来分析，充分考虑一国国情，综合考虑经济发展的不同阶段、政府职能的变化、政府部门的效率以及偶然因素的影响等，才能找到影响一国财政支出增长的真正原因，从而评判其财政支出增长及规模是否合理。

## 三、财政支出结构及其变化趋势

### (一) 财政支出结构类型

财政支出结构，是指在一定的经济体制和财政体制下，财政资金用于行政各部门、国民经济和社会生活各方面的数量、比例及其相互关系。它是按照不同的要求和分类标准对财政支出进行科学的归纳、综合所形成的财政支出类别构成及其比例关系。

财政支出结构建立在财政支出分类之上，只有在一定的支出分类基础上，才能对因此而形成的各项支出数额及其所形成的关系做出分析研究。财政支出结构的实质是财政支出的分类组合和配置比例，其目标是确定科学的、合理的和优化的财政支出结构。

根据本章第一节中关于财政支出的分类，财政支出结构类型理应分为四类，但由于第四类数据不可获得，我们只分析前三种财政支出分类对应的支出结构及变化趋势。第四种分类中的“财政补贴”分析详见第六章内容。

1. 财政支出职能结构

财政支出职能结构即按政府职能分类的财政支出所呈现出的结构状态，各项支出占全部财政支出的比重恰恰能够反映政府职能的侧重点。

如前所述，按照国际货币基金组织（IMF）的分类，财政支出分为一般公共服务，国防，公共秩序和安全，经济事务，生态环境保护，住房和社会福利设施，医疗保健，娱乐、文化和宗教，教育，社会保障 10 大类。表 3-4 列示了 2021 年 7 个发达经济体和 6 个转轨或发展中经济体按政府职能分类的财政支出情况。

**表 3-4 2021 年按政府职能分类的财政支出结构国际比较** 单位:%

| 国家或地区 | 一般公共服务 | 国防 | 公共秩序和安全 | 经济事务 | 生态环境保护 | 住房和社会福利设施 | 医疗保健 | 娱乐、文化和宗教 | 教育 | 社会保障 |
|---|---|---|---|---|---|---|---|---|---|---|
| 澳大利亚 | 7.9 | 5.0 | 4.6 | 19.5 | 2.0 | 1.5 | 17.9 | 2.0 | 13.2 | 26.6 |
| 中国香港 | 6.2 | 0.0 | 11.3 | 18.6 | 4.3 | 8.5 | 16.4 | 4.3 | 14.9 | 15.6 |
| 丹麦 | 11.9 | 2.4 | 1.9 | 8.0 | 0.7 | 0.2 | 18.2 | 3.2 | 11.9 | 41.6 |
| 日本 | 8.3 | 2.3 | 2.8 | 12.6 | 2.6 | 1.4 | 20.9 | 1.0 | 7.4 | 40.7 |
| 美国* | 12.1 | 7.5 | 4.2 | 14.4 | 0.0 | 1.1 | 22.0 | 0.6 | 12.7 | 25.4 |
| 新加坡 | 6.3 | 15.4 | 6.3 | 20.7 | 1.6 | 6.6 | 17.3 | 2.6 | 13.1 | 10.2 |
| 英国 | 9.7 | 4.5 | 4.3 | 12.0 | 1.5 | 1.7 | 20.5 | 1.3 | 11.2 | 33.3 |
| 中国 | 9.3 | 4.0 | 4.0 | 26.8 | 1.8 | 6.2 | 10.2 | 1.2 | 10.9 | 25.8 |
| 印度尼西亚 | 29.0 | 3.9 | 5.5 | 17.3 | 1.8 | 4.3 | 12.4 | 0.7 | 16.1 | 9.1 |
| 南非 | 20.7 | 2.2 | 7.7 | 15.7 | 0.6 | 4.1 | 12.9 | 1.9 | 18.5 | 15.9 |
| 波兰 | 9.4 | 3.6 | 4.9 | 13.7 | 1.3 | 1.1 | 13.1 | 2.7 | 11.2 | 39.2 |
| 俄罗斯联邦* | 24.0 | 4.7 | 5.6 | 11.3 | 0.6 | 3.1 | 5.3 | 2.3 | 8.9 | 34.1 |
| 乌克兰 | 11.5 | 5.8 | 8.0 | 12.7 | 0.5 | 2.6 | 9.3 | 2.0 | 14.3 | 33.3 |

注：带 * 的国家或地区最新数据为 2020 年。

资料来源：根据国际货币基金组织网站数据整理。

从各项财政支出占财政总支出的比重看，无论是发达经济体还是转轨或发展中经济体，排在前五位的支出均为一般公共服务、经济事务、医疗保健、教育、社会保障（少数个体除外）。

我国同年各项财政支出从高到低排列分别为：经济事务（26.8%），社会保障（25.8%），教育（10.9%），医疗保健（10.2%），一般公共服务（9.3%），住房和社会福利设施（6.2%），公共秩序和安全（4.0%），国防（4.0%），生态环境保护（1.8%），娱乐、文化和宗教（1.2%）。

与其他国家相比，我国经济事务支出占比较高，医疗保健支出占比相对较低，社会保障和教育支出也不高。这主要是因为我国还处于社会主义初级阶段，经济发展水平相对较低，政府承担了较多的经济发展职能，但同时也说明我国政府在利用财政资金引导社会资本投入经济建设的能力方面尚有不足。

2. 财政支出经济性质结构

按照经济性质的不同，财政支出可以分为购买性支出和转移性支出，从二者在全部财政支出中的占比能够看出政府财政支出的方式，对分析政府职能具有重要意义。表 3-5 显示了 2012—2021 年部分国家按经济性质划分的支出结构情况。

**表 3-5 2012—2021 年部分国家公共财政主要支出项目比重** 单位:%

| 国家 | 项目 | 2012年 | 2013年 | 2014年 | 2015年 | 2016年 | 2017年 | 2018年 | 2019年 | 2020年 | 2021年 |
|---|---|---|---|---|---|---|---|---|---|---|---|
| 澳大利亚 | 雇员补偿支出 | 27.5 | 28.1 | 27.1 | 27.0 | 27.6 | 27.8 | 27.8 | 28.1 | 26.0 | 24.4 |
| | 商品和服务支出 | 18.6 | 18.4 | 18.2 | 18.4 | 18.5 | 19.0 | 19.2 | 19.5 | 18.0 | 17.0 |
| | 固定资本消耗支出 | 4.4 | 4.7 | 4.7 | 4.8 | 4.9 | 5.0 | 5.0 | 5.0 | 4.4 | 4.1 |
| | 利息支付支出 | 3.7 | 3.8 | 3.9 | 4.1 | 4.1 | 3.9 | 3.9 | 3.8 | 3.2 | 3.0 |
| | 补贴和其他转移 | 36.4 | 36.9 | 37.6 | 37.2 | 37.2 | 36.8 | 36.3 | 36.3 | 41.8 | 45.2 |
| | 其他支出 | 9.3 | 8.2 | 8.5 | 8.5 | 7.6 | 7.4 | 7.7 | 7.4 | 6.5 | 6.4 |
| 加拿大 | 雇员补偿支出 | 30.4 | 30.8 | 31.0 | 30.6 | 30.4 | 30.1 | 29.9 | 29.9 | 24.9 | 27.2 |
| | 商品和服务支出 | 21.7 | 21.3 | 21.5 | 21.4 | 21.3 | 21.5 | 21.5 | 21.2 | 18.1 | 19.6 |
| | 固定资本消耗支出 | 8.1 | 8.2 | 8.3 | 8.4 | 8.3 | 8.2 | 8.1 | 8.1 | 6.7 | 7.2 |
| | 利息支付支出 | 8.7 | 8.6 | 8.3 | 7.9 | 7.5 | 7.3 | 7.5 | 7.5 | 5.8 | 6.0 |
| | 补贴和其他转移 | 26.5 | 26.6 | 26.5 | 27.4 | 27.9 | 27.9 | 28.0 | 28.3 | 39.8 | 34.8 |
| | 其他支出 | 4.6 | 4.6 | 4.4 | 4.3 | 4.7 | 5.0 | 5.0 | 5.1 | 4.8 | 5.2 |
| 法国 | 雇员补偿支出 | 22.3 | 22.2 | 22.2 | 22.0 | 21.9 | 21.9 | 21.9 | 21.7 | 21.0 | 20.8 |
| | 商品和服务支出 | 8.8 | 8.8 | 8.5 | 8.5 | 8.4 | 8.4 | 8.5 | 8.6 | 8.2 | 8.4 |
| | 固定资本消耗支出 | 6.1 | 6.1 | 6.0 | 5.9 | 5.8 | 5.8 | 5.9 | 5.9 | 5.6 | 5.6 |
| | 利息支付支出 | 4.9 | 4.4 | 4.2 | 3.9 | 3.7 | 3.4 | 3.4 | 2.9 | 2.4 | 2.6 |
| | 补贴和其他转移 | 51.6 | 51.9 | 52.6 | 53.1 | 53.2 | 52.4 | 53.5 | 54.0 | 55.4 | 54.7 |
| | 其他支出 | 6.3 | 6.5 | 6.4 | 6.6 | 7.0 | 8.0 | 6.9 | 6.9 | 7.3 | 7.9 |
| 德国 | 雇员补偿支出 | 17.0 | 17.0 | 17.1 | 17.0 | 16.9 | 16.9 | 17.0 | 17.1 | 16.3 | 15.6 |
| | 商品和服务支出 | 10.5 | 10.7 | 10.8 | 10.9 | 11.2 | 11.3 | 11.5 | 11.6 | 11.9 | 12.0 |
| | 固定资本消耗支出 | 4.9 | 4.9 | 4.9 | 4.9 | 4.8 | 4.8 | 5.0 | 5.0 | 4.7 | 4.7 |
| | 利息支付支出 | 5.3 | 4.2 | 3.8 | 3.3 | 2.8 | 2.4 | 2.2 | 1.8 | 1.3 | 1.2 |
| | 补贴和其他转移 | 57.6 | 58.4 | 58.5 | 59.5 | 59.6 | 59.4 | 59.4 | 59.6 | 61.0 | 60.9 |
| | 其他支出 | 4.7 | 4.8 | 4.9 | 4.4 | 4.7 | 5.1 | 5.0 | 4.9 | 4.8 | 5.7 |

续表

| 国家 | 项目 | 2012年 | 2013年 | 2014年 | 2015年 | 2016年 | 2017年 | 2018年 | 2019年 | 2020年 | 2021年 |
|---|---|---|---|---|---|---|---|---|---|---|---|
| 日本 | 雇员补偿支出 | 14.4 | 13.9 | 14.2 | 14.0 | 13.9 | 13.9 | 13.9 | 13.7 | 11.7 | 12.1 |
| | 商品和服务支出 | 8.3 | 8.8 | 8.8 | 8.7 | 8.8 | 8.5 | 8.6 | 9.0 | 8.8 | 10.0 |
| | 固定资本消耗支出 | 8.3 | 8.3 | 8.5 | 8.5 | 8.5 | 8.7 | 8.8 | 8.8 | 7.7 | 8.2 |
| | 利息支付支出 | 5.7 | 5.6 | 5.5 | 5.3 | 5.1 | 4.8 | 4.6 | 4.4 | 3.6 | 3.6 |
| | 补贴和其他转移 | 57.0 | 57.2 | 57.1 | 57.3 | 57.5 | 57.9 | 58.2 | 58.1 | 49.7 | 54.0 |
| | 其他支出 | 6.2 | 6.1 | 5.8 | 6.1 | 6.1 | 6.2 | 5.8 | 6.0 | 18.7 | 12.1 |
| 韩国 | 雇员补偿支出 | 19.6 | 20.5 | 20.4 | 20.2 | 20.6 | 20.4 | 21.0 | 20.3 | 19.0 | 18.4 |
| | 商品和服务支出 | 19.7 | 20.5 | 20.8 | 21.1 | 22.0 | 21.4 | 20.0 | 19.9 | 19.2 | 19.8 |
| | 固定资本消耗支出 | 5.1 | 5.7 | 5.6 | 5.7 | 5.7 | 5.8 | 5.9 | 5.6 | 5.4 | 5.0 |
| | 利息支付支出 | 5.2 | 5.1 | 5.1 | 4.7 | 4.4 | 4.0 | 3.8 | 3.6 | 3.3 | 3.0 |
| | 补贴和其他转移 | 35.8 | 37.2 | 36.9 | 37.7 | 38.0 | 37.9 | 42.0 | 43.9 | 45.4 | 46.6 |
| | 其他支出 | 14.5 | 11.0 | 11.2 | 10.6 | 9.3 | 10.5 | 7.3 | 6.7 | 7.7 | 7.3 |
| 英国 | 雇员补偿支出 | 22.7 | 20.4 | 20.4 | 20.2 | 20.2 | 21.3 | 21.8 | 22.4 | 19.1 | 20.6 |
| | 商品和服务支出 | 18.3 | 19.6 | 20.0 | 19.8 | 19.5 | 18.6 | 18.3 | 19.0 | 18.2 | 19.6 |
| | 固定资本消耗支出 | 4.5 | 4.8 | 4.9 | 5.0 | 5.1 | 5.0 | 4.9 | 5.0 | 4.3 | 4.5 |
| | 利息支付支出 | 6.5 | 6.7 | 6.5 | 5.8 | 6.2 | 6.8 | 6.2 | 5.5 | 3.9 | 6.0 |
| | 补贴和其他转移 | 35.9 | 37.5 | 37.4 | 38.2 | 38.3 | 37.4 | 37.0 | 37.5 | 43.4 | 39.3 |
| | 其他支出 | 12.0 | 11.0 | 10.8 | 11.1 | 10.8 | 10.8 | 11.8 | 10.6 | 11.0 | 10.0 |
| 美国 | 雇员补偿支出 | 25.0 | 25.5 | 25.4 | 25.3 | 25.1 | 25.0 | 24.8 | 24.2 | 20.5 | 20.0 |
| | 商品和服务支出 | 15.6 | 15.1 | 14.8 | 14.5 | 14.5 | 14.5 | 14.8 | 15.1 | 12.4 | 13.3 |
| | 固定资本消耗支出 | 7.0 | 7.1 | 7.1 | 6.9 | 6.8 | 6.7 | 6.7 | 6.6 | 5.5 | 5.6 |
| | 利息支付支出 | 11.6 | 11.2 | 11.1 | 10.7 | 11.0 | 11.1 | 11.4 | 11.6 | 8.8 | 8.8 |
| | 补贴和其他转移 | 40.2 | 40.9 | 41.5 | 42.4 | 42.4 | 42.4 | 42.2 | 42.2 | 49.6 | 45.8 |
| | 其他支出 | 0.6 | 0.2 | 0.2 | 0.2 | 0.1 | 0.3 | 0.2 | 0.3 | 3.1 | 6.5 |

注：因四舍五入，部分年份数据的加总不等于100%。

资料来源：国际货币基金组织网站。

从表3-5可知，8个国家中，“补贴和其他转移”类的转移性支出所占的比重大多数在40%以上，与之相反，“商品和服务支出”类的购买性支出所占的比重20%以下居多，尤其是法国和日本，不到10%。由于这几个国家主要是发达国家，因此，政府的职能主要侧重于收入分配领域，从而，转移性支出所占比重较高。再从变化趋势上看，这些国家转移性支出大多出现小幅上升趋势，体现出这些国家的政府近年来不断强化财政的收入分配职能。

3. 财政支出行政级次结构

财政支出行政级次结构即不同级次的政府所承担的财政支出情况。从这种财政支出结构能够看出各级政府在财政支出中的责任，对分析中央与地方政府之间以及各级地方政府之间的财政关系具有重要意义。表 3-6 显示了 2014—2021 年典型国家中央和地方财政支出占比情况，其中，奥地利、希腊、意大利、瑞典、英国的中央财政支出占全国财政支出比重超过 50%，而法国、德国、日本、美国的地方财政支出占比超过 50%。

**表 3-6　典型国家中央和地方财政支出结构**　　单位:%

| 国家 | 指标 | 2014年 | 2015年 | 2016年 | 2017年 | 2018年 | 2019年 | 2020年 | 2021年 |
|---|---|---|---|---|---|---|---|---|---|
| 奥地利 | 中央财政支出比重 | 67.7 | 67.0 | 65.9 | 65.6 | 64.8 | 64.1 | 66.2 | 66.7 |
| | 地方财政支出比重 | 32.3 | 33.0 | 34.1 | 34.4 | 35.2 | 35.9 | 33.8 | 33.3 |
| 法国 | 中央财政支出比重 | 40.4 | 40.2 | 40.7 | 41.0 | 40.3 | 40.3 | 40.9 | 41.2 |
| | 地方财政支出比重 | 59.6 | 59.8 | 59.3 | 59.0 | 59.7 | 59.7 | 59.1 | 58.8 |
| 德国 | 中央财政支出比重 | 28.6 | 28.3 | 28.0 | 28.4 | 27.9 | 27.6 | 29.5 | 33.3 |
| | 地方财政支出比重 | 71.4 | 71.7 | 72.0 | 71.6 | 72.1 | 72.4 | 70.5 | 66.7 |
| 希腊 | 中央财政支出比重 | 77.0 | 76.2 | 76.8 | 76.2 | 76.7 | 73.7 | 76.8 | 76.6 |
| | 地方财政支出比重 | 23.0 | 23.8 | 23.2 | 23.8 | 23.3 | 26.3 | 23.2 | 23.4 |
| 意大利 | 中央财政支出比重 | 60.8 | 61.4 | 62.7 | 62.3 | 61.4 | 60.5 | 65.6 | 65.1 |
| | 地方财政支出比重 | 39.2 | 38.6 | 37.3 | 37.7 | 38.6 | 39.5 | 34.4 | 34.9 |
| 日本 | 中央财政支出比重 | 45.4 | 44.6 | 44.3 | 43.4 | 43.2 | 43.5 | 51.6 | 50.2 |
| | 地方财政支出比重 | 54.6 | 55.4 | 55.7 | 56.6 | 56.8 | 56.5 | 48.4 | 49.8 |
| 瑞典 | 中央财政支出比重 | 61.2 | 61.1 | 60.1 | 60.3 | 60.2 | 60.1 | 63.4 | 63.4 |
| | 地方财政支出比重 | 38.8 | 38.9 | 39.9 | 39.7 | 39.8 | 39.9 | 36.6 | 36.6 |
| 英国 | 中央财政支出比重 | 93.8 | 93.4 | 92.5 | 92.6 | 92.4 | 91.9 | 94.1 | 94.6 |
| | 地方财政支出比重 | 6.2 | 6.6 | 7.5 | 7.4 | 7.6 | 8.1 | 5.9 | 5.4 |
| 美国 | 中央财政支出比重 | 37.7 | 37.2 | 37.2 | 37.0 | 37.3 | 37.4 | 44.7 | 48.7 |
| | 地方财政支出比重 | 62.3 | 62.8 | 62.8 | 63.0 | 62.7 | 62.6 | 55.3 | 51.3 |

资料来源：国际货币基金组织网站。

### （二）财政支出结构变化趋势

从全球财政支出结构变化来看，财政支出中用于经济建设以及行政管理方面的购买性支出呈现出下降趋势，而用于医疗保健、教育、社会保障方面的转移性支出呈现出明显上升趋势。我国财政支出结构也呈现出了类似的变化趋势。

#### 1. 按职能分类的财政支出结构变化

从职能分类看，无论是发达国家还是发展中国家，财政支出中用于教育、医疗保健、社会保障方面的支出比重都在持续上升，而用于经济事务等方面的支出都在下降。以美国为例，表 3-7 显示了 2007—2020 年美国按政府职能分类的财政支出情况。美国的财政支出中，社会福利性支出如医疗保健、社会保障、教育的比重较高。2019 年及以前，支出比例最高的支出项目始终是“医疗保健”，始终保持在 20%以上，且基本呈现出显著上升趋势；排在第二位的是“社会保障”，从 2009 年开始达到 20%，也呈现出一定的上升趋势；排在第三位的是“教育”，基本保持在 16%左右，相对稳定；而“国防”呈现明显的下降趋势，2013 年首次下降到 10%以下，“经济事务”支出平均不足 10%，从 2009 年开始呈现明显下降趋势；2020 年受到新冠疫情和宏观经济形势的冲击，美国的社会保障和经济事务支出显著增加，医疗保健和教育支出有一定程度下滑。

**表 3-7　2007—2020 年美国按政府职能分类的财政支出结构**　　单位：%

| 年份 | 一般公共服务 | 国防 | 公共秩序和安全 | 经济事务 | 生态环境保护 | 住房和社会福利设施 | 医疗保健 | 娱乐、文化和宗教 | 教育 | 社会保障 |
|---|---|---|---|---|---|---|---|---|---|---|
| 2007 | 16.2 | 10.6 | 5.7 | 9.8 | 0.0 | 1.7 | 20.6 | 0.8 | 16.7 | 17.9 |
| 2008 | 15.1 | 10.8 | 5.6 | 10.2 | 0.0 | 1.7 | 20.1 | 0.8 | 16.2 | 19.4 |
| 2009 | 14.8 | 10.7 | 5.4 | 9.7 | 0.0 | 3.0 | 20.2 | 0.8 | 15.6 | 20.0 |
| 2010 | 14.8 | 10.9 | 5.3 | 9.2 | 0.0 | 2.2 | 20.5 | 0.7 | 15.6 | 20.9 |
| 2011 | 15.3 | 10.8 | 5.2 | 9.1 | 0.0 | 2.0 | 21.0 | 0.7 | 15.5 | 20.5 |
| 2012 | 15.5 | 10.5 | 5.2 | 9.1 | 0.0 | 1.7 | 21.5 | 0.7 | 15.6 | 20.3 |
| 2013 | 15.1 | 9.6 | 5.3 | 9.1 | 0.0 | 1.4 | 22.1 | 0.7 | 16.0 | 20.6 |
| 2014 | 15.0 | 9.1 | 5.3 | 9.0 | 0.0 | 1.4 | 23.2 | 0.7 | 16.0 | 20.4 |
| 2015 | 14.6 | 8.7 | 5.3 | 8.7 | 0.0 | 1.3 | 24.1 | 0.7 | 16.1 | 20.5 |

续表

| 年份 | 一般公共服务 | 国防 | 公共秩序和安全 | 经济事务 | 生态环境保护 | 住房和社会福利设施 | 医疗保健 | 娱乐、文化和宗教 | 教育 | 社会保障 |
|---|---|---|---|---|---|---|---|---|---|---|
| 2016 | 14.8 | 8.4 | 5.3 | 9.0 | 0.0 | 1.3 | 24.4 | 0.7 | 16.0 | 20.2 |
| 2017 | 14.8 | 8.3 | 5.2 | 9.0 | 0.0 | 1.5 | 24.5 | 0.7 | 15.9 | 20.0 |
| 2018 | 15.2 | 8.5 | 5.2 | 9.0 | 0.0 | 1.3 | 24.6 | 0.7 | 15.8 | 19.8 |
| 2019 | 15.3 | 8.7 | 5.0 | 8.8 | 0.0 | 1.3 | 24.8 | 0.7 | 15.5 | 19.8 |
| 2020 | 12.1 | 7.5 | 4.2 | 14.4 | 0.0 | 1.1 | 22.0 | 0.6 | 12.7 | 25.4 |

注：因四舍五入，部分年份数据的加总不等于100%。

资料来源：国际货币基金组织网站。

我国自2007年以来，一些事关民生、基本公共服务均等化的支出呈现明显上升趋势，如“农林水事务支出”由2007年的6.84%上升至2021年的8.97%，“卫生健康支出”由2007年的4%上升至2021年的7.79%，如表3-8所示。与此同时，部分项目支出呈现明显下降趋势。随着政府职能的转变、政府预算公开的推进，以及中央八项规定的贯彻落实，政府“一般公共服务支出”呈现明显的下降趋势，由2007年的17.1%下降到2021年的8.09%；“公共安全支出”“国防支出”呈现出小幅下降趋势；随着城镇化的不断推进，“城乡社区事务支出”由2007年的6.52%上升至2021年的7.92%。

2. 按经济性质分类的财政支出结构变化

从表3-5所示的2012—2021年部分国家购买性支出和转移性支出结构变化看，购买性支出总体呈现下降趋势，而转移性支出则呈现出明显的上升趋势。

表3-9显示了我国2000—2021年财政支出经济性质结构变化。2000年以来，直至2006年，我国转移性支出占全部财政支出的比重呈现出一定的下降趋势，2007年之后，转移性支出比重进一步上升。与2015年相比，2016年及以后转移性支出比重大幅上涨，很大程度上是为了推动供给侧结构性改革，支持化解过剩产能过程中职工分流安置等工作。受2020年新冠疫情的冲击，与稳就业、保民生有关的转移性支出比重继续增加，2021年转移性支出比重达17.83%。

**表 3-8 2007—2021 年我国公共财政主要支出项目比重**

单位:%

| 项目 | 2007 年 | 2008 年 | 2009 年 | 2010 年 | 2011 年 | 2012 年 | 2013 年 | 2014 年 | 2015 年 | 2016 年 | 2017 年 | 2018 年 | 2019 年 | 2020 年 | 2021 年 |
|---|---|---|---|---|---|---|---|---|---|---|---|---|---|---|---|
| 一般公共服务支出 | 17.10 | 13.97 | 10.70 | 10.39 | 10.06 | 10.08 | 9.81 | 8.74 | 7.70 | 7.88 | 8.13 | 8.32 | 8.52 | 8.17 | 8.09 |
| 外交支出 | 0.43 | 0.38 | 0.33 | 0.30 | 0.28 | 0.27 | 0.25 | 0.24 | 0.27 | 0.26 | 0.26 | 0.27 | 0.26 | 0.21 | 0.20 |
| 国防支出 | 7.14 | 6.68 | 6.49 | 5.93 | 5.52 | 5.31 | 5.29 | 5.46 | 5.17 | 5.20 | 5.14 | 5.11 | 5.08 | 5.26 | 5.61 |
| 公共安全支出 | 7.00 | 6.49 | 6.22 | 6.14 | 5.77 | 5.65 | 5.55 | 5.51 | 5.33 | 5.88 | 6.14 | 6.24 | 5.82 | 5.64 | 5.61 |
| 教育支出 | 14.31 | 14.39 | 13.68 | 13.96 | 15.10 | 16.87 | 15.69 | 15.18 | 14.94 | 14.95 | 14.85 | 14.56 | 14.57 | 14.80 | 15.25 |
| 科学技术支出 | 3.58 | 3.40 | 3.60 | 3.62 | 3.50 | 3.54 | 3.63 | 3.50 | 3.33 | 3.50 | 3.58 | 3.77 | 3.97 | 3.67 | 3.94 |
| 文化旅游体育与传媒支出 | 1.81 | 1.75 | 1.83 | 1.72 | 1.73 | 1.80 | 1.81 | 1.77 | 1.75 | 1.68 | 1.67 | 1.60 | 1.71 | 1.73 | 1.62 |
| 社会保障和就业支出 | 10.94 | 10.87 | 9.97 | 10.16 | 10.17 | 9.99 | 10.33 | 10.52 | 10.81 | 11.50 | 12.12 | 12.23 | 12.30 | 13.26 | 13.75 |
| 卫生健康支出 | 4.00 | 4.40 | 5.23 | 5.35 | 5.89 | 5.75 | 5.91 | 6.70 | 6.80 | 7.01 | 7.12 | 7.07 | 6.98 | 7.82 | 7.79 |
| 节能环保支出 | 2.00 | 2.32 | 2.53 | 2.72 | 2.42 | 2.35 | 2.45 | 2.51 | 2.73 | 2.52 | 2.77 | 2.85 | 3.09 | 2.58 | 2.25 |
| 城乡社区事务支出 | 6.52 | 6.72 | 6.47 | 6.66 | 6.98 | 7.21 | 7.96 | 8.54 | 9.03 | 9.80 | 10.14 | 10.02 | 10.42 | 8.12 | 7.92 |
| 农林水事务支出 | 6.84 | 7.26 | 8.81 | 9.05 | 9.10 | 9.51 | 9.52 | 9.34 | 9.88 | 9.90 | 9.40 | 9.55 | 9.57 | 9.75 | 8.97 |
| 交通运输支出 | 3.85 | 3.76 | 6.09 | 6.11 | 6.86 | 6.51 | 6.67 | 6.85 | 7.03 | 5.59 | 5.26 | 5.11 | 4.95 | 4.96 | 4.65 |
| 资源勘探工业信息等支出 | 0.00 | 0.00 | 3.77 | 3.88 | 3.67 | 3.50 | 3.49 | 3.29 | 3.41 | 3.08 | 2.48 | 2.30 | 2.06 | 2.47 | 2.68 |

续表

| 项目 | 2007 年 | 2008 年 | 2009 年 | 2010 年 | 2011 年 | 2012 年 | 2013 年 | 2014 年 | 2015 年 | 2016 年 | 2017 年 | 2018 年 | 2019 年 | 2020 年 | 2021 年 |
|---|---|---|---|---|---|---|---|---|---|---|---|---|---|---|---|
| 工业商业金融等事务 | 8.55 | 9.95 | 0.00 | 0.00 | 0.00 | 0.00 | 0.00 | 0.00 | 0.00 | 0.00 | 0.00 | 0.00 | 0.00 | 0.00 | 0.00 |
| 商业服务业等支出 | 0.00 | 0.00 | 1.21 | 1.57 | 1.30 | 1.09 | 0.97 | 0.89 | 0.99 | 0.92 | 0.77 | 0.73 | 0.52 | 0.64 | 0.64 |
| 金融支出 | 0.00 | 0.00 | 1.19 | 0.71 | 0.59 | 0.36 | 0.27 | 0.33 | 0.55 | 0.69 | 0.57 | 0.62 | 0.68 | 0.52 | 0.64 |
| 地震灾后恢复重建支出 | 0.00 | 1.28 | 1.54 | 1.26 | 0.16 | 0.08 | 0.03 | 0.00 | 0.00 | 0.00 | 0.00 | 0.00 | 0.00 | 0.00 | 0.00 |
| 援助其他地区支出 | 0.00 | 0.00 | 0.00 | 0.00 | 0.00 | 0.10 | 0.11 | 0.14 | 0.15 | 0.16 | 0.20 | 0.20 | 0.20 | 0.18 | 0.19 |
| 自然资源海洋气象等支出 | 0.00 | 0.00 | 1.31 | 1.48 | 1.39 | 1.32 | 1.36 | 1.37 | 1.20 | 0.95 | 1.13 | 1.03 | 0.91 | 0.95 | 0.93 |
| 住房保障支出 | 0.00 | 0.00 | 2.36 | 2.64 | 3.50 | 3.56 | 3.20 | 3.32 | 3.30 | 3.61 | 3.23 | 3.08 | 2.68 | 2.89 | 2.89 |
| 粮油物资储备支出 | 0.00 | 0.00 | 1.70 | 1.30 | 1.16 | 1.09 | 1.18 | 1.28 | 1.49 | 1.17 | 1.11 | 0.93 | 0.79 | 0.86 | 0.72 |
| 灾害防治及应急管理支出 | 0.00 | 0.00 | 0.00 | 0.00 | 0.00 | 0.00 | 0.00 | 0.00 | 0.00 | 0.00 | 0.00 | 0.00 | 0.64 | 0.79 | 0.82 |
| 其他支出 | 5.93 | 4.70 | 3.01 | 3.00 | 2.66 | 1.97 | 2.33 | 2.14 | 2.09 | 1.01 | 0.85 | 1.05 | 0.73 | 0.71 | 0.56 |
| 债务付息支出 | 0.00 | 0.00 | 1.95 | 2.05 | 2.18 | 2.09 | 2.18 | 2.36 | 2.02 | 2.70 | 3.09 | 3.35 | 3.53 | 3.99 | 4.25 |
| 债务发行费用支出 | 0.00 | 0.00 | 0.00 | 0.00 | 0.00 | 0.00 | 0.00 | 0.00 | 0.03 | 0.04 | 0.03 | 0.03 | 0.03 | 0.03 | 0.03 |

注：因四舍五入，部分年份数据的加总不等于 100%。

资料来源：2007—2019 年数据来自，中国财政年鉴编辑委员会编辑：《中国财政年鉴（2020 年卷）》，中国财政杂志社 2020 年版。2020、2021 年数据分别来自《中国统计年鉴 2021》和《中国统计年鉴 2022》，国家统计局网站。

表 3-9 2000—2021 年我国财政支出经济性质结构变化 单位:%

| 年份 | 购买性支出比重 | 转移性支出比重 |
| --- | --- | --- |
| 2000 | 92. 10 | 7. 90 |
| 2001 | 94. 67 | 5. 33 |
| 2002 | 95. 38 | 4. 62 |
| 2003 | 95. 47 | 4. 53 |
| 2004 | 95. 23 | 4. 77 |
| 2005 | 94. 95 | 5. 05 |
| 2006 | 94. 32 | 5. 68 |
| 2007 | 89. 06 | 10. 94 |
| 2008 | 89. 13 | 10. 87 |
| 2009 | 88. 08 | 11. 92 |
| 2010 | 87. 79 | 12. 21 |
| 2011 | 87. 65 | 12. 35 |
| 2012 | 87. 92 | 12. 08 |
| 2013 | 87. 49 | 12. 51 |
| 2014 | 87. 12 | 12. 88 |
| 2015 | 87. 17 | 12. 83 |
| 2016 | 85. 80 | 14. 20 |
| 2017 | 84. 79 | 15. 21 |
| 2018 | 84. 42 | 15. 58 |
| 2019 | 84. 17 | 15. 83 |
| 2020 | 82. 75 | 17. 25 |
| 2021 | 82. 17 | 17. 83 |

注：(1) 2007 年以前的转移性支出由抚恤和社会福利救济费、政策性补贴支出构成，不包括国内外债务及利息支出，也未将社会保障补助支出计算在内。

(2) 2007 年及以后因统计口径变化，数据不具可比性，2007 年及以后的转移性支出包括社会保障和就业支出、国债付息支出。

资料来源：根据 2001—2022 年《中国财政年鉴》数据整理、计算得出。

3. 按行政级次分类的财政支出结构变化

从中央和地方财政支出结构变化看，各国中央和地方财政支出比例相对稳定，变化幅度不是很大。表 3-10 列示了我国 1995—2021 年中央和地方财政支出结构情况。可见，在我国财政支出行政级次结构中，自 2001 年以来中央财政支出占比呈现出明显的下滑趋势。

**表 3-10　我国 1995—2021 年中央和地方财政支出结构**

| 年份 | 全国财政支出/亿元 | 中央财政支出/亿元 | 地方财政支出/亿元 | 中央财政支出比重/% | 地方财政支出比重/% |
|---|---|---|---|---|---|
| 1995 | 6 823. 72 | 1 995. 39 | 4 828. 33 | 29. 2 | 70. 8 |
| 1996 | 7 937. 55 | 2 151. 27 | 5 786. 28 | 27. 1 | 72. 9 |
| 1997 | 9 233. 56 | 2 532. 50 | 6 701. 06 | 27. 4 | 72. 6 |
| 1998 | 10 798. 18 | 3 125. 60 | 7 672. 58 | 28. 9 | 71. 1 |
| 1999 | 13 187. 67 | 4 152. 33 | 9 035. 34 | 31. 5 | 68. 5 |
| 2000 | 15 886. 50 | 5 519. 85 | 10 366. 65 | 34. 7 | 65. 3 |
| 2001 | 18 902. 58 | 5 768. 02 | 13 134. 56 | 30. 5 | 69. 5 |
| 2002 | 22 053. 15 | 6 771. 70 | 15 281. 45 | 30. 7 | 69. 3 |
| 2003 | 24 649. 95 | 7 420. 10 | 17 229. 85 | 30. 1 | 69. 9 |
| 2004 | 28 486. 89 | 7 894. 08 | 20 592. 81 | 27. 7 | 72. 3 |
| 2005 | 33 930. 28 | 8 775. 97 | 25 154. 31 | 25. 9 | 74. 1 |
| 2006 | 40 422. 73 | 9 991. 40 | 30 431. 33 | 24. 7 | 75. 3 |
| 2007 | 49 781. 35 | 11 442. 06 | 38 339. 29 | 23. 0 | 77. 0 |
| 2008 | 62 592. 66 | 13 344. 17 | 49 248. 49 | 21. 3 | 78. 7 |
| 2009 | 76 299. 93 | 15 255. 79 | 61 044. 14 | 20. 0 | 80. 0 |
| 2010 | 89 874. 16 | 15 989. 73 | 73 884. 43 | 17. 8 | 82. 2 |
| 2011 | 109 247. 79 | 16 514. 11 | 92 733. 68 | 15. 1 | 84. 9 |
| 2012 | 125 952. 97 | 18 764. 63 | 107 188. 34 | 14. 9 | 85. 1 |
| 2013 | 140 212. 10 | 20 471. 76 | 119 740. 30 | 14. 6 | 85. 4 |
| 2014 | 151 785. 56 | 22 570. 07 | 129 215. 59 | 14. 9 | 85. 1 |
| 2015 | 175 877. 77 | 25 542. 15 | 150 335. 62 | 14. 5 | 85. 5 |
| 2016 | 187 755. 21 | 27 403. 90 | 160 351. 40 | 14. 6 | 85. 4 |
| 2017 | 203 085. 49 | 29 857. 15 | 173 228. 34 | 14. 7 | 85. 3 |

续表

| 年份 | 全国财政支出/亿元 | 中央财政支出/亿元 | 地方财政支出/亿元 | 中央财政支出比重/% | 地方财政支出比重/% |
|---|---|---|---|---|---|
| 2018 | 220 904. 13 | 32 707. 81 | 188 196. 32 | 14. 8 | 85. 2 |
| 2019 | 238 858. 37 | 35 115. 15 | 203 743. 22 | 14. 7 | 85. 3 |
| 2020 | 245 679. 03 | 35 095. 57 | 210 583. 46 | 14. 3 | 85. 7 |
| 2021 | 245 673. 00 | 35 049. 96 | 210 623. 04 | 14. 3 | 85. 7 |

资料来源：2001—2022 年《中国统计年鉴》，国家统计局网站。

## 四、财政支出结构变化的理论分析

从理论上说，财政支出结构变化主要与经济发展水平、政府职能变化密切相关。

### （一）经济发展水平与财政支出结构

经济发展水平会影响财政支出职能结构和财政支出经济性质结构。

如果一国的经济发展水平较低，生产技术水平落后，那么该国政府追求的政策目标就是经济快速增长，相应地，在财政支出的安排中，用于经济建设方面的支出占比通常较高；反过来，如果一国经济发展水平较高，生产技术水平先进，经济保持了较高的增长速度，那么，该国政府追求的政策目标就转向以提高生活质量为主，相应地，教育、医疗、卫生、住房保障等方面的财政支出就增加，比重也会较高。“经济发展阶段理论”在解释财政支出增长的同时，其实也从经济发展阶段的视角解释了财政支出结构的变化。在这一背景下，财政支出职能结构会从以经济建设为主转向以社会管理为主，同时财政支出经济性质也从以购买性支出为主转向以转移性支出为主。

我国改革开放以来，国民经济蓬勃发展，经济总量连上新台阶，自 2012 年起 GDP 总量已经稳居世界第二位，成功实现了由低收入国家向中等收入国家的跨越。与此同时，我国的财政支出结构也从偏重经济建设支出，转向以向全社会提供包括教育、社会保障与就业、医疗卫生等公共服务方面的支出为主，转移性支出在全部财政支出中的比重显著提高。

### （二）政府职能与财政支出结构

政府职能直接决定了财政支出职能结构、财政支出行政级次结构，同时也会影响财政支出经济性质结构。

财政是实现国家职能的分配工具，财政支出是实现国家职能的财力保证。因此，政府的职能及政府活动范围决定了一定时期内财政支出的项目、方向和比例，也就决定了财政支出的规模和结构。一般说来，实行计划经济体制的国家，都是由政府垄断社会资源，资源配置方式以政府集中配置为主，政府既承担了“社会公共需要”方面的事务，也承担了大量竞争性、经营性等方面的事务，因此，财政支出中经济建设支出所占的比重比较高，用于社会公益事业开支和社会保障开支等的比重较低。而实行市场经济体制的国家，以市场配置为资源配置的主要方式，政府的职能主要集中于社会管理领域，因此，财政支出中经济建设支出所占比重较低，而用于社会公益事业和社会保障等方面的开支比例明显较高，几乎没有用于竞争性、营利性领域的支出。

政府职能除了涉及政府和市场的定位外，还涉及不同层级的政府间职能的划分，从而影响财政支出的层级结构，如果政府职能主要由中央政府承担，则一般中央财政支出所占比重较高，反之则较低。

同时，国家职能的侧重点不同也会对财政支出结构产生影响。同样是实行市场经济体制且经济发展水平较高的国家，由于实行不同的福利政策，会直接影响社会保障支出占全部财政支出的比重。众所周知，北欧国家普遍实行高福利政策，因此，在全部财政支出中，用于社会保障方面支出的比重高于其他发达国家。例如，2021 年，丹麦“社会保障”支出占全部财政支出的 41.6%，同期英国为 33.3%（见本章表 3-4）。

从我国改革开放以来的实践看，随着经济体制由计划经济体制转向社会主义市场经济体制，随着让市场起决定性资源配置作用的不断实践，政府也逐渐从直接资源配置职能中解放出来，慢慢转变到强化宏观调控、弥补市场失灵的公共服务领域。因此，改革开放的过程也是我国政府职能转变的过程，而这种职能转变直接影响到财政支出职能结构。特别是近年来，转变政府职能，扭转政府职能错位、越位、缺位现象已成为深化行政体制改革的重要任务，财政支出职能结构的重心也逐渐向为社会提供公共服务转移。总体来说，改革开放以来我国政府购买性支出所占比重有了较大幅度的下降，同时，中央政府将更多的职责下放给地方政府，地方政府承担的财政支出份额逐渐增加。

## 五、财政支出规模与结构的优化方向

### （一）财政支出规模的优化方向

财政支出规模对一国经济发展与社会稳定有着重要影响。当财政支出规模过小时，政府难以提供优质的公共服务，无法满足社会公共需求，而当财政支出规模过大时，则会带来一系列负面影响：首先，财政支出规模过度扩张可能会导致私人部门税负过重，不利于国民经济发展；其次，财政支出增加可能会造成对私人部门的挤出效应，非政府部门的投资相应减少；最后，财政支出的过度扩张可能会导致通货膨胀问题，当私人需求不变时，财政支出的增加将使社会总需求快速上升，并大于社会总供给，最后导致价格上升，通货膨胀形成。综上所述，只有将财政支出规模控制在合理的范围内，才能有效发挥政府职能。同时，相较于财政支出规模过小，财政支出规模过大带来的问题更加严重。

优化财政支出规模可以从局部均衡与一般均衡两个方面来探究支出规模的合理性。从局部均衡条件来看，当公共部门配置等量资源获得的收益与私人部门配置所获得的收益相等时，整个社会资源配置达到最优，并形成合理的财政支出规模；从一般均衡条件来看，当私人产品与公共产品的边际效用之比与二者边际成本之比相等时，达到社会资源最优配置，同时形成最优财政支出规模。

优化财政支出规模还可以从影响财政规模大小的因素来进行分析。新中国成立以来我国财政支出规模的变化是财政体制适应发展与改革的结果，具体可将影响我国财政支出规模变化的现实原因总结为经济原因、政治原因与社会原因三个方面。经济原因主要包括一国经济发展水平、经济发展阶段、经济体制与经济政策等，这些是影响财政支出规模的主要因素，在一定程度上起到主导性作用；政治原因包括政局是否稳定、政府职能变化以及政府工作效率；社会原因包括文化传统、人口特征以及环境保护等一系列社会性因素，一国财政支出情况常随社会因素改变而改变。其中，由于财政支出归根结底是政府的支出行为，其规模受经济政治决策影响较大。例如，我国社会主义市场经济体制正是在政策推动下建立的，相应的，我国财政支出规模占 GDP 比重在这之后出现逐年减少的趋势，从30%一路下降至 12%。

未来，为进一步优化我国财政支出规模，保证财政支出规模适度增长，需要坚定贯彻落实党的二十大对全面建成社会主义现代化强国的战略安排和目标任务，构建高水平社会主义市场经济体制，在财政赤字保持合理水平的前提下，扩大财政支出规模。下一阶段，我国应落实好积极的财政政策，推行有利于经济稳定的宏观政策，具体可以从以下几个方面进行把握：一是实施更大力度减税降费，增强市场主体活力。二是保持适当支出强度，提高支出精准度。财政赤字保持在合理水平，扩大财政支出规模，同时优化支出结构，完善财政资金直达机制，加强分配方案备案审核，健全直达资金监督制度，促进财政资金规范高效安全使用。三是合理安排地方政府专项债券，保障重点项目建设。四是加大中央对地方转移支付，兜牢基层“三保”底线。五是坚持党政机关过紧日子，节俭办一切事业。六是严肃财经纪律，整饬财经秩序。

### （二）财政支出结构的优化方向

“十二五”时期，中国经济发展进入新常态阶段，经济增速换挡回落，经济结构优化升级，经济发展动力由要素和投资驱动转向创新驱动，经济运行表现出与以往不同的特征。习近平在党的十八届五中全会上提出创新、协调、绿色、开放、共享的新发展理念，为实现第二个百年奋斗目标规划了科学路径。党的二十大提出，“必须完整、准确、全面贯彻新发展理念”，“贯彻新发展理念是新时代我国发展壮大的必由之路”。在新发展阶段，财政支出结构也应当进行与时俱进的调整，充分贯彻新发展理念、适应新发展格局。

一是以支出改革推动政府职能转变，建设现代化治理体系。“十四五”规划强调了构建高水平社会主义市场经济体制，把处理好政府与市场的关系摆在了重要位置，发挥市场在资源配置中的决定性作用。应在财政支出层面重点加快转变政府职能，控制财政投资，使政府最低程度地直接参与市场资源配置和微观经济活动，调动市场主体活力，尊重市场经济一般规律，充分结合有效市场和有为政府。要进一步加强对行政管理支出的把控，优化政府组织结构，深化简政放权和“放管服”改革，明确政府职能边界，打造市场化、法治化、国际化营商环境。

二是保障改善民生福祉，加强全面协调发展。进入 21 世纪以来，我国财政支出向民生方面的倾斜愈发明显。教育、就业、医疗卫生、社会保障等民生问题已有大幅改善，但民生保障仍不完备，提高人民生活品质仍有较大可为空间。新时代我国社会主要矛盾转变为人民日益增长的美好生活需要和不平衡不充分的发展之间的矛盾，财政支出应坚持以人民为中心，注重区域间的平衡发展。要提升公共服务均等化水平，缩小城乡、地区差距，推动基本公共服务提供模式创新。加快完善对妇女、未成年人、残疾人的权益保障，促进平等就业与高质量就业，帮助提高劳动者素质与就业能力，加大对人力资源投入。政府应构建高质量民生保障机制，回应人民期盼，维护经济可持续性，构建和谐稳定社会。

三是把握重点堵点，科学统筹财力。我国长期处于社会主义初级阶段，作为发展中国家仍存在着发展不平衡、不充分等问题，推动实现中国式现代化需要财政的大力支持。由于受到当前时期财政支出规模和财政负担能力的制约，财政支出安排需要把握痛点、堵点，有针对性地增加对本时期重点任务的支出，及时解决人民最关心的问题；同时需要立足于我国现实，着眼国家长远利益，兼顾全盘、整体规划，科学统筹财政资金，对各项公共事业均有所覆盖，促进社会全面发展。具体来看，一方面要基于源与流的关系，统筹管理收支，以收定支、量入为出，严格限制一般性支出，使财政支出与财政收入统一于同一框架，推动支出安排与项目计划相衔接。另一方面要基于时间维度，实施相机决策的财政政策。目前我国财政支出表现出经济衰退时逆周期、经济繁荣时顺周期的特点，衰退期注重基本建设支出，繁荣期行政管理支出扩张较大，容易造成宏观经济周期的不稳定。应在经济衰退期加强对财政投资的监督，经济繁荣期控制行政管理支出，对财政支出项目进行全生命周期规划、绩效评估与管理，从中长期角度统筹财力，合理调整支出结构。

四是健全制度建设与基础设施，引入信息化管理。财政支出计划的落实与运行，离不开坚实的制度保障，对支出结构的优化，也需要相应制度建设保证实施，使增加的财政支出发挥切实作用。扩大财政投入、提升财政资金效率应与深化改革、持续创新同步进行，根据管理与运行过程中发现的问题，动态完善管理体制，加强制度建设。优化绩效考核方式，健全对财政资金支出的监管制度，严肃财政纪律，进一步完善项目支出定额标准体系建设，强化财政资金使用监督力度。随着数字经济高速发展，支出管理方式也应与时俱进。依托"一体化"理念，贯通支出项目管理与政府预算管理，联通中央和地方之间的财政信息系统，建设财政与税务、社会保障、人力资源、审计、银行等部门共享共用的基础信息平台。通过多部门数据分享反馈，及时、客观、准确评价财政支出的效率与效益，反馈至下一周期的财政支出安排，形成闭环管理，为财政支出结构及时调整提质增效。

五是解决财政支出结构固化问题。这是优化财政支出结构的内在要求。财政支出结构固化描述了财政支出项目只见增加不见减少的状态，或是不改变存量仅就增量进行调整的方式，最终伴随着财政支出绩效不良的结果。财政固化可以分为两种类型，一种是财政支出项目固化，在不减少原有支出项目的基础上继续增加新的支出项，对绩效不佳的老项目没有合理评估，也没有设计合适的退出制度；另一种是财政支出项目规模固化，某一支出长期保持规模不变，或持续增加而不适时调低支出。在多年高速增长的财政收入引致财政支出粗放增加的情形下，用于维持机构运转的人员经费和公用支出规模不断提高，部门囿于自身利益在结束项目后自发递补其他项目而非减少相关支出，部门职能之间交叉重复难以避免，导致了财政支出结构固化。固化现象表明缺乏治理机制的财政支出安排在既得利益的支配下背离了政策方向，破坏优先顺序，容易引发政策落实难的后果，加剧财政收支矛盾与财政风险。破除财政固化问题，促进财政收支良性循环，推动积极财政政策实施，是优化财政支出结构的重要线索。

未来，我国财政支出应进一步压缩"三公"经费等政府消费，从严限制一般性支出，降低行政运行成本，避免对居民消费的挤出；扩大医疗卫生、教育、社会保障等民生相关支出，提高私人消费的边际效用；政府投资注重拉动企业生产、推动企业创新，减少政府直接参与微观经济活动，对投资领域和地域有所选择，重点支持科技攻关、生态环保、区域重大战略、现代农业等"十四五"规划重大项目，向新基建、新型城镇化和公共基础设施薄弱领域精准施策。充分发挥积极财政政策效用，促进高质量发展，助力打造国内国际双循环的新发展格局。

# 第三节　财政支出的经济效应

财政支出作为政府满足其职能需要、最终满足社会公共需要的一项重要活动，必然对经济运行产生重要影响，我们将这种影响称为财政支出的经济效应。具体而言，通过对财政支出规模、结构以及具体支出形式的调整，可以产生不同的经济效应，主要包括收入效应、替代效应、经济增长效应、挤出效应以及收入分配效应。

## 一、财政支出的收入效应

财政支出的收入效应是指财政支出会增加企业或者居民的收入水平。这种效应主要通过转移性支出实现，如对企业的补贴支出或者税式支出，对居民的补贴支出或社会保障支出等。这些财政支出对于企业或居民而言会直接增加其利润或者收入。利润、收入水平提高后，企业可以用来投资更多的项目，居民可以用来消费更多的物品或者服务。

以居民获得财政补贴收入为例，假定我们所研究的特定居民个人只消费 x 和 y 两种商品，且商品 x 和 y 均为正常商品，则该居民对于商品 x 和 y 的消费量会随着收入水平的提高而增加。居民个人收入用 $m$ 表示，商品 x 的价格用 $P_x$ 表示，商品 y 的价格用 $P_y$ 表示。根据微观经济理论，预算线表示在消费者的收入和商品的价格水平给定的条件下，消费者的全部收入能够购买得到的两种商品的各种组合。例如，当居民收入 $m=100$，$P_x=20$，$P_y=10$ 时，$(x, y)=(2, 6)$，即购买 2 单位商品 x 和 6 单位商品 y 便是一种可能的消费组合。将各种可能的消费组合描绘在以商品 x 消费量为横轴，以商品 y 消费量为纵轴的平面直角坐标系中，便可以得到特定居民个人的预算线，如图 3-3 所示。

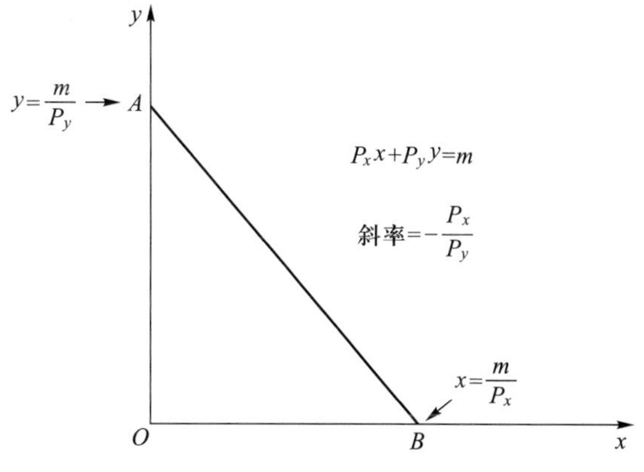


图 3-3　预算线

另外，根据微观经济理论，效用是指对商品满足人的欲望的能力评价，或者说，效用是指消费者在消费商品时所感受到的满足程度。西方经济学家在衡量效用大小时有两种方法：一是基数效用论的边际效用分析方法，二是序数效用论的无差异曲线分析方法。此处选取后者进行分析研究。其中，无差异曲线是用来表示能够给消费者带来相同的效用水平或者满足程度的两种商品的所有组合。简单来说，假定两个消费组合（$x$，$y$）=（2，4）和（$x$，$y$）=（3，3）对于特定消费者来说所带来的效用一样时，那么这两个消费组合一定位于同一条无差异曲线上。方便起见，假定我们此处所研究的特定居民个人的无差异曲线为凸向原点的曲线，如图 3-4 所示。

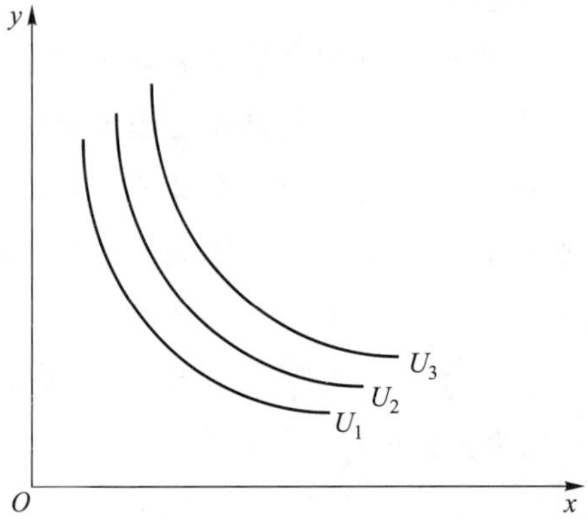


图 3-4　无差异曲线

基于此，我们所选定的特定居民个人的最优选择必须满足两个条件：第一，最优的商品购买组合必须能够给居民个人带来最大的效用水平；第二，最优的商品购买组合必须位于给定的预算线上。因此将特定居民个人的预算线与无差异曲线描绘在同一个平面直角坐标系中进行研究，如图 3-5 所示。只有预算线 $AB$ 和无差异曲线 $U_2$ 的切点 $E$，才是特定居民个人在给定的约束下可以实现效用最大化的均衡点。这是因为，就无差异曲线 $U_3$ 来说，虽然它代表的效用水平高于 $U_2$，但是它与预算线 $AB$ 既无交点也无切点，这说明特定居民个人在既定的收入水平 $m$ 下无法实现无差异曲线 $U_3$ 上任何一点商品组合的购买。就无差异曲线 $U_1$ 来说，虽然它与预算线 $AB$ 相交于 $a$、$b$ 两点，这表明特定居民个人可以购买这两组商品组合，但是这两点所表示的效用水平均低于 $U_2$，不符合我们的选择原则。因此只有预算线 $AB$ 与特定居民个人的无差异曲线相切时，才是其最优选择。

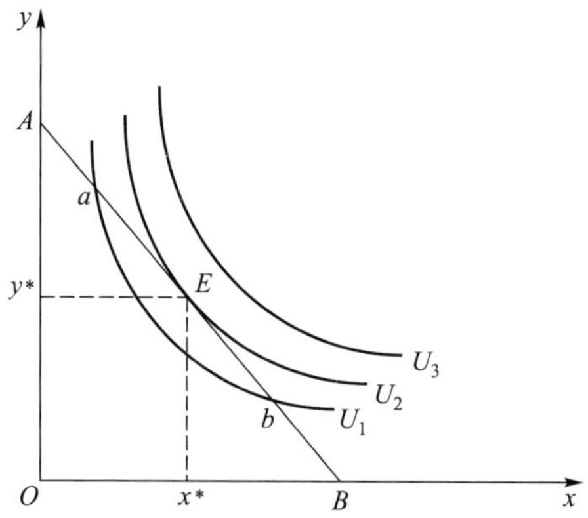


图 3-5 消费均衡

当政府财政支出发挥其收入效应使得特定居民个人的既定收入 $m$ 增加至 $m'$ 时，如图 3-6 所示，这会使得其预算线 $AB$ 右移至新的预算线 $CD$，根据最优均衡条件，其最优消费组合由 $E_1$ 点右移至 $E_2$ 点。不难看出，特定居民个人对于商品 x 和商品 y 的消费量均上升。

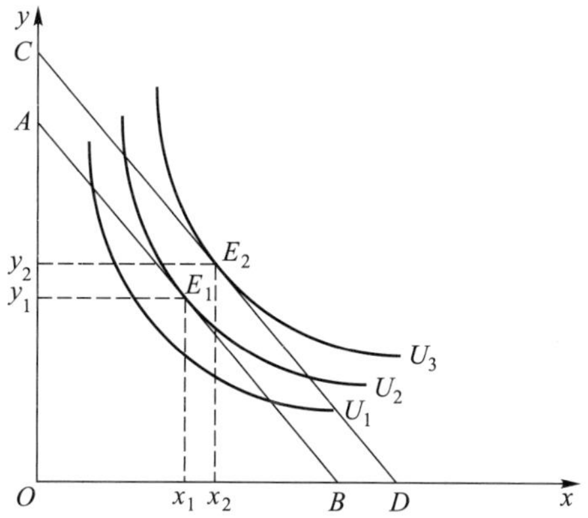


图 3-6 消费均衡的变动

基于财政支出的收入效应，政府可以通过增加转移性支出的规模，对生产具有正外部性的产品和服务的企业或者一些特殊企业给予补贴，促进企业发展；对居民给予生活困难补助或者基本的生活保障，从而促进其生活水平的提高。

比如，《中华人民共和国企业所得税法》规定，企业从事农、林、牧、渔业项目的所得，从事国家重点扶持的公共基础设施项目投资经营的所得，从事符合条件的环境保护和节能节水项目的所得，以及符合条件的技术转让所得，可以免征、减征企业所得税；对符合条件的小型微利企业，减按 20%的税率征收企业所得税；对国家需要重点扶持的高新技术企业，减按 15%的税率征收企业所得税。这些税收优惠属于税式支出，是转移性支出的一种，通过对企业的减税、免税，实际上增加了企业收入。

再比如，我国实行的最低生活保障制度，也就是国家对家庭人均收入低于当地政府制定的最低生活标准的居民给予一定现金资助，保证了居民的基本生活需要。

## 二、财政支出的替代效应

财政支出的替代效应是指财政支出会相对降低产品或者服务的价格，消费者就可以花更少的钱用于该产品或者服务的购买，进而增加对其他产品或者服务的购买，也就是通过价格的相对变化，将财政支出的影响传导到其他产品和服务上，通过增加对其他产品和服务的消费替代对受补贴产品或者服务的消费。例如，如果政府直接对企业给予价格补贴，促使产品或者服务维持在较低的价格水平上，那么消费者有可能将自己收入的更少份额用于该产品或者服务的消费，而将节省的资金用于其他消费；如果政府直接向消费者提供价格补贴，那么消费者可能将补贴资金的一部分用于该产品或者服务的消费，同样可以将节省的资金用于其他消费。也就是说，无论是将补贴资金给予企业还是消费者，都可能会发生替代效应。

仍以居民个人作为研究对象，假设前提同“收入效应”的分析。假定政府对于商品 x 进行价格补贴，使得商品 x 的价格 $P_x$ 下降，并同时假定商品 y 的价格 $P_y$ 不受影响。根据图 3-3 可知，特定居民个人的预算线 $AB$ 与横轴交点（即横截距）的坐标表示为$\left(\frac{m}{P_x},\ 0\right)$，因此在收入和商品 y 的价格既定的前提条件下，商品 x 的价格下降会使得预算线横截距右移。

从图形上来看，预算线发生了逆时针转动，即预算线 $AB$ 转动至 $AB'$，其最优消费组合由 $E_1$ 点右移至 $E_2$ 点，如图 3-7 所示。可以看出，政府对特定的商品 x 进行补贴使得其价格下降时，特定居民个人对于商品 x 的消费量会增加，并且

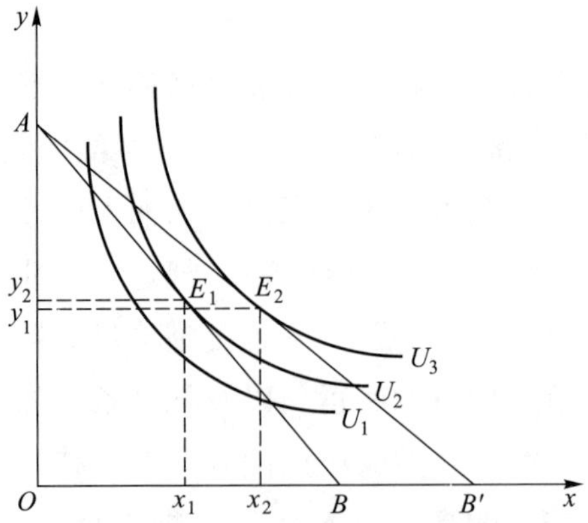


图 3-7 预算线发生转动

受到商品 x 价格变动的影响，即使商品 y 的价格没有发生变化，居民个人按照最优消费原则选择的商品 y 的消费量也可能会受到影响。但是居民个人对于商品 y 的消费量变化情况具体是增加、减少还是不变，由居民个人的无差异曲线形状、预算线形状等多种因素决定。

结合收入效应的论述，当政府给予企业财政补贴时，可能会同时产生收入效应和替代效应。例如，假设消费者只消费 A 和 B 两种产品，如果政府对产品 A 给予价格补贴，对企业而言，产生了收入效应，并且会降低产品 A 的价格，由于价格下降，相当于变相提高了消费者的收入，消费者在同样的收入水平下，会增加对产品 A 的消费，因而对消费者而言，也发生了收入效应。但同时，消费者还可能会用“节省的资金”增加对产品 B 的消费，这发生了替代效应。其结果是，由于政府给予企业补贴，在收入效应和替代效应的双重作用下，消费者会同时增加对产品 A 和 B 的消费量，但对 A 的消费增加量通常大于对 B 的消费增加量。

收入效应和替代效应合起来也被称为激励效应，由于一项财政支出可能既有收入效应又有替代效应，所以应深入比较两类效应的大小，才能评判这项支出政策产生的激励效应。

### 三、财政支出的经济增长效应

财政支出的经济增长效应是指财政支出能够促进经济增长，而且，财政支出的增加，能够促进经济成倍增长。财政支出的经济增长效应主要通过乘数效应来实现。其主要原理在于，财政支出增加后，企业或者居民即获得相应的利润或者收入，从而引致企业扩大再生产或者是居民消费的增加，即产生新的需求，带动经济发展，而供给这些企业或者居民的其他企业会开展新一轮扩大再生产，又产生了新的需求，带动经济的进一步发展，如此持续进行下去，一项财政支出的增加就会带动经济的倍数增长。这个增长的倍数称为财政支出乘数，其按照财政支出经济性质的不同分为政府购买性支出乘数和转移性支出乘数。

为了说明政府购买性支出乘数及转移性支出乘数，我们引入 IS 曲线进行分析。根据宏观经济理论，IS 曲线是利率—产出（$r$，$Y$）空间中一条向右下方倾斜的线，IS 曲线上的每一个点都表明产品市场处于均衡状态，即产品市场上总供给与总需求相等。我们以三部门经济作为研究对象，即经济体中只包括个人、企业及政府，不包括贸易部门，则产品市场的均衡条件 $Y=C+I+G$，基于此我们可以推导出 IS 曲线的数字表达式。

假设消费函数为 $C=C_0+cY_d$。其中，$C_0$ 为常数，$c$ 为边际消费倾向，即每增加一单位可支配收入 $Y_d$ 会使得消费量增加 $c$ 个单位。投资函数为 $I=e-dr$。其中，

$e$ 为常数，$d$ 表示投资对于利率 $r$ 的敏感程度。政府支出（财政支出）用 $G$ 表示，税收用 $T$ 表示，转移性支出用 $R$ 表示，可支配收入 $Y_d=Y-T+R$，那么产品市场的均衡条件可以进一步写成：

$$\begin{aligned} Y &= C+I+G \\ &= C_0+cY_d+e-dr+G \\ &= C_0+c(Y-T+R)+e-dr+G \end{aligned}$$

简化并求解，我们可以得到三部门经济体的 IS 曲线的数字表达式为：

$$Y=\frac{C_0+c(R-T)+e+G}{1-c}-\frac{d}{1-c}r$$

在仅考虑产品市场的情况下（即不考虑财政支出增加会使得投资和消费下降的情况），政府购买性支出或者转移性支出的增加会使得 IS 曲线右移，在利率保持不变的情况下，会使得国民收入上升，如图 3-8 所示。

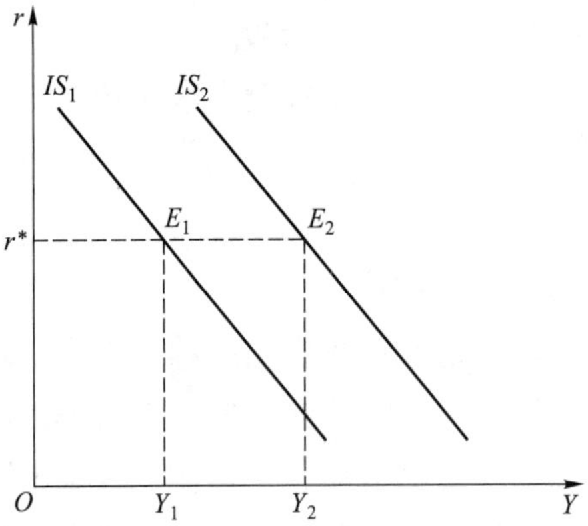


图 3-8 IS 曲线右移使得国民收入上升

从 IS 曲线表达式可以看出，当政府购买性支出增加或减少 $\Delta G$ 时，国民收入增加量或减少量为 $\Delta Y=\frac{1}{1-c}\Delta G$，政府购买性支出乘数被定义为国民收入的变动与引起这种变动的政府购买性支出变动的比值，即政府购买性支出乘数为 $k_G=\frac{\Delta Y}{\Delta G}=\frac{1}{1-c}$。同理，转移性支出乘数被定义为国民收入变动与引起这种变动的政府转移性支出变动的比值，即转移性支出乘数为 $k_R=\frac{\Delta Y}{\Delta R}=\frac{c}{1-c}$。由于边际消费倾向 $0<c<1$，所以政府购买性支出乘数要大于转移性支出乘数。

这是因为：由于政府购买性支出直接形成第一轮需求，而政府转移性支出在转移给企业或者居民后，他们会根据自己的消费意愿拿出其中的一部分进行投资或者消费，此时，财政支出中只有一部分会形成第一轮的需求，因此，政府购买性支出乘数要大于转移性支出乘数，而且因其发挥作用的时效性也强，因此改变政府购买性支出水平对宏观经济活动的促进效果要大于改变转移性支出的效果，改变政府购买性支出水平是财政政策中最有效的手段。当经济处于下行区间时，政府可以通过增加购买性支出促进经济较快恢复和发展。

## 四、财政支出的挤出效应

财政支出的挤出效应指财政支出增加所引起的私人消费或投资降低的效果。挤出效应表现在两个方面：一是财政支出会通过税收机制减少私人部门可支配的收入，即财政支出主要是通过税收筹集的，这些税收会直接减少私人部门可支配的收入，从而使私人消费的支出被“挤”掉了；二是财政支出的增加通过借债会使债券市场上的资金利率提高，即由于政府借债使得市场上对资金的需求增加，抬高了资金的成本，从而导致私人部门的投资减少甚至退出。

为了说明财政支出对于私人投资和消费的挤出效果，我们引入 LM 曲线进行分析。根据宏观经济理论，LM 曲线是利率—产出（$r$，$Y$）空间中的一条向右上方倾斜的曲线，LM 曲线上的每一个点都表明货币市场处于均衡状态。货币市场的均衡条件为：货币供给=货币需求。

货币供应量定义为以单位商品表示的实际货币供应量，表示为 $M/P$，其中 $M$ 是市场上的名义货币存量，$P$ 是物价水平。中央银行可以控制名义货币存量 $M$ 的增长，但总体价格水平 $P$ 是由经济内部决定的。货币需求量被定义为：$L=kY-hr$。其中，$L$ 是货币需求量，$k$ 是货币需求对国民收入 $Y$ 的敏感程度，$h$ 是货币需求对于利率 $r$ 的敏感程度。货币市场均衡的定义为实际货币供应量与货币需求量相等，即 $M/P=L=kY-hr$。化简后可以得到 LM 曲线：

$$r=\frac{k}{h}Y-\frac{1}{h}\frac{M}{P}$$

接下来我们将 IS 曲线与 LM 曲线绘制在同一张以利率 $r$ 为纵轴、以国民收入 $Y$ 为横轴的平面直角坐标系中，以便分析财政支出对于私人投资和消费的挤出效应。经济的均衡点出现在 IS 曲线与 LM 曲线的交点处，此时产品市场和货币市场同时达到供需相等的状态。

具体而言，“挤出效应”本质上就是财政支出增加所引起的私人消费或者投资降低的效果。如图 3-9 所示，初始的经济均衡点为 $E_0$点。在没有挤出效应的情况下，财政支出的增加会使得经济的均衡点由 $E_0$点右移至 $E_2$点，此时国民收入由 $Y_0$增加至 $Y_2$，但是由于财政支出的增加，市场上竞争加剧，“挤出”一部分私人投资和消费，因此经济的均衡点只能由 $E_0$右移到 $E_1$处，无法达到 $E_2$处的水平，国民收入 $Y_0$增加到 $Y_1$，$Y_1$与 $Y_2$之间的距离即表示“挤出效应”的大小。

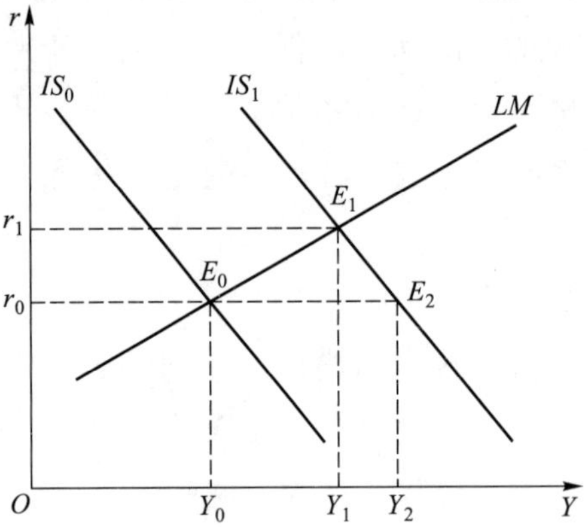


图 3-9　财政支出所产生的挤出效应

接下来我们考虑两种极端情况：一种是“没有挤出”的情况，另一种是“完全挤出”的情况。

当经济处于流动性陷阱时，市场利率处于极低水平，人们普遍认为利率不大可能再下降，或者说有价证券的市场价格不大可能上升而只会下跌，此时人们无论有多少货币都愿意持在手中。在这种情况下，货币需求对于利率的敏感程度 $h$ 趋向于无穷大，LM 曲线是水平的，利用图 3-10 进行说明。

由图 3-10（a）可以看出，LM 曲线水平时，财政支出增加使得 IS 曲线向右移动，但是利率并不会上升，因此对应到图 3-10（b）的投资曲线上并没有挤出效应发生。即当存在流动性陷阱时，财政支出的挤出效应为零，增加财政支出可以大幅度增加国民收入。

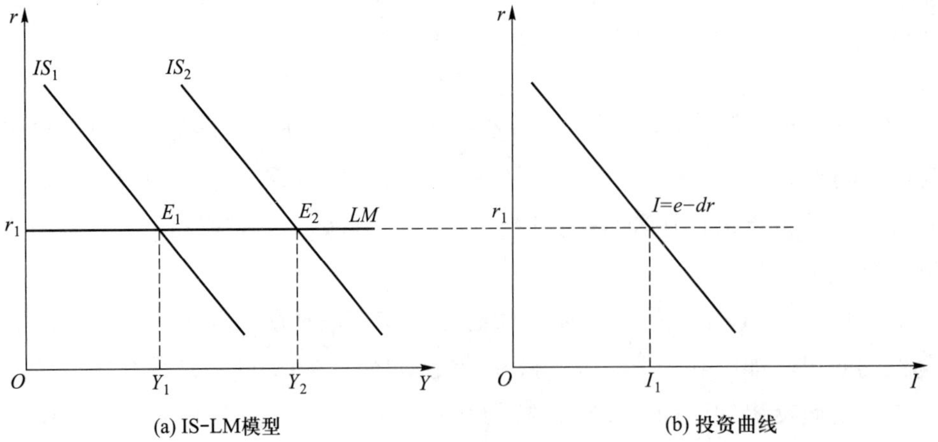


(a) IS-LM模型　　(b) 投资曲线

图 3-10　“没有挤出”的情况

而“完全挤出”的情况是基于古典经济学思想，如果货币需求对于利率的敏感程度 $h$ 趋向于零，即货币需求对于利率毫不敏感，此时的 LM 曲线是垂直的，利用图 3-11 进行说明。

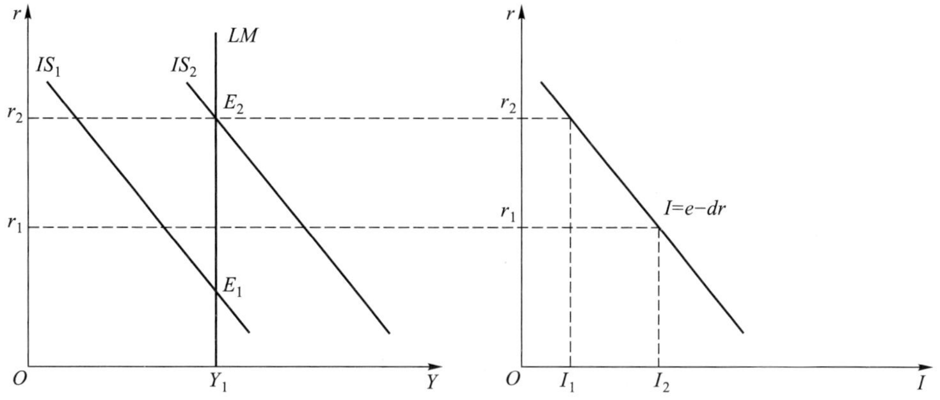


(a) IS-LM模型 (b) 投资曲线

图 3-11 “完全挤出”的情况

由图 3-11（a）可以看出，LM 曲线垂直时，财政支出增加使得 IS 曲线向右移动，利率直线上升，因此对应到图 3-11（b）的投资曲线上会发生挤出效应，并且挤出效应的大小恰好等于增加的财政支出。

## 五、财政支出的收入分配效应

财政支出的收入分配效应是指政府的财政支出可能会导致利益转移的现象，从而使财政支出带来的利益产生再分配。一般情况下，政府会按照“公平优先、兼顾效率”的原则，依据一定时期的经济发展水平、生活水平以及道德标准，利用财政支出政策进行再分配，对市场机制形成的收入分配格局予以调整，使社会成员的收入差距保持在合理范围内，并保障低收入者的基本生活需要。政府通过转移性支出，如社会保障支出、救济支出、补贴等，改善低收入阶层居民、丧失劳动能力的居民及其子女的生活、保健或教育状况，提高其实际收入与福利水平，维护社会稳定。除此之外，国家兴建公共福利设施、开展社会服务以及举办各种福利事业，增进社会成员福利，改善国民的物质文化生活，为广大群众提供生活质量保障，使得我国收入差距缩小。

但财政支出是否能缩小收入分配差距、改进社会公平存在一定的不确定性。例如，政府的住房补贴支出实施目的在于补助穷人，但其在短期内会造成住房需求的增加从而引致房价的上涨，以致真正获益的是富人而不是穷人。一些学者对我国财政支出水平、结构与居民收入分配差距的关系做了实证研究。有的学者发现，地方财政支出具有显著促进经济增长的作用，而中央财政支出则可以明显改善社会公平程度；不同的财政支出项目对经济增长和社会公平的贡献具有显著差异，大多数支出项目往往很难同时顾及两个目标；通常只有文教、科学、卫生事业费支出既能推动经济增长，也能促进社会公平。① 还有学者基于 VAR 模型分析检验了公共财政支出与收入分配的关系，实证分析表明，公共财政支出在 1978—2007 年对居民收入分配产生了负面效应，公共财政支出在调节全国居民收入分配、城乡居民收入分配以及不同区域居民收入分配上的职能发挥不佳。②

可见，要评估一项财政支出的经济效应，要综合以上五个方面的效应来分析，才能真实评价其是否达到了预定的政策目标。

## 第四节　财政支出绩效

### 一、财政支出绩效的内涵

无论是社会经济组织的支出还是政府的财政支出，其实质都是社会资源的一个组成部分。由于资源的有限性，不管是社会经济组织还是政府，都必须重视资源的利用效率。要提高资源利用效率，一是要实现资源的优化配置，在各经济主体之间合理配置资源，使所有的资源都得到充分利用，避免资源的浪费；二是在资源的使用过程中，尽可能地提高每一单位资源的利用效率，即任何支出都要考虑投入产出问题，也就是绩效。

绩效指的是一个组织或个人在一定时期内的投入产出情况，投入指的是人力、物力、财力等各种有形和无形资源，产出指的是工作任务在效率、效益及效果方面的完成情况。基于此，财政支出绩效，主要是从政府的角度来分析财政支出安排过程中投入的人力、物力、财力以及产出或者公共服务提供方面的效率、效益及效果情况。

财政支出绩效评价制度最早起源于 20 世纪 50 年代的西方国家，作为改造政府、提高政府效能的重要措施之一逐渐推广，是目前多数市场经济国家普遍采用的做法。对财政支出进行绩效评价的基本理论依据是受托责任理论，该理论认为政府不仅负责花钱，更要对花钱所产生的结果负责。财政支出绩效评价是指预算部门（单位）和财政部门根据设定的绩效目标，运用科学、合理的绩效评价指

① 孙文祥、张志超：《财政支出结构对经济增长与社会公平的影响》，《上海财经大学学报》2004 年第 6 期，第 3—9 页。

② 汪昊、娄峰：《中国财政再分配效应测算》，《经济研究》2017 年第 1 期，第 103—118 页。

标、评价标准和评价方法，对财政支出的经济性、效率性和效益性进行客观、公正的评价。依据评价主体的不同，财政支出绩效评价分为单位自评、部门评价和财政评价三种方式。单位自评是指预算部门组织部门本级和所属单位对预算批复的项目绩效目标完成情况进行自我评价。部门评价是指预算部门根据相关要求，运用科学、合理的绩效评价指标、评价标准和方法，对本部门的项目组织开展的绩效评价。财政评价是财政部门对预算部门的项目组织开展的绩效评价。

社会经济组织与政府部门都对其支出进行绩效评价，但二者之间在绩效评价上存在许多差别。

1. 社会经济组织和政府部门衡量效益的标准不同

由于社会经济组织从事生产经营活动的目的是获利，因此在进行效益分析时，衡量某项支出是否有效益，其标准很简单，就是经济效益。只要该项支出带来的收益大于其所花费的成本，就视为有效益，收益比成本大得越多，效益越高；而在政府部门支出效益分析中，衡量效益的标准就没有那么简单了。由于政府职能的范围非常广泛，财政支出的内容相应地非常丰富。不同的财政支出项目使用方向不同，其所获得的效益也不一样。有些支出项目有直接的经济效益，而有些支出项目却只有社会效益，还有些支出项目既有一定的经济效益，又有一定的社会效益。因此，在政府部门支出效益分析中，衡量某项支出是否有效益，其标准是双重的，既要考虑支出的经济效益，又要考虑支出的社会效益。而且，当经济效益与社会效益发生冲突时，政府部门支出应坚持社会效益优先、兼顾经济效益的原则。

2. 社会经济组织和政府部门计算“所得”与“所费”的范围不同

社会经济组织在进行效益分析时，只计算自身的各项成本费用与收益，不考虑其他人为之付出的成本费用及从中获取的利益。而政府部门支出效益分析则不仅要计算自身的成本费用与收益，而且必须将外部性计算在内，站在全社会的高度来核算各项支出的成本效益。

3. 社会经济组织和政府部门择优的标准不同

社会经济组织在进行效益分析、确定某项支出是否应该进行时，其择优标准很简单，即自身经济利益最大化；而政府部门的择优标准却不是自身经济利益最大化，而是社会整体利益的最大化。因此有些支出项目，就财政自身而言效益很差，甚至是赔本的，但由于其给社会带来的社会效益或经济效益很大，政府部门仍然要安排该项支出。

## 二、财政支出绩效的评价方法

政府的职能范围十分广泛，财政支出的用途也多种多样。不同财政支出的绩效评价方法不一样，通常包括成本效益分析法、比较法、因素分析法、最低成本法、公众评判法、杠杆标准法等。成本效益分析法是指将一定时期内的支出与效益进行对比分析，以评价绩效目标实现程度；比较法是指通过对绩效目标与实施效果、历史与当期情况、不同部门和地区同类支出的比较，综合分析绩效目标实现程度；因素分析法是指通过综合分析影响绩效目标实现、实施效果的内外因素，评价绩效目标实现程度；最低成本法是指对效益确定却不易计量的多个同类对象的实施成本进行比较，评价绩效目标实现程度；公众评判法是指通过专家评估、公众问卷及抽样调查等对财政支出效果进行评判，评价绩效目标实现程度；杠杆标准法是指以国内外同行业中较高的绩效水平为杠杆标准，评价绩效目标实现程度。

（一）成本效益分析法

成本效益分析法是指根据某项支出的目标，设计若干实现该目标的方案，并测算各方案的全部预期成本和全部预期效益，通过比较分析，选择最优支出方案的方法。成本效益分析法的概念首次出现在 19 世纪法国经济学家帕帕特的著作中，被定义为“社会的改良”。其后，这一概念被意大利经济学家帕累托重新界定。到 1940 年，美国经济学家卡尔德和希克斯对前人的理论加以提炼，形成了“成本—效益”分析的理论基础即卡尔德—希克斯准则。成本效益分析一般分为六个基本步骤：确定政府项目要实现的目标；列举成本和效益；测算成本和效益；测算贴现成本和效益；选择决策标准；选定项目。该方法适用于那些有直接经济效益的财政支出项目，如发电厂、自来水厂等投资性支出项目。采用成本效益分析法时，基本做法与企业成本效益分析法相同。就某项支出进行效益分析时，首先制定多种不同的实现支出目标的方案，然后列出各方案的成本支出（用 $c$ 表示）、收益（用 $b$ 表示），并对成本收益进行分析比较，选择净效益最大的支出方案，即使得 $(b-c)/c$ 的比值最大化。财政支出成本效益分析法与企业成本效益分析法不同的地方在于财政支出成本效益分析必须考虑外部性问题，从整个社会的角度核算成本与效益。其分析过程远比企业的成本效益分析过程复杂得多，工作量也大得多。

具体而言，财政支出项目的成本和效益包括真实的和名义的、直接的和间接的、有形的和无形的、中间的和最终的、内部的和外部的成本和效益。其中，真实的成本是指财政支出项目所利用资源的实际成本，真实的效益是指项目的最后消费者获得的实际收益，名义的成本和效益（虚假成本和效益）是指受到市场上相对价格变化影响的成本和效益；直接的成本和效益是指与项目支出直接相关的成本和效益，而间接的成本和效益则属于项目的“副产品”，与项目支出非直接相关；有形的成本和效益是指能够以市场价格加以计量的成本和效益，无形的成本和效益是指不能用市场价格直接估价的成本和效益；中间成本是指在项目成为最终产品之前，由于其他经济活动的加入所产生的成本，最终成本是指项目作为最终产品所产生的一切成本，中间效益是指有利于其他产品的生产而间接提供的效益，最终效益则是指项目为消费者直接提供的利益；内部成本和效益主要指项目所在辖区范围内发生的成本和效益，外部成本和效益是指项目辖区范围外发生的成本和效益。

成本效益分析的最终目的是帮助政府决策者做出有效率的支出决策。这首先需要选择科学的支出项目评估标准。在成本效益分析的实际应用中，决策标准多种多样，在此只介绍三种常用标准：净现值标准、收益成本比率标准、内部收益率标准。

1. 净现值标准

为了确定一个项目的收益是否大于其成本，我们需要计算该项目的净现值，即按净现值标准判断一个项目是否可行。净现值的计算公式为：

$$NPV=B_0-C_0+\frac{B_1-C_1}{(1+i)^1}+\frac{B_2-C_2}{(1+i)^2}+\frac{B_3-C_3}{(1+i)^3}+\cdots+\frac{B_n-C_n}{(1+i)^n}=\sum_{t=0}^{n}\frac{B_t-C_t}{(1+i)^t}$$

式中，$NPV$ 代表净现值，$B_t$ 代表第 $t$ 年的收益，$C_t$ 代表第 $t$ 年的成本，$n$ 代表项目的期限，$i$ 代表折现率。如果 $NPV>0$，说明项目可行。

2. 收益成本比率标准

收益成本比率标准，即用公共支出项目周期内的收益现值除以成本现值来判断项目是否可行。其计算公式为：

$$CBR=\sum_{t=0}^{n}\frac{B_t}{(1+i)^t}\Big/\sum_{t=0}^{n}\frac{C_t}{(1+i)^t}$$

式中，$CBR$ 代表收益成本比率，$B_t$ 代表第 $t$ 年的收益，$C_t$ 代表第 $t$ 年的成本，$n$ 代表项目的期限，$i$ 代表折现率。当 $CBR>1$ 时，该项目可取。

3. 内部收益率标准

内部收益率（IRR）是让一个项目的 NPV 为零的折现率。随着折现率的提高，净收益的现值降低，终究会在某一点上恰好等于成本的现值，这时的折现率称为内部收益率。假定 $B_t$ 是项目在第 $t$ 年的收益，$C_t$ 是项目在第 $t$ 年的成本，项目周期为 $n$，如果存在 $i>0$，使得 $\sum_{t=0}^{n}(B_t-C_t)/(1+i)^t=0$，此时的 $i$ 称为内部收益率。内部收益率解决了在支出方案的收益与成本相等时，项目的收益率是多少的问题。公共支出项目是否可行，常用的标准是：内部收益率大于该项目投入资金的机会成本。

假如某一个项目的收益率为 4%，而政府将资金投在其他方面的收益率为 3%，那么，这个项目就是可行的。相应的比较标准是：如果两个不可兼得的项目都可行，那么，IRR 值大的项目更可取。但是，根据内部收益率来确定项目，可能出现差错。假设有两个项目 X 和 Y。项目 X，总支出为 1 000 元，一年后收益为 1 120 元，内部收益率为 12%。项目 Y，总支出为 10 000 元，一年后收益为 11 000 元，内部收益率为 10%。再假定政府以 6%的利率自由筹措资金，根据内部收益率标准，很显然，项目 X 优于项目 Y，但是政府只能从项目 X 得到 60 元的利润，而从项目 Y 可得到 400 元的利润，与根据内部收益率标准得出的结论相反，政府应选择项目 Y，因为它的利润大。所以说，当两个项目规模不同时，用内部收益率来判断哪个更优是不可靠的。

用收益成本比率标准判断一个项目是否可行也存在弊端，即其只注重收益与成本比的大小，忽视收益与成本的绝对规模。如要比较两个收益成本比率都大于 1 的项目，收益成本比率标准就无能为力了。例如，有两个项目 X、Y，前者的收益为 2 500 万元，成本为 1 000 万元，后者的收益为 2 000 万元，成本为 1 000 万元。显然，项目 X 的收益成本比率为 2.5，而项目 Y 的收益成本比率为 2，按收益成本比率比较，项目 X 要优于项目 Y，因为项目 X 的收益成本比率要大于项目 Y 的收益成本比率。现在假定，在计算项目 X 时，忽视了 400 万元的损失未计入，如果把这个因素考虑为收益的减少，那么，项目 X 的数据需要修正。其收益成本比率就变为 2.1（2 100/1 000=2.1），由此可知，项目 X 仍优于项目 Y。但如果把 400 万元看作成本增加，则项目 X 的收益成本比率为 1.79（2 500/1 400=1.79），这样项目 Y 就优于项目 X 了。

为什么评价项目 X 和项目 Y 会有两种相反的结论呢？这里的问题究竟出在何处呢？问题出在对项目 X 400 万元损失的处理方式不同。因为 400 万元的损失既可看作成本增加，也可看作收益减少。在这里，正是把 400 万元视为成本增加，才导致项目 X 的收益成本比率小于项目 Y 的收益成本比率。由此可以看出，考虑问题的角度不一样，相同的事实却会得出不同的结论。这是收益成本比率分析的一个缺陷。

如果用净现值标准就不会发生这种情况，因为它依据的是收益和成本之间的差额，而不是它们之间的比率。由此得出结论：内部收益率和收益成本比率都可以用于成本效益分析，但可能导致错误的结论，而用净现值标准来进行评价是三种方法中最优的。三峡工程的成本效益分析参见专栏 3-2。

**专栏 3-2 三峡工程的成本效益分析**

20 世纪 80 年代中期，中国政府组织了 400 多位专家和数千名勘测、调查、试验、设计和研究人员参加了三峡工程的论证工作，对三峡工程的成本效益进行了深入系统的分析（见表 3-11），得出三峡工程可行的结论，1994 年三峡工程得以正式开工。

**表 3-11 三峡工程相关的成本和效益**

| 类别 | 直接的 | | 间接的 | |
|---|---|---|---|---|
| | 成本 | 效益 | 成本 | 效益 |
| 有形的 | 工程投资、移民支出 | 发电收入 | 库区农产品减少 | 缓和两地区的能源供应紧张、煤炭运输巨大压力 |
| 无形的 | 淹没资源 | 防洪、航运 | 库区环境破坏、人防、防震 | 减少两地区环境污染、库区旅游业发展 |

资料来源：徐一心：《跨世纪的工程——长江三峡水利枢纽》，《自然杂志》1992 年第 10 期，第 726—731 页。沈鸿：《我对长江三峡工程论证报告的意见》，《人民长江》1991 年第 1 期，第 1—5 页。《长江三峡水利枢纽论证情况》，《人民长江》1990 年第 8 期，第 2—15 页。

三峡工程的效益主要体现在：（1）提高防洪标准，可使荆江河段的防洪标准从 10 年一遇提高到 100 年一遇；（2）发电收益，三峡水电站年发电量 840 亿 kW · h，每年可替代煤炭 4 000 万~5 000 万吨；（3）改善航运，三峡工程修建后，万吨级船队可直达重庆，运输成本可降低 35%~37%。

三峡工程的直接成本主要体现在工程建设成本、淹没农田和移民带来的成本等方面。按照 1986 年年末物价水平，估算三峡项目的静态总投资为 361.1 亿元，其中枢纽工程投资为 187.7 亿元，水库移民投资为 110.6 亿元，电网的输变电投资为 62.8 亿元。此外，三峡工程对库区及长江流域的环境和生态的影响也较大。

按影子价格和 10%的社会折现率，对三峡工程本身的投入、产出和早建、晚建、不建三峡工程进行动态经济分析表明，三峡工程的净现值为 131.2 亿元，经济内部收益率为 14.5%。这说明从国民经济总体角度衡量，兴建三峡工程是有利的。

对早建（假定 1989 年开工）、晚建（假定 2001 年开工）、不建（以其他工程替代）进行综合分析的结果表明，三峡工程早建方案费用总现值最小，晚建方案费用现值大于早建方案，但小于不建方案。这说明三峡工程建比不建好，早建比晚建有利。

（二）比较法

比较法是一种相对评价方法，其适用范围是，当绝对评价标准难以确定，或所使用的客观尺度不尽合理时，必须采取其他的相对方式来衡量绩效。具体来说，比较法是指按照统一的标准对评价对象进行相互比较，以确定各评价对象绩效的相对水平。这种评价方式在操作上相对简便，省去了一些复杂的量化步骤，主要适用于财政项目资金管理等评价标准的确定较为复杂的项目。常用的比较法有排序法、一一对比法和强制分配法等。排序法就是对提供的备选方案按照绩效的优劣进行顺序排列，这样的方法省略了一些无法确定量化的计量，设计和应用成本较低，对进行绩效评价的部门专业要求不高，因此在一定时期内得到了较大范围应用。但是这种方法缺乏客观标准，可能会受到更多主观因素或者各主管部门决定的影响，使评价结果带有一定的随意性。一一对比法是在排序法基础上对其缺陷进行完善后提出的方法，它是将所有的备选方案进行一对一的比较，比排序法整体排列更具有说服力。但是这种方法依然没有提出客观评价标准，并且工作量大大增加。强制分配法相比于前面两种方案加入了更多的定量因素，这个方法根据正态分布规律，将评价对象强制划分为若干等级，在比例上具有相对固定性。这种方法对技术人员提出了较高要求，要求收集大量数据进行分析考察来确定等级的具体分布，对评价指标的确定也需要制定合理标准，实施成本相对也会提高，比较适用于绩效评价体系较为完善的地区和部门。

（三）因素分析法

因素分析法又称指数因素分析法，是利用统计指数体系，分析现象变动中各个因素影响程度的一种统计分析方法。因素分析法是现代统计学中的一种重要方法，是多元统计分析的一个分支，具有极强的实用性。使用这种方法能够把一组反映事物性质、状态、特点的变量，通过科学的方法，精简为几个能够反映出事物内在联系的、固有的、决定事物本质特征的因素。财政支出绩效评价因素分析法是指将影响项目投入和产出的各项因素罗列出来进行分析，计算投入产出比从而对项目进行评价的方法。很多公共项目都可以用因素分析法，通过不同因素的权重评比，进行综合评分，最终确定项目的效率性和效益性。采用此种方法的关键在于权重的分配，即如何通过合理配比使得整个评价过程客观全面，并且符合不同项目的实施特点。

（四）最低成本法

最低成本法，也称最低费用选择法，是指根据某项财政支出的目标，制定若干支出方案，通过比较不同方案成本支出的大小，选择其中成本支出最低的方案作为拨付财政资金依据的方法。这种方法适用于那些没有直接的经济效益，只有社会效益，而且其产品也不能进入市场的财政支出项目的效益分析，换句话说，其成本易于计算但效益不容易计量。例如国防支出、社会保障支出等，就适合使用这种绩效评价方法。该方法比较易于操作，只需就某项支出制定不同的方案，然后对各方案的成本支出进行比较，成本支出最小的方案即为最优方案。该绩效评价方法本身简便易行，但其关键在于如何使成本支出最小的方案达到与成本支出更大的方案相同的效果。

运用最低成本法的步骤大体如下：首先，根据政府确定的目标，提出多种备选方案以供选择。其次，以货币单位为统一尺度，分别计算出各备选方案的各种有形费用并予以加总。在计算成本的过程中，如果遇到需要多年安排支出的项目，也要用贴现法折算出现值，以保证备选方案的可比性。最后，按照计算出的成本进行高低排序，以供决策者选择。在目标既定的情况下，成本最低的备选方案为最优方案。

（五）公众评判法

公众评判法是指通过专家评估、公众问卷及抽样调查等方式，对财政支出的效率性和效益性进行评判，进而评价绩效目标的实现程度。对于无法直接用指标计量其效益的支出项目，可以选择有关领域的专家进行评估，或对社会公众进行问卷调查以评判其效益。专家评估主要是聘请有关专家，就评价对象的某一方面进行评价、判断。专家根据绩效评价项目的特点，可以采用多种评判形式，包括“背靠背”或“面对面”评议，或二者相结合的综合评价方式；而对社会公众的问卷调查，则可以通过设计不同形式的调查问卷，将需要进行考评的内容涵盖在设计的问题中，然后将问卷发放给公众填写，在发放过程中需要保证人群的随机性和广泛性，最后汇总分析调查问卷，得出评价结果。

与其他评价方法相比，公众评判法具有民主性、公开性的特点。它最大范围地吸收了社会力量的参与，使整个绩效评价过程较为充分地表达了社会公众的诉求，同时也保证了实施过程的透明化。这种评价方法由于其具有公开性的特点，适用于对公共部门提供的公共服务或者财政参与投资建设的公共设施等进行评价，但需注意设计好相应的评估方式、设计好调查问卷的内容以及有效选择被调查的人群。

（六）标杆标准法

标杆标准法是指以国内外同行业中较高的绩效水平为标杆进行评判的方法。标杆标准法最初应用于企业绩效管理，后来被引入公共部门，成为财政绩效管理的一种评价方法。运用这种方法时，首先要找到一个同类型的被公认的“成功项目”，将其设定为“标杆”，通过设定的绩效评价指标进行对比，找出被评价项目的不足，并借鉴“成功项目”经验，改进项目管理，提升项目绩效水平。

这种评价方法呈现出两大优点：一是评价比较全面，可以将被评价项目与“标杆”进行全方位对比，通常除了对比经济效益、社会效益、环境效益等指标外，还可以对政府提供的公共产品或者公共服务的质量、服务水平等进行对比；二是评价呈现持续改进性，即“标杆”项目是在不断动态优化的，从而牵引被评价项目也跟着改进管理，使项目绩效继续得到改善。

当然，运用这一方法最关键的是，要找准“标杆”，因此，其适用于一些有可比性的项目，如果项目之间没有可比性，盲目用这种评价方法，反而不能发挥出这种评价方法的优势。

## 三、全面实施财政支出预算绩效管理

2018 年，《中共中央　国务院关于全面实施预算绩效管理的意见》（以下简称《意见》）发布，对全面实施预算绩效管理的必要性、总体要求、目标等做出了规定。《意见》提出：“全面实施预算绩效管理是推进国家治理体系和治理能力现代化的内在要求，是深化财税体制改革、建立现代财政制度的重要内容，是优化财政资源配置、提升公共服务质量的关键举措。”《意见》提出，要构建全方位预算绩效管理格局、建立全过程预算绩效管理链条、完善全覆盖预算绩效管理体系、健全预算绩效管理制度、硬化预算绩效管理约束。财政支出绩效评价是预算绩效管理的重要内容，《意见》实际上对未来全面推进财政支出绩效评价指明了方向。

### （一）拓展财政支出绩效评价的范围

一是将部门和单位预算收支全面纳入绩效管理，从运行成本、管理效率、履职效能、社会效应、可持续发展能力和服务对象满意度等方面，衡量部门和单位整体及核心业务实施效果，推动提高部门和单位整体绩效水平。

二是将政策和项目全面纳入绩效管理，从数量、质量、时效、成本、效益等方面，综合衡量政策和项目预算资金使用效果。

### （二）建立全过程财政支出绩效管理链条

建立囊括事前绩效评估、绩效目标管理和绩效运行监控、绩效评价和结果应用在内的全过程财政支出绩效管理链条。

事前绩效评估是指财政部门或预算部门（单位）依据国家政策、部门和单位发展规划等内容，运用科学、合理的方法，对财政支出项目和财政政策的必要性、可行性、效率性、效益性及经济性进行客观、公正的评估。对新出台重大政策、项目开展事前绩效评估，评估结果作为申请预算的必备要件和预算安排的重要参考依据。

绩效目标管理和绩效运行监控是对财政支出项目预算编制和执行过程进行绩效管理的手段。绩效目标不仅要包括产出、成本，还要包括经济效益、社会效益、生态效益、可持续影响和服务对象满意度等绩效指标。建立对绩效目标运行的监控和跟踪机制，对存在严重问题的政策、项目要暂缓或停止预算拨款，督促及时整改落实。

开展绩效评价和结果应用。绩效评价是指财政支出项目完成后或财政政策实施结束后，财政部门、预算部门（单位）依据预先设定的绩效目标，运用科学合理的绩效评价指标、评价标准和评价方法，对项目或政策组织实施全过程进行全面、客观、科学的评价，形成绩效评价结果的过程。建立绩效评价结果与预算安排和政策调整挂钩机制，如将本级部门整体绩效与部门预算安排挂钩，将下级政府财政运行综合绩效与转移支付分配挂钩；再如，对绩效好的政策和项目原则上优先保障，对绩效一般的政策和项目要督促改进，对交叉重复、碎片化的政策和项目予以调整，对低效无效资金一律削减或取消，对长期沉淀的资金一律收回并按照有关规定统筹用于亟须支持的领域。

### （三）推进支出定额标准体系建设

持续推进支出定额标准体系建设是实施全面规范、公开透明预算制度的重要支撑，也是全面实施财政支出绩效管理的重要抓手，同时对于实现公共服务均等化、推进全体人民共同富裕具有重要意义。由于财政支出按部门预算管理内容分为基本支出和项目支出，因此支出定额标准体系也分为基本支出定额标准体系和项目支出定额标准体系。

基本支出定额标准，是指财政部门根据各部门机构正常运转和日常工作任务的合理需要，结合财力的可能，对基本支出的各项内容所规定的指标额度。目前，我国基本支出定额项目包括人员经费和日常公用经费两部分。人员经费包括政府收支分类的“支出经济分类科目”中的“工资福利支出”和“对个人和家庭的补助”。具体定额项目包括：基本工资、津贴补贴、奖金、伙食补助费、绩效工资、机关事业单位基本养老保险缴费、职业年金缴费、职工基本医疗保险缴费、住房公积金、医疗费和其他工资福利支出等。日常公用经费包括政府收支分类的支出经济分类科目中的“商品和服务支出”和“其他支出”中属于基本支出内容的支出。具体定额项目包括：办公费、印刷费、咨询费、手续费、水费、电费、邮电费、取暖费、物业管理费、差旅费、维修（护）费、会议费、专用材料费、劳务费、工会经费、福利费和其他商品和服务支出等。

项目支出定额标准，是指为满足项目支出预算管理需要，在对预算项目进行合理分类的基础上，结合经济社会发展水平，以项目的资产配置量、资产消耗量或业务工作内容为主要对象确定的预算支出标准。目前我国项目支出定额标准分为财政部门标准和部门内部标准。财政部门标准是指由财政部门（或会同同级部门）发布或认可的项目支出定额标准；部门内部标准是指由各部门自行发布的项目支出定额标准。财政部门标准分为通用定额标准和专用定额标准。通用定额标准是指适用于所有或大多数部门的、共性的项目支出定额标准，具有普遍适用性；专用定额标准是指适用于特定部门、特定活动或特定项目的定额标准，具有特定的适用范围。项目支出定额标准原则上应涵盖项目的全部支出内容，主要包括项目支出范围、资产配置标准、资产耗费标准、业务工作内容标准、取费标准等，项目支出定额标准可根据业务特点，分类分级制定。

（四）严格执行政府采购制度

政府采购也称公共采购，是指各级政府及其所属机构为了开展日常政务活动或为了满足社会公共需要，以法定的方式和程序，利用财政性资金在国内外市场上购买货物、工程或服务的行为。政府采购制度是针对政府采购而制定的法律法规的总称，其遵循公开透明原则、公平竞争原则、公正原则和诚实信用原则，能够规范政府采购行为，提高政府采购资金的使用效益，维护国家利益和社会公共利益，保护政府采购当事人的合法权益，促进廉政建设，是一国加强财政支出管理、提升财政支出绩效的一项重要制度安排。

编 者 谈

我国政府采购制度改革取得的成效

我国于1996年开始政府采购制度改革试点，经过20多年的发展，从无到有，建立了一套相对完整的政府采购制度和管理体制，推动了政府采购事业的长足发展，促进了财政支出管理的科学化和财政制度建设的现代化。2003年1月1日实施的《中华人民共和国政府采购法》第2条第2款规定："本法所称政府采购，是指各级国家机关、事业单位和团体组织，使用财政性资金采购依法制定的集中采购目录以内的或者采购限额标准以上的货物、工程和服务的行为。"政府采购的主体，即采购人，是各级国家机关、事业单位和团体组织。采购所使用的资金是财政性资金，即纳入预算管理的资金。采购的对象是"依法制定的集中采购目录以内的或者采购限额标准以上的货物、工程和服务"。其中，货物是指各种形态和种类的物品，包括原材料、燃料、设备、产品等；工程是指建设工程，包括建筑物和构筑物的新建、改建、扩建、装修、拆除、修缮等；服务是指除货物和工程以外的其他政府采购对象。集中采购目录包括集中采购机构采购项目和部门集中采购项目。技术、服务等标准统一，采购人普遍使用的项目，列为集中采购机构采购项目；采购人本部门、本系统基于业务需要有特殊要求，可以统一采购的项目，列为部门集中采购项目。采购限额标准，属于中央预算的政府采购项目，由国务院确定并公布；属于地方预算的政府采购项目，由省、自治区、直辖市人民政府或者其授权的机构确定并公布。一般列入集中采购目录的要实行集中采购，采购限额标准以上的未列入集中采购目录的项目实行分散采购。

属于政府采购法律规定范围内的采购，要严格执行政府采购制度，即"应采尽采"，从而最大化发挥政府采购制度在全面预算绩效管理中的效能。

## 思考题

1. 分析财政支出不断增长的原因。
2. 自 2007 年以来我国财政支出规模和结构变化的趋势如何?
3. 举例说明财政支出的经济增长效应。
4. 举例说明如何进行财政支出绩效评价。
5. 全面实施财政支出预算绩效管理有哪些举措?

▶ 即测即评

# 第四章　消费性支出

作为几种有代表性的财政支出①大类，本章所涉及的行政管理支出、国防支出和教科文卫支出属于消费性支出，它们与第五章的投资性支出同属于购买性支出（或消耗性支出），直接影响社会资源配置；而第六章的转移性支出，则包含社会保险、社会救助和财政补贴等诸多内容，承担着收入分配职能。消费性支出之所以要由政府安排，理由各不相同。其中，行政管理和国防近乎纯公共产品，政府责无旁贷；教科文卫属于外部性很强的混合产品，是世界各国优先发展的事业。

本章共三节，第一节为行政管理支出，介绍行政管理支出的性质与内容、中国行政管理支出的现状与改革思路。第二节为国防支出，分析国防的提供与国防支出的内容、最优国防支出结构理论以及中国国防支出的现状。第三节为教科文卫支出，概述教科文卫支出的内容与分类、政府介入教科文卫支出的理论基础，分析中国教科文卫支出的发展与改革。

## 第一节　行政管理支出

根据马克思的国家（政府）观，“政治统治到处都是以执行某种社会职能为基础，而且政治统治只有在它执行了它的这种社会职能时才能持续下去”②。为此，政府一经建立就必须设立公安司法、经济管理等各类行政机构，因而行政管理便成为政府最基本的社会职能，行政管理支出也自然构成财政支出的基本内容之一。

### 一、行政管理支出的性质与内容

行政管理支出是政府为履行社会管理职能所安排的开支，是政府为维持自身机构运转、提供一般公共服务、维护公共秩序与安全所消耗的成本。具体而言，行政管理支出是财政用于国家各级权力机关、行政管理机关、司法检察机关和外事机构行使其职能所需的费用。它既是维持国家政权存在、保证各级国家管理机

① 第四章、第五章和第六章所论及的“财政支出”，除了明确说明的以外，都是小口径支出概念，均指一般公共预算支出。

② 《马克思恩格斯文集》第九卷，人民出版社2009年版，第187页。

构正常运转所必需的支出，又是纳税人必须支付的成本，也是政府向社会公众提供公共服务的经济基础。

### （一）行政管理支出的性质

#### 1. 公共性

政府的行政管理属于典型的公共产品，具有较强的非排他性和非竞争性。如前所述，纯公共产品的非排他性，是指一些人在消费这一产品并享用它的收益时，不排斥其他人同时消费并从中受益。行政管理也是如此。比如立法支出作为我国重要的行政支出项目，主要用于各级人民代表大会。人民代表大会负有立法的任务，它所制定的法律是从全体居民的利益出发，用于规范行政辖区内所有居民的行为。一项法律一旦形成，则对辖区内所有人都有约束力，你既不能抗拒，也难以拒绝享受因此而获得的利益，因而立法也具有非排他性。同样，其他的政府行政管理也都是政府从全体居民的利益出发制定和实施的，我们无法通过某种途径，将社会的任何一个成员排斥在行政服务的收益之外。

纯公共产品的非竞争性是指在消费者增加时，其边际成本为零，因而不具有市场竞争性。在政府的服务体系建成后，通常其成本并不因辖区居民的人数增加而增加。或者说，多增加一些社会成员，并不会使原有社会成员的利益受到损失。因此，这类产品或服务的边际成本为零，或者接近于零。正是由于行政支出具有这一特点，因而，政府的行政支出一般与居民人数的多少关系不大，而与政府机构的大小和承担职责的多少密切相关。

根据萨缪尔森的公共产品有效供给理论，最优的行政管理支出应满足如下条件，即每个公民对最后一单位行政管理支出的边际评价之和刚好与其边际成本相等。由于行政管理支出的公共性，其资金来源于财政，财政资金又主要通过税收形式取得，这就要求政府的行政管理机构在行为上要有别于市场中的一般经济单位。

#### 2. 非生产性

从直接生产与消费社会财富的角度看，行政管理支出属于非生产性的社会消费性支出。政府各行政部门提供的经费一经使用，就会引起社会物质产品的消耗及价值的丧失。因此，在一国经济资源一定的条件下，政府用于行政管理的费用过多，就会直接增加纳税人的负担，从而降低微观经济主体的投资能力或消费能力，使公共产品与私人产品的资源配置发生扭曲。在政府财政收入一定的条件下，如果政府用于行政管理的费用过多，政府就不得不压缩用于公共投资、教育、卫生等方面的支出，从而影响整个社会资源的配置效率。所以，在保证国家管理机构正常运转的条件下，应本着尽量减少经济效率损失的原则，对行政管理支出实行必要的规模控制。

从各国普遍情况看，政府职责在一定时期的稳定性和行政管理效率的强化决定了行政管理支出的绝对规模不断增长，而行政管理支出占财政支出总额的比重却呈现下降趋势。即各国政府均十分注意控制行政管理支出相对规模的增长，该指标越低，往往说明政府机构行政效率越高。

当然，上述行政管理支出的非生产性，主要是相对于第五章的投资性支出而言，并不是绝对的。与投资性支出明显不同，行政管理费的使用一般不会形成有形的资产，因而看似是社会财富的“虚耗”；然而，行政管理毕竟是一国政府通过法律、行政和社会管理维系正常的社会关系、商务关系乃至国际关系，以确保社会经济可持续发展的重要手段，所以，用于行政管理的费用又不是在“虚耗”社会财富。同时，如果说生产环节只是产品的创造，那么，消费环节才是产品的实现，离开了行政管理支出这一重要的社会消费性支出，生产不仅是一种无实际内容的概念，而且也不能正常进行。尤其值得关注的是，随着数字经济的快速发展，包括政府数据在内的各类数据，正在日益成为占据重要地位的新型生产要素和推动生产力进步的关键动力。一方面，数据要素和数字技术有助于增强政府治理效能、实现政府治理目标，并显著提高行政管理的效率；另一方面，数据作为新型生产要素，在对传统生产力的内涵进行拓展和延伸的同时，也可能给政府治理和行政管理带来一定程度的风险和挑战。

#### （二）行政管理支出的内容

行政管理支出在不同国家可能会有不同的称谓，甚至有的国家根本不存在“行政管理支出”这一标签，但这一标签所对应的支出内容则必然是存在的而且是相近的。国际货币基金组织（IMF）为了规范各国的政府财政统计，特别发布了《2014年政府财政统计手册》。在这本手册中就未出现“行政管理支出”这一标签，与之相对应的支出类别包括两大类，分别为“一般公共服务”和“公共秩序和安全”。其中，“一般公共服务”又细分为八个小类，为“行政和立法机关、金融和财政事务、对外事务”“对外经济援助”“一般服务”“基础研究”“一般公共服务的研究与开发”“未另分类的一般公共服务”“公共债务交易”“各级政府间的一般性转移”。“公共秩序和安全”则包括“警察服务”“消防服务”“法庭”“监狱”“公共秩序和安全的研究与开发”“未另分类的公共秩序和安全”六个小类。

行政管理支出按使用单位划分，可分为权力机关支出、公共安全和国家安全支出、司法检察支出、外交外事支出和国际组织支出。其中，权力机关支出，是指财政用于国家权力机关，如各级人民代表大会或国会、议会的各项经费支出；公共安全和国家安全支出，是指财政用于公共安全机关、国家安全机关、警察学校、边防检查和拘押收教场所的各项费用支出；司法检察支出，是指财政用于各级法院、检察院以及司法机关的各项经费支出；外交外事支出，是指财政用于驻外使领馆、常驻联合国及其专门机构的代表团、出访团体、接待外宾等各种外事活动的经费支出；国际组织支出，是指财政用于缴纳国际组织会费、国际组织捐赠支出、维和摊款和国际组织认捐款及基金等方面的支出。

行政管理支出按用途划分，可分为人员经费和公用经费两类。人员经费是指用于保证行政人员正常行使其职责的费用支出，包括工作人员的工资、津贴、福利费、离退休人员费及其他费用；公用经费是指用于保证政府机关正常开展公务而花费的支出，包括公务费、修缮费、业务费和设备购置费等。

行政管理支出按性质划分，可分为经常性支出和专项支出。经常性支出是指行政单位用来维持正常运转和完成日常工作任务所发生的支出；专项支出是指行政单位为完成专项或特定工作任务发生的支出。

## 二、中国的行政管理支出

从中国的实践看，新中国成立之初及“一五”至“四五”期间，行政管理支出占财政支出的比重呈现持续下降的趋势。但自改革开放以来，该比重开始以较快的速度不断上升，直至“十一五”之后，这一比重才转而呈现下降之势。鉴于 2007 年以后财政支出统计口径有了巨大变化，导致新旧数据可比性不大，因而下面主要对 2007 年以来的行政管理支出情况进行分析。

### （一）行政管理支出规模变化趋势和成因分析

从 2007 年起，各级政府财政统计开始执行新的科目体系。具体到行政管理支出，在旧体系下（2007 年以前），与之相对应的主要有六个支出科目，分别为“行政管理费”“公检法支出”“武警支出”“外交外事支出”“对外援助支出”“国内外债务利息支出”。而在新体系下（2007 年以来）与之相对应的科目则包括三大类，分别为“一般公共服务”（含国内外债务付息）、“外交”（含对外援助）和“公共安全”（含武装警察）。表 4-1 给出了 2007—2022 年的相关统计数据。

**表 4-1　2007—2022 年中国行政管理支出**

| 年份 | GDP/亿元 | 财政支出/亿元 | 行政管理支出/亿元 | 行政管理支出占财政支出的比重/% | 行政管理支出占GDP 的比重/% |
|---|---|---|---|---|---|
| 2007 | 270 232. 3 | 49 781. 4 | 12 215. 7 | 24. 5 | 4. 5 |
| 2008 | 319 515. 5 | 62 592. 7 | 14 096. 4 | 22. 5 | 4. 4 |
| 2009 | 349 081. 4 | 76 299. 9 | 14 159. 2 | 18. 6 | 4. 1 |
| 2010 | 413 030. 3 | 89 874. 2 | 15 124. 1 | 16. 8 | 3. 7 |

续表

| 年份 | GDP/亿元 | 财政支出/亿元 | 行政管理支出/亿元 | 行政管理支出占财政支出的比重/% | 行政管理支出占GDP的比重/% |
|---|---|---|---|---|---|
| 2011 | 489 300.6 | 109 247.8 | 17 601.6 | 16.1 | 3.6 |
| 2012 | 540 367.4 | 125 953.0 | 20 145.9 | 16.0 | 3.7 |
| 2013 | 595 244.4 | 140 212.1 | 21 897.7 | 15.6 | 3.7 |
| 2014 | 643 974.0 | 151 785.6 | 21 986.3 | 14.5 | 3.4 |
| 2015 | 689 052.1 | 175 877.8 | 23 408.1 | 13.3 | 3.4 |
| 2016 | 743 585.5 | 187 755.2 | 26 304.5 | 14.0 | 3.5 |
| 2017 | 827 121.7 | 203 085.5 | 29 493.4 | 14.5 | 3.6 |
| 2018 | 900 309.0 | 220 904.1 | 32 742.5 | 14.8 | 3.6 |
| 2019 | 986 515.0 | 238 858.4 | 34 864.1 | 14.6 | 3.5 |
| 2020 | 1 015 986.2 | 245 679.0 | 34 439.4 | 14.0 | 3.4 |
| 2021 | 1 143 669.7 | 245 673.0 | 34 154.1 | 13.9 | 3.0 |
| 2022 | 1 210 207.0 | 260 552.1 | 35 790.0 | 13.7 | 3.0 |

资料来源：各年度《中国统计年鉴》，国家统计局网站。其中，行政管理支出为“一般公共服务”“外交”和“公共安全”三项支出金额之和。

如表 4-1 所示，2007—2022 年“一般公共服务”“外交”和“公共安全”三类支出合计占财政支出和 GDP 的比重总体上呈现下降态势。这说明近年来，一方面，中国经济的较快增长带动了财政收支的稳步上升，为行政管理支出占比的适度回落打下了基础；另一方面，党的十八大以后大力加强党风廉政建设，政府通过逐层推进机构改革和提高包括“三公”经费在内的预算透明度，明确政府职责，严格控制办公经费和人员经费，在一定程度上抑制了行政管理支出的继续膨胀，使得行政管理支出规模和增速得到有效控制。尤其是 2020 年和 2021 年，不仅行政管理支出的相对值（即占比）降低，而且其绝对金额也均较上年度有所下降。

在 2007 年以来的新科目体系下，一些专业职能部门（如教育、科技、医疗卫生、社保、环保等）的行政运行支出从原行政管理费中分离出来，列入与其各自职能相对应的支出类别中，所以近年来行政管理费占比规模的下降，在一定程度上是统计方法改变带来的。

行政管理支出一方面是政府提供一般公共服务的支出，另一方面也是政府机构维持自身运转的支出。其规模是受多种因素影响形成的，而且具有历史延续性；直接的影响因素主要有政府职能范围、机构和人员设置、行政效率、管理水平以及法治化程度等。行政管理支出由人员经费和公用经费两部分组成，政府职能范围的大小、机构设置的多少，以及由此而决定的机关工作人员的多少，再加上行政效率、管理水平和制度环境，自然是决定行政管理支出规模的关键因素。2008 年以前，中国行政管理支出的规模之所以居高不下，也要从这几个方面寻找原因。

1. 政府职能范围调整不到位

中国市场经济改革的目标之一，就是要转变政府职能，削减政府机构，然而，实际情况却不能令人满意。例如，与社会主义市场经济运行有关的若干机构在扩大或者增设，而那些与新体制运行不协调的机构却得不到有效的压缩，新旧叠加的结果自然是行政支出的增加。100 多年前，马克思根据圣西门的以社会自治为中心的“小政府”理想，并在总结巴黎公社革命经验的基础上，提出了“小政府—大社会”的政府管理模式，从此，以精简、强干、厉行节俭为特征的“廉价”政府就成为许多国家特别是社会主义国家政府设置和改革的目标模式与价值取向。虽然中国政府先后进行了多次机构改革，力图精简机构，但“精简—膨胀—再精简—再膨胀”的循环怪圈始终存在，制约着社会经济体的顺畅运行。近年来大部门制改革对政府直属部门进行了大幅度的合并重组，取得了一定效果，但一些政府机构在合并以后无法真正打通职能，仍然存在职能交叉、重叠乃至矛盾之处，使机构改革无法真正带动和引领政府职能转变。

2. 机构和人员的膨胀

中外各国的历史经验都表明，机构膨胀、政府雇员数量不断增加、雇员工资支出的增长，很大程度上可归因于官员追求预算最大化的动机，这是导致行政管理支出快速扩张的政治经济学原因。我国历次机构改革的目的就是精兵简政，但机构和人员膨胀的势头依然没有解除，由于机构设置的上下对口，中央每设一个机构，全国县以上就要设 3 000 多个机构，还有庞大的乡镇一级政府机构。在削减政府机构的同时，各种仍然和政府机构尚未完全脱钩的事业单位、学会、协会和基金会等却有增无减。有关统计资料显示，中国财政供养人口在 1978 年时为 2 015 万人，至 2014 年年底时实际供养人数远超过 6 400 万人，增长了 2 倍以上，相当于中国总人口同期增幅的 3 倍。①

3. 行政效率低下

行政效率是指行政效果与所消耗的人力、物力、财力和时间之间的比率，即在单位时间和空间内开展行政活动，所获得的效果与所付出的物质和精神代价的比率。现阶段中国在行政体制改革方面取得了很大成就，但是政府行政效率总体

① 方烨：《四项经济改革亟须推进》，《经济参考报》2015 年 9 月 17 日。

上仍然偏低。突出表现是：（1）有职无责。行政部门的很多人员都忽视自己的职责而片面强调政策性，本来属于自己权责范围内的事情，为了出问题后自己置身事外而以“集体”名义来承担责任，在遇到事情的时候犹豫不决，而且很小的事情还要“集体研究”，经常议而不决，决而不断，错失良机而贻误工作。（2）责权不分。很多部门以及人员往往都划分不清职责并且缺乏协作精神，对于涉及几个部门共同处理的事务，则经常推诿扯皮。（3）责任虚化。由于公共机构具有目标多元性且难以量化的特点，加之公众监督困难，因此就造成了行政职能和责任虚化的现象。（4）程序繁杂。中国的行政机构十分庞大，职能交叉，机构重叠。以一个省的办事层次为例，政府下设委、办、厅、局，而厅、局下边还有二三级单位等。在这样的机构设置下，就算是省级厅局办一件事情也要经历七八个环节，就更不用说基层办事经历的环节了。上述行政效率低下的主要原因在于行政垄断，从而缺乏监督和竞争。

4. 管理水平和法治化程度不足

行政管理支出虽然列入国家预算，但在实际预算执行过程中，若缺乏健全的法律法规和财务预算约束机制，则往往会出现违规使用和普遍超标的情况。而且，由于缺乏信息透明度和成本—收益评价，各行政管理部门也缺乏自觉节约行政管理费用的意识，往往导致财政资金的使用效果不佳。有时甚至会发生拨付的财政资金越多，政府行政机构履行职能的效能反而越下降的情况。

### （二）中国行政管理支出的改革

根据中央“八项规定”“六项禁令”以及《党政机关厉行节约反对浪费条例》等相关精神，近年来各级政府加强了行政经费管理，实施了诸如“三公”经费的预（决）算信息公开、公车制度改革等，在很大程度上有效抑制了行政管理支出规模的非常规膨胀。如何进一步有效控制和削减过度膨胀的行政管理支出，仍是一个难题，必须从以下几个方面入手。

1. 进一步改革和转变政府职能

行政管理支出是政府机构行使职能时所发生的费用开支，因此政府职能范围界定十分重要，它将直接影响行政管理支出的规模与结构。市场取向的改革要求政府由包办者转变为市场的服务者、管理者、监督者。党的二十大明确提出，要构建高水平社会主义市场经济体制。其中，特别强调要“充分发挥市场在资源配置中的决定性作用，更好发挥政府作用”，“深化简政放权、放管结合、优化服务改革”。这为持续推进“放管服”改革工作提出了更具体的要求，即大力简化各级政府行政事项、最大程度下放行政审批权限，通过转变政府职能和重构权责关系，进一步破解深层次体制机制障碍，营造更加优质的营商环境，以最大程度激发市场主体活力和社会创造力。

2. 进一步整合机构，简政放权

中国历次政府机构改革往往主要对政府直属部门进行合并重组，很少触及内设机构。这使各个政府机构的内设机构千篇一律，很难适应经济社会发展的需求。以大部门制改革为例，各级政府合并的大部门仅对其综合管理的内设机构进行合并，如办公室、财务、信息、人事等，很少针对职能职责加强重组。这使得一些政府机构在合并以后仍然是“两张皮”，无法真正打通职能，结果导致内设机构间的职能交叉重叠、效率低下的问题严重。因此，行政体制和机构改革要想避免重蹈覆辙，必须以政府职能转变和政府管理创新为目标，扎实、深入、彻底地推进。

第一，大力精简不适应市场经济运行机制的机构、法规和审批环节，以减少政府对经济的过分干预，最大限度地发挥市场在资源配置和收入分配中的决定性作用。继续削减行政审批事项，全面清理各类职业资格、生产许可、经营许可等准入门槛，提升简政放权的含金量；创新审批方式，推动审批事项纳入全国统一的投资项目在线审批监管平台，实现行政审批标准化、法治化。

第二，合并、调整原有的职能交叉或工作性质相近的党政机构，建立统一规范的互联网+政务服务各类资源交易平台，下大力气破解信息孤岛、部门壁垒、条块分割等历史性难题，真正做到“信息多跑路、群众少跑腿”。

第三，行政管理支出应该向维持经济秩序的工商、税务、司法、公安、安全等部门倾斜。因为要构建高水平的社会主义市场经济体制，要保证经济的有序运行，这方面的行政管理支出也是必不可少的。

3. 建立行政经费供给调控机制

要提高行政管理支出的资金使用效率，并保持在合理的水平上，必须赋予行政管理支出一种合理增长和自我调节的机制，即应在明确政府职能的基础上，构造行政经费合理增长预测模型，界定行政管理支出的规模及其合理区间，以此为目标对行政管理支出实施控制，使行政管理支出的控制有一个量化的标准。就一个时点而言，行政经费供给是经费需求的函数，行政经费的需求则是社会经济变量的函数。因此，行政经费供给调控机制可以从政府机构履行职能所应需要的财力和当前经济发展水平所能提供的财力两个方面加以考察，建立起行政管理支出数量模型，预测行政经费增长的合理区间，确立行政经费增长的控制目标。

4. 加强行政法治建设

为了确保行政经费供给调控目标的实现，首先，应将行政经费供给调控目标纳入有关行政、预算的法律规范中，切实加大对行政经费管理的执法力度，严格贯彻实施《预算法》等法规制度，以便在法律框架内保证行政经费的合理、高效使用。其次，应建立健全行政管理支出监督与管理制度，要改变目前行政管理支出中政策、拨款、监督不分家的管理模式，向“政策与拨款分离”“拨款与监督分离”的模式转换，以便为行政经费供给调控目标的确定和实现提供一种约束机制。再次，各级政府要在重大决策公开、权力责任清单公开、预算信息公开、政府数据开放、政务诚信建设等方面实现突破，向全社会塑造和传递一个更加负责、更具回应性的政府形象。最后，要实行绩效预算，特别是在事后对预算执行效果进行评价的体制，配合以官员问责制度，强化部门领导的责任，可以在较大程度上约束官员的预算规模最大化动机。

## 第二节　国防支出

与行政管理相似，国防也是一国政府的基本职责，因为政府一经产生，就必须防御外敌侵犯，保卫国家安全，为此就需要建立军队和军事设施。国防也同样接近纯公共产品范畴，在性质上具有非排他性和非竞争性。一方面，国防作为保障一国安全的屏障，国界疆域之内的所有居民不管身处何方，不管是否情愿，都会受益，而且人们也无法拒绝或阻止政府提供的国防服务；另一方面，国防一旦被提供，通常其成本并不因该国居民的人数增加而增加，即新增加享用者，并不会因此而使原有享用者的利益受损。因此，一国政府的国防支出也与居民人数的多少关系不大，而与政府机构的大小和承担职责的多少密切相关。

### 一、国防的提供与国防支出的内容

#### （一）国防的提供与生产

国防的基本任务是防止外敌侵犯，保卫国家安全，它具有纯公共产品性质。人们对公共产品持有的“搭便车”心理，使之无法通过市场和企业来提供，因而只能采取公共提供方式，由中央政府无偿提供。而就国防的生产而言，应当主要由政府生产，但其中某些消耗性物品，如飞机、坦克、导弹、枪支、弹药、运输工具、通信工具等，既可以公共生产，也可以私人生产，然后政府通过采购方式，转化为军事用途。

编　者　谈

纯公共产品只能由政府供给吗？

在许多国家，政府为降低军用品生产成本，加速军事技术向民用部门的转移，对军用品往往采用私人生产、政府订货的方式。此外，在军事科研上也采取私人研究与军事研究机构合作，或者政府通过对私人研究机构的招标、委托的方式共同参与研究。这些研究成果不仅用于本国军事，经过政府批准，也广泛地向外出口。通过军用品的生产和出口而形成的军事工业产业，在一些国家已经成为支柱产业之一。

上述分析表明，国防的生产和提供可以有三种方式：第一种是政府生产、政府提供方式。第二种是私人生产、政府提供方式。第三种是整体上政府生产，但部分产品由私人生产、政府通过军事采购获得产品的政府提供方式。

一般说来，军用品采取政府生产的优点，一是它可以将最新的科研成果和装备灵敏、快速地转移集结至部队，二是保密性强。但这种方式也有其缺点：一是政府生产是一种垄断生产，由于生产者和消费者都是唯一的，缺乏竞争机制，因而新武器和新装备的研制、开发水平有很大的限制。二是生产成本较高。为了维持军事产品的生产体系，政府必须设立庞大的军事工业体系。三是不利于军事技术向民事用途的转移。

正是由于这些原因，在第二次世界大战后，许多国家改革了军事产品的生产方式，具体措施是：第一，大部分军用品由民营企业生产，政府采购，只有那些关系国家重大利益的军用品，才由政府的军工企业生产。第二，采用政府与民间机构合作的方式进行新武器、新装备的研制和开发，将一些军事研究机构转化为民用机构，在此基础上，政府通过项目招标方式委托其进行项目研究。第三，实行常备军和后备军相结合的制度。在平时，国防的任务由常备军负责，但后备军事人员要定期参加各种军事训练，以具备基本的军事理论和军事素养，一旦发生战争，国家就通过征召后备役部队和民兵，迅速形成强大的军事实力。

### （二）国防支出的内容

根据瑞典斯德哥尔摩国际和平研究所（SIPRI）给出的权威定义，国防支出，也称为军费，反映了军事活动中的全部成本。《国防经济学手册》则将军费定义为一国在一定时期内（通常为一年），对军人和与军队有关的其他人员的全部支付，包括军队购买的商品和公民提供的服务。①

然而，各国政府在界定本国国防支出的内容时，常常可以任意取舍，这就导致各国统计的国防支出之间不存在可比性。为了便于国际比较，国际货币基金组织（IMF）在其《2014年政府财政统计手册》中，对国防支出的范围进行了统一，具体包括五个小类，分别为“军事防御”“民防”“对外军事援助”“国防的研究与开发”“未另分类的国防”。

国防支出按用途划分，可分为维持费和投资费两大部分。其中，维持费主要用于维持军队的稳定和日常活动，提高军队的战备程度，是国防建设的重要物质

---

① Michael Brzoska, “Chapter 3: World Military Expenditures,” *Handbook of Defense Economics*, vol. 1, 1995, pp. 46-67.

基础。它包括军事人员经费、军事活动维持费、武器装备维修保养费和教育训练费等；投资费主要用于提高军队的武器装备水平，是增强军队战斗力的重要条件，它主要包括武器装备的研制费、武器装备的采购费、军事工程建设和国土防空费等。

国防支出按军兵种划分，可分为国防部支出、战略部队支出、陆海空军支出、武装警察部队支出和预备役支出。

中国的国防支出主要包括：人员生活费，主要用于军官、士兵、文职干部和职工的工资、伙食、服装等；活动维持费，主要用于部队训练、工程设施建设和维护及日常消费性支出；装备费，主要用于武器装备的科研、试验、采购、维修和储备等。

## 二、最优国防支出结构的理论分析

一国的资源有限，而人们的潜在需求无限，经济学的首要任务就是要回答如何利用有限的资源去最大限度地满足人们无限的需求。我们将一国生产出来的全部商品分为两大类——“黄油”（代表民用品）和“大炮”（代表军用品）。给定资源约束和不变的生产技术，我们就可以得到一条生产可能性曲线，也就是著名的“大炮—黄油转换线”（guns-butter transformation curve），如图 4-1 所示。根据大炮—黄油转换线和社会无差异曲线的切点，理论上可以确定最优国防支出。

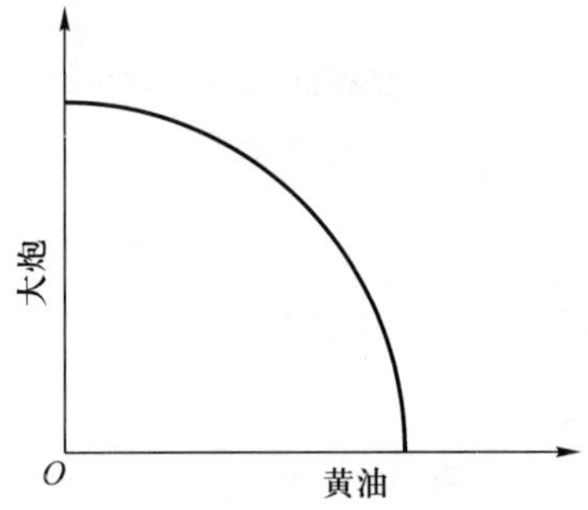


图 4-1　大炮—黄油转换线

为了与国家安全需要和公共财政能力相适应，国防支出不仅要与非国防支出保持合理的比例，国防部门内部的支出结构也要合理。这需要综合考虑国防支出的各种因素和效果，使国防支出的边际收益与边际成本相等，从而实现国防的最佳供给。但是关于国防产品的边际收益和边际成本，很难较为精确地评估。在实际中，合理的国防支出结构的确定通常要处理好以下几个主要问题。

1. 人力投入和技术装备投入的合理比例

一个世纪以来，一方面，由于科技的进步，人力因素在决定战争胜负中的重要性大大降低，而技术装备因素的决定性作用越来越明显。因此，国防支出中军事装备费用越来越高，而直接进行作战和操纵武器装备的人力不断减少，相应的国防经费中人员费用所占比重也在下降，军队的有机构成呈现不断提高的趋势。但在另一个方面，未来高技术战争也是一种技术与智力密集型战争，高素质的军事指挥人员和技术化的士兵仍然是决定战争胜负不可或缺的因素，在这种情况下，必须保持人员训练费用与技术装备采购费用的平衡关系。

2. 国防科研投入和生产投入的合理比例

应该说，国防科研投入和国防生产投入在根本目的上是一致的，都是增强国防力量，但由于两者所产生效果的时限不同，在国防经费有限的情况下，要加强军事科研的力度就势必会减少军事装备生产的投入；而要多生产一些军事装备，又势必会引起军事科研经费的减少。实际上，两者之间的矛盾反映了国防远期利益和近期利益之间的矛盾，如果其中的比例关系不当，就会造成现有国防力量不足或国防体系缺乏发展后劲的不利局面。

3. 作战系统投入和后勤保障系统投入的合理比例

现代战争的高技术性和复杂性，对于后勤保障系统的要求越来越高，后勤保障系统的运作往往对于军事行动的结果起到决定性的作用。例如，美国在 20 世纪 90 年代以来的两次海湾战争中，如果没有完备、可靠、快速的后勤保障机制，想在远离本土上万千米的战场上取得胜利是难以想象的。因此，在国防投入中如果只重视作战系统的建设而忽视后勤保障系统，军队的整体战斗力水平就会受到严重的影响。这已为我军和外军的战史多次证明。在现代社会，这一点仍是正确而必然的，因而必须注意调整两者之间的比例关系。

## 三、中国的国防支出

新中国成立初期，国防支出占财政支出的比重较大，1950 年为 41.1%，1952 年为 33.61%，这主要是由于新中国成立之初解放战争和抗美援朝战争正在进行当中，导致巨额的战争经费开支。抗美援朝战争结束后，国防支出占财政支出比重的变化虽有起伏，但总的趋势是逐步回落，所占比重也逐步稳定。进入 20 世纪 80 年代，和平与发展逐渐成为国际政治经济的两大趋势，中国国内则已经开始改革开放，将经济建设作为工作中心，特别是 1985 年，中国向全世界宣布了“百万大裁军”的目标。在这种背景下，国防支出的比重出现了稳步下降的趋势，从 1980 年的 15.8%下降为 1990 年的 9.4%。1991 年，苏联解体，冷战结束，世界和平与发展趋势得到加强，中国国防支出占财政支出的比重整体上继续下降，2022 年国防支出占财政支出的比重为 5.66%，占 GDP 的比重为 1.22%，如图 4-2 所示。

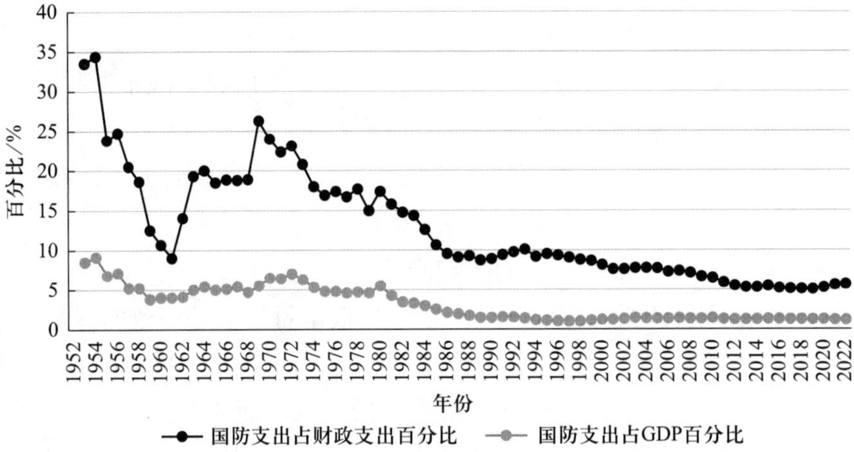


图 4-2 中国国防支出占财政支出和占 GDP 的比重变化趋势

资料来源：各年度《中国统计年鉴》，国家统计局网站。

虽然改革开放以来国防支出的比重下降明显，但伴随着中国经济的快速增长，国防支出的数量每年都在稳步增加，迄今为止，国防支出已经连续 10 多年保持在世界第二位。增加的国防支出主要用于加大武器装备建设投入、改善训练条件、保障军队改革和官兵福利待遇需要，为实现新时代的强军目标提供有力支撑。而国防支出比重的下降，使得政府有更多财力用于提供一般公共服务和经济建设，全国人民都享受到和平环境带来的红利。这说明中国国防投入始终与国家经济发展相适应，贯彻国防建设与经济建设协调发展、富国与强军相统一的原则，基本达到了合理适度的规模。

斯德哥尔摩国际和平研究所（SIPRI）发布的 2021 年世界年度军费报告显示，2021 年全球军费开支首次突破 2 万亿美元大关，达到 21 130 亿美元。表 4-2 比较了 2021 年各国的军费。美国、中国、印度、英国和俄罗斯是国际上前五位军费支出大国，这五国的军费合计占到全球的 62%。其中，美国的军费支出为 8 010 亿美元，占当年 GDP 的 3.5%，居于遥遥领先的“霸主”地位。美国的军费支出为中国的 2.7 倍，相比印度的 766 亿美元更是超出了 9 倍之多。与之相比，中国国防费总数虽然自 2009 年以来一直居世界第二，但中国的 GDP 为美国的 75%，军费开支却仅为美国的 36.6%。军费负担（军费支出占 GDP 的百分比）更是低于 2.2%的世界各国平均水平。

表 4-2　世界各国 2021 年军费比较

| 名次 | 国家 | 军费支出/10 亿美元 | 占 GDP 的百分比/% |
|---|---|---|---|
| 1 | 美国 | 801.0 | 3.5 |
| 2 | 中国 | [293.0] | [1.7] |
| 3 | 印度 | 76.6 | 2.7 |
| 4 | 英国 | 68.4 | 2.2 |
| 5 | 俄罗斯 | 65.9 | 4.1 |
| 6 | 法国 | 56.6 | 1.9 |
| 7 | 德国 | 56.0 | 1.3 |
| 8 | 沙特阿拉伯 | [55.6] | [6.6] |
| 9 | 日本 | 54.1 | 1.1 |
| 10 | 韩国 | 50.2 | 2.8 |
| 11 | 意大利 | 32.0 | 1.5 |
| 12 | 澳大利亚 | 31.8 | 2.0 |
| 13 | 加拿大 | 26.4 | 1.3 |
| 14 | 伊朗 | 24.6 | 2.3 |
| 15 | 以色列 | 24.3 | 5.2 |
| 全球合计 | | 2 113.0 | 2.2 |

资料来源：根据斯德哥尔摩国际和平研究所（SIPRI）2022 年 4 月 25 日发布的 2021 年世界年度军费报告整理。其中，方括号内数字为该研究所的估算值。

## 第三节　教科文卫支出

教科文卫支出是政府用于教育、科技、文化以及医疗卫生等方面的经费支出。在中国，代表政府承担全社会的文化教育、科学研究、技术进步、医疗保健、文化娱乐等多方面任务的单位被称为“事业单位”。事业单位是重要的公共部门，中国高级人才的 70%~80%集中于这一部门，其拨款约占全部财政支出的一半。典型的事业单位具有三个特点：一是提供公共服务，即具有公共性；二是执行某些政府职能，是政府职能的延伸和具体化；三是属于非权力机关，这一点与行政单位不同。事业单位提供的服务在消费中具有外部收益，从性质上来说，它们大都属于准公共产品（亦称混合产品），在消费中具有不完全的非竞争性和非排他性。在科技日新月异、人民生活水平不断提高的今天，教科文卫事业在社会经济生活中所发挥的作用日益突出，已成为各国政府优先发展的支出项目。

## 一、教科文卫支出的内容与分类

### （一）教科文卫支出的内容

财政教育支出，也被称为公共教育支出，是指政府用于维持和发展各类教育事业的经费支出，它包括一般公共预算教育支出，各级政府征收用于教育的税费，企业办学教育支出，校办产业、勤工助学、社会服务收入中用于教育的支出以及其他属于国家财政性的教育经费。

财政科技支出是指政府预算中用于科学技术活动的支出总量。所谓科学技术活动，泛指人类在自然科学、农业科学、医药科学、工程与技术、人文与社会科学领域（统称为科学技术领域）中与科技知识的产生、发展、传播和应用密切相关的有组织的活动。根据联合国教科文组织的分类，科技活动可分为研究与试验开发、研究开发成果应用及相关的科技服务三类活动。

公共文化支出是指财政用于发展文化艺术活动，传播科学知识，丰富人们精神生活的经费支出。它包括政府对图书馆、博物馆、美术馆、纪念馆和艺术表演团体等的经费支出。

医疗卫生支出是指财政用于防治各种疾病，保障人民身体健康的经费支出。它包含了公共卫生支出和医疗服务支出两个方面的内容。公共卫生是为了满足社会公众的公共卫生需求，实现健康安全的公共环境而提供的各项卫生服务，主要包括计划免疫、传染病控制、妇幼保健、饮用水安全、环境卫生和健康教育等内容；医疗服务则特指医院或诊所为治疗病人各种疾病所提供的诊疗服务。

### （二）教科文卫支出的分类

1. 按支出部门划分

教科文卫事业涉及事权范围较为广泛，各级政府的不同职能部门对此有不同的分工。根据财政资金预算支出部门划分，教科文卫支出划分如表 4-3 所示。

**表 4-3 教科文卫支出按支出部门划分**

| 编号 | 类别 | 具体内容 |
|---|---|---|
| 1 | 文化事业费 | 艺术表演团体经费、图书馆经费、群众文化经费等 |
| 2 | 教育事业费 | 教育部门举办的各类中小学及幼儿教育经费，中等或职业技术教育经费，成人高等教育以及广播电视教育、特殊教育经费，经国家批准设立的全日制普通高等院校（包括研究生）经费及留学生经费等 |

续表

| 编号 | 类别 | 具体内容 |
|---|---|---|
| 3 | 科学事业费 | 自然科学事业费、科协事业费、社会科学事业费、高技术研究专项经费等 |
| 4 | 卫生事业费 | 医院经费、卫生院补助费、防治防疫事业费、妇幼保健经费、合作医疗补助费、中医事业费等 |
| 5 | 体育事业费 | 体育竞赛费、优秀运动队经费、业余训练费、体育场馆补助费等 |
| 6 | 通讯事业费 | 新华社及专业通讯社的事业费等 |
| 7 | 广播电影电视事业费 | 广播电台经费、电视台经费、县广播站经费等 |

此外，教科文卫支出还包括出版、文物、档案、地震、海洋、计划生育等的事业费支出。

2. 按支出用途划分

按照资金支出的具体用途划分，教科文卫支出可分为人员经费支出和公用经费支出。前者主要用于教科文卫等事业单位的工资、补助工资、职工福利费、离退休人员费用、奖学金等的开支项目，其中工资是最主要的内容；后者主要用于解决教科文卫等事业单位为完成事业计划所需要的各项费用开支，主要包括公务费、设备购置费、修缮费、业务费等。

## 二、政府介入教科文卫支出的理论基础

### （一）政府介入教育领域的原因

在现代市场经济社会里，几乎所有国家的政府在为社会提供教育服务中都起着主导作用。政府开办教育事业，为教育事业提供基本的经费来源，如提供免费教育、教育补贴、教育贷款等，所有这些都与教育本身的特性有关。

1. 教育是具有较强收益外溢性的混合产品

一方面，教育具有私人产品的性质，从这一角度看，个人或家庭可以通过市场来获得教育利益；但另一方面，有相当大的一部分教育利益通过受教育者外溢给了社会，因而又具有公共产品的性质。教育产品消费中的这种外部收益使得市场对该产品的资源配置往往不足，因此，教育不能完全依靠市场来配置，教育支出应该有政府的参与，并应根据不同层次教育的边际社会收益与边际社会成本的对比关系

编 者 谈

说说教育的外部性

来决定政府参与的份额。

2. 教育是社会价值容易被低估的优值品

教育为优值品①，往往因私人评价低于社会对其应有的评价而供给或需求不足，此时政府有理由从家长主义的立场出发来介入教育的生产和提供，比如强制推行九年义务教育制度。

3. 教育具有实现社会收入分配公平的功能

政府积极发展教育事业，尤其是发展基础教育，有助于实现社会收入分配的公平。研究表明，教育公平与收入公平之间存在高度正相关性。公共教育支出占国内生产总值的比重、初等教育入学率、学校义务教育年数等指标均与个人收入的不公平程度成反比，教育的平等主要体现在为公民的发展创造一种起点公平的可能。一系列研究也认为，相比于高等教育，初等教育与中等教育更有利于贫困阶层。为此，世界上大部分国家都将一定年限的初等和中等教育作为义务教育，由政府投资免费供给，或者仅仅收取少量补偿费用。

4. 教育支出是重要的人力资本投资

从宏观角度看，当今社会已进入知识经济时代，科技进步成为经济增长的主要动力，而科技进步又以教育为源泉。从家庭角度来说，用于教育的支出是一种人力资本投资，如果低收入家庭暂时无力支付学费，照理可以向金融部门申请贷款。问题是人力资本市场是一个不完全的资本市场，在这个市场中，金融部门与借款者之间的信息不对称，人力资本投资究竟有没有回报或者回报率有多高，事先是难以确定的，因而金融部门不愿轻易发放贷款。由政府主办教育服务并为教育贷款提供担保，则有助于弥补教育资本市场的不足。

（二）政府介入科技领域的原因

政府之所以在推动科技进步中发挥着至关重要的作用，与科技领域的特性密切相关。传统经济理论以完全竞争为前提，但现实的市场是一个不完全竞争的市场，且这种不完全竞争并不都是传统经济学所指的那种垄断、政府管制和专利保护的结果。在知识经济条件下，不完全竞争已成为经济的内在特性。

1. 基础性科学研究成果具有公共产品的特性

一些基础性科学研究成果不同于其他产品，通常具有两个特征，即非竞争性和非排他性。对于消费者来说，他可以免费使用而且可以毫无代价地广泛传播这些科技成果。而对于创造者来说，研究成果通常并不给其带来直接的经济应用价

① 优值品，亦称为优效品或有益品，与劣值品含义相反，是指那些带来的实际效用高于个体主观评价效用的产品和服务。由于个体主观评价偏低可能造成对该产品的消费不足，于是政府一般采取低价提供或免费提供的政策，以促进消费；甚至采取强制消费措施，比如社会保险，不管愿意与否都必须消费。

值，由该成果带来的全部收益主要为社会所获得。这样，创造该成果的人将得不到经济补偿，因而私人不愿提供此类产品。于是，提供这种产品理所当然地成为政府的一项职责。如果没有政府的提供，为发展科学所做的基础性研究就会非常少。同理，应用性研究中的社会公益性研究（如气象服务、灾害研究等），以及服务于基础研究和公益性应用研究，同时具有广泛社会公益性的科技服务（如图书馆、科技博物馆、动植物园等），同样具有公共产品的性质，也难以实现市场化。

2. 应用研究与技术开发具有外部性

应用研究与技术开发不同于基础性科学研究，具有直接的经济应用价值，一旦获得成功，能够给生产者带来较大的收益，但是，生产者同样只能获得成果的一部分收益而不是全部，因而具有外部性。解决这种外部性的行之有效的办法，显然要通过政府的作用，或者建立知识产权法，或者由政府对生产者进行适当的补贴，使外部收益内在化。

3. 风险贷款市场不完善

科技成果的研究与开发一般具有风险高、投资大、周期长的特点，从而给那些处于创办阶段的中小企业带来了技术开发资金上的“瓶颈”，因为这些中小企业由于其支付能力、资信评估的限制，要想在贷款市场上获得资金是非常困难的。鉴于风险贷款市场上的这种不完善性，作为对企业科技创业、创新努力的一种补充与激励，政府提供担保和建立风险投资信贷资金以及制定税收等方面的优惠政策显然是必要的。

（三）政府介入文化产业的原因

作为朝阳产业，文化产业具有巨大的发展潜力，已经成为新的经济增长点和社会和谐的润滑剂。随着经济社会的不断发展，全社会对文化产业发展的需求日益迫切，财政在促进文化产业发展过程中，正发挥着越来越重要的作用。

1. 文化产业具有明显的收益外溢性

从生产角度看，文化产业与很多产业密切关联，其发展壮大能够带动上下游产业的发展。近年来，由于文化所具有的高附加值特质，加上文化与移动互联技术、大数据、新媒体的融合，文化产业和旅游业、观光农业、手工制造业、信息产业和其他相关新兴产业相互促进，既增强了传统产业的附加价值，又延伸了原有产业的产业链，进而与其他产业一起形成环环相扣的产业网络生态。从消费角度看，文化产品或服务能够给消费者带来美好的精神享受，满足人民的精神需求，对构建社会主义和谐社会具有极其重要的意义。综合来看，正是由于文化产业具有的生产和消费的收益外溢性，文化产品或服务的供给与需求难以实现完全有效的均衡，必然存在市场失灵，因此财政扶持就显得极为必要。

2. 大多数文化产品或服务具有纯公共产品或准公共产品特征

具有纯公共产品性质的文化产品或服务很多，包括免费的文化主题公园、图书馆、博物馆、文化馆、展览馆、广电网络等；准公共产品的例子也较多，比如收费相对低廉的博物馆、广播电视、文化图书、音像制品、慰问性文艺表演，大多不以营利为目的。

3. 部分文化产品或服务虽带有较强的私人产品特征，但往往具有弱质性

一方面，该类文化产品或服务具有一定的营收能力，但另一方面，单纯依靠市场仍难以有效解决市场失灵和供给不足的问题。这就决定了这类文化产品如果完全由市场提供会导致供给不足，因此，需要政府采取必要的手段进行干预。

然而，对于公共文化产品和服务是否应纳入以及在多大程度上纳入财政扶持的范围，还存在较大分歧。一部分学者认为公共文化产品和服务理应由政府或政府资助的公益性文化事业单位来提供；也有部分学者认为政府在提供公共文化产品和服务时，无法应对差异化的需求，且供给效率低下，公共文化产品和服务供给应该走市场化道路，而不能将其简单地纳入财政保障范围；一种折中的观点是采用供给主体多元化的保障机制。在多元主体供给模式下，应该强调政府的财政保障责任，区分公共生产和公共提供，提倡公共提供、私人生产，同时注重发挥地方政府的作用，通过建立和完善公共文化的需求反馈机制解决低效供给问题。

至于财政支出扶持文化产业的形式，概括起来有直接和间接两种：（1）各级政府直接出资兴办文化产业，这是推行政府主导型国家文化产业发展战略的最主要途径。这种扶持方式有三个特征：一是以社会效益为先，同时兼顾经济效益；二是财政支出扶持国有文化产业具有扶持性和无偿性；三是国有文化产业资产也要实现保值增值功能。（2）发挥财政支出引导社会资金的杠杆作用，这是针对具有一定营收能力的文化产业普遍实施的策略。财政支出发挥杠杆作用机制的主要途径包括财政贴息、基金扶持、以奖代投、转移支付、购股投入、政策性贷款等方式，以此达到吸收更多社会资金、培育文化市场产业主体、增加文化产品和服务供给、拉动文化产品和服务消费、推动文化产业参与国际竞争、增强文化产业国际竞争力等目的，最终实现“以小博大”和“乘数效应”。

### （四）政府介入医疗卫生领域的原因

医疗卫生是人力资本的重要基础之一。随着经济的发展，人们越来越认识到医疗卫生作为人力资本投资的重要性。在市场存在缺陷的情况下，人力资本投资的效率与公平会受到很大的影响，这正是各国政府在医疗卫生领域发挥作用的原因所在。

1. 医疗卫生领域的信息不对称性

医疗卫生领域的信息不对称性集中地体现为作为医疗卫生产品需求方的患

者，对其所购产品的有关信息了解不多，甚至一无所知。在接受医疗卫生服务之前，患者无法全面地比较有关医院、医生的情况，在接受医疗卫生服务过程中，患者无法准确地知道医生的服务质量，以及他所购产品的价格。

2. 医疗卫生领域的竞争有限性

在医疗卫生领域，信息不对称问题的存在使得“消费者主权”演变成了“生产者主权”，供求双方无法形成相互制约的机制，竞争的有效程度大大降低。鉴于此，政府对医疗卫生领域采取一些合理的干预措施非常必要，如政府给医生颁发营业许可证、进行药物管理、普及卫生知识等。

3. 医疗卫生领域的收益外溢性

医疗卫生是一种混合产品，其中的卫生服务在性质上接近或等同于公共产品。个人在接受医疗卫生服务的过程中，预防和减少了疾病，提高了健康水平，为增强获取收入能力和提高生活质量奠定了基础。但是，医疗卫生服务通过个人消费，会有很大一部分外溢给社会，社会成员可以无差别地从中获取利益。医疗卫生产品消费过程中的收益外溢决定了这种产品的边际个人收益必定小于边际社会收益，若是完全由市场来提供，必然会导致这些外部收益较大的产品配置不足。因此，对于预防性、基础性的医疗卫生服务，尤其是卫生服务，政府应该承担起主要的责任。

4. 医疗卫生领域的公平性

对公平的关注是政府提供医疗卫生服务的又一重要理由。一个低收入家庭的子女，在享有政府提供的基本生活条件、基本教育条件、基本医疗条件的情况下，有可能在未来获得较高的收入，并为社会做出较大的贡献。但是，如果没有这些基本的医疗保障，疾病的打击可能使低收入者陷入贫困的深渊，显然，这对于公平与效率都是有害无益的。因此，世界上大多数国家把“人人享有基本的卫生保健”视为公民的基本权利，为穷人提供的医疗补助和为老人提供的医疗照顾正是保障人的这种基本生存权利的一种反映。

## 三、中国的教科文卫支出

### （一）教科文卫支出的总体情况

20 世纪 60 年代初至 80 年代，受当时国内政治、经济大环境影响，我国教科文卫支出波动较大。从 1965 年开始，我国经济逐渐下滑，加上“文化大革命”严重冲击，学校停课，大批知识分子下放劳动，因此，教科文卫支出的绝对值和其占财政支出的比重也随之逐步降低，在 1970 年达到最低点，之后才逐步回升。

改革开放以来，我国教科文卫支出总量绝对数上升迅速。1979—2006 年，预算内教科文卫支出总量由 132. 1 亿元上升到 7 426. 0 亿元，绝对数增加了约 55. 2

倍。就相对指标而言，2006 年，教科文卫支出占 GDP 的比重为 3.38%，其占财政支出的比重则达到了 18.37%。

自 2007 年以来，预算内教科文卫支出总量继续呈现高速增长态势。由于预算支出科目调整带来的统计口径变化，2007 年，预算内教科文卫支出占财政支出的比重上升到 24.40%，显然与 2006 年不具有可比性。2007—2021 年，预算内教科文卫支出总量增长 4.78 倍，同期财政支出增长 3.94 倍，呈现前者略快于后者的增长态势。2022 年，教科文卫支出占财政支出的比重达到 29.14%的历史最高位，占 GDP 的比重也达到 6.27%（见表 4-4），是改革开放初期的两倍多。

**表 4-4　2007—2022 年我国教科文卫支出情况**

| 年份 | GDP/亿元 | 财政支出/亿元 | 教科文卫支出/亿元 | 教科文卫支出占财政支出的比重/% | 教科文卫支出占GDP 的比重/% |
|---|---|---|---|---|---|
| 2007 | 270 232.3 | 49 781.4 | 12 146.6 | 24.40 | 4.49 |
| 2008 | 319 515.5 | 62 592.7 | 15 474.0 | 24.72 | 4.84 |
| 2009 | 349 081.4 | 76 299.9 | 19 101.6 | 25.03 | 5.47 |
| 2010 | 413 030.3 | 89 874.2 | 23 093.6 | 25.70 | 5.59 |
| 2011 | 489 300.6 | 109 247.8 | 29 617.2 | 27.11 | 6.05 |
| 2012 | 540 367.4 | 125 953.0 | 35 208.2 | 27.95 | 6.52 |
| 2013 | 595 244.4 | 140 212.1 | 37 910.4 | 27.04 | 6.37 |
| 2014 | 643 974.0 | 151 785.6 | 41 224.5 | 27.16 | 6.40 |
| 2015 | 689 052.1 | 175 877.8 | 47 164.3 | 26.82 | 6.84 |
| 2016 | 743 585.5 | 187 755.2 | 50 958.6 | 27.14 | 6.85 |
| 2017 | 827 121.7 | 203 085.0 | 55 262.7 | 27.21 | 6.68 |
| 2018 | 900 309.0 | 220 904.1 | 59 657.5 | 27.01 | 6.63 |
| 2019 | 986 515.0 | 238 858.4 | 65 019.4 | 27.22 | 6.59 |
| 2020 | 1 015 986.2 | 245 679.0 | 68 840.1 | 28.02 | 6.78 |
| 2021 | 1 143 669.7 | 245 673.0 | 70 266.5 | 28.60 | 6.14 |
| 2022 | 1 210 207.0 | 260 552.1 | 75 929.7 | 29.14 | 6.27 |

注：其中，教科文卫支出为“教育支出”“科学技术支出”“文化体育与传媒支出”“医疗卫生与计划生育支出”近年改为“卫生健康支出”四项支出金额之和。

资料来源：各年度《中国统计年鉴》，国家统计局网站。

（二）教育支出状况分析

我国目前各级政府对教育的投入都非常重视，教育支出无论是从总量上还是从结构上，都比过去有了很大改善，但仍有改进空间。

1. 财政性教育投入不足的局面显著改观

改革开放以来，我国教育事业有了快速发展，财政性教育经费①自 20 世纪 80 年代以来逐年稳定增长，但相对于财政支出占比就不尽如人意了，即使是 2012 年的 17.65%（见表 4-5）在发展中国家也属于平均偏低水平②。而我国财政性教育经费占 GDP 比重在 2012 年以前长期处在 2%~4%的水平，远低于经济发达国家平均水平（5.3%）和世界平均水平（5.1%），甚至低于发展中国家的平均水平（4.1%）；直到 2012 年终于有了质的飞跃，财政性教育经费占 GDP 的比重首次突破 4%，达 4.12%，而且此后连续多年保持在 4%以上。教育投入的显著增长，意味着中国正从简单粗放的增长模式转向由知识和教育支撑的高附加值的发展阶段。

**表 4-5 1980—2021 年我国财政性教育经费与有关指标的比重**

| 年份 | 财政性教育经费/亿元 | 财政支出/亿元 | GDP/亿元 | 财政性教育经费占财政支出的比重/% | 财政性教育经费占 GDP 的比重/% |
|---|---|---|---|---|---|
| 1980 | 114.2 | 1 228.8 | 4 587.6 | 9.29 | 2.49 |
| 1985 | 262.9 | 2 004.3 | 9 098.9 | 13.12 | 2.89 |
| 1990 | 548.7 | 3 083.6 | 18 872.9 | 17.79 | 2.91 |
| 1995 | 1 411.5 | 6 823.7 | 61 339.9 | 20.69 | 2.30 |
| 2000 | 2 562.6 | 15 886.5 | 100 280.1 | 16.13 | 2.56 |
| 2005 | 5 161.1 | 33 930.3 | 187 318.9 | 15.21 | 2.76 |
| 2006 | 6 348.4 | 40 422.7 | 219 438.5 | 15.71 | 2.89 |
| 2007 | 8 280.2 | 49 781.4 | 270 232.3 | 16.63 | 3.06 |
| 2008 | 10 449.6 | 62 592.7 | 319 515.5 | 16.69 | 3.27 |
| 2009 | 12 231.1 | 76 299.9 | 349 081.4 | 16.03 | 3.50 |

① 财政性教育经费主要包括一般公共预算安排的教育经费、政府性基金预算安排的教育经费、国有及国有控股企业办学中的企业拨款、校办产业和社会服务收入用于教育的经费等。2012 年之前，财政性教育经费包括教育事业费、基建经费、教育费附加、科研经费和其他经费。2012 年起，财政性教育经费包括教育事业费、基建经费和教育费附加。

② 泰国教育支出占财政支出的比例早在 2000 年就达 22.44%。

续表

| 年份 | 财政性教育经费/亿元 | 财政支出/亿元 | GDP/亿元 | 财政性教育经费占财政支出的比重/% | 财政性教育经费占 GDP 的比重/% |
|---|---|---|---|---|---|
| 2010 | 14 670. 1 | 89 874. 2 | 413 030. 3 | 16. 32 | 3. 55 |
| 2011 | 18 586. 7 | 109 247. 8 | 489 300. 6 | 17. 01 | 3. 80 |
| 2012 | 22 236. 2 | 125 953. 0 | 540 367. 4 | 17. 65 | 4. 12 |
| 2013 | 24 488. 2 | 140 212. 1 | 595 244. 4 | 17. 47 | 4. 11 |
| 2014 | 26 420. 6 | 151 785. 6 | 643 974. 0 | 17. 41 | 4. 10 |
| 2015 | 29 221. 5 | 175 877. 8 | 689 052. 1 | 16. 61 | 4. 24 |
| 2016 | 31 396. 3 | 187 755. 2 | 744 127. 2 | 16. 72 | 4. 22 |
| 2017 | 34 207. 8 | 203 085. 5 | 827 121. 7 | 16. 84 | 4. 14 |
| 2018 | 36 995. 8 | 220 904. 1 | 900 309. 0 | 16. 74 | 4. 11 |
| 2019 | 40 046. 5 | 238 858. 4 | 986 515. 0 | 16. 77 | 4. 06 |
| 2020 | 42 908. 2 | 245 679. 0 | 1 015 986. 2 | 17. 47 | 4. 22 |
| 2021 | 45 835. 3 | 245 673. 0 | 1 143 669. 7 | 18. 66 | 4. 01 |

资料来源：各年度《中国统计年鉴》中的“教育经费情况”，国家统计局网站。

2. 教育投入结构和各级教育质量仍有改进提升空间

随着中国教育投入的继续增长，今后面临的课题将是如何更有效地使用教育经费，教育投入长效保障机制如何建立并完善。我国目前教育支出中仍然存在着投资结构不合理的问题，突出表现为：三级教育投入结构不合理，高等教育急剧扩张，初等教育却相对萎缩；随着收入差距的加大，不同地区之间教育投入上的差距日益明显；投入经费多侧重于教学设施等硬件的建设和规模扩张，对师资队伍建设和教育质量等软件的投入远远不足等。这就需要各级教育部门提高经费使用绩效，把有限的教育资金用在刀刃上，以使有限的教育投入获得最大的产出。教育领域近年成就见专栏 4-1。

**专栏 4-1　数字见证中国教育十年成就**

党的十八大以来，我国教育事业取得历史性成就，从数据看“教育这十年”，我国教育面貌正在发生格局性变化。

33. 5 万亿元。2012 年开始，截至 2021 年年底，国家财政性教育经费十年累计支出 33. 5 万亿元，年均增长 9. 4%，高于同期 GDP 年均名义增幅（8. 9%）和一般公共预算收入年均增幅（6. 9%）。

4%。国家财政性教育经费投入占 GDP 的比例，连续十年保持在 4%以上。教育成为财政一般公共预算第一大支出，有力支撑我国举办世界最大规模教育体系。

29.5 万所和 4 805.2 万人。十年来，学前教育资源总量迅速增加，2021 年全国幼儿园数达到 29.5 万所，比 2011 年增加 12.8 万所，增长了 76.8%。其中公办园 12.8 万所，比 2011 年增长了 149.7%。全国新增的幼儿园 80%左右集中在中西部，60%左右分布在农村，说明学前教育的区域和城乡差距明显缩小。2021 年全国幼儿园在园幼儿达 4 805.2 万人，比 2011 年增加 1 380.8 万人，学前教育实现了基本普及。

0.7%。2021 年义务教育大班额基本消除：十年来，小学大班额比例从 14.0%降至 0.7%；初中从 28.3%降至 0.7%。普通高中大班额比例大幅下降，从 47.8%降至 4.8%，下降了 43 个百分点。这都促进了基础教育全面提质发展。

3.5 亿人次。深入实施农村义务教育学生营养改善计划，覆盖农村义务教育学校 12.38 万所，受益学生达 3.5 亿人次。

90%。校外培训治理取得明显成效，90%以上的学生能在规定时间内完成书面作业，学校课后服务基本实现“5+2”全覆盖。92%以上的学生自愿参加了课后服务，学校教育主阵地作用进一步强化。

12 万余个。现代职业教育体系向纵深推进。高职三年扩招 413.3 万人；2021 年全国职业本专科招生人数 556.72 万人，在校生人数 1 603.03 万人，分别占普通高等学校招生数、在校生总数的 55.60%和 45.85%。全国职业学校开设 1 300 余个专业和 12 万余个专业点，基本覆盖了国民经济各领域。

57.8%。高等教育毛入学率从 2012 年的 30%提高至 2021 年的 57.8%，高等教育进入世界公认的普及化阶段。

333.2 万人。2021 年全国共有在学研究生 333.2 万人，比 2012 年增加了近一倍，其中，在学博士研究生 50.9 万人。

1 000 项。作为我国基础研究的主力军和重大科技突破的策源地，高校牵头建设了 38%的国家高端智库，承担了 90%以上的国家社会科学基金项目。十年来，高校作为第一完成单位获得的国家科技三大奖累计突破 1 000 项。

10.9 年。党的十八大以来，我国劳动年龄人口平均受教育年限继续提升，由 2012 年的 9.9 年提升至 2021 年的 10.9 年，新增劳动力平均受教育年限达 13.8 年。十年来，高校（未包含成人高校）累计培养了高素质专业人才 7 700 多万名，中高职学校（不含技工学校）累计培养毕业生 7 900 多万名，显著改进了劳动力素质结构。

资料来源：《奋楫谋发展 砥砺铸辉煌——数字见证中国教育十年成就》，《中国教育报》2022 年 10 月 16 日。

（三）科技支出状况分析

改革开放以后，我国政府做出了发展高新技术及其产业的战略决策，建立了学科齐全的独立发展的科技体系，造就了一支庞大的科技队伍，拥有了一定的科学技术攻坚能力，在某些领域已达到了世界先进水平。但是，同发达国家相比，我国的总体科技水平仍然不高，对经济增长也未发挥出应有的作用，其主要原因在于科技投入严重不足。从绝对额看，我国的科技支出虽然在不断增长，2022 年达 10 032. 0 亿元，突破万亿元大关，但是科技支出占财政支出、GDP 的比重却不高（见表 4-6），占财政支出的比重从 1980 年的 5. 26%下降到 2015 年的 3. 33%，同期占 GDP 的比重从 1980 年的 1. 41%下降到 2015 年的 0. 85%，2016 年以后两个比重略有回升，但多年来科技支出的平均增长率低于财政支出的增长率和 GDP 的增长率，这种状况显然与世界科技支出的发展趋势不相符合。

**表 4-6 我国财政科技支出占相关指标的比例**

| 年份 | 科技支出/亿元 | 财政支出/亿元 | GDP/亿元 | 科技支出占财政支出的比重/% | 科技支出占 GDP 的比重/% |
|---|---|---|---|---|---|
| 1980 | 64. 6 | 1 228. 8 | 4 587. 6 | 5. 26 | 1. 41 |
| 1985 | 102. 6 | 2 004. 3 | 9 098. 9 | 5. 12 | 1. 13 |
| 1990 | 139. 1 | 3 083. 6 | 18 872. 9 | 4. 51 | 0. 74 |
| 1995 | 302. 4 | 6 823. 7 | 61 339. 9 | 4. 43 | 0. 49 |
| 2000 | 575. 6 | 15 886. 5 | 100 280. 1 | 3. 62 | 0. 57 |
| 2005 | 1 334. 9 | 33 930. 3 | 187 318. 9 | 3. 93 | 0. 71 |
| 2006 | 1 688. 5 | 40 422. 7 | 219 438. 5 | 4. 18 | 0. 77 |
| 2007 | 1 783. 0 | 49 781. 4 | 270 232. 3 | 3. 58 | 0. 66 |
| 2008 | 2 611. 0 | 62 592. 7 | 319 515. 5 | 4. 17 | 0. 82 |
| 2009 | 3 276. 8 | 76 299. 9 | 349 081. 4 | 4. 29 | 0. 94 |
| 2010 | 4 196. 7 | 89 874. 2 | 413 030. 3 | 4. 67 | 1. 02 |
| 2011 | 4 797. 0 | 109 247. 8 | 489 300. 6 | 4. 39 | 0. 98 |
| 2012 | 4 452. 6 | 125 953. 0 | 540 367. 4 | 3. 54 | 0. 82 |
| 2013 | 5 084. 3 | 140 212. 1 | 595 244. 4 | 3. 63 | 0. 85 |

续表

| 年份 | 科技支出/亿元 | 财政支出/亿元 | GDP/亿元 | 科技支出占财政支出的比重/% | 科技支出占 GDP 的比重/% |
|---|---|---|---|---|---|
| 2014 | 5 314. 5 | 151 785. 6 | 643 974. 0 | 3. 50 | 0. 83 |
| 2015 | 5 862. 6 | 175 877. 8 | 689 052. 1 | 3. 33 | 0. 85 |
| 2016 | 6 564. 0 | 187 755. 2 | 743 585. 5 | 3. 50 | 0. 88 |
| 2017 | 7 267. 0 | 203 085. 5 | 827 121. 7 | 3. 58 | 0. 88 |
| 2018 | 8 326. 7 | 220 904. 1 | 900 309. 0 | 3. 77 | 0. 92 |
| 2019 | 9 470. 8 | 238 858. 4 | 986 515. 0 | 3. 97 | 0. 96 |
| 2020 | 9 018. 3 | 245 679. 0 | 1 015 986. 2 | 3. 67 | 0. 89 |
| 2021 | 9 669. 8 | 245 673. 0 | 1 143 669. 7 | 3. 94 | 0. 85 |
| 2022 | 10 032. 0 | 260 552. 1 | 1 210 207. 0 | 3. 85 | 0. 83 |

资料来源：各年度《中国统计年鉴》，国家统计局网站。

此外，长期以来我国科技支出结构也不甚合理，没有正确处理好科学研究与技术开发的关系，忽视了对应用研究与技术开发的支持。有限的财政科技投资大量被吸纳在高精尖项目上，没有注重相关项目之间的配套，没有发挥和利用财政投资聚集社会资金的作用，导致高科技成果的转化率较低。

针对上述问题，我国科技支出的政策取向应包括以下几个方面：

1. 加大科技投入力度，引导企业科技创新

政府的科技投入作为一种“诱导性投资”，可将企业资金吸引到高新技术产业上来，并使国民收入的创造达到一个较高的水平，从而带来高新技术产业中政府投资的“乘数效应”。

2. 扶持科技风险投资，促进科技成果转化

由于我国的风险投资机制与市场机制尚不健全，使得高新技术产业很难从资本市场上获取充足的资金投入。这就要求我们提供有力的政策扶持。例如，应逐步增加对高新技术产业的扶持资金投入，这其中包括增加专项拨款，保证专款专用，也包括设立专门基金，投入重点项目；提供贷款担保，即由政府组织建立高新技术产业投资公司，或者设立贷款担保基金，为高新技术产业的银行贷款提供担保，等等。

3. 制定税收优惠政策，赋予创新激励机制

可以考虑进一步降低高新技术产业的所得税税率，同时延长免税期限，增加抵扣基数等。通过这些税收优惠政策，来鼓励企业增加科技投入，鼓励科技人员

创办高新技术产业，诱导、激励企业自主进行高新技术的研究与开发，促进企业技术进步，从而使高新技术产业的发展步入一种良性循环的状态。

4. 健全科技法规体系，加速科技市场进程

高新技术产业化涉及众多投资者的切身利益，因此必须要有一整套有效规范风险投资企业行为的法律和行政法规以及严格的政府监管程序，才会划清风险投资业与“乱集资”等活动的界限，创造其健康成长的环境。

**专栏 4-2 我国财政如何支持科技强国？**

党的十九届五中全会将科技自立自强作为国家发展的战略支撑。为了让科技这一国之利器更好服务高质量发展，近年来，财政部门不断加大财税政策和资金支持力度，优化科技支出结构，推进科技政策扎实落地。2021 年，全国科学技术支出 0.97 万亿元，同比增长 7.2%，有力支持集成电路、新能源汽车等产业发展和关键核心技术攻关。在中央本级支出继续安排负增长的情况下，通过调整支出结构，中央本级科学技术支出达到 3 205.54 亿元。

具体分析，从基础层面来看，持续加大基础研究投入力度，2021 年中央本级基础研究支出增长 15.3%。从攻关层面来看，推动实施一批重大科技项目，采取“揭榜挂帅”“赛马”等制度，破解“卡脖子”问题。从重点工作来看，推进国家实验室建设，支持科研院所改革发展，推动建设高水平研究型大学。从发展角度来看，支持企业牵头组建创新联合体承担国家科研任务，并健全支持创新的税收政策。从改革角度来看，大幅精简预算科目，科研项目经费中用于“人”的费用可达 50%以上。

资料来源：《增长 7.2%！五大关键词解锁我国财政如何支持科技自立自强》，光明网，2022 年 2 月 22 日。

（四）文化支出状况分析

文化产业的财政投入，主要采用“文化事业费”① 和“中央补贴地方专项资金”② 两项指标来衡量。改革开放以来，中国文化产业飞速发展，成就显著，很大程度上得益于财政支出的大力扶持。

---

① 文化事业费是指区域内各级财政对文化系统主办单位的经费投入总和，一般包括艺术表演团体、公共图书馆、文化馆（站）等文化事业单位的财政拨款（不含基建拨款）及文化部门所属企业的财政补贴。根据现行统计口径，文化事业费不包括各级文化行政管理部门的行政运行经费。

② 根据 2021 年 4 月 9 日财政部印发的《文化产业发展专项资金管理办法》的解释，文产专项资金由中央财政预算安排，用于支持文化产业发展，健全现代文化产业体系和市场体系，创新生产经营机制，维护国家文化安全，提高文化产业整体实力，推动文化产业高质量发展。根据预算管理规定，文产专项分别列入中央本级支出和对地方转移支付。

1. 文化事业费较快增长，总量和人均指标增加明显

文化事业费是文化产业财政投入的主要部分。如表 4-7 所示，1978 年我国文化事业费仅为 4.44 亿元，2000 年达到 63.16 亿元，2015 年达到 682.97 亿元，2019 年开始突破千亿元，2022 年达到 1 202.89 亿元。在文化事业费总量实现稳步较快增长的同时，人均指标也稳步较快增长，呈现出每五年翻一番的趋势。1990 年我国人均文化事业费只有 1.33 元，1995 年为 2.75 元，2000 年为 5.11 元，2005 年达到 10.23 元，2010 年达到 24.11 元，2015 年达到 49.68 元，2022 年达到 85.20 元（见表 4-7）。

**表 4-7　我国文化事业费财政投入情况**

| 年份 | 文化事业费/亿元 | 人均文化事业费/元 | 财政总支出/亿元 | 文化事业费占财政支出的比重/% |
|---|---|---|---|---|
| 1978 | 4.44 | — | 1 122.1 | 0.40 |
| 1980 | 5.61 | — | 1 228.8 | 0.46 |
| 1985 | 9.32 | — | 2 004.3 | 0.47 |
| 1990 | 15.19 | 1.33 | 3 083.6 | 0.49 |
| 1995 | 33.39 | 2.75 | 6 823.7 | 0.49 |
| 2000 | 63.16 | 5.11 | 15 886.5 | 0.40 |
| 2005 | 133.82 | 10.23 | 33 930.3 | 0.39 |
| 2006 | 158.03 | 11.91 | 40 422.7 | 0.39 |
| 2007 | 198.96 | 15.06 | 49 781.4 | 0.40 |
| 2008 | 248.04 | 18.68 | 62 592.7 | 0.40 |
| 2009 | 292.31 | 21.90 | 76 299.9 | 0.38 |
| 2010 | 323.06 | 24.11 | 89 874.2 | 0.36 |
| 2011 | 392.62 | 29.14 | 109 247.8 | 0.36 |
| 2012 | 480.10 | 35.46 | 125 953.0 | 0.38 |
| 2013 | 530.49 | 38.99 | 140 212.1 | 0.38 |
| 2014 | 583.44 | 42.65 | 151 785.6 | 0.38 |
| 2015 | 682.97 | 49.68 | 175 877.8 | 0.39 |
| 2016 | 770.69 | 55.74 | 187 755.2 | 0.41 |
| 2017 | 850.80 | 61.57 | 203 085.5 | 0.42 |
| 2018 | 928.33 | 66.53 | 220 904.1 | 0.42 |
| 2019 | 1 065.02 | 76.07 | 238 858.4 | 0.45 |
| 2020 | 1 088.26 | 77.08 | 245 679.0 | 0.44 |

续表

| 年份 | 文化事业费/亿元 | 人均文化事业费/元 | 财政总支出/亿元 | 文化事业费占财政支出的比重/% |
|---|---|---|---|---|
| 2021 | 1 132.88 | 80.20 | 245 673.0 | 0.46 |
| 2022 | 1 202.89 | 85.20 | 260 552.1 | 0.46 |

资料来源：各年度《文化发展统计公报》，文化和旅游部网站。

2. 中央补贴地方专项资金快速增长，补贴领域更加合理

中央补贴地方专项资金是文化产业财政投入的重要组成部分。2006 年，我国文化产业中央补贴地方专项资金仅为 2.49 亿元，2009 年增加到 30.59 亿元，2013 年迅速增加到 46.19 亿元，2016 年迅速增加到 61.03 亿元，11 年增加了 23.5 倍。即便在财政紧张和新冠疫情压力较大的 2021 年，中央对地方的转移支付也达到了 46.71 亿元。[①] 在文化产业中央补贴地方专项资金快速增长的同时，补贴领域更加合理，2013 年以来，中央财政补贴地方文化项目主要体现在美术馆、公共图书馆、文化馆（站）免费开放，非遗保护，公共数字文化建设，地市级公共文化设施建设等方面。

3. 财政投入向下倾斜，县及县以下文化事业费比重稳步增加

近年来，我国文化产业财政投入在保持总量快速增长的同时，城乡投入结构向下倾斜明显。以占比超过 90%的文化事业费为例，2000 年我国县及县以下文化事业费为 16.87 亿元，占比仅为 1/4 多一点（26.7%）；到 2015 年基本占到了半壁江山；2022 年县及县以下文化事业费达到 658.6 亿元，占比 54.8%，连续七年超过了县以上文化事业费，如表 4-8 所示。可见，公共财政投入向乡村倾斜的趋势已非常显著。

**表 4-8 全国文化事业费按城乡和区域分布情况**

| 项目 | | 2000 年 | 2005 年 | 2010 年 | 2015 年 | 2020 年 | 2021 年 | 2022 年 |
|---|---|---|---|---|---|---|---|---|
| 总量/亿元 | 全国 | 63.16 | 133.82 | 323.06 | 682.97 | 1 088.3 | 1 132.9 | 1 202.9 |
| | #县以上 | 46.33 | 98.12 | 206.65 | 352.84 | 501.0 | 506.4 | 544.3 |
| | 县及县以下 | 16.87 | 35.70 | 116.41 | 330.13 | 587.3 | 626.5 | 658.6 |
| | #东部地区 | 28.85 | 64.37 | 143.35 | 287.87 | 491.6 | 526.4 | 542.5 |
| | 中部地区 | 15.05 | 30.58 | 78.65 | 164.27 | 269.8 | 283.4 | 302.6 |
| | 西部地区 | 13.70 | 27.56 | 85.78 | 193.87 | 301.6 | 292.6 | 328.1 |

① 资料来源：各年度《文化发展统计公报》，文化和旅游部网站。

续表

| 项目 | | 2000 年 | 2005 年 | 2010 年 | 2015 年 | 2020 年 | 2021 年 | 2022 年 |
|---|---|---|---|---|---|---|---|---|
| 所占比重/% | 全国 | 100.0 | 100.0 | 100.0 | 100.0 | 100.0 | 100.0 | 100.0 |
| | #县以上 | 73.3 | 73.3 | 64.0 | 51.7 | 46.0 | 44.7 | 45.2 |
| | 县及县以下 | 26.7 | 26.7 | 36.0 | 48.3 | 54.0 | 55.3 | 54.8 |
| | #东部地区 | 45.7 | 48.1 | 44.4 | 42.1 | 45.1 | 46.5 | 45.1 |
| | 中部地区 | 23.8 | 22.9 | 24.3 | 24.1 | 24.8 | 25.0 | 25.2 |
| | 西部地区 | 21.7 | 20.6 | 26.6 | 28.4 | 27.7 | 25.8 | 27.3 |

注：东部地区包括北京、天津、辽宁、山东、上海、江苏、浙江、福建、广东；中部地区包括河北、山西、河南、吉林、黑龙江、安徽、江西、湖北、湖南、海南；西部地区包括内蒙古、广西、重庆、四川、贵州、云南、西藏、陕西、甘肃、青海、宁夏、新疆。由于文化事业费除了投向东中西部地区以外，还会投向国家级文化团体和军队等系统，所以东中西部所占比重之和小于 100%。

资料来源：各年度《文化发展统计公报》，文化和旅游部网站。

4. 财政投入注重区域均衡，中西部文化事业费比重明显增加

近年来，我国公共财政投入在保持总量快速增长的同时，地区投入结构向中西部地区倾斜明显。如表 4-8 所示，东部地区文化事业费投入比重从 2005 年的 48.1%降到 2022 年的 45.1%；中部地区文化事业费投入比重从 2005 年的 22.9%上升到 2022 年的 25.2%；西部地区文化事业费投入比重从 2005 年的 20.6%大幅上升到 2015 年的 28.4%，2022 年仍保持在 27.3%。可见，财政投入向中西部地区倾斜的趋势非常明显。

尽管财政投入文化产业取得了显著成效，但是也要看到，无论就文化产业发展整体而言，还是就财政投入规模、领域而言，仍明显存在一些问题。第一，财政投入总量仍然不足。虽然近年来我国文化事业费的总量呈现了较快的增长趋势，但是与财政支出的总体增长趋势相比，文化事业费支出的增长仍然相对较慢，这集中体现在文化事业费支出在财政支出中的比重不断下降。从表 4-7 可以看出，这一比重在 1990 年和 1995 年都达到 0.49%，1980 年开始到 2000 年以前始终维持在 0.45%以上；2000 年开始这一比重有所下降，2010 年和 2011 年下降到 0.36%，2022 年回升至 0.46%。第二，财政投入结构不尽合理。虽然近年来我国文化事业费支出的项目结构、地区结构和城乡结构呈现了明显的优化特点，但是仍然有一些问题，突出表现在：地区结构不尽合理，尽管呈现出了东部省份比重下降、中西部省份比重上升的态势，但地区发展不平衡的现象仍比较严重；城乡结构不尽合理，尽管我国县及县以下文化事业费占比已超过 50%，但对于落后地区农村文化的扶持仍然明显落后于城市。第三，财政投入模式有待完善。我国财政扶持文化产业发展的模式可以分为直接投入和间接投入，从投入方式上可

以分为文化事业费、中央补贴地方专项资金、重大项目建设资金、公益性基金和产业投资基金等模式。然而，从目前的投入方式看，主要以文化事业费、专项资金和重大项目资金等直接投入为主，而具有市场化运作方式的投入模式仍然占比较小，投入效率难以有效发挥。

（五）医疗卫生支出状况分析

1960—1980 年，我国政府通过公费医疗和劳保医疗以及农村合作医疗等形式为社会成员提供了广泛的医疗卫生服务，尤其是以预防性为主的公共卫生服务得到了充分的重视，医疗卫生几乎覆盖了所有的城市人口和 85%的农村人口，使我国人口的健康状况有了极大的改善。正因为如此，与处于同一发展阶段的其他国家相比，我国居民的预期寿命几乎要比这些国家高 10 岁。① 这个结果表明，政府提供的公共卫生服务和基本医疗服务在保护公民健康方面发挥了重要作用。

然而，自从 20 世纪 80 年代初企业放开搞活以及农村实行家庭联产承包责任制之后，公共卫生和基本的医疗服务，尤其是农村医疗卫生服务大大地削弱了。从医疗卫生投入来看，大多数年份，我国医疗卫生总费用占 GDP 的比重波动于 4%左右，不仅低于世界上工业化国家的水平，而且低于世界卫生组织对发展中国家提出的 5%的建议指标。直至 2012 年以来，该比重才终于稳定在 5%以上的水平，2020 年达到 7. 10%的历史最高值，如表 4-9 所示。

**表 4-9 全国卫生总费用及其构成**

| 年份 | 卫生总费用/亿元 | | | | 卫生总费用构成/% | | | 卫生总费用占 GDP 的比重/% |
|---|---|---|---|---|---|---|---|---|
| | 合计 | 政府卫生支出 | 社会卫生支出 | 个人卫生支出 | 政府卫生支出 | 社会卫生支出 | 个人卫生支出 | |
| 1978 | 110. 21 | 35. 44 | 52. 25 | 22. 52 | 32. 2 | 47. 4 | 20. 4 | 3. 00 |
| 1980 | 143. 23 | 51. 91 | 60. 97 | 30. 35 | 36. 2 | 42. 6 | 21. 2 | 3. 12 |
| 1985 | 279. 00 | 107. 65 | 91. 96 | 79. 39 | 38. 6 | 33. 0 | 28. 5 | 3. 07 |
| 1990 | 747. 39 | 187. 28 | 293. 10 | 267. 01 | 25. 1 | 39. 2 | 35. 7 | 3. 96 |
| 1995 | 2 155. 13 | 387. 34 | 767. 81 | 999. 98 | 18. 0 | 35. 6 | 46. 4 | 3. 51 |
| 2000 | 4 586. 63 | 709. 52 | 1 171. 94 | 2 705. 17 | 15. 5 | 25. 6 | 59. 0 | 4. 57 |
| 2005 | 8 659. 92 | 1 552. 53 | 2 586. 41 | 4 520. 98 | 17. 9 | 29. 9 | 52. 2 | 4. 62 |
| 2006 | 9 843. 34 | 1 778. 86 | 3 210. 92 | 4 853. 56 | 18. 1 | 32. 6 | 49. 3 | 4. 49 |
| 2007 | 11 573. 96 | 2 581. 58 | 3 893. 72 | 5 098. 66 | 22. 3 | 33. 6 | 44. 1 | 4. 28 |
| 2008 | 14 535. 40 | 3 593. 94 | 5 065. 60 | 5 875. 86 | 24. 7 | 34. 9 | 40. 4 | 4. 55 |

① 世界银行：《1993 年世界发展报告：投资于健康》，中国财政经济出版社 1993 年版，第 54 页。

续表

| 年份 | 卫生总费用/亿元 | | | | 卫生总费用构成/% | | | 卫生总费用占 GDP 的比重/% |
|---|---|---|---|---|---|---|---|---|
| | 合计 | 政府卫生支出 | 社会卫生支出 | 个人卫生支出 | 政府卫生支出 | 社会卫生支出 | 个人卫生支出 | |
| 2009 | 17 541. 91 | 4 816. 26 | 6 154. 49 | 6 571. 16 | 27. 5 | 35. 1 | 37. 5 | 5. 03 |
| 2010 | 19 980. 39 | 5 732. 49 | 7 196. 61 | 7 051. 29 | 28. 7 | 36. 0 | 35. 3 | 4. 84 |
| 2011 | 24 345. 91 | 7 464. 18 | 8 416. 45 | 8 465. 28 | 30. 7 | 34. 6 | 34. 8 | 4. 98 |
| 2012 | 28 119. 00 | 8 431. 98 | 10 030. 70 | 9 656. 32 | 30. 0 | 35. 7 | 34. 3 | 5. 20 |
| 2013 | 31 668. 94 | 9 545. 81 | 11 393. 79 | 10 729. 34 | 30. 1 | 36. 0 | 33. 9 | 5. 32 |
| 2014 | 35 312. 39 | 10 579. 23 | 13 437. 75 | 11 295. 41 | 30. 0 | 38. 1 | 32. 0 | 5. 48 |
| 2015 | 40 974. 64 | 12 475. 28 | 16 506. 71 | 11 992. 65 | 30. 4 | 40. 3 | 29. 3 | 5. 95 |
| 2016 | 46 344. 88 | 13 910. 31 | 19 096. 68 | 13 337. 90 | 30. 0 | 41. 2 | 28. 8 | 6. 23 |
| 2017 | 52 598. 28 | 15 205. 87 | 22 258. 81 | 15 133. 60 | 28. 9 | 42. 3 | 28. 8 | 6. 32 |
| 2018 | 59 121. 91 | 16 399. 13 | 25 810. 78 | 16 911. 99 | 27. 7 | 43. 7 | 28. 6 | 6. 43 |
| 2019 | 65 841. 39 | 18 016. 95 | 29 150. 57 | 18 673. 87 | 27. 4 | 44. 3 | 28. 4 | 6. 67 |
| 2020 | 72 175. 00 | 21 941. 90 | 30 273. 67 | 19 959. 43 | 30. 4 | 41. 9 | 27. 7 | 7. 10 |
| 2021 | 76 844. 99 | 20 676. 06 | 34 963. 26 | 21 205. 67 | 26. 9 | 45. 5 | 27. 6 | 6. 72 |

资料来源：《中国统计年鉴 2022》，国家统计局网站。

从医疗卫生结构来看，近几年我国政府医疗卫生投入增长很快，2020 年，政府卫生支出为 21 941. 90 亿元，占整个卫生总费用的 30. 4%。多年来存在的主要问题是政府医疗卫生投入被集中、重复地用于城市医院建设和部分人群的医疗消费，造成部分城镇职工超越现阶段经济发展水平的过度医疗消费和医疗费用快速上涨，致使城乡基本医疗服务水平差距加大，公共卫生服务被削弱。目前，我国的一些百万人口的大城市所拥有的医生数、医院床位数和一些大型医疗设备数已经达到或超过经济发达国家的拥有水平。而那些符合全体公众利益、具有更大社会效益的公共卫生和基本医疗服务，尤其是涉及 70% 人口的农村医疗卫生服务，则因政府投入有限和优质医疗资源不足而发展缓慢。1990 年，城镇居民和农村居民人均卫生费用之比是 4. 09 : 1，2000 年这一比例缩小为 3. 79 : 1，但 2008 年又回升至4. 09 : 1。尽管近年来各级政府连年加大针对农村地区和农村居民的卫生投入，2016 年这一比例已大幅下降至 2. 42 : 1①，但城乡人均卫生费用的差距依然不小。

① 以上数据根据卫健委网站公布的各年度《中国卫生统计年鉴》计算得到。

针对医疗卫生领域存在的问题，从 1999 年开始，我国初步建立起城镇职工基本医疗保险制度，实行社会统筹与个人账户相结合，覆盖城镇全体劳动者，逐步形成包括基本医疗保险、商业医疗保险、社会医疗救助等多层次的医疗保障体系。从 2003 年起，新型农村合作医疗制度①在全国部分县（市）试点，到 2010 年逐步实现基本覆盖全国农村居民，从 2012 年起建立了城乡居民大病保险制度。这些改革改变了以往医疗服务完全由政府包下来的状况，政府无须再支付公费医疗经费，改为主要由居民缴纳保险金，这使得政府能够将医疗服务开支从高级专科医院转移到提供基本医疗保健服务的初级社区医院，把更多的资金投入社会效益很大的、能大大改善穷人健康状况的公共卫生服务以及基本医疗服务和大病救助，为居民广泛地提供预防、保健、康复、健康教育和计划生育等方面的服务，从而使政府有限的预算发挥更大的作用，进而真正逐步改变原来“重城市、轻乡村，重治疗、轻预防”的医疗卫生投资格局。

## 思考题

1. 谈谈你对行政管理支出产品属性的理解。
2. 决定国防支出规模的因素有哪些？试分析国防支出对经济运行的影响。
3. 简要分析目前我国教育支出的规模、结构和提供方式。
4. 简述我国财政科技投入现状、问题以及进一步完善的思路。
5. 如何加快公共文化服务体系建设和城乡文化一体化发展？

▶ 即测即评

① 新型农村合作医疗是指由政府组织、引导、支持，农民自愿参加，个人、集体和政府多方筹资，以大病统筹为主的农民医疗互助共济制度，采取个人缴费、集体扶持和政府资助的方式筹集资金。2014 年后，山东等部分省市统一实行了城乡居民基本医保制度。截至 2019 年年底，全国除港、澳、台之外的所有省市区都完成了由城乡并轨运行向统一的居民医保制度的过渡。

# 第五章　投资性支出①

作为最重要的经济范畴之一，投资的内涵随着经济发展而不断丰富。从扩大再生产的角度理解，投资是为扩大生产规模、增加生产能力而垫付的资金。随着市场经济的高度发展，资本的属性支配着一切经济行为，投资的目的已不仅是增加生产能力，更重要的是服从于资本增值这一最终目标，因而投资的含义就扩展为将收入转化为资本，投入某项事业，以便未来能获得所期望的不确定收益的过程。从公共财政角度来说，基础设施属性的多样性决定了政府参与基础设施投资的方式可多种多样，而农业、农村和农民作为弱势产业、弱势区域和弱势群体，也离不开政府的投资扶持。

本章共三节，第一节为政府投资概述，介绍了政府投资的含义和特征，分析了政府投资的原则和类型选择。第二节为基础设施投资，说明了政府介入基础设施领域的理论依据、资金来源和方式，并分析中国基础设施投资的现状。第三节为“三农”支出，说明了政府介入“三农”领域的理论依据，分析中国财政“三农”支出的现状。

## 第一节　政府投资概述

在任何社会中，社会总投资都可以分为政府投资和非政府投资两大部分。由于社会经济制度和经济发展阶段的不同，这两大部分投资在各国社会总投资中所占的比重存在相当大的差异。影响这个比重的因素主要有两个：一是社会经济制度的差异。一般来说，实行市场经济的国家，非政府投资在社会投资总额中所占的比重较大；在实行计划经济的国家，政府投资所占比重较大。二是经济发展阶段的差异。一般说来，发达国家中政府投资占社会总投资的比重较小；欠发达国家和中等发达国家的政府投资占社会总投资的比重较大。

### 一、政府投资的含义和特征

#### （一）政府投资的含义

政府投资是政府为了实现预期的社会效益和宏观经济效益，将一部分财政资

① 本章所关注的投资性支出是一个狭义范畴，重点分析政府对基础设施和基础产业的投资支出，教育、科技等社会性投资支出在前文中已给予详细介绍。

金转化为公共性的实物或无形资产以满足社会公共需要的经济行为。政府投资这一概念可以从以下四个方面把握：

首先，投资的主体是国家或政府，包括中央政府和地方政府。这是政府投资与企业和居民投资最大的不同。

其次，投资的目标主要是获得社会效益和宏观经济效益。社会效益区别于单纯的经济效益，是指政府的投资活动对社会生态环境、公共福利以及精神文化素质等方面所做的贡献。宏观经济效益也不同于仅仅反映投资项目盈利能力的微观效益，是指政府投资活动应该有助于促进经济增长，维护物价稳定，提高就业率，缩小收入差距，并使经济总量趋向平衡，经济结构趋向协调。

再次，投资的资金来源是财政资金。除了一般公共预算资金以外，还有政府性基金、地方投融资平台等兼具财政性和金融性的各类拼盘自筹资金。其中，由政府预算安排的投资支出，在《2023年政府收支分类科目》中，“政府预算支出经济分类科目”涉及“机关资本性支出（一）”“机关资本性支出（二）”“对事业单位资本性补助”和“对企业资本性支出”四个类级科目，反映了各级机关、事业单位、发展与改革部门集中安排的预算支出中用于房屋建筑物构建、基础设施建设、公务用车购置、土地征迁补偿和安置支出，以及设备购置、大型修缮和其他资本性支出。

最后，投资的结果是形成公共部门的资产。例如，中国政府自新中国成立以来进行了大量的投资，庞大的资产为公有制地位的巩固提供了雄厚的经济基础。

### （二）政府投资的特征

与企业和居民等私人部门的投资相比，政府投资具有下列特征：

#### 1. 政府投资对象的公共性、基础性

为了弥补市场失灵，政府投资应着眼于为全体公民和各类社会经济主体提供生产和生活必要的基础性的公共条件，如基础设施等。同时，也包括对某些新兴产业的开发，对高科技、高风险项目的研究开发，对落后地区的开发等，因为这些都具有耗资大、耗时长、风险高等特征，致使私人部门望而却步，市场机制无能为力。这是政府职能的内在要求，反映了经济和社会发展对政府配置资源的客观需要，在这里，政府投资发挥的是“社会先行资本”的作用，即政府投资为企业生产和居民生活提供了良好的外部环境，在客观上起到了降低企业交易成本和提高居民福利水平的效果。

#### 2. 政府投资目标的社会性

与非政府投资在利己动因下追求经济效益最大化的目标不同，政府投资受非经济动因的支配，通常追求的是社会效益、生态环境效益和宏观经济效益的最大化，必要的时候甚至会牺牲经济效益。这里需要提及的是，政府投资追求社会综

合效益并不意味着它可以不计成本、不讲效率，这是两个不同的问题。从政府投资项目本身来看，当然要衡量其成本和效益，并借此评价政府配置资源的效率；而从总体上对其实现的客观效果，则要超越项目本身，从社会综合效益方面来衡量。

3. 政府投资决策的复杂性

政府投资决策往往由多目标决策系统组成，包括经济、政治、社会、生态环境等因素，由于社会综合效益难以用统一的标准来衡量，而政治、社会和生态环境等因素也很难进行指标量化，因而投资项目的确定往往要经过复杂的行政甚至法律程序，并通过层层审批才能完成。

4. 政府投资在不同的经济发展阶段具有不同的侧重

根据发展经济学的理论，一般在经济起飞阶段，政府在社会基础设施等基础性项目方面的投资具有较强的拉动作用；随着经济发展走向成熟，私人部门力量日益扩大，私人投资会逐渐替代政府投资，政府投资的规模逐渐减小，更多地转向能够提高社会整体福利水平的教育、科学和文化体育等事业方面。

总之，由于政府在国民经济中居于特殊地位，它主要将自己的投资集中于基础设施以及农业、能源、通信、交通等有关国计民生的领域。换言之，在投资主体多元化的经济社会中，如果政府不承担社会基础设施投资的责任或者这方面的投资不足，该社会的基础设施的供应就可能短缺，经济发展就会遇到瓶颈。

## 二、政府投资的原则和类型选择

### （一）政府投资的原则

在进行政府投资领域的最优选择时，应遵循以下两方面原则。

第一，政府投资尽量不要对市场的资源配置造成扭曲或障碍。政府投资的目的是弥补市场投资的不足，克服私人投资的局限性，因此，在选择投资项目时，最重要的原则是不能替代市场，尽量不对市场的资源配置造成扭曲或障碍，凡是市场能解决的问题，政府就不应过度参与，把有限的资金集中用到“该管”的地方。正常情况下，只有在私人投资不愿进入、不能进入、不宜进入的领域，才是政府投资发挥作用的舞台，理应积极介入、责无旁贷。

第二，政府投资不宜干扰和影响民间投资的合理偏好和选择。市场经济的特征是投资主体多元化、投资来源多渠道、投资决策分散化。政府投资的选择，一方面，要为众多的民间投资创造必要的、与经济增长相适应的外部环境和基础条件；另一方面，又要充分考虑其给民间投资对市场竞争格局可能带来的种种影响，尤其要避免因政府不适当地介入竞争性投资领域或采取不当的投资调节政策而干扰和影响了民间投资的正常偏好和选择。

（二）政府投资的类型选择

一般说来，在市场经济条件下，政府投资项目大致可以分为以下三类：

（1）公益性项目，是指不从事生产经营的国防、政府行政机构、司法部门，科研、文化、教育、卫生等事业，环保、农村扶贫和其他公用设施以及社会团体的投资项目。

（2）基础性项目，是指具有自然垄断性、投资额大、建设周期长且收益较低的基础设施，基础工业、农业以及需要政府重点扶持的高技术产业和部分支柱产业等。

（3）竞争性项目，是指那些经济效益较好、对市场信号反应比较灵敏、具有竞争能力的一般性项目。它多为投资较少、建设周期较短、投资完全能够回收并能实现价值增值的加工行业和服务行业，主要包括制造业、建筑业、流通仓储业、金融保险业（商业性部分）等。

这三类投资项目的划分，虽然在总体上较为清楚，但如做具体分析，就会发现各类项目之间有时互有交叉和重叠，操作起来比较困难，这是因为在一个国家或地区经济发展的不同时期，三类项目的内容具有阶段性的特征。例如，铁路在美国已经是竞争性产业了，而在发展中国家大都还作为基础性项目。这就要求在涉及具体项目的时候，应该用发展的眼光对具体问题进行具体分析。

就中国当前而言，在处理国有企业与民营企业关系时，应遵循既有竞争、更有合作、互为补充、缺一不可的原则。第一，在一些已经完全向民营企业放开的竞争领域，国企与民企作为平等的市场主体，应该发挥各自优势，展开竞争，优胜劣汰，国家宏观政策对二者要一视同仁。这是遵循市场经济基本规律的表现，也是发挥市场在资源配置中起决定性作用的主要体现。第二，在一些非竞争领域，比如关系国计民生的石油、电力等关键领域和重要行业，有必要保证国有企业的垄断地位。因为这些行业多数是自然垄断，即使允许民营企业进入，也不会改变垄断的性质，仅仅是把垄断权由国有企业转移到民营企业。而民营企业完全是以利润最大化为目标，在管制不力的情况下由其掌握自然垄断行业，有可能导致产品价格过高、影响经济稳定运行等问题，当然对于有实力且监管良好的大型民营企业也应持鼓励和开放的态度，不应打压和排斥。第三，基础设施建设、基础研发和高新技术的领域，需要大量的资金投入，并且短期内不能盈利，民营企业一般不愿意投资，但这类行业关乎国家长远发展，需要国有企业的支持。我国的国有企业发挥着产业协作的功能，在民营经济不愿意投资的行业大量投资，可以为民营经济的进一步发展奠定产业基础，引导民营企业投资方向，落实国家产业政策和经济发展规划。

## 第二节 基础设施投资

基础设施是指为社会生产和消费活动提供服务的各种公共设施，主要包括交通运输、机场、港口、桥梁、通信、水利和城市供排水、供气、供电等设施。根据世界银行报告的划分，基础设施包括三部分：一是公共设施，如电力、电信、自来水、卫生设施与排污、固体废弃物的收集与处理及管道煤气；二是公共工程，如公路、大坝、灌溉及排水用的渠道工程；三是其他交通设施，如铁路、城市交通港口和水路以及机场。①

### 一、政府介入基础设施领域的理论依据

基础设施是国民经济运行的基础，直接制约着经济各领域资源配置的效率水平。在市场经济条件下，政府投资的一个基本方面就是基础设施，这与该投资领域中存在着市场缺陷有密切的关系。

#### （一）基础设施消费中存在外部收益

由于基础设施普遍具有外部收益，且这种外部收益具有非排他性，因而不可能完全由市场来提供。要想纠正资源配置的不足，就必须使外部收益内在化，使基础设施产品的价格得以反映产品的全部收益。政府用于实现基础设施产品外部收益内在化的可能措施之一是补贴，即通过对基础设施产品的外部收益进行相应的补贴，以诱使市场将供给量调整到边际社会收益等于边际社会成本的水平，从而实现资源的最优配置。这正是基础设施历来被认为是政府职责范畴，并促使各国政府广泛介入该领域的一个主要原因。

#### （二）基础设施的生产与消费有与其他产品不同的特点

基础设施作为一个特定的概念，有不同于其他产业的特征：第一，基础设施的生产大都投资大、周期长、回收慢、风险高，因而决定了理性假设下的私人资本不愿意进行这方面的投资，或对这方面的投资较少。在这种情况下，只有政府才有能力集中社会资源来投资这些大型的长期的项目，并且使投资的风险由社会分担，从而推动经济的增长。第二，基础设施作为一种“先行资本”，是一种基础性产品，对整个国民经济的发展具有很强的制约作用。在私人资本不愿或无力投资的情况下，政府应有充足的投入，否则会直接影响各类经济活动的有效进行，形成国民经济发展的瓶颈，从而影响经济的快速持续增长。第三，基础设施

① 世界银行：《1994 年世界发展报告》，毛晓威等译，中国财政经济出版社 1994 年版，第 13 页。

具有地域性。这种产品往往固着于一地，为某一或大或小的地域服务，因此它们所提供的服务不可能从外地引进或国外进口，极易形成垄断。这是各国政府对基础设施投资或对基础设施经营进行管制的一个重要理由。

（三）基础设施配置存在地区公平问题

政府介入基础设施，有时也是出于社会财富再分配的考虑。例如，政府帮助落后地区修建公路、铁路等基础设施，就是为了吸引私人资本流入这些地区，促进这些地区与其他地区尤其是经济发达地区的交流，以带动落后地区的经济发展，从而既提高了资源在地区之间的配置效率，又改善了地区之间的收入分配状况。

以上分析表明，为了弥补基础设施产品的外部收益、促进地区公平、推动经济增长，基础设施的投资应有政府的参与。

## 二、基础设施投资的资金来源

尽管基础设施在国民经济中的地位非常重要，但并不意味着对它们的投资所需资金主要由政府来“买单”。恰恰相反，在市场经济条件下，基础设施建设的投资来源，除了涉及国家经济安全的某些项目主要靠财政资金外，大部分项目都可采取多样化的筹资渠道。政府财政资金要充分发挥引导、示范和杠杆作用，“四两拨千斤”，以少量的财政资金带动庞大的社会资金，以取得一马当先引来万马奔腾的效果。

（一）政府财政资金

财政资金主要来自税收收入和非税收入。在计划经济时期，国家预算内资金是最主要的资金来源，随着经济体制的转变，政府逐步从营利性行业中退出，基础设施建设资金来源也变得多元化，国家预算内对基础建设的投资比重也逐渐变小。市政债券中有一部分也只是对国债资金的分流，且用于经营性项目的资金也并不多。因此，国家预算已不能肩负起基础设施建设主要资金来源的重任。

（二）银行贷款

21 世纪初，银行贷款成为我国市政公用基础设施建设资金的第二大来源，而且贷款速度也逐年稳步增长。但是，为了应对更加复杂多变的金融形势，银行的经营体制也在发生改变，整个银行业越来越商业化，因此通过银行贷款获得资金需要承担更大的风险，银行业要求从中获取更大的利润。基础设施项目一般都经历较长的建设周期，动用的资金较大但是从中获取的利润却不高，这就使得银行承担更大的贷款风险，因此很多银行不愿承担类似的贷款项目。可见，银行贷款也不是基础设施建设资金来源的长久之计。

（三）地方自筹资金

我国城市基础设施建设的自筹资金主要来自土地批租收益，这也曾经是地方自筹的主要资金来源之一。但越来越少的可开发土地和不断上升的开发成本削弱了这一来源的贡献，同时暗箱操作等不良手段也使得土地批租净收益减少甚至沦为负数。除土地批租收益外，自筹资金还包括城市养护、市政设施、汽车牌照、给排水设备等所收取的使用费，但这些资金对于解决城市基础设施建设的巨大需求来说没有实质性作用，因此地方自筹资金也不会成为城市基础设施建设的主要资金来源。

（四）资本市场筹资

利用国内外资本市场，采用直接融资方式，发行债券和股票，将社会闲散资金直接转化为基础性项目投资资金，无疑也是解决基础性项目所需巨额资金缺口的有效途径。世界各国都有从事基础设施类业务的项目通过股票融资的例证。

（五）吸引外资

随着我国改革开放的推进，引进外资逐渐成为填补基础设施建设巨大资金缺口的有力方式之一。进入 21 世纪以来，我国通过多种金融贸易方式充分引进和利用外资。同时，随着时间的变化，我国政府在利用外资的结构方式上也经历了从信贷资金向直接投资和融资的改进。

（六）私人资本

引入私人资本参与基础设施投资越来越受人们关注。一方面，中国的民营企业在经历 40 多年发展之后，已经茁壮成长为具备雄厚实力的大企业，这为基础设施吸收民营资本投资提供了充裕的资本基础。另一方面，政府一般都会采取一些扶持措施来激励民营资本进入基础设施建设市场，这对民营资本来说无疑也是利好。近年来，相关部门相继出台了改革完善城市基础设施建设环境的文件和政策，政府通过改革投融资体制，建立健全创新的产权结构，有效地吸纳了建设资金。民营资本越来越多的准入选择加之其本身所具有的灵活投资方式，预示着民营资本势将成为基础设施建设资金的重要来源。

## 三、政府参与基础设施投资的方式

从产品属性看，基础设施类型多样，既有公共产品性质的基础设施，又有私人产品性质的基础设施，而更多的基础设施是介于二者之间的混合产品。如图 5-1 所示，从左到右，基础设施产品的排他性是递减的，同时，外部性逐渐增强；从上到下，产品的竞争性逐渐减弱。政府在确定基础设施投资之后，通常要具体分析基础设施项目的特点，比如，是否关系国计民生，是否关系国家安全，是否具有自然垄断性质，外部性的强弱等。像农村公路、城市街道清扫等具有很强的收益外溢性，难以通过收费弥补成本，私人部门通常不会投资这类基础设施，一般要由政府承担。但像电信业中的长话服务，具有明显的排他性，可以通过收费弥补成本，也不存在外溢性。因此，基础设施种类的多样性，决定了其供给和生产方式也必然是多样的，这为政府与市场在基础设施供给和生产上的分工与合作提供了广阔空间。

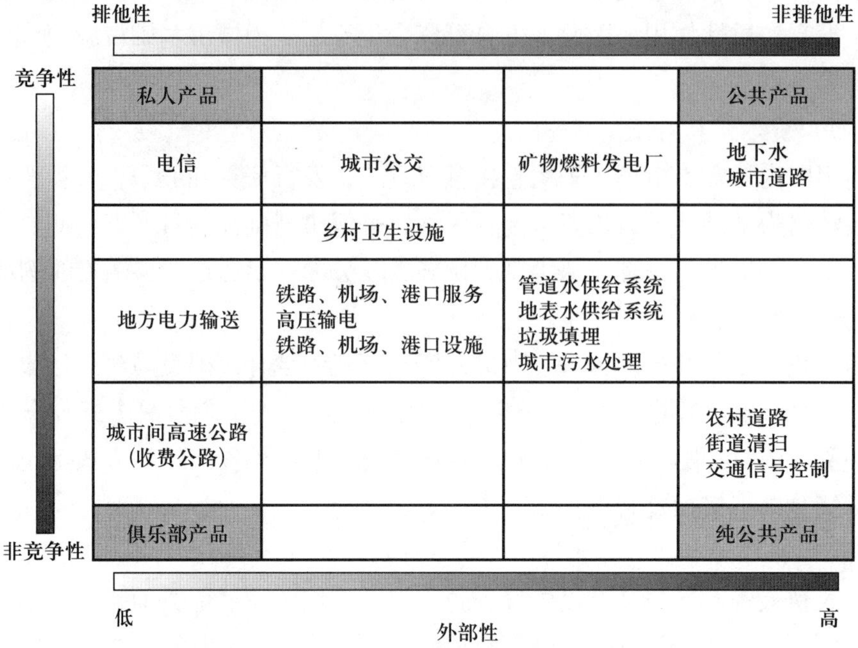


图 5-1 基础设施的产品属性

资料来源：世界银行：《1994 年世界发展报告》，毛晓威等译，中国财政经济出版社 1994 年版，第 25 页。

(一) 政府投资，免费提供

这是政府投资于基础设施的一种最常见的方式。由政府独资或集资建设的项目主要出于三种考虑：一是关系国计民生的重大项目，如长江三峡工程、青藏公路、南水北调工程等，只能由政府采取多种渠道集资来提供；二是维护国家安全的需要，如宇航、核电站等；三是一些具有明显的收益外溢或很高的排他成本的基础设施，如农村道路、上下水道等，单项投资不大，数量众多，也适合作为公共产品由政府投资提供。

(二) 政府投资，商业经营

这种方式是指由政府委托的法人组织按商业原则经营基础设施，自负盈亏，基础设施投资资金除了来自政府直接投资外，法人组织可以政府为担保者在金融市场上直接融资，政府作为唯一股东，享受投资的最终成果。这种提供方式有两个优点：一是政府既拥有最终的决策权，又可以使政府从具体的经营活动中解脱出来；二是法人组织拥有经营自主权，责任明确，可以提高成本效益的透明度，提高服务质量。在政府财力有限的情况下，政府投资、商业经营的投资方式对于某些具有排他性又较适宜于市场经营的基础设施（如道路、港口甚至中小型机场等）来说不失为一种较好的方式。

（三）建立政策性银行，开展财政投融资业务

财政投融资是指以政府信誉为基础、以产业政策为目标而进行的一种财政融资和金融投资活动。它既不同于一般的财政投资，又不同于一般的商业性投资，是一种新型的国家投资管理方式，它的投资范围比财政其他投资更为广泛，是贯彻国家产业政策的有效方式。国外的财政投融资比较成功的经验是建立政策性银行，作为执行政府长期性投资政策的机构。1994 年，我国撤销原来的六家国家专业投资公司，剥离专业银行的政策性业务，将政策性业务划归新成立的国家开发银行，同时又成立了中国农业发展银行、中国进出口银行。这三家政策性银行以保本微利为基本前提，主要贷款对象是国家的基础设施项目和基础产业，它们充当公共投资的代理人，把计划、财政、银行的政策性投融资业务捏合起来，形成了较有效的公共投资运作方式。

（四）PPP 模式

PPP 即 public-private partnership 首字母的缩写，通常译为“政府与社会资本合作”，是在公共基础设施建设中发展起来的一种以各参与方的“双赢”或“多赢”为合作理念的现代融资模式。它是指政府与私人组织之间，为了合作建设某些基础设施项目，或是为了提供某种公共产品和服务，以特许协议为基础，彼此之间形成的一种伙伴式的合作关系，并通过签署合同来明确双方的权利和义务，以确保合作的顺利完成。积极探索并推广使用 PPP 模式，允许社会资本通过特许经营等方式参与基础设施投资，有助于大幅度减少政府对资源的直接配置，建立透明规范的建设投融资机制。PPP 本身是一个意义非常宽泛的概念，最大的优点在于将市场机制引入基础设施的投融资领域。

PPP 模式不是一种固定的模式，而是包含 BOT 等多种操作形式：

（1）BOT（build-operate-transfer），意即“建设—经营—转让”，是指政府将一些拟建的基础设施项目通过招商转让给某一财团或公司，由其组建一个项目经营公司进行建设经营，并在双方协定的一定时期内，由该公司通过经营该项目偿还债务，收回投资，协议期满，该项目产权转让给政府。

（2）TOT（transfer-operate-transfer），即转让—经营—转让，是指委托方（政府）与被委托方（外商或私人企业）签订协议，规定委托方将已经建成投产运营的基础设施项目转让给被委托方在一定期限内进行经营，委托方凭借所转让的基础设施项目的未来若干年的收益，一次性地从被委托方那里融到一笔资金，再将这笔资金用于新的基础设施项目的建设。

（3）ABS（asset-backed securitization），即以资产为支持的证券化，是指以

项目所属的资产为基础，以该项目资产所能带来的预期收益为保证，通过在资本市场上发行高档证券来募集资金的一种项目融资方式。

（4）BOT 模式的变异。近年来，由于基础设施种类、投融资回报方式、项目财产权利形态的不同，BOT 模式出现了不同的变异模式，如 BOOT（建设—拥有—经营—转让）模式、BTO（建设—转让—经营）模式、BOO（建设—拥有—经营）模式、DBOT（设计—建设—经营—转让）模式、BLT（建设—租赁—转让）模式等。

（五）民间机构投资和经营，政府监管

基础设施除了前面几种投资形式之外，其余的部分，政府可让民间机构投资经营。对于民间机构投资经营的基础设施，大部分必须接受政府的监督管理。

## 四、中国基础设施投资分析

由于国内各类统计资料并未直接给出每年的基础设施投资，因此中国的基础设施投资只能根据统计年鉴提供的相关数据进行估算。参照世界银行给出的经济基础设施范围，结合历年《中国统计年鉴》和《中国固定资产投资统计年鉴》[①]的可得数据，可以将 1981—2002 年基础设施投资的统计范围界定为经济中用于“电力、煤气及水的生产和供应业”“地质勘查业、水利管理业”“交通运输、仓储及邮电通信业”三个科目的固定资产投资。从 2003 年开始，统计口径发生了变化，2003 年以来的基础设施投资统计范围为经济中用于“电力、燃气及水的生产和供应业”“交通运输、仓储和邮政业”“信息传输、计算机服务与软件业”“水利、环境和公共设施管理业”四个科目的固定资产投资。

基于上述统计范围，1981—2021 年中国的基础设施投资与全社会固定资产投资的统计数据如表 5-1 所示。

**表 5-1 1981—2021 年中国的基础设施投资与全社会固定资产投资**

| 年份 | 基础设施投资额/亿元 | 全社会固定资产投资总额/亿元 | 全社会固定资产投资中政府预算内资金/亿元 | GDP/亿元 | 基础设施投资额占全社会固定资产投资总额的比重/% | 基础设施投资额占GDP 的比重/% |
|---|---|---|---|---|---|---|
| 1981 | 130. 10 | 667. 50 | 269. 76 | 4 935. 8 | 19. 49 | 2. 64 |
| 1985 | 404. 50 | 1 680. 50 | 407. 80 | 9 098. 9 | 24. 07 | 4. 45 |
| 1990 | 798. 50 | 2 986. 30 | 393. 03 | 18 872. 9 | 26. 74 | 4. 23 |

① 2019 年起更名为《中国投资领域统计年鉴》。

续表

| 年份 | 基础设施投资额/亿元 | 全社会固定资产投资总额/亿元 | 全社会固定资产投资中政府预算内资金/亿元 | GDP/亿元 | 基础设施投资额占全社会固定资产投资总额的比重/% | 基础设施投资额占GDP的比重/% |
|---|---|---|---|---|---|---|
| 1995 | 3 693.60 | 20 524.90 | 621.10 | 61 339.9 | 18.00 | 6.02 |
| 2002 | 10 871.50 | 45 046.90 | 3 161.00 | 121 717.4 | 24.13 | 8.93 |
| 2003 | 16 278.28 | 58 616.30 | 2 687.80 | 137 422.0 | 27.77 | 11.85 |
| 2004 | 20 170.77 | 74 564.88 | 3 254.91 | 161 840.2 | 27.05 | 12.46 |
| 2005 | 25 024.49 | 94 590.84 | 4 154.29 | 187 318.9 | 26.46 | 13.36 |
| 2006 | 30 752.37 | 118 956.99 | 4 672.00 | 219 438.5 | 25.85 | 14.01 |
| 2007 | 35 623.99 | 150 803.61 | 5 857.06 | 270 232.3 | 23.62 | 13.18 |
| 2008 | 43 718.52 | 182 915.29 | 7 954.75 | 319 515.5 | 23.90 | 13.68 |
| 2009 | 61 872.54 | 250 229.70 | 12 685.73 | 349 081.4 | 24.73 | 17.72 |
| 2010 | 73 036.28 | 285 779.24 | 13 012.75 | 413 030.3 | 25.56 | 17.68 |
| 2011 | 69 649.01 | 345 984.17 | 14 843.29 | 489 300.6 | 20.13 | 14.23 |
| 2012 | 80 431.09 | 409 675.65 | 18 958.66 | 540 367.4 | 19.63 | 14.88 |
| 2013 | 97 173.60 | 491 612.52 | 22 305.26 | 595 244.4 | 19.77 | 16.32 |
| 2014 | 119 380.40 | 543 480.60 | 26 745.40 | 643 974.0 | 21.97 | 18.54 |
| 2015 | 137 124.30 | 584 198.80 | 30 924.30 | 689 052.1 | 23.47 | 19.90 |
| 2016 | 158 611.20 | 616 933.50 | 36 211.70 | 743 585.5 | 25.71 | 21.32 |
| 2017 | 180 359.00 | 639 369.40 | 38 741.70 | 827 121.7 | 28.21 | 21.81 |
| 2018 | 187 212.64 | 659 829.22 | 38 815.73 | 900 309.0 | 28.37 | 20.79 |
| 2019 | 194 326.72 | 686 886.22 | 38 815.72 | 986 515.0 | 28.29 | 19.70 |
| 2020 | 196 075.66 | 737 715.80 | 51 547.28 | 1 015 986.2 | 26.58 | 19.30 |
| 2021 | 196 859.97 | 769 437.58 | 49 588.48 | 1 143 669.7 | 25.58 | 17.21 |

注：“全社会固定资产投资总额”使用的是各年度实际到位资金数。“基础设施投资额”为以下行业投资的汇总：铁路运输业、道路运输业、水上运输业、航空运输业、管道运输业、多式联运和运输代理业、装卸搬运业、邮政业、电信广播电视和卫星传输服务业、互联网和相关服务业、水利管理业、生态保护和环境治理业、公共设施管理业。由于2018年起基础设施投资完成额等数据不再公布绝对值，后续年度根据同比增速推算，可能存在误差。

资料来源：国家统计局网站。

根据表 5-1 可知，改革开放以来，中国基础设施投资出现了迅猛增长，从名义价格来看，2020 年的基础设施投资额相比 1981 年的水平增长了 1 506 倍还多，是一个非常惊人的数字。基础设施投资的增长速度远远超过了 GDP 的增长速度，占 GDP 的比重从不足 3%持续上升到 20%左右。同时，全国固定资产投资总额也整体上保持了快速增长，基础设施投资额占全社会固定资产投资总额的比重大致维持在 18% ~ 29%。这也反映了当前中国经济的增长离不开基础设施投资的拉动。

与此同时，全社会固定资产投资的来源结构也发生了显著变化。在计划经济时期，政府投入一直是中国基础设施发展的主要资金来源。尽管借助政府强制手段可以在短期内为基础设施筹集巨额资金，在一定程度上保证事关国民经济全局和具有长远意义的重点项目建设，但是这一筹资模式由于受政府财力约束，极大地制约了基础设施的发展，使得基础设施成为经济发展的瓶颈。

随着改革开放和市场经济体制的逐步建立和完善，基础设施的多元化筹资格局逐步形成。如图 5-2 所示，2012 年至今，民间固定资产投资①不仅在绝对值上连年增长，而且占固定资产投资总额的比重始终保持在 55%以上。这也从一个侧面说明已有越来越多的社会资金进入固定资产投资和基础设施建设领域。

图 5-2　2012 年以来的民间固定资产投资

资料来源：《中国统计年鉴 2022》，国家统计局网站。

① 民间固定资产投资指具有集体、私营、个人性质的内资企事业单位以及由其控股（包括绝对控股和相对控股）的企业单位在中国境内建造或购置固定资产的投资。

**专栏 5-1 “新基建”释义**

伴随着数字经济的快速发展，新型基础设施建设（以下简称“新基建”）越来越受国人关注。何谓“新基建”？2020 年 4 月 20 日，国家发展和改革委员会给出了说法。新型基础设施主要包括三方面内容：

一是信息基础设施，主要指基于新一代信息技术演化生成的基础设施，比如，以 5G、物联网、工业互联网、卫星互联网为代表的通信网络基础设施，以人工智能、云计算、区块链等为代表的新技术基础设施，以数据中心、智能计算中心为代表的算力基础设施等。

二是融合基础设施，主要指深度应用互联网、大数据、人工智能等技术，支撑传统基础设施转型升级，进而形成的融合基础设施，比如，智能交通基础设施、智慧能源基础设施等。

三是创新基础设施，主要指支撑科学研究、技术开发、产品研制的具有公益属性的基础设施，比如，重大科技基础设施、科教基础设施、产业技术创新基础设施等。

如果说传统基建解决物和人的连接，公路、机场的修建给区域带来繁荣的商业，而数字化新基建则解决数据的连接、交互和处理问题。5G、大数据、人工智能等，将给产业升级带来更大的空间，推动形成新的产品服务、新的生产体系和新的商业模式。

最近十年来，中国新基建取得了明显成效，对高质量发展的支撑作用正在加快释放。从信息基础设施来看，高速光纤已覆盖全国所有城市、乡镇以及 99%以上的行政村，4G 网络用户超过 12 亿。融合基础设施方面，智慧城市建设路径更加清晰，信息技术积极赋能城市精细化管理。创新基础设施则有力支撑了科学技术研究，国家发展和改革委员会已布局建设 55 个国家重大科技基础设施，在科技创新和经济发展中发挥了引领作用，也激发了各类主体的投资积极性。

资料来源：李金磊：《国家发改委首次明确新基建范围 将从四方面促进新基建》，中国新闻网，2020 年 4 月 20 日。

## 第三节 “三农”支出

“三农”是农业、农村和农民的简称，虽然只是 20 世纪 90 年代中期出现的概念，但“三农”问题伴随中国的工业化历程却由来已久，只不过进入 21 世纪以来显得尤为突出。“三农”问题反映了在历史形成的二元社会结构中，一方面，城市不断现代化，二、三产业不断发展，城市居民不断殷实；另一方面，农村的进步、农业的发展和农民生活的改善却相对滞后。当前，中国总体上已经进入以工业反哺农业、以城市带动乡村的发展阶段，具备了加大财政支出力度扶持“三农”的能力和条件。财政对“三农”的投入是事关农业发展、农村建设和农民生活多方面支出的综合性项目，在政府收支分类科目中没有单独的收支科目，而是混在有关的如农林水、交通运输、节能环保以及教育、科学技术、医疗卫生、社会保险等科目当中，其中既包括投资性支出，也包括消费性支出和保障性支出。

## 一、政府介入“三农”领域的理论依据

### （一）农产品的供给弹性与需求弹性具有不对称性，农业比较利益较低

农业以有生命的动植物为主要劳动对象，以具有肥力为特征的土地为基本生产资料，它的根本特点是经济再生产与自然再生产交织在一起。农业生产周期较长，受自然条件影响较大，生产具有强烈的季节性和地区性，人工控制较为困难。因此，在农产品市场上，农产品的供给由于受自然条件的约束和供给者决策的相应变化而经常出现波动。但是，农产品的需求却由于它的“必需品”性质呈现出相对稳定的特点。可以说，农产品是社会消费与社会生产的“必需品”，农业是国民经济的基础，农业的稳定与发展直接制约着国民经济的稳定与发展。农产品市场上这种供给弹性与需求弹性的不对称，经常引起农产品价格的大幅度波动，进而影响工业生产，波及市场物价，不利于国民经济的稳定。此外，农业生产相比其他行业的生产来说，比较利益偏低，私人资本的积累相对较少。当农业比较利益较低时，不仅很难吸引优质资源等进入农业，甚至连农业本身的资源也会向效益较好的其他行业转移。因此，各国政府之所以普遍重视农业，与农业生产所固有的特点和其在国民经济中的重要地位有必然联系。

### （二）在农业生产和农村地区，存在大量的公共产品和外部收益明显的混合产品

对农业和农村来说，政府提供的公共产品主要包括以农田水利为核心的基础设施和农村急需的生活设施建设、农业科研和科技推广、环境保护、义务教育、技能培训、公共卫生和社会保险等。应当明确，政府对农业和农村投入的必要性，从根本上说，不仅在于农业部门生产率较低下，自身难以产生足够的积累，而且在于某些农业投入只适合由政府来提供，或理应由政府来提供。比如大江大河的治理、大型水库和各种灌溉工程等，其特点是投资额大，投资期限长，牵涉面广，投资以后产生的收益不易分割，而且投资的成本及其收益之间的关系不十

分明显。又如基础设施、农业科技推广、农业教育与培训、农村生态环境的保护等是农业生产要素的重要组成部分，也是农业可持续发展不可或缺的因素，但这些产品在消费过程中存在着外部收益，因此不可能完全通过市场来提供，而只能由政府通过税收的方式来弥补。

（三）城乡居民所拥有的资源禀赋存在较大差异

对资源配置中城乡公平和地区公平的关注是政府介入“三农”领域的又一重要原因。从长远来看，工业与农业、城市与乡村的协调发展是建立国民经济长期稳定快速增长机制的必由之路。二元结构理论和两部门模型说明，中国当前正处于工业化和城镇化的中期阶段，是二元结构转变为一元结构的关键阶段，只有实现了这个阶段的飞跃，整个经济才可能保持稳步增长的势头，避免徘徊和波动，形成长期稳定快速增长的机制。中国由于各种特殊原因，与其他国家比较而言，这个阶段的转变将更为困难，任务更为艰巨。这是因为：中国在过去的工业化过程中虽然吸收了一部分农村剩余劳动力，但由于农村人口增长过快，而且在城乡之间实行不同的户籍制度、社会保险制度以及各种社会福利制度，形成了劳动力转移的藩篱，加大了农村剩余劳动力转移的难度；在过去的工业化过程中曾通过工农产品价格剪刀差从农村吸取资金，而且由于人口增长过快，农业收益递减加重，农民收入增长过慢，形成城乡收入差距的扩大；改革开放后，城市面貌大为改观，而农村的基础设施、教育、卫生医疗、社会保险等方面的发展严重滞后，等等。协调城乡发展是构建和谐社会、实现乡村振兴的重中之重，是一项巨大的系统工程，必须由政府发挥主导作用，也自然离不开公共财政的大力支持。

## 二、中国财政“三农”支出的状况分析

2007 年之前，我国政府直接用于“三农”的支出项目主要有四个：“支援农村生产支出和农林水利气象等部门事业费”（简称“支农支出”）、“农业基本建设支出”、“农业科技三项费用”和“农村救济费”。其中“支农支出”数额最高，每年占全部财政“三农”资金总额的 50%～75%；“农业基本建设支出”是排在第二位的支出大项；此外，“农村救济费”和“农业科技三项费用”数额相对较少，如表 5-2 所示。

编 者 谈

新世纪“三农”政策的演进

**表 5-2 1978—2006 年财政直接用于“三农”的支出情况**

| 年份 | 用于“三农”的财政支出合计/亿元 | 支农支出/亿元 | 农业基本建设支出/亿元 | 农业科技三项费用/亿元 | 农村救济费/亿元 | 其他/亿元 | 用于“三农”的支出占财政支出的比重/% |
|---|---|---|---|---|---|---|---|
| 1978 | 150.66 | 76.95 | 51.14 | 1.06 | 6.88 | 14.63 | 13.43 |
| 1980 | 149.95 | 82.12 | 48.59 | 1.31 | 7.26 | 10.67 | 12.20 |
| 1985 | 153.62 | 101.04 | 37.73 | 1.95 | 12.90 | — | 7.66 |
| 1990 | 307.84 | 221.76 | 66.71 | 3.11 | 16.26 | — | 9.98 |
| 1995 | 574.93 | 430.22 | 110.00 | 3.00 | 31.71 | — | 8.43 |
| 1996 | 700.43 | 510.07 | 141.51 | 4.94 | 43.91 | — | 8.82 |
| 1997 | 766.39 | 560.77 | 159.78 | 5.48 | 40.36 | — | 8.30 |
| 1998 | 1 154.76 | 626.02 | 460.70 | 9.14 | 58.90 | — | 10.69 |
| 1999 | 1 085.76 | 677.46 | 357.00 | 9.13 | 42.17 | — | 8.23 |
| 2000 | 1 231.54 | 766.89 | 414.46 | 9.78 | 40.41 | — | 7.75 |
| 2001 | 1 456.73 | 917.96 | 480.81 | 10.28 | 47.68 | — | 7.71 |
| 2002 | 1 580.76 | 1 102.70 | 423.80 | 9.88 | 44.38 | — | 7.17 |
| 2003 | 1 754.45 | 1 134.86 | 527.36 | 12.43 | 79.80 | — | 7.12 |
| 2004 | 2 337.63 | 1 693.79 | 542.36 | 15.61 | 85.87 | — | 9.67 |
| 2005 | 2 450.31 | 1 792.40 | 512.63 | 19.90 | 125.38 | — | 7.22 |
| 2006 | 3 172.97 | 2 161.35 | 504.28 | 21.42 | 182.04 | 303.88 | 7.85 |

资料来源：《中国统计年鉴 2007》，国家统计局网站。

从 2007 年开始，因采用新的财政支出分类方法，我国财政支农的“类”级科目统一为“农林水事务”，用以反映财政用于农林水事务的支出，具体包括农业支出、林业支出、水利支出、南水北调支出、扶贫支出、农业综合开发支出和农村综合改革支出等款级科目（见表 5-3）。其中，扶贫支出是最近十几年来增长最快的款级科目，体现了中央和各级政府对农村贫困地区、边远地区、少数民族地区、革命老区等地区贫困人群的大力帮扶。另外，2007 年之前统计口径中农业基本建设支出项下的农林水支出和农业科技三项费用项下的农林水支出统一纳入新统计口径中的农林水事务类。所以，改革前的各支农支出之和与改革后的“农林水事务”类支出总额口径基本相同。也就是说，2007 年以后，“农林水事务”可以代表公共财政对“三农”的直接支出。

**表 5-3 2007 年以来财政直接用于“三农”的各项支出**

| 年份 | 农林水事务支出/亿元 | 农业支出/亿元 | 林业支出/亿元 | 水利支出/亿元 | 南水北调支出/亿元 | 扶贫支出/亿元 | 农业综合开发支出/亿元 | 农村综合改革支出/亿元 | 农林水事务占财政支出/% |
|---|---|---|---|---|---|---|---|---|---|
| 2007 | 3 404.7 | — | — | — | — | — | — | — | 6.8 |
| 2008 | 4 544.0 | 2 278.9 | 424.0 | 1 122.7 | — | 320.4 | 251.6 | — | 7.3 |
| 2009 | 6 720.4 | 3 836.9 | 532.1 | 1 519.6 | — | 374.8 | 286.8 | — | 8.8 |
| 2010 | 8 129.6 | 3 949.4 | 667.3 | 1 856.5 | 78.4 | 423.5 | 337.8 | 607.9 | 9.0 |
| 2011 | 9 937.6 | 4 291.2 | 876.5 | 2 602.8 | 68.9 | 545.3 | 386.5 | 887.6 | 9.1 |
| 2012 | 11 973.9 | 5 077.4 | 1 019.2 | 3 271.2 | 45.9 | 690.8 | 462.5 | 987.3 | 9.5 |
| 2013 | 13 349.6 | 5 561.6 | 1 204.3 | 3 338.9 | 95.6 | 841.0 | 521.1 | 1 148.0 | 9.5 |
| 2014 | 14 173.8 | 5 816.6 | 1 348.8 | 3 478.7 | 69.6 | 949.0 | 560.7 | 1 265.7 | 9.3 |
| 2015 | 17 380.5 | 6 436.2 | 1 613.4 | 4 807.9 | 81.8 | 1 227.2 | 600.1 | 1 418.8 | 9.9 |
| 2016 | 18 441.7 | 6 458.6 | 1 696.9 | 4 433.7 | 65.7 | 2 285.9 | 616.6 | 1 508.8 | 9.8 |
| 2017 | 19 089.0 | 6 194.6 | 1 724.9 | 4 424.8 | 116.2 | 3 249.6 | 571.2 | 1 486.9 | 9.4 |
| 2018 | 21 085.6 | 6 156.1 | 1 931.3 | 4 523.0 | 130.5 | 4 863.8 | 575.6 | 1 530.3 | 9.5 |
| 2019 | 22 862.8 | 6 554.7 | 2 007.7 | 4 584.4 | 88.6 | 5 561.5 | 288.8 | 1 644.3 | 9.6 |
| 2020 | 23 948.5 | 7 514.4 | 2 035.1 | 4 543.2 | — | 5 621.6 | — | 1 822.4 | 9.7 |
| 2021 | 22 034.5 | 7 363.9 | 1 771.1 | 4 371.6 | — | 4 310.0 | — | 1 719.6 | 9.0 |

资料来源：各年度《中国农村统计年鉴》。

综合表 5-2 和表 5-3 可以看出，中国改革开放 40 多年来，财政直接用于“三农”支出的绝对额增长迅速，但相对额（即农业支出占比）没有明显增长。农业总支出占财政支出的比重，1978 年和 1980 年分别为 13.43% 和 12.20%，1980 年以后至今，就很少超过 10%。1998 年，政府为治理通货紧缩而采取积极的财政政策，以增发国债的方式大幅度增加农业基本建设支出，使得该比重提高到 10.69%。此后几年，农业总支出占政府财政支出的比重又有所回落。不过，随着 2004 年以来各种农村新政策①的不断出台，财政支农的力度已经大大加强。

① 2004 年以来出台的农村新政策包括取消农业税、实施新型农村合作医疗和新型农村养老保险、开展新农村建设、建立九年义务教育保障机制、允许流转土地承包权、建立农村信贷担保机制等。

2010年以来，财政支农占比始终保持在9%以上的较高水平，体现了国家对农业生产的重视和支持。如果将视野放宽，将交通运输、节能环保以及教育、科学技术、医疗卫生、社会保险等科目当中用于“三农”的支出都考虑进去，会发现中央和地方财政对“三农”的总投入同样不断加大且增长迅速。

当然，“三农”问题有其复杂性和历史性，绝非单纯依靠国家投入和财政扶持就能解决好。必须清楚地认识到，近年来，随着我国工业化和城镇化的迅猛发展，农业发展中出现了一些新的问题：农业成本高，效益低；集体化耕作率不足，竞争力和抵御风险能力差；农业立体式污染严重，农产品安全受到威胁；来自国外质优价廉农产品的冲击与竞争等。以上问题严重制约了我国农业的进一步发展。

可喜的是，党的十九大再次将“三农”问题列为关系国计民生的根本性问题和全党工作的重中之重，并首次提出了“实施乡村振兴战略”，包括坚持农业农村优先发展，巩固和完善农村基本经营制度，保持土地承包关系稳定并长久不变，深化农村集体产权制度改革，确保国家粮食安全，构建现代农业产业体系、生产体系、经营体系等各个方面和层次的部署。其中，为保持土地承包关系稳定并长久不变，第二轮土地承包到期后再延长30年，这体现了保护农民土地权益的决心。党的二十大提出“全面推进乡村振兴”，指出“全面建设社会主义现代化国家，最艰巨最繁重的任务仍然在农村”。因此，当前应着力做好三项工作：一是健全完善土地流转法规，在保障农民利益的同时，鼓励农民土地流转，促进成规模的农业生产经营；二是加快推进我国农业供给侧结构性改革，协调好“稳粮”与“增收”的关系，保障粮食供给和质量的提升；三是坚持科技兴农、科技强农战略，提高农业效益和农产品国际竞争力。此外，还要通过大数据、云计算、互联网等科技手段，为农业生产做好前瞻和后延工作，合理划分农业生产规模，适时调整农业生产计划，从而整体提高我国农业发展水平。

**专栏5-2 党的二十大报告·三农关键词**

党的二十大报告从全面建设社会主义现代化国家、全面推进中华民族伟大复兴的全局出发，对“三农”工作进行了一系列重大部署。其中，涉及“三农”的11个关键词，很好诠释了新时代开展“三农”工作的重点和方向，尤为引人注目。

**脱贫攻坚战**

我们经过接续奋斗，实现了小康这个中华民族的千年梦想，打赢了人类历史上规模最大的脱贫攻坚战，历史性地解决了绝对贫困问题，为全球减贫事业做出了重大贡献。

**农业强国**

全面推进乡村振兴，坚持农业农村优先发展，巩固拓展脱贫攻坚成果，加快建设农业强国，扎实推动乡村产业、人才、文化、生态、组织振兴。

**粮食安全**

全方位夯实粮食安全根基，牢牢守住18亿亩①耕地红线，确保中国人的饭碗牢牢端在自己手中。

**解决好人民群众急难愁盼**

深入群众、深入基层，采取更多惠民生、暖民心举措，着力解决好人民群众急难愁盼问题，健全基本公共服务体系，提高公共服务水平，增强均衡性和可及性，扎实推进共同富裕。

**健全社会保障体系**

健全覆盖全民、统筹城乡、公平统一、安全规范、可持续的多层次社会保障体系，扩大社会保险覆盖面。

**困难群体就业兜底帮扶**

加强困难群体就业兜底帮扶，消除影响平等就业的不合理限制和就业歧视，使人人都有通过勤奋劳动实现自身发展的机会。

**城乡融合**

着力推进城乡融合和区域协调发展，推动经济实现质的有效提升和量的合理增长。

**基层党组织建设**

增强党组织政治功能和组织功能，坚持大抓基层的鲜明导向，把基层党组织建设成为有效实现党的领导的坚强战斗堡垒，激励党员发挥先锋模范作用，保持党员队伍先进性和纯洁性。

**城乡人居环境整治**

加强土壤污染源头防控，提升环境基础设施建设水平，推进城乡人居环境整治。

**山水林田湖草沙**

坚持山水林田湖草沙一体化保护和系统治理。

**谷物总产量**

谷物总产量稳居世界首位，制造业规模、外汇储备稳居世界第一。

资料来源：《二十大报告中，总书记提了这些三农关键词》，《农民日报》2022年10月17日。

---

① 1亩≈666.67平方米。

## 思考题

1. 政府投资相比于非政府投资有哪些特征?
2. 联系实际说明我国基础设施投资资金来源的变化。
3. 政府参与基础设施投资的方式有哪些?
4. 为什么近年来各级政府会加大支持“三农”的力度?
5. 政府投资的重点是什么?

▶ 即测即评

# 第六章　转移性支出

如果把社会保障看作政府通过社会保险、社会救助、社会福利①、社会优抚②和社会互助③等制度编织成的一张社会安全网，那么社会保障支出则是国家依据一定的法律和政策规定，通过国民收入再分配对社会成员的基本生活权利予以保障的转移性支出。其中，社会保险支出和社会救助支出是社会保障支出的主要组成部分。此外，财政补贴也是一种典型的转移性支出。作为国家财政政策体系中的重要组成部分，转移性支出在维持劳动力再生产、稳定社会发展、促进社会公平分配和调节经济运行方面发挥重要作用。

本章共三节，第一节为社会保险支出，介绍了社会保险的内容和特征，解释了政府介入社会保险的理由，描述了社会保险基金的筹集模式，介绍中国的社会保险支出，分析中国社会保险制度的现状和改革方向。第二节为社会救助支出，回顾社会救助的发展历程，分析中国社会救助支出的规模和结构。第三节为财政补贴，在介绍财政补贴的分类、成因、特征、作用机理和影响因素的基础上，探究中国财政补贴的现状和改革方向。

## 第一节　社会保险支出

社会保险支出是与社会保险制度联系在一起的。社会保险制度是政府为了预防和应对年老、失业、疾病以及死亡等引起的社会风险，而强制社会多数成员参加的，具有收入再分配功能的非营利性的社会安全制度。社会保险的需要是随着生产的社会化产生和发展的。在自给自足的自然经济中，人们在一家一户的土地上劳动，劳动时间没有严格的规定，劳动的组织不严密，劳动的成果也基本上属劳动者自己所有。那时，人们尚未组织成相互密切联系的社会，因而也没有实行

---

① 社会福利作为社会保障的组成部分，可以划分为三个层次：公共福利、专项福利、区域性福利。公共福利是指国家和社会团体兴办的以全体公民为对象的公益性事业，包括文化教育、公共卫生、公共娱乐、市政建设、环境保护等。专项福利是指国家和社会为特殊人群的特别需要举办的福利项目，如老人福利、妇女儿童福利、残疾人福利等。区域性福利是指国家和社会为改善一定范围内公民的生活状况设置的福利项目。

② 社会优抚是指国家和社会为确保军人等从事特殊工作的人员及其家属的一定生活水平，给予的优待、抚恤和妥善安置措施的总和，所需资金来自财政。

③ 社会互助是指在政府引导和支持下，社会团体和社会成员自愿组织和参与的扶危济困活动。社会互助资金来自参与活动的成员自愿交费和捐赠，国家通过经济政策给予支持。

社会保险的需要。随着生产力的发展，劳动者之间形成了分工，“社会”作为一个现实的实体出现在人们之间并制约着人们的活动，虽然分工越细效率越高，但人们对社会的依赖性也越强，这时便有了实行社会保险的需要。

## 一、社会保险的特征和政府介入理由

### （一）社会保险的内容和特征

社会保险是政府参照保险市场原则为社会成员提供的生活保证，是社会保障制度的核心组成部分。社会成员的生活困境并不完全来自残疾、收入低等原因，有时还可能来自选择不当等一些原因。对于这些原因造成的贫困，政府可采用社会保险的方式来解决。

各个国家社会保险项目的基本组成部分大致是相同的，主要包括：(1) 养老保险，又称老年保险，是劳动者在达到法定退休年龄、按规定退出工作岗位时，由养老保险基金支付养老金的一种社会保险项目。(2) 医疗保险，是劳动者及其直系亲属患病时，由医疗保险基金按规定支付一定医疗费用的一种社会保险项目。(3) 失业保险，是劳动者在失去工作、中断生活来源时，由失业保险基金按规定支付失业保险金的一种社会保险项目。(4) 工伤保险，是劳动者因工负伤时，由该保险按规定支付工伤津贴的一种社会保险项目，其待遇标准高于非因工负伤的情况。(5) 伤残保险，是劳动者在未达到退休年龄但却丧失了劳动能力时，由该保险按规定支付伤残补助金的一种社会保险项目。(6) 疾病、生育保险，是劳动者休病假、产假时，由该保险发放病、产假工资的一种社会保险项目。(7) 丧葬补助，是劳动者过世时，由该保险向其家属支付一次性丧葬补助金的一种社会保险项目。

社会保险一般具有如下特征：

1. 覆盖广泛性

社会保险旨在保障参与者在一定条件下的基本生活需要。为有效应对风险，社会保险遵循大数法则，即参与人数越多，社会保险应对风险的能力就越强。完善的社会保险制度犹如一张安全网，社会保险的受益范围广，形式多样，能确保社会成员享受从“摇篮”到“坟墓”的各个层次、各个方面的制度保障。

2. 参与强制性

作为保障民生的重要社会政策设计，社会保险旨在为社会劳动者提供基本的生活保障。为避免社会成员在短期利益和长期利益选择中的“短视”问题，政府通常以立法的形式确定强制性的参保责任，并依法规范国家、企业（雇主）、个人（雇员）在社会保险实施中的责任和权利。制度参与的强制性不仅有利于保障更多的劳动者被覆盖到社会保险安全网内，更重要的是能更好地提升社会保险的保障能力。

3. 受益适度性

社会保险制度的定位在于保障参保人的基本生活需要，而非追求较高生活质量的福利享受。社会保险项目过多或受益水平过高不仅会对社会成员的劳动积极性产生影响，降低劳动供给意愿，从而降低市场运行效率，也不利于社会保险制度的可持续发展。因此，社会保险待遇水平需要与经济社会发展水平、社会保险筹资状况及社会成员心理预期等相适应。

编 者 谈

为什么说脱离发展实际的高福利要不得？

（二）政府介入社会保险的理由

有人将社会保险的产品属性归为中央（或地方）提供的公共产品；实际上，严格从公共产品所具有的两大特征（非排他性和非竞争性）来考察，社会保险并非公共产品，而是具有私人产品的性质。因为：一方面，包括养老保险、医疗保险等在内的社会保险作为一种产品或服务，是面向个人差异化提供的，而且一般情况下公民必须先尽交费（税）义务，并在符合一定条件的基础上才能享受这一产品或服务，因而社会保险具有排他性；另一方面，随着消费者或享用者的增加，社会保险的边际成本接近平均成本（不为零），所以社会保险具有竞争性。由此可见，社会保险具有私人产品的性质，似乎应由市场提供，但各国政府普遍介入该领域的产品供给，概括起来有如下四条理由：

1. 调节收入分配，维护公民的基本生活权利

基本生活权利是公民的一项经济权利，意味着人们具有摆脱贫困、拥有生活所需的基本物质财富的权利。市场经济向效率倾斜，单靠市场的资源配置无法实现这一权利。例如，当社会成员遭遇无法预料或人力无法抗拒的灾难（如严重疾病、失业、自然灾害等）而导致生活困难时，政府通过系统且强制实施的社会保险计划，可以较好地预防和应对疾病、灾害等意外带来的不确定性，进而为社会成员摆脱困境、正常工作和生活创造条件，有利于维持社会公平。也许有人会对这一理由提出质疑，认为私营的保险计划（如商业保险）同样能防范人们寿命的不确定性和提早退休的风险，但由于商业保险过于强调投保人的收益与其贡献的对等性，保险覆盖面不足，所以收入分配效果往往大打折扣。

2. 提供个体评价低于社会评价的优值品

社会保险是一种优值品，政府的介入体现了家长主义的观点。按照家长主义的观点，公民会时常不明智，没有远见，所以既不能在年轻时安排足够的储蓄，也不愿意为预防未来可能的风险而购买商业保险，因此，政府有必要强制地要求社会成员将现在的一部分收入存入其个人账户或存入政府的社会保险账户，并为

其管理这笔资金以供未来使用。

3. 消除保险市场上的逆向选择

逆向选择亦称“劣币驱逐良币”，是信息不对称导致的一种后果。在商业保险市场上，逆向选择是指保险公司面临的索赔概率大于平均概率的现象。当风险较小的投保人认为自己的付出会比可能得到的利益大，因而不愿意投保，而愿意投保的大多是风险较大的个人时，保险公司必然亏损。这时，理性的保险公司将会选择退出这一险种的市场，社会保险就会成为社会成员的共同需要。政府为了应对逆向选择问题，一个最简单的办法就是实行强制性的全民保险。如果所有人都购买了保险，那么索赔概率必然等于平均概率，逆向选择现象也就自然消失了。

4. 具有节约决策成本、分散风险等诸多优越性

第一，可以节省交易费用，尤其是节省决策成本。商业保险市场是复杂的，个人可能要花费相当的时间和精力来选购恰当的保险单。如果政府有关部门可以为每个人提前设计和选择保险计划，那么个人就不必在决策上浪费资源了。第二，分散风险的作用更强。和商业保险相比，社会保险具有强制性参与和覆盖面广的特征，可以做到最大限度地分散风险。第三，社会保险支出可以实行指数化，避免保险金收益因通货膨胀而大幅贬值。尽管这一做法经常被批评者认为过于慷慨大方，但它确实可以更好地改善参保者的生活。

## 二、社会保险基金

社会保险基金，亦称社会保障基金，是指为实施社会保险制度而通过各种渠道建立起来的专款专用的法定经费，具有强制性、非营利性和储备性的特点。社会保险基金的筹集、运用及规模，决定着社会保险制度实施的广度和深度。筹集社会保险基金，应遵循“收支平衡”的基本原则，使筹集的基金与按规定支付的费用保持大体平衡的关系，从而在经济上确保各社会保险项目的正常运行。

社会保险基金的筹集模式，概括起来主要有三种，即现收现付制、完全基金制和部分基金制。

### （一）现收现付制

现收现付制是指当期的缴费收入全部用于支付当期的社会保险开支，不留或只留很少的储备基金。其做法为：首先，对当年或近期内各项社会保险所需支付的费用进行测算；然后，按照需要分摊到参保的单位和个人，按统一比例提取，当年支付，不为以后年份提供储备基金。这种方式体现了社会保险互助互济的调剂职能，简便易行，也可避免物价上涨后基金贬值的危险。但由于只以现实收支平衡为基础，该模式不仅对受保人的权利义务关系缺乏数量上的长期规划，时间

与空间上的调剂能力也较差，而且在保险费用逐年增加、提取比例不断上升后，还可能导致在职职工、企业和国家负担过重。以养老保险为例，现收现付制的养老保险是一种靠后代养老的保险模式，上一代人并没有留下养老储备基金的积累，其养老金全部需要下一代人的缴费筹资，实际上这种保险靠的是代与代之间的收入转移。

（二）完全基金制

完全基金制又称完全积累制，是指当期缴费收入全部用于为当期缴费的受保人建立储备基金，而建立储备基金的目标应当是满足未来向全部受保人支付保险金的资金需要。该模式要求劳动者在整个就业或投保期间，采取储蓄积累方式筹集社会保险基金。其办法为：首先，对社会经济发展水平、人口状况、失业率、退休比率、指数化工资率、预期平均寿命、利息率等相关指标进行预测，综合测算出参加社会保险的成员在整个投保或退休期间应享受的各种社会保险待遇所需的基金总额；然后，采取“先提后用”的办法，将其按一定的提取比例分摊到整个投保期间，向投保人按期提取；与此同时对已提取而尚未支付的保险基金进行有计划的管理和运营。这种方式体现了社会保险的储备职能，使社会保险能有一个较为稳定的经济保证，但关键是，该方式需要合理地确定一个长期的收支平衡的总平均收费率。因此，在长期预测和科学管理中要求其有较强的专业性，但是这种方式由于时间跨度大，储备基金容易受到通货膨胀的影响，基金的保值与增值的压力就非常大。

（三）部分基金制

部分基金制亦称部分积累制，是介于现收现付制和完全基金制之间的一种筹集模式，即期的缴费一部分用于应付当期的社会保险开支，一部分用于为受保人建立储备基金。部分基金制是建立社会保险基金较灵活的模式。它一方面可避免收费率的频繁调整，使企业和财政的社会保险支出负担均衡；另一方面由于储备数量少，受通货膨胀的影响就小，因此它能较好地保证社会保险基金受益者的生活水平不致下降。由于兼容了以上两种筹集模式的优点，部分基金制为许多国家所采用。按照世界银行的标准，当一个非完全基金制的养老保险储备基金可以满足 2 年以上的养老金支出需要时，就属于部分基金制。

一国政府在考虑采用哪种社会保险筹集模式时，必须考虑以下几个主要因素：（1）不同社会保险项目的支出特点。如果是短期支付项目，由于其发生支付的时期和支出规模变化有较大的随机性，因此，一般适宜采用现收现付制，如疾病和生育保险；而长期支付项目作为一种较长时期内的定期支付，则适宜采用部分基金制或完全基金制，如养老保险。（2）人口年龄结构的变化趋势。面对世界人口老龄化的趋势与挑战，许多过去采用现收现付制的国家都在向完全基金制转变，由于一步到位难以实现，现阶段各国普遍实行部分基金制养老模式。所以，部分基金制实际上成为现收现付制向完全基金制转变的一种过渡形式。（3）社会保险基金筹集模式对储蓄和投资的影响。从宏观调控与微观影响的角度考虑，当社会保险基金的提取率过高、积累过多时，就会加重微观主体的负担，并引起人们对某些社会保险项目的质疑与抵触。

## 三、中国的社会保险项目和社会保险支出

### （一）社会保险项目

1. 基本养老保险

（1）城镇职工基本养老保险。1997 年，《国务院关于建立统一的企业职工基本养老保险制度的决定》发布，规定实施统一的企业和个人的缴费比例、基本养老保险的计发办法等重要内容，标志着我国社会统筹与个人账户相结合的企业职工基本养老保险模式正式确定。经过不断发展完善，我国城镇企业职工基本养老保险覆盖范围不断扩大，养老保险基金筹资规模增长迅速。

（2）城乡居民基本养老保险。2009 年和 2011 年，我国相继开展新型农村社会养老保险制度和城镇居民社会养老保险制度的全国试点，实现了农民养老保障“从无到有”的转变，也实现了全国养老保障制度全覆盖。依据《中华人民共和国社会保险法》的有关规定，在总结新型农村社会养老保险和城镇居民社会养老保险试点经验的基础上，2014 年，《国务院关于建立统一的城乡居民基本养老保险制度的意见》发布，将新型农村社会养老保险和城镇居民社会养老保险两项制度合并实施，在全国范围内建立统一的城乡居民基本养老保险制度。

编 者 谈

关于政府介入养老保险制度的纷争

2. 基本医疗保险

（1）城镇职工基本医疗保险。在计划经济时期，我国体制内实施的是实报实销的公费医疗制度。1998 年，《国务院关于建立城镇职工基本医疗保险制度的决定》颁布并实施，标志着我国社会医疗保险正式取代原有的公费医疗和劳动医疗制度。现行社会医疗保险制度的定位是为劳动者提供基本医疗水平的保障，医疗费用由单位和个人共同负担，实行社会统筹和个人账户相结合的方式。其中，社会统筹基金用于支付住院和大病医疗费用，而个人账户主要用于支付门诊或小病医疗费。

（2）城乡居民基本医疗保险。除城镇职工医疗保险制度外，2003 年和 2007 年，我国针对农村人口、城镇非就业人口分别建立了新型农村合作医疗制度和城镇居民基本医疗保险制度。两项制度建立以来，覆盖范围不断扩大，但近年来随

着经济社会快速发展，两项制度城乡分割的负面作用开始显现，出现了重复参保、重复投入、待遇不够等问题。2016 年 1 月，《国务院关于整合城乡居民基本医疗保险制度的意见》印发，整合城镇居民基本医疗保险和新型农村合作医疗两项制度，决定建立统一的城乡居民基本医疗保险制度。这意味着城乡居民不再受城乡身份的限制，参加统一的城乡居民基本医疗保险制度，按照统一的政策参保缴费和享受待遇，城乡居民能够更加公平地享有基本医疗保障权益。城乡居民基本医疗保险制度覆盖范围包括现有城镇居民医保和新农合所有应参保（合）人员，覆盖除城镇职工基本医疗保险应参保人员以外的其他所有城乡居民。城镇务工的农民和灵活就业人员依法参加职工基本医疗保险，有困难的可按照当地规定参加城乡居民医保。城乡居民基本医疗保险制度坚持多渠道筹资，实行个人缴费与政府补助相结合为主的筹资方式，鼓励集体、单位或其他社会经济组织给予扶持或资助。各地考虑城乡居民医保与大病保险保障需求，按照基金收支平衡的原则，合理确定筹资标准。

3. 失业保险

失业保险与其他保险不同，它针对劳动者就业过程中的失业风险及其劳动收入降低的情况，一般追求短期财务平衡、略有结余的基金运行原则。1986 年，国务院颁布了《国营企业职工待业保险暂行规定》。1993 年，国务院发布《国有企业职工待业保险规定》，但真正意义上的失业保险制度始于 1999 年颁布实施的《失业保险条例》。这是中国政府首次以法规形式确立的失业保险制度。《失业保险条例》实施以来，覆盖范围持续扩大，失业保险基金规模日益扩大，其在保障失业人员基本生活方面发挥了日益突出的作用。

4. 工伤保险

工伤保险，也称职业伤害保险，具有强制性、个人不缴费、无过失补偿，以及补偿与预防、康复相结合等特点。而工伤预防、工伤赔偿和工伤康复是工伤保险的三大支柱。工伤保险基金的筹资主要来自雇主缴费，但政府也承担财政补贴的责任。1996 年，原劳动部颁布的《企业职工工伤保险试行办法》不仅确立了社会化原则，而且将工伤保险的覆盖范围扩大到所有企业和劳动者。2004 年，更高立法层次的《工伤保险条例》颁布实施。2010 年国务院对其进行了较大幅度的修订并于 2011 年开始实施。工伤保险待遇主要包括医疗给付、工伤津贴、残疾补助金及遗属津贴等内容。

5. 生育保险

生育保险制度是指国家和企业为怀孕、分娩、哺乳和节育的妇女提供医疗服务、生育津贴、产假和休假，以保障因生育、节育、抚养孩子而造成收入中断的妇女及其孩子的基本生活的一项社会保险制度。生育津贴一般相当于生育女职工的原工资水平。2016 年 3 月 17 日，中国“十三五”规划全文正式发布，明确提出“将生育保险和基本医疗保险合并实施”。

（二）社会保险支出

社会保险支出是中国社会保障支出的主体，采取部分基金制运转方式。社会保险基金并不体现在一般公共预算中，2014 年以前一直作为预算外收支项目，由各地自收自支，直到 2014 年以后，才在独立的社会保险基金预算中反映。表 6-1 给出了 1989—2022 年社会保险基金支出情况。

**表 6-1 1989—2022 年中国财政社会保险基金支出结构** 单位：亿元

| 年份 | 社会保险基金支出 | 基本养老保险基金支出 | 失业保险基金支出 | 基本医疗保险基金支出 | 工伤保险基金支出 | 生育保险基金支出 |
|---|---|---|---|---|---|---|
| 1989 | 120.9 | 118.8 | 2.0 | 0 | 0 | 0 |
| 1990 | 151.9 | 149.3 | 2.5 | 0 | 0 | 0 |
| 1995 | 877.1 | 847.6 | 18.9 | 7.3 | 1.8 | 1.6 |
| 2000 | 2 385.6 | 2 115.5 | 123.4 | 124.5 | 13.8 | 8.3 |
| 2001 | 2 748.0 | 2 321.3 | 156.6 | 244.1 | 16.5 | 9.6 |
| 2002 | 3 467.6 | 2 842.9 | 182.6 | 409.4 | 19.9 | 12.8 |
| 2003 | 4 016.4 | 3 122.1 | 199.8 | 653.9 | 27.1 | 13.5 |
| 2004 | 4 627.4 | 3 502.1 | 211.3 | 862.2 | 33.3 | 18.8 |
| 2005 | 5 400.8 | 4 040.3 | 206.9 | 1 078.7 | 47.5 | 27.4 |
| 2006 | 6 477.4 | 4 896.7 | 198.0 | 1 276.7 | 68.5 | 37.5 |
| 2007 | 7 887.8 | 5 964.9 | 217.7 | 1 561.8 | 87.9 | 55.6 |
| 2008 | 9 925.1 | 7 389.6 | 253.5 | 2 083.6 | 126.9 | 71.5 |
| 2009 | 12 302.6 | 8 894.4 | 366.8 | 2 797.4 | 155.7 | 88.3 |
| 2010 | 14 818.6 | 10 554.9 | 423.3 | 3 538.1 | 192.4 | 109.9 |
| 2011 | 18 054.7 | 12 764.9 | 432.8 | 4 431.4 | 286.4 | 139.2 |
| 2012 | 22 181.6 | 15 561.8 | 450.6 | 5 543.6 | 406.3 | 219.3 |
| 2013 | 26 567.9 | 18 470.4 | 531.6 | 6 801.0 | 482.1 | 282.8 |
| 2014 | 33 002.7 | 23 325.8 | 614.7 | 8 133.6 | 560.5 | 368.1 |
| 2015 | 38 988.1 | 27 929.4 | 736.4 | 9 312.1 | 598.7 | 411.5 |
| 2016 | 46 882.4 | 34 004.3 | 976.1 | 10 761.1 | 610.3 | 530.6 |
| 2017 | 57 145.6 | 40 423.8 | 893.8 | 14 421.8 | 662.3 | 565.0 |
| 2018 | 67 792.7 | 47 550.4 | 915.3 | 17 823.0 | 742.0 | 582.0 |

续表

| 年份 | 社会保险基金支出 | 基本养老保险基金支出 | 失业保险基金支出 | 基本医疗保险基金支出 | 工伤保险基金支出 | 生育保险基金支出 |
|---|---|---|---|---|---|---|
| 2019 | 75 346.6 | 52 342.3 | 1 333.2 | 20 854.2 | 816.9 | |
| 2020 | 78 611.8 | 54 656.5 | 2 103.0 | 21 032.1 | 820.3 | |
| 2021 | 86 734.9 | 60 196.5 | 1 500.0 | 24 048.2 | 990.2 | |
| 2022 | 90 603.4 | 62 913.6 | 2 017.8 | 24 836.4 | 1 015.7 | |

注：（1）2007 年及以后基本医疗保险基金中包括城镇职工基本医疗保险和城乡居民基本医疗保险。

（2）2010 年及以后基本养老保险基金中包括城镇职工基本养老保险和城乡居民基本养老保险。

（3）2019 年起，基本医疗保险基金包含生育保险基金。

资料来源：各年度《中国统计年鉴》，国家统计局网站。

如表 6-1 所示，1989 年以来，社会保险基金呈指数形态增长，始终保持了迅速的增长趋势。2022 年社会保险基金支出是 1989 年的 749 倍，是 2000 年的 38 倍。其中，养老保险基金是最重要的社保基金，养老基金支出占总基金支出的比例为 70%左右。

## 四、中国社会保险制度的改革和完善

目前，中国已按照逐步推进、城乡分开并最终走向法治化、系统化和城乡一体化的基本原则与思路，在构建城乡社会保险体系方面取得了重要进展。其中，城镇社会保险体系由基本养老保险、基本医疗保险、失业保险、工伤保险等内容构成；而农村社会保险体系则以已经全面推开的新型农村合作医疗制度、大病医疗保险和新型农村社会养老保险制度为主要内容。一些经济较发达的地区，如北京、上海和浙江等，已经基本实现了养老、医疗等制度的城乡统一。但是，与发展社会主义市场经济的内在要求相比，中国的社会保险制度改革仍有待深化，对社会保险支出的管理也需要进一步完善。

### （一）现行社会保险制度存在的主要问题

#### 1. 缺乏科学的顶层制度设计和协同推进

中国的社会保险制度改革，是伴随经济领域的渐进改革而采取自下而上、局部试验的方式来推进的，尽管这种策略激发了地方的改革创新积极性，但缺乏统筹考虑与顶层设计的改革必定陷入理念摇摆不定、方案五花八门、利益固化分割的格局，进而对制度整合形成了巨大的阻力。比如，就改革理念而言，期望政府包办一切的“泛福利化”思潮和主张个人自我负责的“反福利”主张在当前都很有市场。前者表现为对社会保险制度的期望越来越高，不仅要求持续提高养老金、医保等社会保险待遇，而且要求免费医疗、普遍性福利，一些地方亦将福利项目作为短期政绩工程看待；后者则不是正视中国社会保险水平总体依然偏低、保障权益结构依然失衡等客观事实，而是渲染所谓“福利国家病”“福利陷阱”和社会保险财政崩溃论调，主张基本养老保险采取大账户制、社会医疗保险实行商业保险化、限制甚至削减公共福利等。这些极端性思潮必然直接影响人们对社会保险制度的认识与评价，也会对制度变革产生复杂的影响。又如，就改革方案而言，社保方案的制定是按地区和部门分开进行的，条块之间既无统一的管理机构，又无规范的管理办法，基本养老保险、基本医疗保险等重要保险项目普遍采取各地试点先行、渐次推进的策略，结果导致责任失衡、层次不清、与相关制度之间缺乏协同等缺陷。

2. 公平性不足与效率不高并存

一方面，尽管近年来国家已将城乡统筹和普惠全民作为改革的终极目标，但公平性不足仍然是各项社会保险制度的共性。养老金待遇在机关事业单位与企业退休人员之间的差距依然巨大，医疗保险的城乡分割、群体分割背后实质上是待遇差异。除了社会保险权益存在不公平现象，在承担义务方面亦具有不公平性。如基本养老保险缴费，广东等地区缴费偏低，基金结余多，保险待遇高，而东北地区缴费高，基金结余少，保险待遇低；这种地区差异完全是制度的地区分割导致的结果。另一方面，社会保险实践中的浪费与低效现象惊人。在基本医疗保险中，职工基本医疗保险因个人账户的存在导致45%以上的资源处于低效状态，严重损害了这一制度的互助共济功能，也造成统筹基金负担日益沉重。由于医院的营利性与医药供应失范，医疗服务过程中过度诊断、过度检查、过度用药几乎是一种普遍现象，医疗卫生资源与医保基金浪费惊人，医疗保险中甚至存在着医患合谋侵蚀医保基金的现象。在基本养老保险中，由于制度的地区分割，在部分地区养老保险基金不足当年支付的同时，全国累计结余的基金却数额巨大，但受无法集中运营和投资政策的限制，每年处于贬值状态，损失同样惊人。由于现行制度规范不严密、监管不到位、技术手段不完善，实践中的许多漏洞也让冒领养老金等现象并不罕见。

3. 社会保险资金来源结构失衡，国家和企业不堪重负

中国现行的社会保险基金来源主要是企业支付，少量部分由国家补充，个人很少缴纳。企业办社会，国家负责职工大量或明或暗的各种生活补贴、福利性分配的现象仍普遍存在。在现行制度的责任分担中，基本养老保险的单位缴费率为本单位工资总额的16%、个人为本人缴费工资的8%，基本医疗保险的单位缴费率为本单位工资总额的6%、个人为本人缴费工资的2%，反映的是单位责任大、个人责任小；在城乡居民基本医疗保险中，政府补贴相当于个人缴费的3倍以上，反映的是政府责任大、个人责任小。这种责任分担失衡的格局，一方面会造

成受保人自我保障意识的缺乏，并易产生依赖思想；另一方面也大大加重了国家尤其是企业的负担，同时很容易产生压缩福利与扩张福利的极端取向。

4. 现行社保体系受到人口老龄化和大规模人口流动的严重冲击

中国是世界上人口老龄化速度最快、规模最大且家庭保障功能持续弱化的国家。老龄化对社会保险的影响最为直接，它不仅需要适时调整制度结构与财力投入结构，而且需要更多类型的专业人才和更具人文关怀的各种公共服务，还会导致基本养老保险缴费人数下降和待遇领取人数上升，增加基本养老保险制度的财政压力。调查表明，近年来养老服务业虽在发展，但供给总量依然严重不足，供需脱节现象普遍，正面临着“谁来为中国老人养老”的质疑。与此同时，中国目前的流动人口规模也在2亿至3亿之间，数以亿计的人口处在缺乏归属感的、不稳定的流动状态，对社会保险制度构成了又一重大挑战。例如，珠江三角洲、长江三角洲是改革开放最早、经济最发达的地区，它吸引了中西部地区大量年轻的农村劳动者，在基本养老保险制度地区分割的条件下，这些最发达的地区因劳动力队伍的年轻化而出现缴费低且养老保险基金大量结余的现象；反观发展滞后的东北地区，退休人员多，年轻劳动力外出多，结果缴费率高还出现收不抵支的财务危机。这种发达地区负担轻、待遇高，欠发达地区负担重、待遇低的格局，无疑与地区间的协同和均衡发展的目标相悖。

5. 福利支出刚性增长与政府财力增长减缓的矛盾日益凸显

“十二五”期间社会保险公共投入规模急剧放大，年均增长在15%以上，有的项目投入增长在20%以上，直接带来了各项社会保险制度待遇的显著提升，而城乡居民还在期盼着养老金继续提高、个人疾病医疗负担持续减轻、各项社会福利事业能够持续发展。然而，伴随经济发展进入新常态，国民经济增速已从20世纪的两位数下降到一位数，受新冠疫情等因素影响，2020—2022年三年GDP平均增长速度降至4.5%，财政收入增幅也从曾经的20%以上降低到个位数，甚至出现增长乏力的局面。因此，国家财政收入增速减缓与国民福利快速增长已成为现实矛盾。在这样的背景下，如何优化现行社会保险制度安排，如何调动市场力量与社会力量参与，以确保整个社会保险制度的物质基础不断得到壮大，无疑是一个巨大的挑战。

（二）进一步完善我国社会保险制度的思路

根据共享发展的理念，未来我国社会保险改革与发展的目标任务，是构建和完善更加公平、更可持续的现代社会保险制度。这一制度应当具有先进的建制理念、明确的发展目标、完整的体系结构、合理的责任分担机制，并且更加适应中国国情。

1. 以公平为首要建制理念，并将效率融入公平之中

社会保险制度与生俱来的使命，就是创造起点公平、维护过程公平、缩小结果不公平。没有公平就没有现代社会保障制度。在近年来各项社保制度已经初步实现城乡并举、普惠全民的条件下，促使其更加公平应当成为未来的首要任务。当前应当尽快消除因制度分割带来的养老、医疗保险权益不平等与身份标识，并同步发展养老服务、儿童福利、残疾人事业等，使不同群体的社会保险权益走向相对公平。

2. 贯彻适度原则，逐步扩大社会保险范围

社会保险的终极目标是保障全体公民。为了实现这一目标，我国社会保险应在统一管理机构、统一征缴办法、统一法律法规的基础上实行适度原则：（1）低起点：范围上从城镇起步，项目上从养老、医疗、失业等保险入手，保持与经济发展水平相应的适度水平并逐步扩大。（2）低成本：改变过去管理分散、浪费严重的状况，建立集中统一的社会保险机构，降低管理成本与社会成本。（3）低标准：收取社会保险费用的标准与发放社会保险金的标准均不能过高，要与现阶段生产力发展水平，以及企业与个人的承受能力相适应。只有这样，才能保证改革中有充足的福利增量和足够的利益补偿来化解随时可能出现的社会摩擦和冲突，避免走西方“福利国家”的老路。

3. 牢固树立责任共担意识，构建合理的责任分担机制，确保可持续发展

国民福利的发展呈刚性增长态势，而政府财力却无法持续扩张，这一矛盾决定了必须树立责任共担的意识，在政府、企业、社会、个人之间构建合理的责任分担机制，尽可能调动社会力量与市场资源，不断壮大社会保险的物质基础。为此，应彻底摒弃居民个人只享受社会保险权益而不承担任何义务的现有状况，将居民个人作为社会保险筹资方式的一个重要渠道。从基本养老保险改革来看，应逐步提高个人缴费比例，最终达到基本上与国际惯例接轨，使个人所缴部分与企业应承担部分达到各占一半。从基本医疗保险看，通过建立个人账户，使个人在医疗保险中缴费的从属地位逐步升级，当个人账户的基金不足以支付时，由社会统筹医疗基金解决。

4. 实现基本保险制度全覆盖，让全民共享国家发展成果

一方面，基本医疗保险与基本养老保险作为面向全民的制度安排理应覆盖全民。迄今为止，中国已经实现了所有老年人都能够按月领取养老金的初步目标，但还有5%左右的城乡居民因各种原因漏在基本医疗保险制度外，更有1亿多适龄劳动人口还未被基本养老保险制度覆盖，一些参保职工因各种原因亦出现漏保或脱保的现象。因此，今后基本医疗保险、基本养老保险发展的方向，就是将漏在制度外的未参保人群全部纳进来。另一方面，那些面向特定群体的保险制度安排，如

工伤保险、失业保险、生育保险等，需要真正覆盖到该群体全体成员身上。

5. 大力发展各种补充保险，全面建成多层次的社会保险体系

构建多层次的社会保险体系是各国社会保险改革的共同方向，它的实质是通过多层次体系的构架来进一步合理划分不同主体的责任分担，更加合理地配置社会保障资源。以养老保险为例，基本养老保险由用人单位或雇主、劳动者与政府三方分担责任，职业年金、企业年金通常由用人单位或雇主与劳动者分担缴费责任，而商业性的人寿保险则纯粹是参保者个人自负缴费责任。在老龄社会背景下，单一层次的养老保险难以持续发展，发展第二、三层次的养老保险就具有了必要性和重要性。再以医疗保险为例，要全面解决疾病医疗的后顾之忧，要想获得更为便捷、高效的医疗服务，仅有基本医疗保险制度是不够的，还需要有补充医疗保险或者商业性健康保险加以补充，这就是第二层次的医疗保险，它不会损害第一层次参保人的权益，却可以满足有需要、有条件者的更高要求。

6. 统一社保管理体制，实现征缴、管理、使用三分离

统一社保管理体制，应包含三个方面的内容：其一，从上至下建立统一的社会保险管理机构，负责社会保险各方面的政策业务；其二，从上至下建立相对独立的社会保险基金经办机构，不依附于行政主管部门，独立经营、统一负责各项基金的具体运营活动；其三，建立专门的社会保险监督组织，专司社会监督职能。在目前过渡时期，应坚持基础征缴、管理、使用分离的原则，使三者各司其职，做到征缴有度、管理有方、使用有效。同时，应加强三者间的相互监督，提高社会保险基金的社会效益与经济效益。相关案例参见专栏 6-1。

**专栏 6-1　全国基本养老保险参保人数达 10.5 亿人**

中华人民共和国人力资源和社会保障部消息显示：截至 2022 年年末，全国基本养老保险参保人数达 10.5 亿人，同比增加 2 430 万人，失业、工伤保险参保人数分别为 2.4 亿人、2.9 亿人。

按照党中央、国务院部署，自 2022 年 1 月起，企业职工基本养老保险全国统筹正式实施。这一改革有利于进一步完善养老保险制度、推动养老保险制度更加公平、更可持续。通过各相关部门的密切配合和稳步推进，养老保险覆盖面进一步扩大，基金收支总体平衡。2022 年全年社会保险基金收入 7.1 万亿元，支出 6.6 万亿元，年底累计结余 7.4 万亿元。

截至 2022 年年末，全国社会保障卡持卡人数 13.68 亿人，覆盖 96.8%人口；电子社保卡领用人数 7.15 亿人，全年累计访问量 112.85 亿人次。

从城乡居民基本养老保险看，2022 年，19 个省份在中央提高城乡居民全国基础养老金最低标准的基础上，提高了省级基础养老金标准。

从作为基本养老保险制度补充的个人养老金看，2022 年 11 月 25 日，个人养老金制度在 36 个城市或地区先行启动实施。个人养老金是指政府政策支持、个人自愿参加、市场化运营、实现养老保险补充功能的制度。个人养老金实行个人账户制，缴费完全由参加人个人承担，自主选择购买符合规定的储蓄存款、理财产品、商业养老保险、公募基金等金融产品，实行完全积累，按照国家有关规定享受税收优惠政策。截至 2022 年年末，个人养老金参加人数 1 954 万人，缴费人数 613 万人，总缴费金额 142 亿元。

资料来源：《全国基本养老保险参保人数达 10.5 亿人》，中华人民共和国人力资源和社会保障部网站，2023 年 1 月 28 日。

## 第二节 社会救助支出

社会救助是指国家对因自然灾害或其他经济原因、社会原因而无法维持最低生活水平的社会成员给予帮助，以保障其最低生活水平的制度设计。与社会保险不同，社会救助不是根据受益者负担的原则，而是单方面的受益。它通常被视为政府的当然责任或义务，采取的也是非缴费制与无偿救助的模式，是收入再分配的重要手段。其目的是帮助社会弱势群体摆脱生存危机，以维护社会秩序稳定。社会救助常被称为社会成员生活保障的最后一道防线。

### 一、社会救助制度的演变和政府介入依据

作为社会保障的原始形式，社会救助是历史最悠久的社会保障项目。中国的社会救助至少已有 3 000 年的历史，尽管今天的社会救助不是对久远传统的直接继承，但确实具有柔性传承的渊源关系。

#### （一）中国社会救助制度的演变

新中国的社会救助起步于早期的临时性紧急生活救助，逐步发展为以农村为主、城乡分置的定量救助，再到改革开放以后以城乡最低生活保障制度为核心的新型社会救助体系。20 世纪 90 年代初，上海、北京等地在全国率先建立居民最低生活保障制度，现已成为中国城乡社会救助体系的核心组成部分。最低生活保障制度建立的初衷是解决大规模国有企业改革所导致的下岗职工的生计问题，使其成为国有企业改革的重要配套措施。而最低生活保障制度步入正规化、制度化的标志是 1999 年 9 月国务院发布的《城市居民最低生活保障条例》。进入 21 世纪以来，全国各地相继建立了城乡居民最低生活保障标准调整机制，对最低生活

保障待遇标准进行了规范化调整，并将部分特殊人群纳入最低生活保障救助范围。为进一步加强城乡最低生活保障资金管理，财政部、民政部于2012年出台了《城乡最低生活保障资金管理办法》。

2014年，国务院颁布并实施了《社会救助暂行办法》，第一次以行政法规形式明确构建了一个分工负责、相互衔接、协调实施，政府救助和社会力量参与相结合的中国特色社会救助制度体系，标志着中国已初步建成覆盖城乡、项目完整、层次多样的现代社会救助体系，社会救助事业进入制度定型和规范发展的新阶段。该办法具有如下几个鲜明的特色：

一是构建了社会救助制度体系。主要包括最低生活保障、特困人员供养、受灾人员救助、医疗救助、教育救助、住房救助、就业救助、临时救助八项制度以及社会力量参与办法。

二是加强了社会救助统筹协调。规定由国务院民政部门统筹全国社会救助体系建设，各部门按照各自职责做好相应的社会救助管理工作，并要求建立健全政府领导、民政部门牵头、有关部门配合、社会力量参与的社会救助工作协调机制。

三是坚持了社会救助城乡统筹发展理念。这有助于确保社会救助广泛惠及城乡所有困难居民。

四是强化了社会救助家庭经济状况查询核对机制。要求建立信息核对平台，根据救助申请及获得救助家庭的请求、委托，由县级以上民政部门代为查核其收入状况、财产状况。这为今后科学、准确认定社会救助对象并完善退出机制，确保社会救助公平、公正实施奠定了基础。

2015年11月29日发布的《中共中央　国务院关于打赢脱贫攻坚战的决定》明确提出，实行农村最低生活保障制度兜底脱贫，并对无法依靠产业扶持和就业帮助脱贫的家庭实行政策性保障兜底。2017年，党的十九大把脱贫攻坚战作为决胜全面建成小康社会必须打赢的三大攻坚战之一，做出全面部署。同年，民政部、国务院扶贫办联合下发《关于进一步加强农村最低生活保障制度与扶贫开发政策有效衔接的通知》，指导各地正确处理、准确把握建档立卡贫困人口和农村低保对象重合、贫困发生率和农村低保覆盖面、国家扶贫标准与农村低保标准等问题。

通过打赢三年脱贫攻坚战，我国绝对贫困人口问题得到了历史性解决，9 899万农村贫困人口全部脱贫，“一个都不掉队”成为全面小康的标志性成就。

### （二）政府介入社会救助的依据

生存权和发展权是现代社会公民的基本权利，每个人都应得到最基本的生活保障。同样，对于政府来说，社会救助也是其不容推卸的重要使命。

1. 解决市场无效问题

如前所述，由于市场机制下的分配活动按要素禀赋进行，往往过度关注分配过程（经济公平）而忽视分配结果（社会公平），因此再完美的市场也难免两极分化，产生“穷者愈穷，富者愈富”的马太效应。社会救助作为社会保障体系中的基础性制度安排，它不问致贫原因，只看受助者是否真正贫困，是最后一道安全网。它的责任仅仅是使受助者的生活相当于或略高于最低生活需求，以避免产生依赖心理或者不劳而获的思想，只要受助者的收入超过最低生活标准，救助行动就相应中断。对一国政府而言，只有编织牢固的社会救助网，才能确保每一个社会成员不因各种原因而陷入无法自拔的生存困境。

2. 保护公民基本生活

当一国公民遭受严重疾病或自然灾害而失去劳动能力，且得不到他人或保险公司接济时，只有通过政府提供的无偿援助，才能真正使这部分社会成员摆脱困境。然而，在早期市场经济体制下，政府和法律并不保障这一基本生活权利。斯密在《国富论》关于政府义务的经典论述中，也没有提到政府有保障公民不受物质匮乏的义务，人们只能靠自己的双手去摆脱贫困，获得基本的生活权利。直到 20 世纪，人们才逐步认识到人类免于贫困的基本生活权利是一项基本人权，政府有责任去保护公民的这一权利。1948 年，联合国大会通过并颁布了《世界人权宣言》，其中第 25 条明确宣称：人人有权享受为维持他本人和家属的健康和福利所需的生活水准，包括食物、衣着、住房、医疗和必要的社会服务；在遭到失业、疾病、残废、守寡、衰老或在其他不能控制的情况下丧失谋生能力时，有权享受保障。至此，公民的基本生活权利终于成为全人类所共同认可和追求的基本价值，保障公民的这一权利也逐渐成为世界各国政府义不容辞的责任。

3. 平抑经济周期波动

健全完善的社会救助体系不仅是“社会安全网”和“社会减震器”，还能够在一定程度上帮助政府调节经济，平抑经济周期波动。由于社会救助体系中的扶贫支出和失业救济金等支出在经济过热时大幅度减少，在经济过冷时大幅度增加，从而促进经济回升或抑制经济衰退，因而具有自动稳定功能。

4. 弥补社会保险的不足

社会保险制度是一种强调权利和义务平衡的社会保障制度。享受社会保险待遇有严格的条件限制：只有纳入社会保险制度体系，并且承担了相应的缴费（税）义务的社会成员才能享受社会保险待遇。因此，必然还有一部分社会成员未被纳入社会保险范围，或者无力缴纳保险费（税）而不能够享受社会保险待遇。对于这部分社会成员所面临的风险，只有通过政府无偿救助的方式加以弥补，才能帮助他们解决后顾之忧。

## 二、社会救助支出的规模和结构

近年来，随着中国社会救助制度覆盖面不断扩大，社会救助支出水平也迅速提高。社会救助已经成为保障中国城乡贫困群体和因各种原因陷入生活困境的人员不可或缺的安全保障网。从社会救助制度的内容看，中国城乡最低生活保障是最主要的项目，其中农村最低生活保障对象规模最大，最多时各类救助对象之和超过 6 000 万人。随着近年来政府扶贫工作的深入推进、脱贫人数的增加和对社会救助对象识别能力的提升，社会救助对象规模总体呈逐年下降趋势（见表 6-2）。

**表 6-2 2007—2021 年中国城乡社会救助对象人数** 单位：万人

| 年份 | 城市低保人数 | 农村低保人数 | 农村特困人员 | | | 传统救济人数 | 农村临时救济人数 |
|---|---|---|---|---|---|---|---|
| | | | 合计 | 集中供养人数 | 分散供养人数 | | |
| 2007 | 2 272. 1 | 3 566. 3 | 531. 3 | 138. 0 | 393. 3 | 75. 0 | 646. 0 |
| 2008 | 2 334. 8 | 4 305. 5 | 548. 6 | 155. 6 | 393. 0 | 72. 2 | 831. 0 |
| 2009 | 2 345. 6 | 4 760. 0 | 553. 4 | 171. 8 | 381. 6 | 62. 2 | 546. 4 |
| 2010 | 2 310. 5 | 5 214. 0 | 556. 3 | 177. 4 | 378. 9 | 59. 5 | 613. 7 |
| 2011 | 2 276. 8 | 5 305. 7 | 551. 0 | 184. 5 | 366. 5 | 68. 7 | 596. 8 |
| 2012 | 2 143. 5 | 5 344. 5 | 545. 6 | 185. 3 | 360. 3 | 79. 6 | 639. 8 |
| 2013 | 2 064. 2 | 5 388. 0 | 537. 3 | 183. 5 | 353. 8 | 73. 0 | 698. 1 |
| 2014 | 1 877. 0 | 5 207. 2 | 529. 1 | 174. 3 | 354. 8 | 74. 5 | 650. 7 |
| 2015 | 1 701. 0 | 4 903. 6 | 561. 7 | 162. 3 | 354. 4 | 63. 8 | 655. 4 |
| 2016 | 1 480. 2 | 4 586. 5 | 496. 9 | 139. 7 | 357. 2 | 60. 2 | 850. 7 |
| 2017 | 1 261. 0 | 4 045. 2 | 466. 8 | 99. 6 | 367. 2 | 61. 8 | 970. 3 |
| 2018 | 1 007. 0 | 3 519. 1 | 455. 0 | 86. 2 | 368. 8 | 56. 8 | 1 108. 0 |
| 2019 | 860. 9 | 3 455. 4 | 439. 1 | 75. 0 | 364. 1 | 37. 4 | 993. 2 |
| 2020 | 805. 1 | 3 620. 8 | 446. 3 | 73. 9 | 372. 4 | 32. 3 | 1 380. 6 |
| 2021 | 737. 8 | 3 474. 5 | 437. 3 | 69. 2 | 368. 1 | 30. 1 | 1 198. 6 |

资料来源：各年度《中国民政统计年鉴》（光盘版），中国统计出版社。

从社会救助支出情况看，城乡社会救助各项支出总体呈现持续提高的趋势，尤其农村低保财政支出总额增长迅速。2010 年之前，由财政安排的低保支出，农村尚低于城市，但自 2011 年之后，农村低保支出超过了城市低保。不过，就保障对象个体而言，城乡社会救助人均待遇水平差距明显，特别是 2016 年以前，农村救助人均待遇水平不到城市救助水平的50%。值得欣慰的是，自2016年以来，随着脱贫攻坚的深入推进，城乡救助人均待遇水平的差距已经大幅缩小（见表6-3）。此外，在城乡最低生活保障支出总额中，约有50%的资金来自中央财政转移支付，救助支出中来自中央财政转移支付的比例超过2/3，而超过70%的医疗救助支出来自中央财政转移支付。

**表6-3 2008—2021年中国城乡社会救助支出情况**

| 年份 | 城市低保/亿元 | 农村低保/亿元 | 医疗救助/亿元 | 自然灾害生活救助/亿元 | 城市低保支出/元/人·月 | 农村低保支出/元/人·月 | 农村五保集中供养支出/元/人·月 | 农村五保分散供养支出/元/人·月 |
|---|---|---|---|---|---|---|---|---|
| 2008 | 393.4 | 228.7 | 86.5 | 609.8 | 143.7 | 50.4 | 171.3 | 93.4 |
| 2009 | 482.1 | 363.0 | 128.1 | 199.2 | 172.0 | 68.0 | 193.0 | 107.0 |
| 2010 | 524.7 | 445.0 | 157.8 | 237.2 | 189.0 | 74.0 | 205.0 | 118.0 |
| 2011 | 659.9 | 667.7 | 216.3 | 128.7 | 240.3 | 106.1 | 256.8 | 147.9 |
| 2012 | 674.3 | 718.0 | 230.6 | 163.4 | 239.1 | 104.0 | 291.4 | 186.4 |
| 2013 | 756.7 | 866.9 | 257.4 | 178.7 | 264.2 | 116.1 | 339.9 | 227.0 |
| 2014 | 721.7 | 870.3 | 284.0 | 124.4 | 285.6 | 129.4 | 389.7 | 269.1 |
| 2015 | 719.3 | 931.5 | 333.1 | 148.5 | 316.6 | 147.2 | 425.7 | 298.9 |
| 2016 | 687.9 | 1 014.5 | 332.7 | 156.1 | 494.6 | 312.0 | — | — |
| 2017 | 640.5 | 1 051.8 | 376.2 | 128.0 | 540.6 | 358.4 | — | — |
| 2018 | 575.2 | 1 056.9 | 399.7 | 126.5 | 579.7 | 402.8 | — | — |
| 2019 | 519.5 | 1 127.2 | 502.2 | — | 624.0 | 444.6 | — | — |
| 2020 | 537.3 | 1 426.3 | — | — | 677.6 | 496.9 | — | — |
| 2021 | 484.1 | 1 349.0 | — | — | 711.4 | 530.2 | — | — |

资料来源：各年度《中国民政统计年鉴》（光盘版），中国统计出版社。

## 三、中国社会救助制度的进一步优化

如上所述，中国的社会救助已经实现了整体转型，初步形成了一个融合城乡、面向全民、开放统一的综合救助体系，公共投入的力度、惠及民生的广度前所未有，制度层面也已实现应救尽救。社会救助制度已经成为中国社会保障体系中的支柱性制度安排。

当然，我国现行的社会救助制度毕竟是在过去20多年的时间里，为应对各个阶段的具体需要和问题而逐步建立和完善的。由于在长期的发展过程中缺乏顶层设计，因此在覆盖面、项目内容、制度体系等方面都还存在不完善的地方。尤其是，在过去的发展过程中，我国社会救助制度的主要任务是解决绝对贫困问题，帮助最困难的群众满足基本生存条件。而在实现了全面建成小康社会目标和完成了脱贫攻坚重大战略任务之后，我国未来社会救助的主要目标应该是建立解决相对贫困问题的长效机制，并进一步加强普惠性、基础性、兜底性民生建设。社会救助制度作为基础性和兜底性民生建设中的重要制度体系，需要与时俱进，面向未来发展的新要求，通过改革而进一步完善和优化制度体系。

2022 年 10 月，《民政部　中央农村工作领导小组办公室　财政部　国家乡村振兴局关于进一步做好最低生活保障等社会救助兜底保障工作的通知》（简称《通知》）发布。为贯彻落实国务院常务会议精神，及时将符合条件的困难群众纳入社会救助范围，巩固拓展脱贫攻坚兜底保障成果，实现低保等社会救助扩围增效，切实兜住兜准兜好困难群众基本生活底线，《通知》对进一步做好低保等社会救助兜底保障工作提出明确要求。具体内容参见专栏 6-2。

**专栏 6-2　加大社会救助力度，兜牢民生保障底线**

《民政部　中央农村工作领导小组办公室　财政部　国家乡村振兴局关于进一步做好最低生活保障等社会救助兜底保障工作的通知》从加大低保扩围增效工作力度、进一步加强急难临时救助、健全完善工作机制、优化规范办理流程等方面，对进一步做好低保等社会救助兜底保障工作提出明确要求。

一、关于加大低保扩围增效工作力度

为加大低保制度落实力度，特别是解决“应保未保”“政策保”等问题，《通知》提出，不得随意附加非必要限制性条件，不得以特定职业、特殊身份等为由，或者未经家庭经济状况调查核实直接认定申请家庭符合或者不符合条件。为保障失业人员基本生活，《通知》明确，采取“劳动力系数”方式核算申请家庭收入的地方，要客观考虑家庭成员实际情况，对确实难以就业或者较长时间无法获得收入的，根据家庭实际困难情况综合判断是否纳入低保范围。同时，《通知》进一步放宽了“单人保”条件，对重度残疾人等弱势群体给予更多倾斜。规定成年无业重度残疾人可以参照“单人户”提出低保申请。依靠兄弟姐妹或者 60 周岁及以上老年人供养的成年无业重度残疾人，在评估认定其家庭经济状况时，兄弟姐妹或者 60 周岁及以上老年人给付的供养费用，可以视情况适当豁免，符合条件的，纳入低保范围。为鼓励具备就业能力的低保家庭成员积极就业，对就业后家庭人均收入超过当地低保标准的低保家庭，明确可给予原则上不超过 6 个月的渐退期。

二、关于进一步加强急难临时救助

《通知》强调，对受疫情影响无法返岗复工、连续3个月无收入来源，生活困难且失业保险政策无法覆盖的农民工等未参保失业人员，未纳入低保范围的，经本人申请，由务工地或者经常居住地发放一次性临时救助金。对其他受疫情影响暂未就业、基本生活面临困难的大学生，以及其他因疫情导致基本生活陷入临时困境的家庭或者个人，及时纳入临时救助范围。对经过应急期救助、过渡期生活救助后基本生活仍有较大困难的受灾群众，及时给予临时救助，防止因灾返贫。

三、关于健全完善工作机制

针对当前社会救助工作中的一些突出问题，《通知》要求，要建立易地搬迁与低保工作衔接机制，防止困难群众因易地搬迁造成漏保或者重复纳入低保；加强社会救助家庭经济状况核对机制建设，特别是要完善异地协同查询核对机制，及时办理其他省份发来的核对请求；健全低收入人口动态监测和分层分类救助帮扶机制，拓展全国低收入人口动态监测信息平台应用，完善低收入人口预警指标，通过数据交叉比对、关联分析和综合评估，筛查存在风险的低收入人口，及时查访核实、实施救助帮扶。

四、关于优化规范办理流程

在2021年民政部出台的《最低生活保障审核确认办法》《特困人员认定办法》基础上，《通知》对个别条款进一步优化细化。例如《通知》提出，对低保审核确认权限下放到乡镇（街道）的地方，一般应当自受理之日起20个工作日之内完成，进一步压缩了办理时限。为适应流动人口救助需求，《通知》对非本地户籍人员申请低保救助、低保边缘家庭认定也予以了明确规定。此外，《通知》首次明确全面推行由急难发生地直接实施临时救助，极大便捷临时遇困群众申请救助。

资料来源：《〈关于进一步做好最低生活保障等社会救助兜底保障工作的通知〉解读》，中国政府网，2022年12月9日。

## 第三节 财政补贴

财政补贴是政府为了某种特定需要而向企业或居民个人提供的无偿补助。财政补贴在账务上有两种处理方法，一种作为财政支出列支，另一种冲减财政收入，但不管账务上如何处理，政府安排的财政补贴实质上都是将财政资金无偿转移给补贴领受者，所以财政补贴也是一种典型的转移性支出。

财政补贴通常离不开一定的价格结构，要么是补贴引起价格变动，要么是价格变动导致财政补贴。因此可以将财政补贴定义为一种影响相对价格结构，从而可以改变资源配置结构、供给结构和需求结构的政府无偿支出。简单地说，财政补贴就是政府在既定的价格结构条件下，通过无偿支付，使某些符合特定条件的价格受损者得到一定的补偿，从而使现行价格得以保持。

## 一、财政补贴的分类、成因和特征

### （一）财政补贴的分类

财政补贴的分类有不同的划分标准，按照补贴是否与具体的购买活动相联系来划分，可以分为现金补贴和实物补贴；按照政府是否明确地安排支出来划分，可以分为明补和暗补；按照补贴资金的接受主体来划分，可分为企业补贴和居民补贴；按照补贴对经济活动的影响来划分，可以分为对生产的补贴和对消费的补贴。在我国政府的财政统计中，财政补贴主要有价格补贴、企业亏损补贴、财政贴息等形式，其中价格补贴列为财政支出，企业亏损补贴则以冲减收入的方式记入财政收入科目。除价格补贴和企业亏损补贴以外，包含各种税收优惠形式的税收支出实际上也是一类财政补贴。

1. 现金补贴

现金补贴是指政府用货币支付的政府财政补贴。从消费者角度出发，现金补贴又分为显性现金补贴和隐性现金补贴，在我国又称为明补和暗补。

（1）显性现金补贴（明补）。

显性现金补贴（明补），是与隐性现金补贴（暗补）相对而言的，明补是政府给予消费者一笔现金补贴，其效果是增加了消费者的收入。改革开放之初，我国政府提高了农副产品价格，为了不降低人们的生活水平，对城镇居民给予一定的价格补贴，表现形式为每月发放一定数量的现金，这种补贴就属于明补。

如图 6-1 所示，明补将消费者的预算线提高了，从 AA 提高到 BB。由于明补只是增加消费者的收入，并不影响相对价格结构，因此提高后的预算线 BB 与原来的预算线 AA 平行。相比于补贴前，消费者对 x 和 y 两种商品的购买量都等比例地增加了。

（2）隐性现金补贴（暗补）。

隐性现金补贴（暗补），是指没有明确数量的对于生产者的补贴，即政府给予生产者一定的补贴，同时一般还要配以一定的管制措施强制其以较低的价格出售产品，从而使消费者得益。

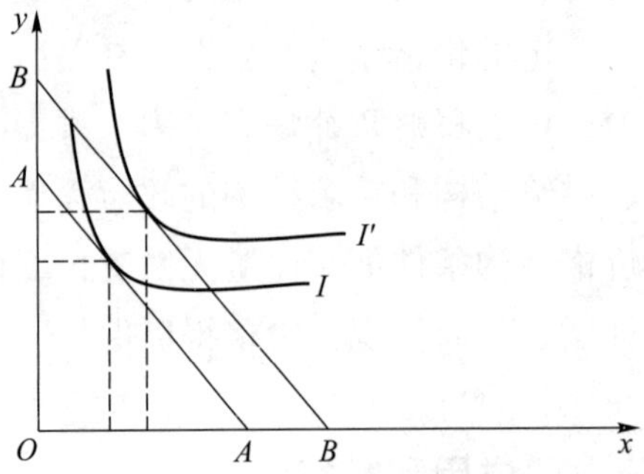


图 6-1 明补使预算线提高

如图 6-2 所示，在没有补贴的情况下，消费者面临的预算线是 AB。政府对 x 商品的生产者进行补贴后，并配合一定的管制措施使 x 商品的价格下降，消费者面临新的预算线 AC。对消费者来说，以较低的价格购买，就等于花较少的钱买到商品，由于在形式上消费者并没有收到任何货币，他只是相当于拿到一笔现金，从这个意义上说，他领到的补贴不是明补，而是暗补。

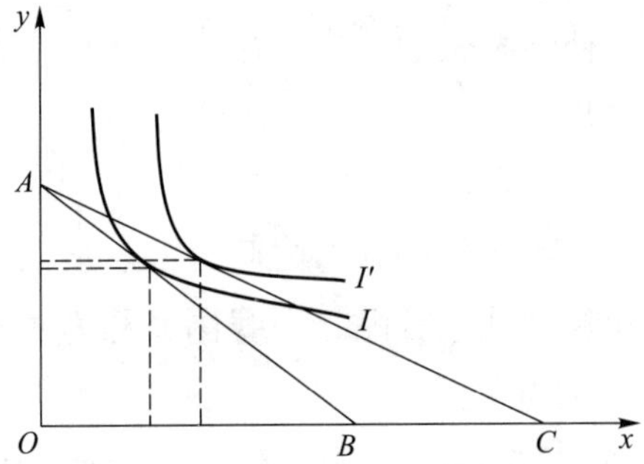


图 6-2 暗补降低补贴商品的价格

在明补中，消费者拿到多少补贴是明确的；而在暗补中，消费者一般不知道自己接受了多少补贴，甚至在许多情况下，消费者根本就不知道自己已经在无形中接受了补贴。在明补的情况下，消费者领受补贴的金额是一定的，消费者无法增加领受的金额；而在暗补的情况下，消费者购买该种商品越多，领受的补贴就越多。从这个意义上可以说，消费者可以任意增加自己领受的补贴金额。明补不改变商品的价格，而暗补改变了被补贴商品的价格，是一种扭曲价格的补贴。由于扭曲价格的暗补会产生效率的损失，所以一般说来，在同样的补贴金额下，明补所能达到的效用比暗补大。

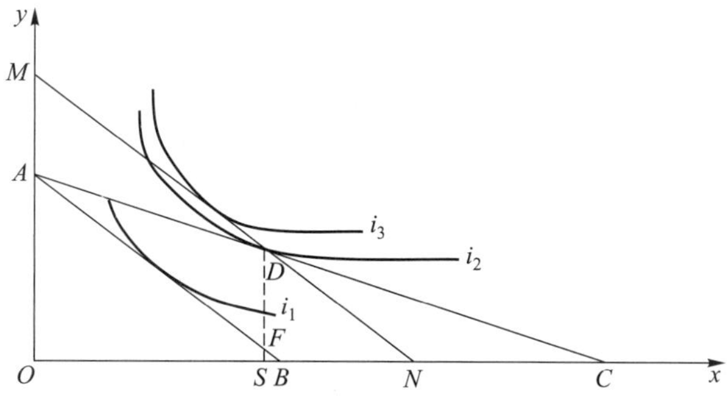


图 6-3 同样的补贴金额下明补和暗补

在图 6-3 中，没有补贴时，消费者的原预算线为 AB，此时的福利水平为 $i_1$。现在假定政府对 x 商品的生产者进行补贴使 x 商品的价格降低（即暗补），从而使预算线由 AB 变为 AC，此时的福利水平为 $i_2$。而政府财政补贴的数额可以用 DF 数量的 y 商品来表示。因为在原预算线 AB 所代表的原收入水平下，可以购买 OS 的 x 商品，FS 的 y 商品；暗补后，消费者的收入实际上增加了，即产生了新的预算线 AC，此时消费者购买 OS 的 x 商品，可以购买 DS 的 y 商品，比原预算线下可以多购买 DF 的 y 商品，所以说消费者实际增加的收入即政府的补贴额可用 DF 数量的 y 商品来表示。

现在假定政府给消费者直接的现金补贴，补贴数额与暗补一致，也可以用 DF 数量的 y 商品来表示。此时的预算线由原来的 AB 平行移动 DF 的纵向距离至 MN，与无差异曲线 $i_3$ 相切。与暗补相比，补贴同样的数额，但明补下所处的福利水平 $i_3$ 比暗补所处的福利水平 $i_2$ 要高。所以说，明补要比暗补有效。

从另一个角度来说，如果要使消费者达到同样的效用水平，明补所花费的要比暗补小。

但是，明补比暗补有效是有一定前提的，即消费者应有合理的偏好。如果政府给消费者的明补，消费者用来购买非补贴品，暗补就有可能比明补更有效。

（3）使用票证的暗补。

一般的暗补对于购买数量是不限制的，但有一种特殊形式的暗贴，是对购买数量进行限制的，那就是使用票证的暗补。采用暗补使产品价格降低，在该产品供给严重小于需求时，如果对购买数量不加限制，就可能被一些人大量抢购。为了防止这种情况的发生，政府通常采用限量供应的做法，即配给消费者购买的权利，消费者可买可不买，这个购买权利的代表就是相应的票证。

对于票证制度可从两个角度进行理解。一个角度是短缺的角度。由于产品过于短缺又是必需的，为了保证每个人都得到基本的供应，于是采取限量的办法。

也就是说，票证的作用是应付短缺。从另一个角度来看，票证制度是一种补贴。因为使用票证在限额内可以以较低的价格购买到相应的产品，一般这一低价是低于市场价格的，而两者之间的差额就由政府进行补贴。

所以，总的说来，使用票证的暗补与一般的暗补很相似，都是以优惠的价格购买产品。所不同的是，一般的暗补在购买数量上没有限制，使用票证的暗补在购买数量上有限制。下面用图 6-4 分析两者的不同：

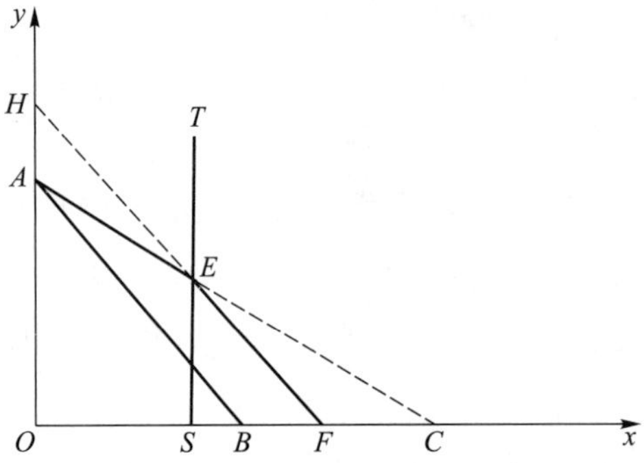

图 6-4　一般的暗补与使用票证的暗补

在图 6-4 中，AB 是未使用暗补的原预算线，对 x 商品进行一般的暗补，x 商品价格降低，预算线变为 AC。使用票证的暗补，即对限额内的产品进行补贴，使其价格下降，限额以外的产品并不进行干预。假设一般的暗补与使用票证的暗补，对单位产品补贴额相同，那么在限额内，一般的暗补的预算线与使用票证的暗补的预算线是相同的。图 6-4 中，限额为 OS，所以限额内使用票证的预算线就是 AE。超过 OS 的数量，就没有政府的暗补，所以 OS 右侧的预算线应该与 AB 线平行，因为 x 商品与 y 商品的相对价格与没有补贴前一致。所以概括起来，使用票证的暗补的预算线就是 AEF。从福利水平的变动来看，不管是一般的暗补还是使用票证的暗补，福利水平都得到了提升。但补贴后，无差异曲线与预算线如果相切于 TS 曲线的左边，一般的暗补与使用票证的暗补所处的福利水平就相同，因为与 AE 相切的无差异曲线只有一条。如果无差异曲线与预算线相切于 TS 曲线的右边，一般的暗补比使用票证的暗补所处的福利水平更高，因为一般的暗补下无差异曲线与 EC 相切，使用票证的暗补无差异曲线与 EF 相切，一般的暗补所处的无差异曲线高于票证暗补下的无差异曲线。换句话讲，当限额不超过消费者在某一收入水平上愿意购买的数量时，一般的暗补与使用票证的暗补对消费者来说是一样的。但当限额超过消费者在某一收入水平上愿意购买的数量时，对消费者来说一般的暗补比使用票证的暗补更优，当然政府此时的一般暗补补贴总额也比票证暗补补贴总额大。

2. 实物补贴

实物补贴是指政府用实物支付给受益者的补贴。它与明补有相同之处，二者都是对受益者（消费者）进行直接补贴，所不同的是补贴方式不同，一个用现金，一个用实物。与暗补相比，实物补贴是政府对消费者的实物补助，而暗补是政府对生产者的货币补助。下面主要分析实物补贴与明补的不同。

在图 6-5 中，AB 是未补贴时的原预算线，现在政府对消费者实行实物补贴，有两种情况：（1）假定补贴的是 AE 数量的 x 商品，从而使得补贴后的预算线为 AED，同时政府财政补贴的产品数量超过了消费者在某一收入水平上愿意购买的数量，消费者将选择 E 点所代表的产品组合。此时消费者的福利水平由 $i_1$ 上升到 $i_3$。现在如果政府不是采用实物补贴的方式，而是采用明补，要使消费者的福利水平上升到 $i_3$，只需补贴与 BC 数量的 x 商品价值相同的货币，而实物补贴需 AE 数量的 x 商品，AE 等同于 BD，所以提高相同的福利水平，明补比实物补贴的数额小，二者差额为 CD 数量的 x 商品。换句话讲，当补贴的产品数量超过了消费者在某一收入水平上愿意购买的数量时，实物补贴的效率低于明补。（2）假定补贴的是 AH 数量的 x 商品，从而使补贴后的预算线为 AHG，同时政府财政补贴的产品数量没有超过消费者在某一收入水平上愿意购买的数量。政府如果给予同样价值的现金补贴，消费者也会用这些货币去购买 AH 数量的 x 商品，此时两种补贴所面对的是同一种产品组合，同一条无差异曲线。所以当政府财政补贴的产品数量没有超过消费者在某一收入水平上愿意购买的数量时，实物补贴与明补一致，并不存在效率损失。

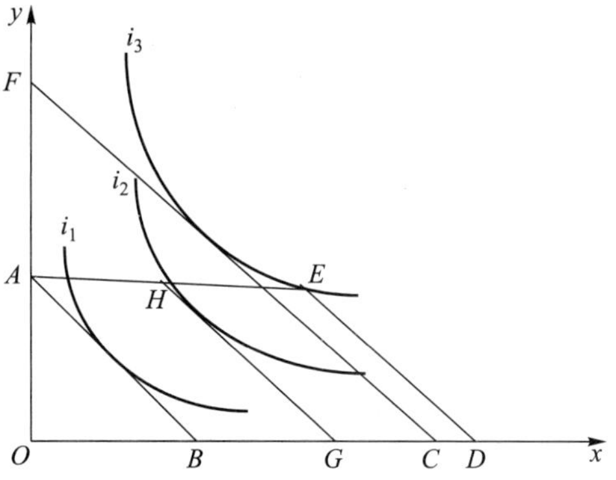

图 6-5 实物补贴与明补

同样，得出上述结论有一定前提，即消费者的偏好是合理的，否则明补也存在效率损失。

3. 价格补贴

作为财政统计中财政补贴的主要内容，价格补贴是指政府向某种商品的生产经营者或消费者无偿支付补贴金，以维持一定价格水平的措施。其实质是对这些生产经营者或消费者的经济利益损失所做的补偿。一般多用于农业、对外贸易和交通运输业等。

我国改革开放前的价格补贴多以暗补为主，即政府为弥补因价格决定机制或政策原因造成价格过低给生产经营者带来损失，而对生产经营者给予价差补贴亏损；改革开放以来，随着物价的放开并由市场供求决定，人民生活必需品的销售价格提高，此时政府更多通过给消费者个人以补贴的办法，即明补方式，保障人民生活，如粮食、副食品的价格补贴等。

在我国，价格补贴在 1985 年以前冲减财政收入，1986 年以后作为支出项目列示在财政支出项目中。

4. 企业亏损补贴

企业亏损补贴是政府在企业发生亏损的时候，为了维持企业生存给予的财政补贴。企业亏损有政策性亏损和经营性亏损之分，政策性亏损是指企业因为国家某项经济政策的影响而造成的亏损；经营性亏损是由于企业自身经营管理不善所致，这与企业的主观努力程度有关。因此政府只应对政策性亏损进行补贴。在我国，企业亏损补贴作为预算收入退库处理，冲减财政收入。

企业亏损补贴与价格补贴有所不同。二者的区别主要有以下几个方面：第一，价格补贴主要与市场零售商品有关，而企业亏损补贴主要与工业生产资料有关。第二，价格补贴的直接受益人主要为城乡居民，企业亏损补贴的直接受益人主要为相关的企业。第三，价格补贴多补贴在流通环节，一般向商业企业提供；企业亏损补贴多补贴在生产环节，一般向生产企业提供。第四，价格补贴主要用于弥补购销价格倒挂给企业造成的价差损失，企业亏损补贴主要向经营价格倒挂产品的企业提供经营费用和合理留利。

5. 财政贴息

财政贴息是指国家对使用某些规定用途银行贷款的企业，就其支付的贷款利息提供的补贴。它实质上等于财政代替企业向银行支付利息。财政贴息是国家财政支持有关企业或项目发展的一种方式。在我国，财政贴息常用于以下用途的贷款：第一，促进企业联合，发展优质名牌产品；第二，支持沿海城市和重点城市引进先进技术和设备；第三，发展节能机电产品等。在具体做法上，财政贴息有半补贴和全补贴两种。财政贴息在我国预算账务中直接列为财政支出。

6. 税收支出

税收支出亦称税式支出，是指政府对于某些纳税人或课税对象给予的减免税。税收支出只减少财政收入，并不列为支出，是一种隐蔽的财政补贴支出。之所以把税收支出也看作财政补贴的一种，是因为一方面对政府来说，税收支出会使政府所掌握的财力减少，这与一般的财政补贴支出一样；另一方面受益者因减免税使得实际的收入增加，这也与一般的财政补贴一致。所以说，税收支出也是财政补贴的一种，是政府将财政资金的一部分无偿转移给补贴领受者。与其他财政补贴不同的是，一般财政补贴下纳税人与补贴领受者不一定一致，而税收支出下，补贴领受者就是纳税人。

税收支出的具体形式大致有税收豁免、纳税扣除、税收抵免、优惠税率、延期纳税、盈亏相抵、加速折旧、退税等。其中，税收豁免是指在一定时期内，对纳税人的某些所得项目或所得来源不予课税，或对某些活动不列入课税范围等，以豁免其税收负担；纳税扣除是指准许企业把一些合乎规定的特殊支出，以一定的比率或全部从应税所得中扣除，以减轻其税负；税收抵免是指允许纳税人从其某种合乎奖励规定的支出中，以一定比率从其应纳税额中扣除，以减轻其税负；优惠税率是指对合乎规定的企业课以比一般较低的税率；延期纳税也称“税负延迟缴纳”，是指允许纳税人对那些合乎规定的税收，延迟缴纳或分期缴纳其应负担的税额；盈亏相抵是指准许企业以某一年度的亏损抵消以后年度的盈余，以减少其以后年度的应纳税款，或是冲抵以前年度的盈余，申请退还以前年度已纳的部分税款；加速折旧是指在固定资产使用年限的初期提列较多的折旧，采用这种折旧方法，可以在固定资产的使用年限内早一些得到折旧费和减免税的税款；退税是指国家按规定对纳税人已缴纳税款的退还。

### （二）财政补贴的成因

从世界各国来看，不管是发达国家还是发展中国家，政府都运用财政补贴手段来弥补一定的价格结构所产生的缺陷。在市场经济条件下，政府采用财政补贴手段的主要原因有：

#### 1. 存在某些需要鼓励生产但容易导致生产企业亏损的产品

生产这类产品的企业一般是一些公共基础产业，如环保、煤气、水电等。这些产品与人民的生活息息相关，具有外部效益，但是经营起来却可能导致亏损，为了鼓励这些产业和产品的生产，需要政府予以补贴，以弥补其经营所产生的损失。

#### 2. 为了维系某些非市场价格的存在

市场价格机制是配置市场资源的最有效机制，但市场价格机制并不能解决所有的问题，有些领域（如农业等）并不能完全引入市场经济机制。因此，基于这些领域的非市场价格的存在，就需要政府给予大量的财政补贴。

3. 为了配合产业政策发展的需要

任何国家在不同的发展阶段都有一定的产业政策与导向，为了配合产业政策的实施，政府往往需要对优先发展的产业予以扶持，其中财政补贴就是一种重要的手段。

（三）财政补贴的特征

一般认为，财政补贴具有以下三个特征：

1. 政策性

财政补贴是政府实现一定政策目标的手段，财政补贴的对象、补贴的数额、补贴的期限等都是按照一定时期的政策需要制定的，不仅包括经济政策，而且包括政治和社会政策。因此，财政补贴具有很强的政策性，它不仅是国家调节经济的杠杆，而且也是协调各种社会关系、保障社会秩序和政治局面安定的经济手段。

2. 灵活性

国家一般都是根据形势的变化和政策需要，及时地修正和调整财政补贴，所以，在世界各国，财政补贴往往是政府实现短期经济目标的重要财政手段。

3. 时效性

政治、经济和社会政策是随着一国政治经济形势的变化而修正、调整和更新的。财政补贴措施一般都是依据一定时期的政策需要制定的，是为实现国家的政策目标服务的，因此，当政府的某些政策发生变化时，财政补贴措施也应做出相应的调整；当政府的某项政策随着形势的变化失去政策效力时，与之相应的财政补贴也应随之终止。

## 二、财政补贴的作用机理和影响因素

（一）财政补贴的作用机理

概括而言，政府安排的财政补贴主要通过以下渠道对国民经济产生影响。

1. 改变相对价格，进而改变供求结构

财政补贴在各国都被当作一种重要的调节经济的手段，它之所以有这种作用，是因为它可以改变相对价格，进而改变需求和供给结构。从需求角度看，商品和服务的价格越低，需求就越大；商品和服务的价格越高，需求就越小。当商品和服务的需求方因为政府提供补贴而有了更多的收入，或能买到更便宜的商品和服务时，其对该类商品和服务的需求自然增加。

从供给角度看，财政补贴改变供给结构的作用是通过改变企业购进产品的价格，从而改变企业盈利水平而发生的。比如，政府向农业部门提供补贴的时候，从事农业生产变得有利可图，农产品供给自然增加，而农产品的增加对改善我国的供给结构有着举足轻重的作用。又如，现代经济已经进入知识经济时代，科技进步成为经济发展的重要动力，因而各国都将财政补贴更多地用于科学研究和高新技术开发，推动基础科研，改造传统产业，发展新兴产业，进而实现产业结构调整和产业升级。

2. 矫正外部收益，将外部效应内在化

在现实生活中，诸如教育、科技、文化、医疗卫生等产品都具有较强的正外部性，社会收益明显高于私人收益。为了使外部效应内在化，政府可以通过财政补贴降低产品的成本或提高消费者的需求，来消除因未考虑外部效应而少生产或消费产品所造成的效率损失。比如科研与开发的投入很多，成功率却很低，而且从事研究、开发的机构和个人不可能获得全部的收益，而此时政府给予补贴，可以降低研究与开发成本，缓解风险，实际上是将外部效应内在化，从而推进研究与开发的开展。

3. 配合公共定价，弥补生产者亏损

在公用设施等自然垄断存在的领域，市场价格是无法有效配置社会资源的，因而政府可以通过对这类企业价格实行公共定价消除效率损失。公共定价有多种方法：边际成本定价法、平均成本定价法、二部定价法和负荷定价法等。对于这些需要实行低价的公用设施，一般都应采用边际成本定价法或平均成本定价法，而由于低价造成的生产者亏损，则应当由政府进行补贴。

### （二）财政补贴的影响因素

影响财政补贴的因素，主要有以下三个方面。

1. 农产品与工业品的相对价格结构

财政对农产品的补贴一直是财政补贴的重头戏，其主要原因在于农产品与工业品的相对价格结构不均衡，即农产品的价格一般要按低于均衡市场价格的价格出售，而工业品则可以完全直接进入市场，这样就形成相对价格结构的不均衡。这种不均衡越严重，需要的财政补贴就越多；反之，若不均衡情况缓和，需要的财政补贴相应就减少。

2. 国有企业的规模与经营状况

在西方发达国家，国有企业的经营状况一般都不太理想，亏损较多，所以政府都要支付大量的补贴给国有企业以弥补亏损。国有企业亏损，一是因为国有企业经营的行业本来就属于亏损的行业，盈利性行业一般是由私人来经营的；二是因为国有企业的经营管理效率比私人企业低下。不过，西方国家的国有企业规模都不算大，数目也不多，政府还通过实行对国有企业的私有化来调整国有企业的规模，因此政府对国有企业的补贴一般都控制在可承受的范围内。

然而，我国由于历史与制度的原因，国有企业的规模和数量较大。多年来，国有企业及国有控股企业享受到了大量国家优惠和财政补贴项目，如贷款利息优惠、地租优惠、资源优惠和亏损补贴等。

3. 国家特殊政策的执行

国家某些特殊政策的执行与实施也可能导致补贴的增加。比如，政府鼓励出口时，相应就要增加对出口企业的补贴。某些企业由于执行国家的特殊政策可能会引起亏损，即所谓的政策性亏损，也需要政府予以补贴。另外，政府出于刺激消费、扩大需求的考虑，也有可能会借助增加财政补贴的手段。

## 三、中国财政补贴的现状和改革

### （一）现状分析

20 世纪 80 年代，我国财政补贴项目繁多，管理紊乱，仅企业亏损补贴和价格补贴两项补贴的规模就曾接近财政支出的 1/3。随着经济体制改革的不断深化，补贴规模逐步缩小，特别是国有企业改革的深化，使得企业亏损补贴急剧下降，但价格补贴非但没有减少，反而大幅增加。价格补贴主要是用于农业的政策性补贴，因而价格补贴的增加与近年来加快新农村建设、加大“三农”投入力度有直接关系。此外，为鼓励企业加大研发投入和扶持中小微企业，近年来政府出台了一系列专项补贴和税收支出政策。

财政补贴规模急剧增大和补贴范围急剧扩展的现象反映出的本质是经济体制及其运行机制不完善、不合理，需要财政补贴这一经济杠杆来发挥润滑剂作用。因而，扭转财政补贴过多局面的根本出路在于变革和完善经济体制。而过多过滥地运用财政补贴手段，则可能出现消极作用，主要表现为以下几点：

（1）财政补贴项目偏多，规模偏大，会加重财政负担，甚至是导致长期存在财政赤字的重要原因之一。虽然从局部来看它起到了经济调节作用，但却会从总体上削弱国家财政的宏观调控能力。

（2）长期的财政补贴不可避免地会使受补贴的企业产生依赖思想，影响经济效率和资源配置效率，人为地加剧企业的不公平竞争，以政策性亏损掩盖部分企业由于经营不善而引起的经营性亏损。

（3）长期过多过广的财政补贴人为地扩大了经济体系中的政府行为，相应地缩小了市场活动覆盖的范围，而且财政补贴成为受补贴企业的既得利益，易上难下，有可能演变为经济改革顺利进行的阻碍因素。

（4）某些补贴不当扭曲了价格体系，扭曲了合理的消费结构，加大了宏观调控的难度。

### （二）改革完善

在建立社会主义市场经济体制的过程中，从发挥市场配置资源的决定性作用和加强国家的宏观调控出发，从制度创新入手，建立适应社会主义市场经济体制要求的新型财政补贴制度，是经济体制深化改革的一项重要任务。未来财政补贴改革应遵循的基本宗旨是：围绕着财政的资源配置、公平分配、稳定经济职能和完善国家治理体系，来设计和构筑财政补贴机制，从宏观及整体上发挥补贴的积极作用。改革的基本原则是：以不影响市场机制在全社会资源配置中发挥决定性作用为功能限度；以不影响财政收支平衡、不加剧财政困难为数量限度；以不挤占其他必要的财政支出、不取代其他财政政策工具、不妨碍财政整体职能的发挥为效用限度。改革的总体思路是：清理和减少补贴项目、压缩补贴规模、规范补贴方式、提高补贴效益。具体改革措施如下：

1. 合理界定补贴范围，控制补贴规模，改进补贴方式

必须认识到，财政补贴的作用不是无限的、万能的，因此财政补贴的范围也就是有限的，应当逐步加以规范。随着市场经济的不断完善，要取消一些不合理的补贴项目，确立和聚焦重点补贴对象。考虑到我国实际情况，我国财政补贴范围应该限定在以下领域：农产品生产与流通领域、公共基础设施和固定资产投资领域、关系国家安全和国民经济命脉的重要领域和国有企业、社会公益事业、重要的科技研发等。在补贴数量确定上，要明确财政补贴支出主要方向，坚持有保有压方针，尽可能缩小补贴规模。在补贴项目甄别上，要贯彻国家产业政策优先原则，把补贴主要集中在关系到国计民生的重要领域。在补贴方式选择上，减少暗补、实物补贴和间接补贴，更多采用明补、现金补贴和直接补贴。

2. 调整补贴标准，提高补贴效益

财政补贴作为政府的转移性支出，从公共支出项目选择来看，应投向具有明显外部性特征、受益群体广泛的项目。从社会经济效益来看，财政补贴作为以增进社会福利为目的的一种公共支出，产出价值在大多数情况下很难像企业那样能够通过财务方法计算出来，往往只能采用一定的考核指标进行定性的绩效评价。结合当前我国财政绩效评价的实践，在规范财政补贴项目的前提下，应改进项目补贴方式，强化对财政补贴项目的绩效评估，进而确定适当的补贴标准，建立各种补贴项目、补贴标准的测算指标体系，评价和考核补贴支出的绩效，使之更加公平合理。

## 思考题

1. 为什么说政府在社会保障制度中具有重要责任？
2. 我国的社会保险制度还存在哪些问题？如何进一步完善？

3. 分析社会保险基金的筹集模式及其效应。
4. 说说中国现行社会救助体系的特色。
5. 分析财政补贴影响经济的作用机理及其可能产生的效应。

▶ 即测即评

# 第七章　财政收入总论

政府必须有财政收入才能保证其正常履行职能，并且为公众提供充足的公共产品和公共服务，因此，财政收入是政府正常运转和满足财政支出需要的基础。第三、四、五、六章主要讨论财政资金的去向和用途，即财政支出问题，它体现了政府政策的意图，代表着政府活动的方向和范围。随之而来的问题是，政府为何能够以及通过什么方式获得这些财政资金从而形成财政收入？本章就是对财政收入的总体分析。

本章共三节，第一节为财政收入概述，介绍财政收入的概念、特征和分类。第二节为财政收入规模，主要对财政收入的规模进行理论分析和实证考察，客观评判最优财政收入规模问题。第三节为财政收入结构，分析财政收入的结构及变化趋势。

## 第一节　财政收入概述

### 一、财政收入的概念

财政收入，亦称政府收入或公共收入，是指政府为履行职能而筹集的一切资金的总和。财政收入是政府从事一切活动的物质前提，财政收入的状况如何，直接影响政府各项职能的发挥和政府各项政策目标的实现。同时，财政收入又是政府凭借其公共权力从社会获取的，并由财政部门掌握和支配的收入，它会对私人资本的获利水平和居民的收入水平产生重要影响，从总量上改变社会总需求和总供给的均衡状况，从结构上影响产业结构和经济结构的变动方向。

从根本上说，财政收入产生于社会公共利益的需要，是为了满足社会共同需要而由政府筹集的收入。在现代社会，社会共同需要主要由公共产品（包括公共服务）的提供来满足，伴随着公共产品内涵与种类的不断扩大，财政支出也基本上涵盖了日益多样化的公共产品和社会共同需要的各个方面。然而，公共产品的供给是有成本的，需要占有和使用一部分社会资源，为了筹集提供公共产品所需的资金，作为公共产品主要提供者的政府就需要相应地获得一部分国民收入或社会产品，这就是财政收入存在的主要依据和基本理由。另外，从经济活动的外部性来看，由政府出面来弥补市场机制的不足是纠正外部性的一个有效手段，由此需要取得一定数量的财政资金，这也是财政收入产生的一个重要原因。而从市场失灵的角度来看，除了公共产品和外部性外，收入分配的不公平、经济的周期性波动、公共秩序紊乱及社会动荡、市场垄断的效率损失等都是市场失灵的表现，对这些市场失灵的矫正也都大大拓展了政府的职能范围。与政府职能的不断扩展相对应，就要求有日益增多的财政收入来满足其实现职能的需要即社会共同需要。由此可见，为了满足社会共同需要，提供公共产品、矫正经济活动的外部性和市场失灵，财政收入必须存在，并且它的规模随着经济社会的发展而相应地扩大，内容更加丰富，形式也日益多样化。

为了全面地掌握财政收入的这一范畴，需要从不同的角度理解财政收入的概念。首先，分别从动态和静态的角度来理解。从动态的角度看，财政收入是政府筹集财政资金的过程，是以国家为主体的分配活动的一个阶段或一个环节，通过组织收入、筹集资金，形成特定的分配关系；从静态的角度看，财政收入是国家通过一定的形式和渠道集中起来的以货币表现的一定量的社会产品价值。其次，以国家财政预算的编列方式和分类为标准，可以分别从广义和狭义的角度来理解财政收入。广义的财政收入是指各级政府所支配的全部资金，其范围与政府收入一致，包括全口径财政预算的所有收入，就我国的预算收入体系而言，由一般公共预算收入、政府性基金预算收入、国有资本经营预算收入和社会保险基金预算收入四项组成。狭义的财政收入是指一般公共预算收入，以税收为主体，也包含纳入一般公共预算的非税收入、债务收入和转移性收入等。我国通常所说的财政收入主要是指狭义的财政收入。

更进一步分析，财政收入是由各种不同的因素构成的，它们不仅决定财政收入的性质，而且决定财政收入的量。为了寻求筹集和增加财政收入的最佳途径，完善对财政收入的筹集和加强对其管理，有必要对构成财政收入的因素做进一步的分析，根据财政收入构成因素的不同，对财政收入形式进行分类。财政收入形式实际上就是政府利用什么名称、采用什么方式取得财政收入的问题。例如，以强制性的方式取得税收收入，以有偿性的方式取得债务收入，等等，这里说的税收收入和债务收入分别属于不同的财政收入形式。各种财政收入形式的有机组合，便构成了一个国家的财政收入体系。财政收入体系既是政府与其他社会主体之间理财关系的具体体现，又从收入的角度反映出一国政府社会经济活动的范围。因此，选择适当的财政收入形式，确定相应的财政收入体系，对于科学、合理地组织财政收入，协调好各种经济关系，具有重要意义。

## 二、财政收入的特征

### （一）公共性

公共性是财政收入区别于私人收入的最主要特征。公共权力产生于社会共同需要，财政收入作为公共权力在经济方面的表现，同样源于社会的共同需要。在财政发展史上，公共财政是否定君主财政和家私财政的产物。君主财政和家私财政是专制王权在财政类型上的体现，此时专制君主既凭借王权获得特权收入，又凭借财产权获得私人收入，致使财政可以脱离社会公众和公共权力的约束和控制，着重服务于君主个人而不是为公众提供公共服务。而公共财政是在市场经济制度形成的过程中通过抛弃旧财政制度、创造新财政制度而逐步形成的，资产阶级通过议会和公共预算夺取财政收支的最后控制权，是公共财政形成的根本标志。自此，政府财政收支活动必须遵循公共性要求和公共利益来进行，这就从总体上剔除了财政收支中的私人财务内容而演变为公共收支（当然，在资本主义社会是“形式上”的），并进而成为由政府代表社会公众行使公共权力的经济基础。

（二）强制性

由于财政收入的获得主要以公共权力为依托，而公共权力有一个主要特点即强制性，相应地财政收入也就具有了强制性的特征。如果说私人收入的获得与使用具有充分意义上的私人自由与自愿的性质，那么财政收入则具有公共的强制性。这一特点主要源于满足共同需要时“搭便车”所引起的公共产品供给不足的问题以及实现政府职能的需要。正是由于政府扮演公共产品主要供给者的角色，决定了政府所获得与使用的财政收入必须能够保证政府职能的实现和满足社会共同需要。如果在财政收入的获取与使用中采取所谓的自觉自愿原则，最后将会导致混乱的无政府状态。

（三）规范性

相对于财政收入而言，私人收入不具有规范性的特点，其获取与使用缺乏制度化的规定与保证，表现为一定程度的主观随意性，因而对其进行的评价也缺乏统一的标准，可变因素较多。相反，财政收入从诞生之日起就具有内在的制度含义和外在的制度约束，其获取与使用都要依据一定的法律和规章制度，不得随意地收取或舍弃。财政收入的种类、规模、征收对象、征收手续、资金管理、使用方向等都有明确的制度规定，因此具有规范性。

（四）稳定性

财政收入的稳定性是其强制性与规范性的必然推论。正是由于财政收入的征收与使用具有强制性，而且又有制度化的规定与保证，因此财政收入具有客观的稳定性。虽然由于经济现象的复杂性与多变性、信息的不确定性以及人的有限理性，财政收入在结构方面会有变化、在数量上会有波动，但是从长期和总体上说，其具有稳定的收入来源和一定的数量保证。

## 三、财政收入的分类

财政收入的分类是财政收入管理的重要组成部分。首先，财政收入的分类是分析财政收入的前提和条件。财政收入分析可从多个角度进行，如财政收入的形式、规模、结构等，而财政收入从形式和构成上看又非常复杂，为了保证分析的可靠性和正确性，必须对财政收入进行科学的分类。其次，财政收入的分类也具有自身的实践价值。财政收入的分类可以帮助我们寻求筹集和增加财政收入的有效途径，加强对财政收入的组织和管理。

根据不同的标准，可以将财政收入进行不同的分类，这些分类反映了财政收入的来源和性质。

（一）按价值构成分类

财政收入是货币形态的社会产品价值，从它的价值构成来看，不外是C、V、M三部分。进一步分析可以看出，在社会总产品中，相当于生产过程中物质消耗的C，只有再回到生产过程，才能保证社会再生产以原有的规模进行，因此，这部分价值一般在生产单位内部经过财务分配后继续进入再生产过程，属于企业经营管理权限的范围，不宜由政府集中使用，因此也不适宜作为财政收入的来源。

社会总产品中用来补偿劳动消耗的V，是个人消费基金的最主要部分，它在初始分配阶段归劳动者个人所有，既保证劳动者脑力和体力的恢复，又保证劳动者多方面的发展，这一部分应首先用于满足补偿劳动消耗的需要，但也有一些可以作为财政收入的来源。就现实的经济运行来看，来自V的财政收入主要有以下几个方面：第一，直接向个人征收的税收，如个人所得税、车船税等；第二，直接向个人收取的规费收入和使用费收入等；第三，居民个人购买的公债券；第四，政府通过高税率高税负消费品（如烟、酒、奢侈品）的销售所获得的收入；第五，服务行业和文化娱乐业等企事业单位上缴的税收，其中一部分是通过对V的再分配转化来的。今后，随着人民生活和收入水平的不断提高，以及个人所得税制及财产税制的改革和完善，我国财政收入中来自V的比重会逐渐提高。西方发达国家普遍实行高工资政策和以个人所得税为主体税种的税收制度，财政收入中很大一部分来自V。

社会总产品价值构成中的M，是劳动者为社会创造的剩余产品价值，是提高人民生活和收入水平以及满足社会共同需要的财力保证，是财政收入的主要来源。这不仅因为这部分价值在分配中与C和V相比具有较高的灵活性，而且因为这部分价值的分配使用影响社会发展的方向和速度。从我国的实际情况看，财政收入主要来自M，而且在相当长的时期内，M都将是财政收入的主要来源。

研究财政收入价值构成的重要意义在于：从根本上说明影响财政收入的基本因素，从而采取有效措施增加财政收入。由于M是财政收入的主要来源，财政收入规模大小直接受到M大小的制约，因此要增加财政收入，就必须把重心放在努力增加M上。在国民经济中影响M增减变化的因素主要有三个：生产、成本和价格。其中，生产是从绝对量上影响 M，生产发展的规模和速度以及实现的产品产量和产值决定财政收入的规模和增长速度。在产品产量和价格不变的情况下，成本和 M 成反比例变化，财政收入随 M 相应增减。因此，要持续增加财政收入，根本的途径就是增加生产和厉行节约，即降低成本，增加盈利，提高经济效益。这既是提升经济发展质量的问题，也是增加财政收入的主要方向。

（二）按收入来源分类

无论国家以何种形式参与国民收入分配，财政收入过程总是和该国的经济制度及经济运行密切相关。如果把财政收入视为一定量的货币收入，它总是来自国民收入的分配和再分配。经济作为财政收入的基础和最终来源，对财政收入本身具有决定作用。按财政收入的来源进行分类，有助于研究财政与经济发展之间的制衡关系，有利于合理调整财政收入的规模和结构，并建立经济决定财政分配、财政分配影响经济发展的和谐运行机制。

按收入来源分类，财政收入包括两种不同的亚类：一是以财政收入的所有制结构为标准，将财政收入分为国有经济收入、集体经济收入、私营与个体经济收入、合资与合营经济收入、外商独资经济收入和股份制经济收入等；二是以财政收入来源中的部门结构为标准，将财政收入分为工业部门和农业部门收入，轻工业部门和重工业部门收入，生产部门和流通部门收入，第一产业部门、第二产业部门和第三产业部门收入等。目前，我国已经停征农业税和绝大部分的农业特产税，直接来自第一产业部门的财政收入已微乎其微，财政收入主要来自第二和第三产业部门。随着新型城镇化进程的加快、现代服务业的快速发展和科学技术的进步，第三产业产值在国民生产总值中的占比会越来越高，财政收入来源于第三产业的比重也会随之提高，第三产业终将成为最主要的财政收入来源。

（三）按收入形式分类

按收入形式分类，财政收入可分为税收收入和非税收入两大类。税收收入是政府凭借其公共权力无偿占有的一部分社会资源或收入，包括所得税、商品税、财产税、资源税等各项税收。在现代社会中，政府所凭借的这种公共权力通常是以国家法律的形式表现出来的，如《中华人民共和国宪法》《中华人民共和国预算法》中的有关条款等，政府正是依据这些法律来课税的。从数量上看，税收收入通常也是一个国家主要的财政收入来源，它在财政总收入中具有绝对的主体地位。比如，发达国家的财政收入中税收约占 90%，即使经济欠发达国家税收也占 60%~80%。目前我国一般公共预算收入的 80%以上来自税收。

非税收入是相对于税收收入而言的，是指国家（政府）在依照税法征税取得税收收入以外，各级行政机关、司法机关和代表政府行使管理职能的事业单位，以专项收入、公共债务收入、规费和使用费等形式从法人、社会团体和居民个人那里取得的收入，以及依据财产权利收取的国有资本经营收入、国有资源(资产) 有偿使用收入等项收入。各种非税收入的资金筹集过程、属性及反映的分配关系、在政府理财活动中的作用以及对社会经济生活的影响等与税收收入有所不同，但在财政收入中也具有相当重要的独特地位。

按收入形式进行分类，也称为财政收入的项目分类法，是一种实用性较强的财政收入分类方法，这种分类方法在各国预算的编制过程中，包括我国的预算编制和财政统计中已经普遍采用。

此外，财政收入还可以按征收管辖政府的不同级别分类，分为中央财政收入和地方财政收入；按编制复式预算的要求分类，分为经常性收入和资本性收入；按财政资金的预算管理方式分类，分为预算内收入和预算外收入；按取得收入的稳定性分类，分为经常性收入和临时性收入等。

## 第二节 财政收入规模

### 一、财政收入规模及其变化趋势

#### (一) 财政收入规模及其衡量指标

财政收入规模指财政收入的总体水平，是衡量一国政府财力的重要指标，它体现政府在国民收入分配中所占的份额，以及政府与企业、居民个人之间占有和支配社会资源的关系，也反映政府在经济社会生活中职能范围的大小、广度和深度，以及政府在经济社会生活中的地位和作用。

衡量财政收入规模通常用绝对指标和相对指标来表示。绝对指标是财政收入总额（FR）或财政总收入，能够反映一定时期一个国家财政收入的数量、构成、形式和来源。相对指标反映政府对一定时期内新创造的社会产品价值总量或国内生产总值（GDP）的集中程度，即财政收入占 GDP 的比重，用 K 表示为：

$$K=\frac{FR}{GDP}\times 100\%$$

一般而言，相对指标在对一国财政收入与其他国家财政收入进行横向对比，以及对本国财政收入变化进行纵向比较时，都具有较强的参考和分析意义。

#### (二) 财政收入规模的变化趋势分析

从世界各国的历史和现实考察，与财政支出规模的总体变化趋势相似，财政收入规模无论从绝对指标，还是相对指标来看，都表现出不断扩大和逐渐增长的基本趋势。

1. 发达国家财政收入规模增长分析

在早期的资本主义经济中，财政收入数量及占 GDP 的比重都比较小。由于早先资本主义国家大都奉行经济自由主张，国家的职能基本上限于所谓“维持社会秩序”和“保卫国家安全”，在经济、文化、社会等方面很少有所作为，因此财政支出及相应的财政收入规模都被控制在较低的水平。随着资本主义基本矛盾的激化和政府干预经济的增强，加之为了缓和社会矛盾及防止社会动荡而不得不为公众提供基本的社会保障，导致资本主义国家的财政支出日益膨胀，由此逼迫财政收入不断增长。尤其从第二次世界大战结束至 20 世纪末这个时期，主要发达国家财政收入的绝对量和相对量均大幅度上升，财政收入占 GDP 的比重迅速提升，平均值约为 30%，上升比例超过了 10%。有些国家如挪威，财政收入（含社会保险缴费）占 GDP 的比重甚至接近 50%（见表 7-1）。

**表 7-1　1980—2014 年部分发达国家财政收入占 GDP 比重的演变**　单位：%

| 国家 | 1980 年 | 1990 年 | 2000 年 | 2010 年 | 2011 年 | 2012 年 | 2013 年 | 2014 年 |
|---|---|---|---|---|---|---|---|---|
| 美国 | 19. 07 | 18. 16 | 20. 51 | 16. 50 | 16. 73 | 16. 85 | 18. 97 | 19. 07 |
| 加拿大 | — | 19. 77 | 20. 93 | 16. 94 | 16. 97 | 16. 96 | 17. 07 | 17. 10 |
| 日本 | 11. 30 | 13. 79 | — | 10. 82 | 10. 88 | 10. 74 | 11. 53 | — |
| 韩国 | 16. 36 | 15. 55 | 21. 20 | 21. 01 | 21. 57 | 27. 86 | 27. 42 | 26. 28 |
| 法国 | 37. 41 | 38. 00 | 42. 90 | 43. 24 | 42. 99 | 43. 99 | 44. 92 | 45. 25 |
| 德国 | 24. 59 | 24. 50 | 29. 85 | 27. 85 | 28. 23 | 28. 42 | 28. 38 | 28. 55 |
| 意大利 | 29. 72 | — | 36. 05 | 37. 40 | 37. 21 | 38. 75 | 38. 98 | 38. 81 |
| 挪威 | 36. 63 | 40. 91 | 47. 99 | 47. 72 | 49. 46 | 49. 20 | 47. 13 | 46. 80 |
| 瑞典 | 31. 35 | 39. 30 | 37. 99 | 33. 05 | 32. 52 | 31. 98 | 32. 14 | 31. 69 |
| 瑞士 | 16. 83 | — | 22. 37 | 16. 53 | 17. 04 | 16. 82 | 17. 56 | 17. 42 |
| 英国 | 33. 49 | 32. 61 | 34. 03 | 34. 87 | 35. 36 | 34. 73 | 35. 58 | 34. 53 |
| 非加权平均值 | | | | | | | | |
| 全部国家 | 25. 67 | 26. 95 | 31. 38 | 27. 81 | 28. 09 | 28. 76 | 29. 06 | 30. 55 |
| 欧洲国家 | 30. 00 | 35. 06 | 35. 88 | 34. 38 | 34. 69 | 34. 84 | 34. 96 | 34. 72 |
| 非欧洲国家 | 15. 58 | 16. 81 | 20. 88 | 16. 31 | 16. 53 | 18. 10 | 18. 75 | 20. 82 |

资料来源：“收入统计 1965—2008”，经济合作与发展组织网站；“世界发展指标 2015”，世界银行网站。

进入 21 世纪以来，主要西方国家财政收入的绝对额虽然继续增长，如美国政府 2013 财年财政收入为 2. 77 万亿美元，2021 财年更达到 4. 05 万亿美元的惊人数字，但财政收入在国民收入中的比重却变化不大，有些国家甚至还略有下降，如加拿大、日本、瑞典等国。发生这种变化的主要原因，一是 20 世纪 80 年代之后，西方国家普遍出现滞胀现象，经济增速放缓甚至遭遇严重经济衰退，大大制约了财政收入持续快速增长；二是新自由主义在西方国家大行其道，主要发达国家都在重新审视政府干预与市场机制的关系，认为以往长期信奉并推行的国家强行干预经济运行的政策造成过多扭曲，政策失误在加剧经济衰退方面难辞其咎，因此主张更加重视市场作用，减少政府不必要的干预，在节减财政开支、控制财政支出过快增长的同时，对财政收入的增长也要加以控制，防止巨额财政赤字发生，以实现政府预算收支平衡，必要时可以采取减税等措施，因而延缓了财政收入的增长速度。

2. 发展中国家财政收入规模变化分析

从总体和趋势上看，发展中国家自第二次世界大战结束后，同样出现了财政收入增长的情况，根据国际货币基金组织《2007 年政府财政统计年鉴》公布的 2006 年数据计算，全部 51 个国家的财政收入（包含社会保险费）占 GDP 的比重平均为 40. 6%，21 个工业化国家的平均水平为 45. 3%，30 个发展中国家的平均水平为 35. 9%，发展中国家财政收入的平均水平比第二次世界大战后初期提高了一倍左右。

尽管发展中国家的财政收入无论从绝对数量还是从相对数量来说均呈现出不断增长的基本趋势，但是，囿于经济发展水平的制约和现代财税制度不尽完善，发展中国家的财政收入规模毕竟比经济发达国家低很多，进入 21 世纪以来增长速度还略有下降。另以一项选取了 24 个发达国家和 18 个发展中国家的统计为例，在发达国家中，不含社会保险缴费的财政收入规模，2005—2006 年期间，若择取北欧几个高福利国家，丹麦为 47. 8%，冰岛为 39%，瑞典为 37. 4%，挪威为 35. 4%；全部 24 个发达国家包含了社会保险缴费的财政收入规模平均为 37%~38%。而在发展中国家中，同一时期按照前一个口径计算，东欧国家的匈牙利为 24. 6%，保加利亚为 24. 1%，波兰为 21. 5%，属于亚洲国家的马来西亚和泰国均为 18. 5%，印度为 14. 3%，印度尼西亚为 12. 3%；按照后一个口径计算，平均为 23%~25%。

3. 我国财政收入规模变化趋势分析

我国财政收入绝对数额随着经济的不断发展而增长。1950 年财政收入规模（不包括国内外债务部分）仅有 62. 17 亿元，到 1978 年增长为 1 132. 3 亿元，2000 年达到 13 395. 2 亿元，50 年间增长了 214 倍，年均增长 11. 3%。2003 年度，我国财政收入再上新台阶，突破两万亿元大关，当年实现财政收入21 715. 3亿元。2007 年财政收入累计完成 51 321. 8 亿元，较上年增收 12 561. 6 亿元，增长 32. 4%。继 2008 年度财政收入突破 6 万亿元之后，我国 2010 年度财政总收入突破 8 万亿元，达到 83 101. 5 亿元，比上年增加 14 583. 2 亿元，同比增长 21. 3%。

2011 年度财政收入突破 10 万亿元，达到 103 874.4 亿元。2017 年度我国一般公共预算收入达到 172 592.8 亿元，在实行“营改增”改革措施并减税降费超过 1 万亿元的情况下，仍同比增长 7.4%。2018 年度一般公共预算收入达到 183 360 亿元，比上年增长 6.2%，与 GDP 增速基本保持同步。2022 年度一般公共预算收入达到 20.36 万亿元，在大规模减税降费的背景下，同比增长 0.5%。可以看出，就绝对规模而言，我国财政收入的增长速度并不慢，20 多年来大多数年份更是呈现高速增长态势。表 7-2 列示了改革开放以来我国一般公共预算收入①的增长变化趋势。

**表 7-2　1978—2022 年我国财政收入增长变化趋势**

| 年份 | 财政收入/亿元 | 比上一年增长/% | GDP/亿元 | 财政收入占 GDP 比重/% |
|---|---|---|---|---|
| 1978 | 1 132.3 | — | 3 678.7 | 30.8 |
| 1980 | 1 159.9 | 1.2 | 4 587.6 | 25.3 |
| 1985 | 2 004.8 | 22.0 | 9 098.9 | 22.0 |
| 1990 | 2 937.1 | 10.2 | 18 872.9 | 15.6 |
| 1995 | 6 242.2 | 19.6 | 61 339.9 | 10.2 |
| 1996 | 7 408.0 | 18.7 | 71 813.6 | 10.3 |
| 1997 | 8 651.1 | 16.8 | 79 715.0 | 10.9 |
| 1998 | 9 876.0 | 14.2 | 85 195.5 | 11.6 |
| 1999 | 11 444.1 | 15.9 | 90 564.4 | 12.6 |
| 2000 | 13 395.2 | 17.0 | 100 280.1 | 13.4 |
| 2001 | 16 386.0 | 22.3 | 110 863.1 | 14.8 |
| 2002 | 18 903.6 | 15.4 | 121 717.4 | 15.5 |
| 2003 | 21 715.3 | 14.9 | 137 422.0 | 15.8 |
| 2004 | 26 396.5 | 21.6 | 161 840.2 | 16.3 |
| 2005 | 31 649.3 | 19.9 | 187 318.9 | 16.9 |
| 2006 | 38 760.2 | 22.5 | 219 438.5 | 17.7 |
| 2007 | 51 321.8 | 32.4 | 270 232.3 | 19.0 |
| 2008 | 61 330.4 | 19.5 | 319 515.5 | 19.2 |
| 2009 | 68 518.3 | 11.7 | 349 081.4 | 19.6 |
| 2010 | 83 101.5 | 21.3 | 413 030.3 | 20.1 |

① 2012 年之前我国采用“一般预算收入”的概念和统计口径，亦称为“预算内财政收入”。2012 年实行预算制度改革之后，将“一般预算收入”改称为“一般公共预算收入”，但不包含政府性基金预算收入、国有资本经营预算收入和社会保险基金预算收入。

续表

| 年份 | 财政收入/亿元 | 比上一年增长/% | GDP/亿元 | 财政收入占 GDP 比重/% |
|---|---|---|---|---|
| 2011 | 103 874. 4 | 25. 0 | 489 300. 6 | 21. 2 |
| 2012 | 117 253. 5 | 12. 9 | 540 367. 4 | 21. 7 |
| 2013 | 129 209. 6 | 10. 2 | 595 244. 4 | 21. 7 |
| 2014 | 140 370. 0 | 8. 6 | 643 974. 0 | 21. 8 |
| 2015 | 152 269. 2 | 8. 5 | 689 052. 1 | 22. 1 |
| 2016 | 159 605. 0 | 4. 8 | 743 585. 5 | 21. 5 |
| 2017 | 172 592. 8 | 8. 1 | 827 121. 7 | 20. 9 |
| 2018 | 183 360. 0 | 6. 2 | 900 309. 0 | 20. 4 |
| 2019 | 190 390. 1 | 3. 8 | 986 515. 0 | 19. 3 |
| 2020 | 182 895. 0 | -3. 9 | 1 013 567. 0 | 18. 0 |
| 2021 | 202 539. 0 | 10. 7 | 1 143 670. 0 | 17. 7 |
| 2022 | 203 649. 3 | 0. 5 | 1 210 207. 0 | 16. 8 |

注：财政收入中不包括国内外债务收入；2012 年以来的数据系指全国一般公共预算收入。

资料来源：国家统计局网站。

数据表明，我国财政收入随着经济的不断增长而增长，从总体上说，尽管各个年份的增速有起伏波折，但一直保持着持续增长的态势，大多数年份保持了两位数以上的增长率。然而，从我国自身的纵向比较看，相对于 GDP 的增长而言，财政收入的增长则呈现出明显不同的几个阶段：改革开放以前，我国财政收入占 GDP 的比重很高，因为在计划经济体制下我国实行“统收统支”的集中财政体制，财政收支囊括了政府和企业的主要收支，甚至包含了居民户的一部分收支，财政收入占 GDP 的比重在 1960 年曾经高达 39. 3%，1978 年仍占 30. 8%；改革开放至 1995 年，财政收入占 GDP 的比重表现为不断下降的趋势，1995 年财政收入占 GDP 的比重仅为 10. 2%；从 1996 年开始回升并从 1998 年开始表现为持续较快回升的态势；在经历了 2007 年的跳跃式增长之后，至 2019 年逐渐稳定在 20%左右的比重上。

从国际横向比较来看，我国一般公共预算收入规模明显偏低。统计数据显示，2020 年度、2021 年度、2022 年度我国小口径政府收入（即税收收入）占 GDP 的比重仅为 13. 5%、15. 1%、13. 77%，相对于同期所有发达国家都是较低的，也低于同期发展中国家的平均水平。但是，由于各国财政体制差异很大，税率各异，政府财政收入来源也存在多样性，财政经济的统计方式也存在很大差别，所以仅仅观察简单数字并不能准确衡量各国财政收入占 GDP 的比重和财政收入规模的真实情况，因此，对于国际的财政收入差距我们应剔除统计口径差异因素后综合考虑。首先，我国使用的财政收入口径是指一般公共预算收入，多年来仅指预算内部分，是狭义财政收入的概念，而从广义的财政收入——全口径财政收入角度看，还应包括政府性基金预算收入等非税收入、国有资本经营预算收入和社会保险基金预算收入等，这些收入均属于政府的财政收入或公共收入，并且在我国财政收入中占有不小的比重。如果仅拿我国狭义财政收入的口径与国际上通用的广义财政收入的口径简单对比，会导致我国财政收入规模过小的错觉和误判。其次，国外社会保险税的税负（社会保险税占 GDP 的比重）较大，如 2007 年度美国为 4.8%、日本为 10.3%、英国为 6.6%、法国为 16.1%、德国为 13.3%、瑞典为 12.6%。① 如今我国的社会保险基金收入也已纳入预算，随着社会保障制度的不断完善和社会保障筹资机制的逐渐健全，我国的社会保险基金收入的持续增加将进一步提升财政收入规模。最后，国外大多数国家的财政收入中没有包含政府性基金预算收入和国有资本经营预算收入，我国现已将这两项收入纳入国家财政全口径预算收入范围，这也将扩大广义财政收入的规模。如表 7-3 所示。

**表 7-3　2012—2022 年中国四本预算收入**　　单位：亿元

| 年份 | 一般公共预算收入(1) | 一般公共预算收入中的税收收入(2) | 政府性基金预算收入(3) | 国有资本经营预算收入(4) | 社会保险基金预算收入*(5) |
|---|---|---|---|---|---|
| 2012 | 117 254 | 100 614 | 37 535 | 1 196 | 30 739 |
| 2013 | 129 210 | 110 531 | 52 269 | 1 713 | 35 253 |
| 2014 | 140 370 | 119 175 | 54 114 | 2 008 | 39 828 |
| 2015 | 152 269 | 124 922 | 42 338 | 2 551 | 46 012 |
| 2016 | 159 605 | 130 361 | 46 643 | 2 609 | 53 563 |
| 2017 | 172 593 | 144 370 | 61 480 | 2 581 | 67 154 |
| 2018 | 183 360 | 156 403 | 75 405 | 2 900 | 72 649 |
| 2019 | 190 390 | 158 000 | 84 518 | 3 972 | 83 152 |
| 2020 | 182 895 | 154 310 | 93 489 | 4 778 | 76 364 |
| 2021 | 202 539 | 172 731 | 98 024 | 5 170 | 96 877 |
| 2022 | 203 649 | 166 620 | 78 683 | 5 696 | 102 448 |

注：*表示社会保险基金预算收入中包括财政补贴收入。

资料来源：《中国财政年鉴》《中国统计年鉴》历年数据或据此计算。

① “收入统计 1965—2008”，经济合作与发展组织网站；“世界发展指标 2009”，世界银行网站。

## 二、财政收入规模变化的理论分析

### （一）影响财政收入规模的主要因素

一个国家财政收入的规模和增速，并不仅仅由政府的意志决定，往往会受到经济、政治、社会以及历史文化传统等条件的制约，是由多种因素综合决定的，包括经济发展水平与质量、生产技术水平与科技创新、收入分配政策和分配制度、价格水平等，其中最主要的是经济发展水平与质量，以及生产技术水平与科技创新。

1. 经济发展水平与质量

经济发展水平是影响财政收入的最基本因素。经济发展水平的主要指标，如GDP、人均GDP等从总体上反映了一国社会产品的丰富程度和经济效率水平。经济发展水平越高，社会产品就越丰富，其净值——国内生产总值就越多，一般而言，则该国的财政收入总额越大，占国内生产总值的比重也越高。当然，一个国家的财政收入规模还受其他因素的影响，但经济发展水平对财政收入的影响表现为基础性和根本性的制约是确定无疑的，两者之间存在源与流、根与叶的关系，源远则流长，根深则叶茂。经济发展的质量及效益是影响财政收入的关键因素，经济发展质量优效益高是不断增加财政收入的最可靠的保障。

从世界各国的现实情况来考察，发达国家的财政收入规模大多高于发展中国家；而在发展中国家中，中等收入国家又大多高于低收入国家，绝对额是如此，相对数亦是如此。同时，从各国历史发展的纵向比较来看，随着社会经济发展水平的提高，各国财政收入规模一般都随之扩大，财政收入比重普遍有所提高。由此证明了一个普适性的财政原理：经济决定财政，经济不发达则财政不丰裕，经济发展质量不优则财政不充盈。

2. 生产技术水平与科技创新

生产技术水平指生产中采用先进技术的程度，又可称为技术进步。生产技术水平内含于经济发展水平之中，也是影响财政收入规模的重要因素。因为一定的经济发展水平总是与一定的生产技术水平相适应，较高的经济发展水平往往是以较高的生产技术水平为支柱的。所以，对生产技术水平制约财政收入规模的分析，事实上是对经济发展水平制约财政收入规模分析的进一步深化。

科技是第一生产力，创新是第一动力。科学技术的创新和应用极大地提升了全社会生产力水平和生产率，是经济持续发展的内在动力和经济社会高质量发展的保证，也是推动财政收入持续增长的不竭动力。

生产技术水平和科技创新对财政收入规模的制约，一方面是由于技术进步和创新导致生产速度加快和产品质量提高，社会产品和国民收入的增加也越快，另一方面是由于技术进步带来物质消耗的降低和经济效率的提高，可供财政分配的剩余产品价值也就越多。现代社会中生产技术水平加速提高，使社会积累更为丰富，带来了 GDP 的快速增长，为财政收入的增长奠定了基础，对财政收入具有直接和明显的影响。据测算，从世界范围来看，目前技术进步对财政收入增长的贡献是其他因素的三倍以上。因此，大力促进技术进步和经济发展方式转变，不断提高经济效益，是实现财政收入持续高效增长的主要途径。

3. 收入分配政策和分配制度

制约财政收入规模的另一个重要因素是政府的收入分配政策和分配制度。生产决定分配，经济决定财政，财政收入规模的大小，归根结底受经济发展水平的制约，这是马克思主义经济学和财政学的基本观点。经济发展水平是分配的客观条件，而在客观条件既定的前提下，还存在通过收入分配进行调节的可能性。所以在不同的国家（即使经济发展水平相同）和同一国家的不同时期，财政收入规模也会因分配政策和制度的不同而有所不同。

在国民收入既定的前提下，分配政策对财政收入规模的制约主要表现在以下两个方面：（1）分配政策决定剩余产品价值占整个社会产品价值或国民收入的比重，进而决定财政分配对象的大小；（2）分配政策决定财政集中资金的比例，从而决定财政收入规模的大小。设国民收入为 $N$，财政收入为 $FR$，则分配政策对财政收入规模的影响可用公式表示如下：

$$\frac{FR}{N}=\frac{M}{N}\times\frac{FR}{M}$$

上式中 $M/N$ 这个指标，说明国民收入扣除居民收入部分之后，归社会支配的那部分剩余产品价值所占的比重，可称为剩余价值率。$FR/M$ 说明归社会支配的剩余产品价值中由财政集中支配的那部分价值，可称为财政集中率。分配政策正是通过决定上述两个比例关系来影响财政收入规模。

一个国家分配制度的安排和设计，能够从总体上决定国民收入分配格局，进而也会影响财政收入规模。以我国为例，我们党历来重视正确处理好收入分配关系，兼顾国家、企业和个人三者利益，一旦分配关系出现失衡，通过及时调整和改进分配制度加以矫正。在 20 世纪 80 年代至 90 年代前半期，财政收入占 GDP 的比重一直呈下滑趋势，财政状况极其严峻，国家随后采取了调整分配制度，逐步提高财政收入占国民收入比重的措施，使财政收入规模逐年增长。当国家财政状况改善、财政实力增强之后，近年来党中央提出让人民群众分享改革发展的成果，逐步提高居民收入在国民收入中的比重、提高劳动报酬在初次分配中的比重，通过增加工资、政府减税、扩大财政转移支付、提高社会保障和福利水平等多项分配制度改革措施，提高了企业和居民的收入规模和水平，而国家财政收入规模连续多年保持基本稳定。

4. 价格水平

财政收入是一定量的货币收入，它是在一定的价格体系下形成的，又是按一定时点的现价计算的，所以，价格变动必然会影响财政收入的规模。

价格变动对财政收入的影响，首先表现为价格总水平升降的影响。价格总水平的变动会通过财政收入制度影响财政收入水平。在实行以累进所得税为主体税种的国家中，纳税人所适用的税率会随着价格水平和名义收入的提高而上升，即出现所谓“档次爬升”效应，使财政收入有所增长，因此，这种税收制度下的财政收入对通货膨胀的影响有一定的抵御能力。而在大部分发展中国家，实行的是以流转税和间接税为主体的税收制度，多数流转税采用比例税率，当通货膨胀率高于财政收入增长率时，将会导致财政收入的实际增长低于其名义增长，甚至实际是负增长，因而在这种税制结构下，通货膨胀对财政收入的影响较大。

另外，价格水平的变动往往是和产品比价的变动同时发生的，而产品比价变动会以另一种形式影响财政收入：一是产品比价变动会引起货币收入在企业、部门和个人各经济主体之间的转移，形成 GDP 的再分配，使财源分布结构发生变化；二是由于财政收入在企业、部门和个人之间的分布呈非均衡状态，或者说，由于各经济主体上缴财政的税利比例是不同的，当产品比价变动导致财源分布结构改变时，相关企业、部门和个人上缴的税利就会有增有减，增减的综合结果就是对财政收入的最终影响。

（二）最优财政收入规模分析

财政收入规模体现的是一国在一定时期政府收入占经济总量的比重，政府与企业、居民个人之间占有和支配社会资源的关系，同时也反映政府职能的广度和深度，以及政府在经济社会生活中的地位和作用。可是，多大的财政收入规模才是适宜的？有没有一个最优的财政收入规模？长期以来，国内外一直存在着争议，甚至出现大相径庭的观点和截然不同的结论。

其实，对于何为最优财政收入规模，现实中并不存在统一的、绝对的衡量标准，因为每一个国家的具体国情不同，各国在不同的历史阶段政府的职能和社会发展的需求不同，财政收入规模必然存在差别，不能简单类比。就此而言，与其说最优财政收入规模，不如说适宜的或合理的财政收入规模更为恰当。

判断财政收入规模的大与小、多和少，应当从以下几个方面展开分析：

1. 运用的计算口径和方法须一致

财政收入规模的计算口径有多种，计算方法各异，若采用的衡量标准不统一，必然会得出不同的结论。

现实中，财政收入规模有三种计算口径：小口径财政收入规模一般是指税收收入占 GDP 的比重，之所以把税收收入视为小口径的财政收入，是因为税收在世界上几乎所有国家都是基本的和最主要的财政收入形式；中口径财政收入规模则是指一般公共预算收入占 GDP 的比重，一般公共预算收入中除了数量最多、比重最大的税收收入以外，还包括政府债务收入及收费收入等；大口径财政收入规模是指所有政府财政收入占 GDP 的比重，大口径财政收入中既有一般公共预算收入，还包括了政府性基金预算收入、国有资本经营预算收入、社会保险基金预算收入等，亦被称作全口径财政收入。① 以我国为例，2021 年三种口径的财政收入占 GDP 的比重分别为 15.1%、17.7%和 35.0%，大小之间相差一倍多。就财政收入规模的计算方法而言，也因国家和时期不同而各异。

2. 与经济发达程度相适应

经济决定财政。研究和实践均表明，一国的财政收入规模和宏观税负水平与该国人均 GDP 大体呈正相关关系，即随着经济发展，财政收入规模逐步扩大，宏观税负水平相应上升，达到一定水平后又会趋于基本稳定。自改革开放以来我国国民经济实现了持续快速增长，经济发展的质量不断提高，财政收入持续增长的基础更加稳固，因此具备继续上升的空间和条件。应当指出，虽然财政收入规模与经济发展水平和发达程度相对应是一般规律和总体趋势，但不能由此得出财政收入规模越大越好的简单结论，也就是说，一个国家在一定发展阶段和经济发展水平上应当保持一种财政收入占 GDP 的适当合理比重。

3. 与政府职能大小相关联

每个国家在不同时期和阶段所面对的社会发展的需求不同，政府承担的职能亦有不同且时有变动。一般来说，处于经济转轨时期的新兴国家和发展中国家，为了实现经济的快速增长，政府大量参与经济方面的建设，尤其是投入大量资金用于基础设施和基础产业等公共投资领域，政府的经济职能尤为突出，财政收入规模较大。而对于工业化国家和发达国家而言，当经济由起飞阶段进入成熟阶段之后，社会公众对政府所提供的公共消费性支出的需求日益扩大，相应地，政府用于教育、卫生和安全等方面的消费性支出，以及用于解决收入分配问题的转移性支出开始增加，政府职能主要转向为社会公众提供公共服务和福利，由此也致使财政收入规模不断扩大。目前世界上主要发达国家财政收入规模平均超过 30%。

4. 与政府提供的公共服务相对应

综观世界现代化历程，随着经济不断发展和社会文明进步，社会公众期望享有的公共产品和公共服务的规模、质量与水平也越来越高。从当下世界主要发达国家的情况考察，其财政支出绝大部分用于居民的社会保障和社会福利。进入 21 世纪以来，我国在构建公共财政基本框架的理念指引下，财政支出结构不断优

---

① 国内学界又将财政收入规模称为“宏观税负”，因此也相应区分了三种口径的宏观税负。

化，用在与人民群众生活和福祉直接相关的教育、医疗卫生、社会保障和就业、保障性住房、环境保护、文化等方面的民生支出迅速增长，增幅连续高于同期GDP的增幅，这就促使国民收入分配格局调整的倒逼机制形成，在努力扩大公共产品和公共服务供给、着力改善民生的同时，合理扩大财政收入规模，为政府履行公共服务职能提供财力资源保障。

由此看来，所谓最优财政收入规模其实是一个相对的、动态的概念，是一种在一定时期处于社会经济均衡状态下的适度规模，一种持之以恒、不断靠拢和接近“最优”的状态。

## 第三节 财政收入结构

财政收入结构分析，既包括财政收入形式的分析，也包括财政收入来源的分析。对财政收入结构及变化趋势进行理论和实际分析，有助于正确研判财政收入的演进趋势并确定增加财政收入的合理途径。

### 一、财政收入结构及其变化趋势

#### （一）财政收入结构分析

1. 财政收入的形式结构

财政收入的形式结构，是按财政收入形式分析财政收入的结构及其变化趋势。在各种收入形式中，税收是最重要的财政收入来源，发达国家占90%以上，发展中国家占80%左右。其中，发达国家的所得税及社会保障收入比重较高，说明发达国家的收入水平和社会保障水平都比较高；发展中国家商品和服务税较高，表明发展中国家对商品流转和劳务提供的依赖性较大（见表7-4）。另外，财政收入形式和一国的政治经济体制密不可分。一般而言，国有化程度较高的国家，财政收入中国有资产收入和国有企业收入较多。

**表7-4 2014—2016年部分国家财政收入构成** 单位:%

| 国家 | 2014年 | | | 2015年 | | | 2016年 | | |
|---|---|---|---|---|---|---|---|---|---|
| | 商品和服务税 | 所得税 | 社会保障收入 | 商品和服务税 | 所得税 | 社会保障收入 | 商品和服务税 | 所得税 | 社会保障收入 |
| 印度 | 30.76 | 35.93 | 0.16 | 21.68 | 43.59 | 0.26 | 27.30 | 46.58 | 0.19 |
| 韩国 | 21.81 | 24.92 | 25.79 | 21.25 | 26.20 | 26.31 | 21.92 | 27.21 | 25.97 |
| 斯里兰卡 | 45.41 | 16.69 | 1.26 | 49.58 | 17.98 | 1.04 | 49.65 | 15.29 | 1.07 |

续表

| 国家 | 2014 年 | | | 2015 年 | | | 2016 年 | | |
|---|---|---|---|---|---|---|---|---|---|
| | 商品和服务税 | 所得税 | 社会保障收入 | 商品和服务税 | 所得税 | 社会保障收入 | 商品和服务税 | 所得税 | 社会保障收入 |
| 泰国 | 40.97 | 33.94 | 5.40 | 42.42 | 31.91 | 5.61 | 42.66 | 30.66 | 5.46 |
| 加拿大 | — | 54.07 | 23.45 | — | 54.18 | 23.22 | — | 54.11 | 23.64 |
| 美国 | 2.95 | 53.10 | 34.36 | 2.94 | 54.05 | 34.38 | 2.86 | 53.74 | 35.32 |
| 法国 | 21.49 | 25.47 | 42.16 | 21.79 | 25.38 | 41.84 | 21.88 | 25.40 | 41.92 |
| 德国 | 23.66 | 16.55 | 54.53 | 23.17 | 16.91 | 55.02 | 22.12 | 17.44 | 55.62 |
| 意大利 | 23.72 | 31.89 | 33.78 | 23.71 | 31.85 | 33.88 | 23.53 | 31.17 | 33.37 |
| 荷兰 | 25.72 | 24.42 | 38.51 | 26.35 | 26.98 | 37.36 | 26.87 | 26.86 | 38.25 |
| 英国 | 33.83 | 32.92 | 20.85 | 33.49 | 32.99 | 21.19 | 33.26 | 33.68 | 21.34 |
| 波兰 | 35.53 | 12.13 | 40.72 | 35.10 | 12.19 | 41.01 | 36.29 | 12.31 | 41.43 |
| 新西兰 | 28.64 | 50.46 | 3.30 | 28.81 | 51.60 | 2.86 | 28.98 | 51.77 | 2.32 |
| 澳大利亚 | 23.80 | 63.61 | — | 21.91 | 65.00 | — | 21.82 | 64.21 | — |

注：印度的数据分别为 2005 年、2010 年、2013 年。

资料来源：《国际统计年鉴 2018》，国家统计局网站。

2. 财政收入的部门结构

对财政收入的部门结构进行分析，在于说明各生产流通部门在提供财政收入中的贡献及其贡献程度，便于根据各产业的发展趋势和特点，合理组织财政收入，开辟新的财源。部门结构既包括传统意义上的国民经济结构分类，如工业、农业、建筑业、交通运输业及服务业等，又包括现代意义上的产业结构分类，即第一产业、第二产业和第三产业。

第一产业是国民经济的基础，第一产业的发展会影响整个国民经济的发展。从这个意义上说，第一产业也是财政收入的基础。第一产业对财政收入的影响主要表现在以下两个方面：第一，直接来自第一产业的收入，主要是农牧业税。目前世界各国对这一产业普遍实行稳定负担和轻税政策，因此，农牧业税在全部财政收入中仅占很小的比重。第二，间接来自第一产业的收入，主要表现在由于工农业产品交换中存在着价格剪刀差，使农业部门创造的一部分价值转移到以农副产品为原料的轻工部门及部分服务业来实现。虽然各国对农业实施保护政策，通过不断提高农副产品收购价来缩小工农业产品的剪刀差，但由于农业劳动生产率难以迅速提高，工农业产品的剪刀差不可能立即消除，农业通过价格转移为财政提供收入的情况会依然存在。

第二产业是国民经济的主导，对财政收入的状况起着决定性的作用。这是因为第二产业生产技术装备先进，劳动生产率高，创造的剩余产品价值多。在我国，第二产业的主体是国有经济，其创造的社会纯收入大部分上缴国家，因此，第二产业成为我国财政收入的最主要来源。但财政收入能否随着第二产业的发展而相应增长，一是取决于生产经营企业的经济效益；二是取决于产业内部各行业的比例结构，即轻重工业之间、基础工业与加工工业之间的比例关系。只有企业经济效益提高了，各行业之间比例关系合理协调，财政收入才能相应增长。所以，加快企业改革特别是国有大中型企业的改革，建立现代企业制度，提高经济效益，促进经济协调发展，是财政收入增长的关键。

第三产业部门创造的价值构成国民生产总值的重要部分，同时也是财政收入的重要来源。随着社会生产力的发展和科学技术的进步，第三产业产值占国民生产总值的比重发生明显变化并且越来越高，这是世界各国产业发展的一般趋势。与此趋势相对应，财政收入来源于第三产业的比重越来越高。在主要发达国家，第三产业创造的价值占 GDP 的比重已达 60%以上，其提供的财政收入占全部财政收入的 50%以上，第三产业对于国民经济和财政收入的贡献度越来越高。

3. 财政收入的所有制结构

财政收入的所有制结构是指来自不同经济成分的财政收入所占的比重。这种结构分析的意义，在于说明国民经济所有制构成对财政收入规模和结构的影响程度及其变化趋势，从而采取相应的增加财政收入的措施。我国实行社会主义市场经济体制，国民经济中的所有制结构与其他国家有较大差别，财政收入的所有制结构分析具有更为重要的意义。

我国经济以公有制为主体，国有经济居主导和支配地位，同时鼓励、支持和引导个体、私营、外商投资与合资、股份制等多种经济成分共同发展，财政收入由不同所有制经营单位上缴的利润、税金和规费等共同组成。在传统计划经济体制下，国有经济居主导地位，财政收入自然以国有经济为主体。中华人民共和国成立初期，国有经济约占财政总收入的半数并逐年增加，“四五”时期达到 87.4%的最高点，到改革开放前夕的 1978 年仍高达 87%。改革开放以来，国家在继续支持国有和公有制经济发展的同时，鼓励、支持和引导非国有经济及多种经济成分共同发展，财政收入中来源于非国有经济单位及居民个人的收入逐渐提高，来源于国有经济单位和企业的收入有所下降，但后者仍然保持了主导地位，仍是财政收入的主要创造者和提供者。由于改革开放以来经济结构发生了重大变化，目前我国已不再按照所有制结构对财政收入进行分类。

（二）财政收入结构的变化趋势

财政收入结构变化，是经济发展、经济体制、财政税收制度等多因素变化的反映和结果。从总体趋势看，财政收入形式随着经济社会的演进和发展不断变化并且逐渐多样化，形成了税、费、债、利、租、捐并存的格局，财政收入也向着多元结构转变。

以我国为例，在计划经济体制下，财政收入主要来自国有经济的上缴，对国有（国营）企业主要采取上缴利润和税收两种形式。由于实行统收统支体制，国有企业的生产经营和分配活动也都处于国家的直接控制和管理下，企业多缴税就少缴利，缴税缴利对企业没有什么利益上的差别，而且由于将国家社会管理者和国有资产所有者的身份混为一谈，一度曾导致“非税论”的盛行，简化税制、以利代税的倾向十分严重，直到改革开放前夕的1978年，以上缴利润为主的企业收入项目仍占财政收入的50%以上。实行经济体制改革后，不仅要求税收成为国家组织财政收入的主要手段，同时还要真正成为调节经济的杠杆。在经过两次“利改税”和1994年的税制改革后，企业收入开始从财政收入项目中消失，税收逐步取代了利润上缴，占据着国家财政收入的主导地位。2008年，中央一级的国有资本经营预算开始实施，收取实施范围内企业所实现的国有资本收益，各省、自治区、直辖市和计划单列市人民政府决定各地区国有资本经营预算的试行时间、范围、步骤。国有资本经营预算的实行明确了国家以所有者身份依法取得国有资本收益，结束了国有企业不向国家上缴红利的历史，规范和完善了国家和国有企业之间的收入分配制度，国有企业收入成为财政收入的重要内容之一。

从我国目前政府预算体系观察，财政收入构成包含了一般公共预算收入、政府性基金预算收入、国有资本经营预算收入和社会保险基金预算收入四个部分，其中，一般公共预算收入是主体部分。在推进财政制度改革过程中，我国在逐渐加大政府性基金预算、国有资本经营预算与一般公共预算的统筹力度，尽快形成将政府性基金预算中应统筹使用的资金列入一般公共预算的机制，并逐步加大国有资本经营预算资金调入一般公共预算的力度。这样做的目的是更好地优化财政收入结构，加强对收入的管理和提高财政资金使用效益，而不是重新回到财政收入的单一结构。

## 二、财政收入结构变化的理论分析

从人类社会发展史的角度考察，财政收入结构呈现出向多元变化的趋势；从理论角度分析，财政收入结构的变化，主要是由经济制度、经济形态和经济发展状况决定的。

在自然经济形态下，小农经济和农耕制度是主要的生产方式，商品经济很不发达，尽管大多数国家都把税收作为筹集财政收入的基本手段，但大多实行的是以土地为征税对象的田赋、以人口为征税对象的丁税和以个人财产为征税对象的以财产税为主的收入结构，其中以田赋为代表的农业税在财政收入中占有很大的份额。因此，前资本主义时期的财政收入结构表现为较为单一的农业税赋及少量的工商税。

到了资本主义社会，商品经济有了很大发展，以商品生产、商品流通和工商业为课征对象的商品税、流转税等工商税收在财政收入中的比重逐渐上升，工商税收逐渐取代农业税赋成为主要的财政收入形式。随着商品经济进一步发展，工商企业利润的很大部分以企业和公司所得、红利、利息、股息等形式为企业和个人所占有，又为所得税成为资本主义社会重要的财政收入形式提供了经济前提。基于缓和阶级矛盾、缩小贫富差距、保护生态环境、维护社会稳定以及调节经济运行、防止经常性经济危机发生等多重考虑，现代资本主义国家除了继续保持以所得税、流转税为主体的财政收入结构外，财政收入形式日渐多样化，陆续建立了包括财产税、社会保险税（费）、国有或公有资产收益等在内的多元财政收入结构。

我国实行的是建立在生产资料公有制基础上的市场经济，国家兼有社会管理者和国有资产所有者的双重身份，作为国家化身的政府同时拥有行政管理权和代表人民行使的国有资产终极所有权。与此相对应，财政收入主要采取税收和国有资产（本）收益的形式。在计划经济时期，后者的表现形式为企业利润上缴，目前则为国有经济单位按照有关规定上缴财政的国有资本经营收益。同样出于宏观管理、社会稳定和调节经济运行的需要，我国的财政收入中还包含政府性基金预算收入，主要是政府规费、土地出让金及基金性收入；社会保险基金收入，主要是养老保险基金和医疗保险基金收入等。由此可见，由于我国经济制度、经济体制的特点，形成了多种收入形式并存、更加多元化的财政收入结构。

还应指出的是，经济运行机制亦对财政收入结构状况有重要的影响。在不同的经济运行机制下，不同财政收入形式发挥作用的经济条件存在差别，因而所要求的财政收入结构也就有所差异。不同的收入结构与不同的经济运行机制相适应，前者受后者的制约。在与计划经济体制相伴而行的高度集中运行机制下，我国国民经济运行过程从宏观到微观的各个环节，均在国家的直接计划和行政指令控制之下，国家社会管理者和国有资产所有者的双重身份混为一谈，无论企业利润上缴还是税收上缴，都被视作筹集财政收入的手段，两者没有本质的区别，进而试图逐步取消税收，只保留企业利润上缴。就此而言，财政收入结构必然极其简化且单一。我国实行经济体制改革以来，国民经济的运行机制有了根本性的转变，由过去的以国家的指令性计划管理为主转变到以依靠市场引导和指导性计划管理为主的轨道上来，由过去的行政性管理转变到主要运用经济手段并配之以必要的行政手段和法律手段的管理上来，由对宏观和微观经济的直接调节转变到主要实施总量调控和间接调节上来。包括国有经济单位在内的各类企业开始成为具有独立经济利益的经济实体和市场主体，实现了所有权和经营管理权的分离，逐渐理顺了企业与国家之间的分配关系。经济运行机制的转变，不仅要求税收要成为体现国家社会管理者身份和行使管理职能、组织财政收入的主要手段，同时还要使其成为调节经济运行和国民经济重大比例关系、调节各方面利益关系的杠杆，保证经济社会健康协调发展。与税收是主要财政收入并行不悖的是，在新的经济运行机制逐步建立的过程中，我国逐渐形成了多渠道筹集、多形式征收、全方位协调的财政收入结构。因此，我国市场经济体制下的经济运行机制客观上要求实行以税收为主体，与其他各种非税收入并存的多元复合型财政收入结构。

编 者 谈

财政收入研究的两大主题

## 思考题

1. 怎样从动态和静态角度理解财政收入的概念？
2. 为什么说经济发展水平与质量、生产技术水平与科技创新对财政收入规模起决定性作用？
3. 你是怎样看待最优财政收入规模的？
4. 试对财政收入结构变化做出理论解释。
5. 试从财政收入部门结构角度分析增加财政收入的合理途径。

▶ 即测即评

# 第八章　税　　收

税收是现代国家政府收入的最主要形式，是政府运作的物质基础和经济保障，具有强制性、无偿性和固定性的形式特征。税收的原则主要体现为公平和效率两个方面。政府征税，必然会对纳税人形成一种经济负担，由于纳税人与负税人的不一致，税收负担会发生转嫁现象，主要表现为前转、后转和消转等形式。一国税收制度中税种的构成及主体税种设置构成了税制结构，从人类社会的发展变化看，税制结构经历了由以古老直接税为主到以间接税为主，最后变成以现代直接税为主的演变历程。

本章共四节，第一节为税收概述，介绍了税收的界定、形式特征、税制要素、分类，税收原则及税收的微观经济效应。第二节为税收负担，分析税收负担的概念与分类、宏观税负分析以及税收负担的转嫁与归宿。第三节为税制结构，介绍税制结构的概念与分类、影响因素及最优税制结构。第四节是中国税收制度，介绍中国现行的税收体系，分析中国税制的改革方向。

## 第一节　税收概述

### 一、税收的概念与分类

#### （一）税收的界定

税收是现代国家（政府）财政收入最主要的来源。从其性质上看，税收应当定义为：国家为了实现其职能的需要，凭借政治权力强制无偿地取得财政收入的重要手段或形式。正是由于税收是国家取得财政收入的重要手段，所以有史以来，它就成为国家机器赖以运转的物质基础，是政府得以存在的经济保障。对此，马克思有过一系列精辟的论述："国家存在的经济体现就是捐税"① "赋税是官僚、军队、教士和宫廷的生活来源，一句话，它是行政权的整个机构的生活来源"② "赋税，这是喂养政府的母乳"③。从我国的财政实践来看，2022 年，税收收入（166 620.1 亿元）为一般公共预算支出（260 552.12 亿元）提供了约 64%的资金来源，④ 可见它是一般公共预算最主要的收入来源。

---

① 《马克思恩格斯全集》第四卷，人民出版社 1958 年版，第 342 页。
② 《马克思恩格斯文集》第二卷，人民出版社 2009 年版，第 570 页。
③ 《马克思恩格斯文集》第二卷，人民出版社 2009 年版，第 156 页。
④ 资料来源：《2022 年全国财政决算》，财政部网站。

国家取得财政收入除了税收以外，还有以下几种形式，它们与税收都有一定区别。

1. 捐

捐和税都是国家古老的筹集财政收入的形式。捐也是国家强制课征的一种形式，它是国家为了某项特定事业而向单位或个人收取的一种缴费，收入具有指定的用途，专门为政府的某项支出融资。比如，政府要修路，就可以向附近的居民征收“路捐”。目前我国的社会保险缴费就具有捐的性质，它筹集到的资金要专门用于社会保险事业，即使有结余也不能用于财政的其他开支。英国政府向企业和个人收取的社会保险缴费直接叫作“国民保险捐”。可见，捐与税的最大区别是使用的目的性：税在征收时一般没有指定的用途，而捐的收入则专款专用。由于捐的征收依赖的也是国家政治权力，也带有强制性，所以国内外也有人将捐称为“目的税”。我国 1985 年开征的城市维护建设税就属于这种目的税，该税以纳税人实际缴纳的增值税等流转税税额为计税依据，专款用于城市建设。后来，城市维护建设税的使用不再限于城市建设，从而也就从捐（目的税）变为了一般税收。

2. 费

费是“收费”的简称。私人部门对外提供商品、服务时要向购买者收取一定的费用，以弥补成本和赚取利润；而政府提供的主要是公共产品，它们具有消费的非排他性，因而很难用收费的方式筹集资金。但政府特别是基层政府也可以向当地居民提供一些私人产品或混合产品，这时政府就可以仿效私人部门以收费而非收税的方式来筹集资金。比如，政府负责为居民处理垃圾，其所需资金就可以通过向居民收取垃圾处理费筹集。居民虽然缴纳了一定的费用，但同时却从政府那里直接得到了垃圾处理服务。我国目前一般预算中的非税收入很重要的一项就是所谓的“规费收入”，如公民出入境证件费、居民身份证工本费、法院诉讼费、公办幼儿园保育费、商标注册收费、仲裁收费等，它们都属于政府的服务性收费，具有有偿的性质，与无偿性的税收有本质的不同。由于是有偿的，所以费也不具有强制性，它是一种自愿的缴纳。

3. 利润收入

利润收入是国家凭借财产权向国有企业收取财政收入的一种形式。国有企业的资产属于国家所有，所以，国有企业除了要向国家缴纳所得税外，还要向国家上缴利润，即所谓“税利分流”。这时，国家从国有企业取得利润，凭借的不是政治权力，而是财产的所有权。利润收入要进入政府的国有资本经营预算，2022 年，全国国有资本经营预算收入为 5 695. 98 亿元，其中 65%以上是利润收入。此外，国家从国有控股和国有参股企业中取得的股利和股息收入在性质上与利润收入基本相同。

### （二）税收的形式特征

与国家的其他收入相比，税收具有如下形式特征。

1. 强制性

税收的强制性是指国家在取得收入时凭借的是政治权力，而非产权或债权。这种政治权力是所有社会领域中最具权威性、强制性的一种权力，它是统治阶级运用国家机器实现自己意志的一种制度保障。强制性意味着只有国家才拥有征税权，社会上的其他组织或团体不能行使征税权。正因为国家征税凭借的是政治权力，所以纳税人如果违反税法，不按规定纳税，就意味着直接与国家的政治权力相对抗，从而必然要受到国家法律的制裁。有一种看法，认为税收的强制性体现在税收是依法征收的，不纳税就是违法，所以要受到法律制裁。不过，在一个法治国家，产权和债权也是受法律严格保护的，资产经营者或债务人如果不向产权人或债权人缴纳资产经营收益或利息也是违法的，也同样要受到法律的制裁，但我们不能说资产经营收益或利息收入具有强制性。所以，税收的强制性关键体现在国家征税凭借的是手中的政治权力。

2. 无偿性

由于国家征税依据的是政治权力，所以通过税收取得的收入是不需要偿还的，它是一种无偿的征收，不需要像公债那样需要事后偿还给债券认购人。同时，税收的无偿性也意味着国家向纳税人征税不需要做任何直接的返还，即税收不需要像收费那样，国家一方面从企业或个人手中取得收入，另一方面要向企业或个人提供一定的服务。正如列宁所说："所谓赋税，就是国家不付任何报酬而向居民取得东西。"① 当然，税收的无偿性是从直接定义上而言的，是有一定限制条件的，税收收入最终要由国家用来向纳税人提供公共产品，因此也具有本质上的返还性。

3. 固定性

税收的固定性是指国家在征税以前要通过立法预先规定征税的数额与课税对象之间的数量比例（即税率），不得临时或随意变更征税的税率。另外，税收的固定性还包含连续征收的含义，即这种课征要定期进行，而非只征收一次了事。但税收的固定性具有相对意义，从长期来看税率不可能一成不变。

### （三）税制要素

税收制度是国家规定的税收法规、条例和征收办法的总称。税收制度由纳税人，课税对象，纳税期限与纳税环节，税率，附加、加成和减免，处罚等基本要

---

① 《列宁全集》第三十二卷，人民出版社 1958 年版，第 275 页。

素构成。

1. 纳税人

纳税人是税法规定的直接负有纳税义务的单位和个人。例如,《中华人民共和国增值税暂行条例》(简称《增值税暂行条例》)第1条规定,在中华人民共和国境内销售货物或者加工、修理修配劳务,销售服务、无形资产、不动产以及进口货物的单位和个人,为增值税的纳税人。但纳税人和负税人不是同一个概念。负税人是最终负担税款的单位或个人,负税人并不一定是税法中规定的纳税人。例如,增值税的负税人一般是货物的最终消费者,而不是税法规定的销售或进口货物的单位或个人(纳税人)。当然,对有些税种而言,纳税人和负税人是一致的。例如,个人所得税的纳税人往往就是负税人。① 这里的关键问题是税负能否转嫁,当税负可以完全转嫁出去时,纳税人就不等于负税人。而税负能否转嫁出去,则取决于课税商品或服务的需求价格弹性。对于需求价格弹性小的商品或服务(即价格上涨时需求量下降很小的商品或服务),纳税人就很容易做到先交税再转嫁;而对于需求价格弹性大的商品或服务,纳税人很可能要自己负担一部分税款。

2. 课税对象

课税对象又称征税对象,是征税的客体。每种税都有自己的课税对象。例如,所得税的课税对象是所得额,商品税的课税对象是商品,财产税的课税对象是财产。在实践中,人们对税种的划分主要是依据课税对象的不同来进行的,可以说,课税对象是一种税区别于另一种税的主要标志。上面提到的所得税、商品税、财产税等就是按照课税对象来划分的。

与课税对象密切相关的一个概念是税目。税目是课税对象的具体项目,它是对课税对象的具体划分。例如,个人所得税的课税对象是个人取得的所得额,而工资薪金、劳务报酬、股息、利息、红利等就是个人所得税的税目。又比如,消费税的课税对象是特定的消费品,其中烟、酒、高档化妆品、成品油、小汽车、高档手表、游艇、木制一次性筷子、实木地板等15类消费品就是消费税的税目。

3. 纳税期限与纳税环节

纳税期限是指纳税人的纳税义务发生以后必须向税务机关交纳税款的时间期限。它有两层含义:一是应纳税款的结算期限,即纳税人每次要就多长时间内发

---

① 个人所得税的纳税人一般都是负税人。在我国二手房交易中,税法规定卖房人要就财产转让收入缴纳个人所得税,即卖房人是纳税人,可是在房产交易的实践中卖房人往往要把这笔税款加到房产的价格中去由买房人负担,从而造成纳税人和负税人的不一致。这种情况的发生,是由于我国的二手房市场主要还是卖方市场,卖房人比较容易通过抬高住房价格转嫁其缴纳的个人所得税。

生的纳税义务向国家交纳税款。不同的税种往往有不同的税款结算期限。例如，我国《增值税暂行条例》第 23 条规定，增值税的纳税期限为 1 日、3 日、5 日、10 日、15 日、1 个月或者 1 个季度。纳税人的具体纳税期限，由主管税务机关根据纳税人应纳税额的大小分别核定；不能按照固定期限纳税的，可以按次纳税。当然，要想严格执行税款结算期限，还必须充分了解纳税义务发生的时间，这样才能将税款结算期内发生的纳税义务（应纳税款）计算准确。每个税种在税法中都规定有明确的纳税义务发生时间。比如，《增值税暂行条例》第 19 条规定，纳税人发生应税销售行为，为收讫销售款项或者取得索取销售款项凭据的当天；先开具发票的，为开具发票的当天。

纳税期限的另一个含义是应纳税款的上交（入库）期限，即纳税人要在多长的时间内将已结算的税款上交税务机关。不同的税种往往也有不同的税款入库期限。例如，《增值税暂行条例》第 23 条规定，纳税人以 1 个月或者 1 个季度为 1 个纳税期的，自期满之日起 15 日内申报纳税；以 1 日、3 日、5 日、10 日或者 15 日为 1 个纳税期的，自期满之日起 5 日内预缴税款，于次月 1 日起 15 日内申报纳税并结清上月应纳税款。

纳税环节是指国家对纳税人征税的具体环节。例如，消费税的纳税环节一般为生产（产制）环节（但金银首饰、钻石及钻石饰品的纳税环节为零售环节；超豪华小汽车的纳税环节除生产环节外还增加了零售环节；卷烟消费税除生产环节征收外还在批发环节征收），即生产企业销售应税消费品就要缴纳消费税。我国的增值税为多环节增值税，纳税环节包括生产、批发、零售和进口。

4. 税率

税率是税额与计税依据之间的比例。计税依据是征税时的具体课税标准。例如，商品税的计税依据为商品流转额；所得税的计税依据为收入总额减除税法规定的成本费用标准后的应税所得额。计税依据与税率的乘积等于应纳税额。所以，在计税依据一定的情况下，税率越高，应纳税额就越大。由于税率决定着纳税人的税收负担，关系国家的税收收入，所以税率是税收制度的中心环节。我国现行的税率可以分为三大类：

（1）比例税率。顾名思义，比例税率是采用比例数形式的税率。在比例税率的情况下，不论计税依据数额大小，都按同一个比例征税。例如，目前高档化妆品的消费税税率是 15%，生产企业销售高档化妆品无论是销售 100 万元还是 1 000 万元，都要按 15%的税率缴纳消费税。比例税率一般适用于商品课税（流转课税）。

（2）累进税率。累进税率是一种多档次的比例税率表。在累进税率下，计税依据的数额被分为若干个级次，每个级次分别对应一个比例税率，计税依据的数额越大，其对应的税率就越高。累进税率一般适用于个人所得税的征收，因为这种税率形式最能体现个人所得税的纵向公平原则（即收入水平越高的人应当缴纳越多的税）。

累进税率分为全额累进税率和超额累进税率两种。全额累进税率是指把计税依据划分为若干个等级，由低到高分别规定税率，计税依据的全部数额按照与之对应的一个税率纳税。超额累进税率是指把计税依据的数额划分为若干个等级，由低到高分别规定税率，计税依据中的不同等级部分分别按照与之对应的税率计算税额，一定量的计税依据可以同时适用几个等级的税率。

全额累进税率和超额累进税率各有不同的特点：第一，在名义税率相同的情况下，全额累进税率的累进程度高，税负重。第二，全额累进税率在计税依据的级距临界点附近税负会出现跳跃性，即税负的增加可能会大大超过计税依据数额的增加，这种税负的跳跃是很不合理的。而超额累进税率由于分段计税，计税依据的数额超过某个级距时，只有超过的部分才适用较高的税率，从而大大缓解了税负的跳跃性问题。第三，全额累进税率条件下税额的计算简便；在超额累进税率情况下由于需要分段计税，税额计算起来比较复杂。由于超额累进税率的税负较轻，累进程度较低，税负不存在明显的跳跃性，所以在实践中它得到了普遍采用。例如，我国的个人所得税对综合所得实行超额累进税率。

为了解决超额累进税率条件下税额计算复杂的问题，人们在实践中采用速算扣除数的办法。所谓“速算扣除数”，是指在计税依据确定的情况下按全额累进税率计算的税额与按超额累进税率计算的税额之间的差额。它用公式表示为：速算扣除数 = 全额累进税额-超额累进税额。有了速算扣除数，使用超额累进税率计算应纳税额就十分简便。例如，按照目前我国个人所得税综合所得的税率表，一个全年应纳税所得额为 40 万元的纳税人，需要缴纳的个人所得税税额为 68 080 元（400 000×25%-31 920）。40 万元对应的最高税率为 25%，但由于是超额累进税率，40 万元的应纳税所得额并不都适用 25%的税率，只是其中的一部分（30 万元至 40 万元的部分）适用 25%的税率，其他部分的所得分别适用 3%、10%和 20%的税率。在这种情况下，如果没有速算扣除数，计算应纳税额就要分段计算，然后再加总各部分所得对应的应纳税额，操作起来比较复杂。但如果有了速算扣除数，就可以直接用全部应纳税所得额（40 万元）乘以 25%的税率，再减去速算扣除数（31 920 元），所得出的结果就是纳税人按照超额累进税率应缴纳的税额。

（3）定额税率。定额税率是指按课税对象一定的实物单位直接规定一个固定税额。例如，我国消费税法规定，汽油的税率是每升 1.52 元，黄酒的税率是每吨 240 元，等等。定额税率是根据课税对象的实物单位确定的，计算应纳税额十分简便。但因它与价格无关，所以当通货膨胀比较严重时，使用定额税率的税种其税收收入并不会随物价大幅度上涨而相应地增加，税收对生产消费的调节功能弱化，这是定额税率最大的缺点。

5. 附加、加成和减免

附加、加成和减免都是调节纳税人税收负担的政策措施。其中，附加和加成属于加重纳税人税收负担的措施；减免则属于减轻纳税人负担的措施。国家在税法中规定附加、加成和减免措施，目的是把税收制度的严肃性与必要的灵活性结合起来，更好地贯彻执行税收制度。

（1）附加。附加是地方附加的简称，是地方政府在正税之外附加征收的一部分税款，作为地方政府的收入来源。例如，我国过去征收的外商投资企业和外国企业所得税的正税税率为30%（1991年该税出台时正税收入归中央财政），地方附加税规定为3%，这样，该税的合并税率为33%。

（2）加成。加成是加成征收的简称，是国家出于某种政策性考虑而对特定纳税人加税的一种措施。加一成等于加正税税额的10%，加两成等于加正税税额的20%，以此类推。例如，我国过去个人所得税法对劳务报酬所得就有加成征收的规定，即对纳税人劳务报酬收入的应纳税所得额一次超过2万~5万元的部分按应纳税额加征五成，而对超过5万元以上的部分，加征十成；当时劳务报酬所得的适用税率为20%，加征五成实际税率即为30%，加征十成实际税率即为40%。

（3）减免。税收的减免措施主要包括以下内容：

第一，减税、免税。减税就是减征部分税款，例如《企业所得税法实施条例》第90条规定：一个纳税年度内，居民企业技术转让所得超过500万元的部分，减半征收企业所得税。免税即免交全部税款。例如，《中华人民共和国企业所得税法》第27条规定：企业从事农、林、牧、渔业项目的所得，可以免征、减征企业所得税。

第二，起征点、免征额。起征点是指税法中规定的课税对象开始被征税的起点，课税对象的数额达不到起征点不对其征税，超过了起征点要对课税对象的全部数额征税。例如，我国的增值税就有起征点的规定，即按期纳税的起征点为合计月销售额15万元，按次纳税的起征点为每次（日）销售额300~500元（含本数）。

免征额是指税法规定的课税对象中可免予征税的数额，课税对象的数额超过了免征额，国家只对超过免征额的部分征税。例如，从2018年10月1日起，我国个人所得税综合所得的免征额（费用扣除标准）为每月5 000元（全年60 000元）。

第三，加计扣除和加计抵减。加计扣除是通过缩小计税依据来减轻纳税人税负的优惠措施，一般适用于所得税。例如，税法规定，企业开展研发活动中实际发生的研发费用，未形成无形资产计入当期损益的，在按规定据实扣除的基础上，自 2023 年 1 月 1 日起，再按照实际发生额的 100%在税前加计扣除。

加计抵减是通过增加可抵扣的进项税额来减轻纳税人税负的优惠措施，适用于增值税的征收。例如，增值税法规定，从 2023 年 1 月 1 日至 2023 年 12 月 31 日，允许生产性服务业纳税人按照当期可抵扣进项税额加计 5%抵减应纳税额；允许生活性服务业纳税人按照当期可抵扣进项税额加计 10%抵减应纳税额；自 2023 年 1 月 1 日至 2027 年 12 月 31 日，允许先进制造业企业按照当期可抵扣进项税额加计 5%抵减应纳增值税税额。

6. 处罚

为了保证税法的严肃性，法律要对纳税人的违法行为给予一定的经济处罚和刑事处罚。纳税人违反税法的行为包括偷税、欠税、骗税、抗税等。偷税是指纳税人有意识地采取一些非法手段不交或少交税款的行为。《中华人民共和国税收征收管理法》（简称《税收征管法》）第 63 条规定，纳税人伪造、变造、隐匿、擅自销毁账簿、记账凭证，或者在账簿上多列支出或者不列、少列收入，或者经税务机关通知申报而拒不申报或者进行虚假的纳税申报，不缴或者少缴应纳税款的，是偷税。需要指出的是，目前我国税法中已没有“漏税”的概念。过去“漏税”是指纳税人非故意地不缴或少缴税款的行为，但由于在实践中执法者很难判定纳税人不缴或少缴税款的行为是故意还是非故意，所以在《税收征管法》中不再有“漏税”规定。欠税是指纳税人不按规定的纳税期限缴纳税款的行为。骗税又称出口骗税，是指纳税人利用假报出口的欺骗手段，骗取国家出口退税款的行为。抗税是指以暴力、威胁的方法拒不缴纳税款的行为。《税收征管法》对于纳税人各种违反税法的行为都规定有一定的处罚措施，包括行政处罚（罚款等）和刑事处罚（拘役和监禁）。

（四）税收的分类

税收按不同的标准可以分为不同的种类，对税收进行一定的分类有助于人们研究税收结构问题。通常税收有以下几种分类方法。

1. 按课税对象分类

税收按课税对象不同可以分为流转税、所得税、财产税、资源税和行为税。

（1）流转税。流转税又称商品税或货物服务税，它是以流通中的商品（服务）作为课税对象的一个税类。这类税收的计税依据为流转额（营业收入），故亦被称为流转税，包括增值税、消费税、关税等税种。

（2）所得税。所得税是指国家对纳税人的收益或净收入课征的税收。所得税在国外主要包括两个税种：一是企业（公司）所得税，即对法人课征的所得税；

二是个人所得税，即对自然人课征的所得税。此外，也可将社会保险税看作所得税，因为社会保险税是根据雇员的工资薪金所得向雇主和雇员课征的税收，其课税对象也是所得额。但社会保险税与所得税有所区别，即社会保险税是一种目的税，其收入要专款专用于社会保险计划的开支，而所得税的收入没有具体的指定用途，可以被政府用于任何目的；社会保险税的课征对象仅是个人所得中的工资薪金项目，而且往往还有课征上限（目前我国企业基本养老保险的缴费上限为当地平均工资的3倍），而所得税的课征对象是个人的各类收入之和。因此，社会保险税与所得税相比具有税负的累退性。所得税在一些发达国家是税收制度的主体，但在发展中国家所得税一般不在税制中占主体地位。

（3）财产税。财产税是对财产价值课征的税收。它分为一般财产税和特别财产税。一般财产税又称财富税，即对纳税人的全部财产价值课税，课税对象包括动产和不动产。由于一般财产税的课税对象包括纳税人的各种财产，而财产中的艺术品、古玩字画以及金融资产等又很难估价，所以目前很少有国家征收一般财产税。特别财产税只对土地、房屋等不动产进行课税，而不动产的价值相对比较容易评估，故大多数国家征收的财产税都属于特别财产税。财产税不仅可以对纳税人拥有的财产课税，而且可以对纳税人转移的财产课税。比如遗产税、赠与税就是对纳税人转移的财产进行的课税。

（4）资源税。资源税是以自然资源为课税对象的税收。企业和个人开采自然资源，利润率高低在很大程度上取决于其开采的自然资源的品位状况和开采条件，有的企业或个人开采的资源状况好，开采成本低，就可能取得高于同行业水平的利润。这种级差利润并不是企业或个人主观努力创造的，理论上并不应归企业或个人所有，国家开征资源税的目的就是要把这种级差收入从企业或个人的利润中剔除，使自然资源开采企业能够在同一条起跑线上公平竞争。

（5）行为税。行为税是指政府开征的以调节或影响纳税人社会经济行为为目的的税收。任何一种税收（除了人头税以外）客观上都会对纳税人的经济行为产生这样或那样的影响，但并不是所有的税收都可以叫作行为税，只有那些以影响和调节纳税人行为为最主要目的的税收才属于行为税。例如，我国开征的环境保护税，就是一种以环境保护为目的的行为税。

2. 按课税标准分类

课税标准是国家征税的实际依据。按课税标准分类，可将税收分为从价税和从量税两大类。以课税对象的计税价格为课税标准的税收是从价税；以课税对象的实物单位数量（数量、重量、容量等）为课税标准的税收是从量税。从税率的使用情况看，从价税多使用比例税率，而从量税多使用定额税率。例如，我国的增值税属于从价税；城镇土地使用税、资源税的部分税目（石灰岩、其他粘土、砂石、矿泉水、天然卤水等）和对啤酒、黄酒、汽油、柴油等课征的消费税则属于从量税。

3. 按税收与价格的关系分类

从价税中有价内税和价外税之分，这种划分主要是看计税价格中是否应包含本税的税额。价内税，是指计税价格中含有本税税额的一类税收。例如，我国的消费税就属于价内税，消费税税额包含在消费税的计税价格中。

价外税，是指计税价格中不含有本税税额的一类税收。我国的增值税就属于价外税，即增值税的计税价格中不含有增值税的税额。

4. 按税收收入是否规定专门用途分类

税收按是否有专门的用途，可以分为一般税和特定目的税。一般税的收入没有指定的用途，可以为政府的一般公共预算支出筹资。例如，我国征收的增值税、消费税、企业所得税和个人所得税等就属于一般税。特定目的税又称特定用途税，是指税款有指定用途而不可挪作他用的一类税收。例如，一些国家征收的社会保险税就是特定目的税，它的收入要专款专用于养老金、失业救济金等社会保险方面的津贴支出，即使税款有结余也要储存在专门设立的社保基金中，不可为政府的其他预算支出筹资。我国目前还没有开征社会保险税，但由税务机关征收的社会保险费就具有专门的用途，要纳入社会保险基金预算，其性质已类似于社会保险税。之所以不能称其为社会保险税，主要是因为它还没有做到由税务机关全责征收，在多数地区还属于委托代征，即征收基数（计费依据）还不是由税务机关核定。此外，我国预算中的教育费附加也类似于特定目的税，因为教育费附加收入是按增值税和消费税这两大流转税的税额为计征依据征收的，实际上已具有税收的性质；同时，教育费附加收入要专门用于一般预算中的教育费附加支出，具有专款专用的性质。

5. 按税种的隶属关系分类

税收是政府的财政收入来源，而现代国家的政府一般都要分为中央（联邦）政府和地方政府（个别国家如新加坡例外），所以税收也有一个归属于哪级政府的问题。收入全部归属于中央政府、专门为中央政府预算筹资的税收称为中央独享税（简称中央税，如我国的消费税、车辆购置税等）；收入全部归属于地方政府、专门为地方政府预算筹资的税收称为地方独享税（简称地方税，如我国的车船税、房产税等）。另外，税收收入还可以在中央政府和地方政府之间共享，这类税收称为共享税（如我国的增值税、企业所得税等）。需要说明的是，由于我国是单一制国家，地方政府没有税收立法权，这与美国、加拿大、澳大利亚等联邦制国家有很大的不同，所以我国的地方税也是由中央政府（全国人民代表大会）立法或颁布行政法规实施，完全由地方立法开征的地方税是不存在的。

6. 按税负能否转嫁分类

税负转嫁是指纳税人通过提高价格等手段把税款转移给他人负担的一种经济行为或经济现象。按照税负能否转嫁，可将税收分为直接税和间接税两类。税款不能或很难转嫁的税收属于直接税，这类税收的纳税人也是负税人，税款由负税人直接向税务机关缴纳（或由向其支付所得的人代扣代缴）。税款能够或很容易转嫁的税收称为间接税，这类税收的纳税人一般并不是负税人。间接税的负税人虽不直接向税务机关纳税，但却要负担税款，这实际上等于负税人间接地向税务机关缴纳了税收。一般认为，所得税和财产税属于直接税，因为这两类税的税款不容易转嫁；商品税（流转税）属于间接税，其税款很容易被纳税人通过提高价格的办法转嫁出去，尤其是对需求价格弹性较小的商品课征的间接税更容易转嫁。

与税负转嫁相关的一个概念是税负归宿，它是指税款的最终负担者。一般认为，商品税的归宿即最终的负税人是商品（服务）的最终消费者。目前我国税收收入的近50%来自流转税，而流转税是对流通中的商品（服务）课征的，这样，尽管我国缴纳个人所得税的人数并不算多，但大多数老百姓通过购买商品（服务）间接地向国家缴纳税款，他们对国家财政同样做出了贡献。

## 二、税收原则

税收原则是指指导人们设计税收制度的理念、思想和准则。最早明确系统地提出税收原则的，是英国古典经济学家斯密。1776年，斯密在其出版的《国富论》第五篇中，提出了“公平、确实、便利、经济”四大课税原则。以后不断有学者提出自己的税收原则，但归纳起来，无非体现在以下两个方面。

### （一）公平原则

公平原则强调税收负担要做到公平合理。公平原则具体体现在两个方面：一是横向公平，具有相同纳税能力的人应该负担相同的税收；二是纵向公平，纳税能力不同的人应当缴纳不同的税收，纳税能力较强的纳税人应当缴纳更多的税收。

这里的问题首先在于，哪个客观指标最能反映人们的纳税能力，是财产、收入还是消费支出？在早期的农耕社会，人们普遍认为财产最能反映人们的支付能力，即财产越多的人纳税能力越强。但进入工业化社会以后，在商品和货币经济条件下，多数人的观点则认为收入（所得）是反映人们支付能力最好的指标。因为财产是存量，是人们过去收入的凝结，而收入是流量，最能反映人们当期的经济状况；另外，人们纳税是要向政府支付现金的，财产只有变现或有收益才能给人们带来现金流，而这又属于人们收入的一部分。至于消费支出，这个指标又受到了人们行为偏好的影响，即一个人即使收入水平很高，支付能力很强，但他如果储蓄动机很强，不愿意消费，其消费规模也不会很大，但这并不意味着这个人的支付能力不强。只有当政府需要大力鼓励人们储蓄时才会把消费支出作为课税的依据。

接下来的问题是，既然收入最能反映人们的支付和纳税能力，那么对收入怎样征税才最能体现出税收的纵向公平原则？当然，总的要求是：较高收入的纳税人所缴纳的税款占其收入的比重，应当比那些收入较低的纳税人更高，而只有采用累进税率才能够做到这一点，比例税率是承担不了这一重任的。所以，一般认为，使用超额累进税率的个人所得税最能体现纵向公平的原则。因为随着个人收入的增长，其适用的边际税率也会增加，从而使个人的平均税率和实际税率都会随着收入的增长而提高。

（二）效率原则

1. 税收效率原则的界定

税收的效率原则，主要是指征税不能损害微观经济效率，它要求政府在课税时对经济运行的干扰越小越好。也就是说，政府课税在取得财政收入的同时，不应当对市场主体的经济行为产生任何扭曲作用。这种扭曲作用是通过税收的替代效应产生的，税收有替代效应，就会产生扭曲，就会给经济活动的主体带来超额负担。政府课税，从经济效率角度看，最理想的状态就是只产生收入效应而没有替代效应。如果能做到这一点，那么就意味着税收是中性的。关于税收的超额负担和税收中性，我们下面再做详细的介绍。

税收的效率原则还有一层含义，即税收的行政效率或管理效率越高越好，它主要是靠降低征税成本来实现的。斯密提出的税收四原则中的“经济”原则实际上指的就是税收的行政效率。作为政府的征税机关，要提高税收的行政效率，就需要在征收既定税款的前提下耗费尽可能少的资源。国际上一般用税务机关的征税成本（管理费用）占税收收入的比重来衡量税收的行政效率。目前世界主要国家税务机关的征税成本占税收收入的比重一般都在1.5%以内，例如2013年，德国为1.35%，加拿大为1.15%，法国为1.11%，南非为1.05%，阿根廷为0.95%，荷兰为0.95%，俄罗斯为0.81%，巴西为0.8%，英国为0.73%，西班牙为0.67%，美国为0.47%。①

2. 税收的超额负担和税收中性

税收的超额负担，是税收理论中的一个重要概念。从字面上看，税收的超额负担，就是国家征税给纳税人造成的超过税款的那部分负担。从微观经济学的角度来说，税收的超额负担是指国家征税给纳税人带来的超过税款的那部分福利损

① 资料来源：经济合作与发展组织网站。

失。由于个人的福利是由个人的偏好和效用函数决定的，所以税收如果影响了个人的偏好或效用，就会影响个人的福利，从而给个人带来超额负担。我们在下面还要说明，税收有收入效应和替代效应，其中替代效应会影响人们的选择（包括生产者选择和消费者选择），正是这种替代效应才是导致税收超额负担的“元凶”。一种税如果仅有收入效应而没有替代效应，它是不会产生超额负担的。例如，人头税就只有收入效应而没有替代效应，它只能减少人们的收入，但不能干扰人们在生产、投资、储蓄和消费等方面的经济选择。但在人头税制度下，每个人不论收入多寡，都要缴纳一样的税收，所以它最大的问题是不公平。在早期的欧洲，一些不关心人民疾苦的封建国家的人头税是十分普遍的税种，但在当代很少有国家开征人头税或把它作为一个主要的税种。尽管税收的超额负担难以用货币来衡量，甚至是一种虚拟的负担，但用这个概念可以提醒人们，国家征税是要考虑经济效率的，在税制的设计上要尽量优化，使税收在公平和效率方面尽量实现合理的平衡。

税收中性是指税收不影响或不干扰人们的经济选择。一种税收具有中性，表明它对经济活动保持中立，在取得收入的同时对纳税人的经济活动或经济选择不产生任何影响。税收替代效应、税收超额负担和税收中性三个概念是紧密相关的：一种税如果不产生替代效应，就没有超额负担，同时就是中性的；如果一种税在产生收入效应的同时也产生替代效应，则一定会带来超额负担，同时也一定是非中性的。对于税收中性应当辩证地看待，一般来说，在市场经济条件下，由于资源配置和收入分配以市场机制为主导，所以不需要税收处处都起调节作用，税收在多数情况下应当保持中性。但由于市场是不完善的，存在缺陷和失灵，所以政府有时也需要利用税收的非中性来调节经济。如果所有税收都像人头税那样只有收入效应而没有替代效应，那么发挥税收杠杆的调节作用就成为一句空话。

## 三、税收的微观经济效应

税收的微观经济效应是指税收对微观经济主体（企业和个人）的经济行为产生的干扰。税收的效率原则要求这种干扰越小越好。

### （一）税收对生产和消费决策的影响

在市场经济条件下，企业生产什么、生产多少的决策是根据利润最大化的目标而做出的；消费者制定购买模式的消费决策虽然要最大限度地满足其福利目标，但也受制于他们的预算约束。因此，无论是生产决策还是消费决策，都与商品的市场价格有着密切的关系。商品价格如果发生变化，生产者和消费者的行为决策也会相应地发生变化。由于政府对商品课税（即流转税）会影响其市场价格，所以流转税对生产决策和消费决策也会产生一定影响。

1. 税收的价格效应

对商品课征的流转税会造成生产者价格与消费者价格相分离。在没有税收的情况下，市场上的生产者出售商品能实际得到的价格（生产者价格）与消费者购买商品所实际支付的价格（消费者价格）是一致的。政府对商品课征流转税以后，上述情况会发生一定的变化，这时，税收就像一个生产者价格与消费者价格之间的楔子。也就是说，当政府课征流转税以后，生产者价格加上流转税税额等于消费者价格。

那么，在政府课征流转税以后，市场上商品的生产者价格和消费者价格会发生哪些变化？我们以汽油的定额消费税为例来加以说明。假定在没有课税前汽油的市场均衡价格（生产者价格和消费者价格）为每升 5 元。现在政府决定对汽油课征定额消费税，税率为每升 1.52 元，由汽油的供应商缴纳。在这种情况下，如果汽油的供应商要维持原有的利润率，那么每升汽油的销售价格（消费者价格）就要定为 6.52 元。不过，政府对汽油课征消费税并没有改变消费者的预算线，因此也不会改变消费者对汽油的需求曲线，所以汽油的消费者价格提高后，汽油的需求量将会下降，这必然导致汽油的供大于求。为了减少库存和追求利润最大化，汽油的供应商不得不降低汽油的销售价格，形成一个新的均衡价格（消费者价格）如每升 6.00 元，同时汽油的均衡交易量也会比征税前有所下降。由于供应商每卖出一升汽油就要缴纳 1.52 元的消费税，所以其生产者价格只能是每升 4.48 元。由此可见，政府对商品课征流转税后，商品的消费者价格会有所提高，生产者价格会有所下降。上述情况从税负转嫁的角度看，说明在商品的需求具有一定弹性（即需求曲线不呈垂直状态）的情况下，政府对该商品课征流转税，税负是由生产者和消费者共同负担的；生产者虽然可以通过抬高消费者价格的方式将一部分税款转嫁给消费者负担（表现为消费者价格的提高），但生产者自身也要负担一部分流转税（表现为生产者价格下降）。

2. 税收的生产替代效应

税收的生产替代效应，是指税收对企业的产品结构产生的影响，它表现为政府课税会改变企业各种产品之间的产量结构。税收的生产替代效应是由政府课征选择性的商品税引起的。因为政府对个别商品课税以后，课税商品的成本和价格会发生不利于企业的变化，这样会导致企业相应减少课税商品的产量甚至放弃课税商品的生产，同时把资源更多地转向非税商品的生产。当然，如果政府对所有商品课征统一的税率，税收的生产替代效应就会消失。正是由于这个原理，现代税收理论主张增值税应采用一档税率，以减少税收的生产替代效应。从实践来看，一些国家的增值税也实行单一税率，如澳大利亚（10%）、加拿大（5%）、智利（19%）、丹麦（25%）、印度尼西亚（11%）、韩国（10%）、新西兰

（15%）、菲律宾（12%）、新加坡（7%）。[①]

3. 税收的消费替代效应

税收的消费替代效应，是指税收对消费者选择商品的影响，它表现为政府对个别商品课税后，引起市场上课税商品相对价格上涨，从而导致消费者在选购商品时减少课税商品的购买量，相应地增加非税商品的需求量。我们把税收导致消费者增加非税商品需求来替代对课税商品需求的影响，称为税收的消费替代效应。例如，假定市场上有两类商品：化妆品和服装。如果政府对化妆品课税而对服装不征税，这时化妆品对服装的相对价格就会提高，消费者以同样多的收入能够购买到的化妆品的量就会比过去减少。而在消费者最优商品组合中，化妆品的购买量减少了，其服装的购买量则会有所增加。这种情况表明，税收导致消费者用一定量的服装替代了一定量的化妆品消费。

（二）税收对劳动力供求的影响

1. 税收对劳动力供给的影响

无论是工薪所得税还是社会保险税，都是对劳动者的工薪收入课征的，其结果必然是降低劳动者的实际工资率或净收入。面对政府对工薪课征的税收，劳动者在劳动力供给的决策上会做出一定的反应。

（1）税收对劳动力供给的收入效应。税收对劳动力供给的收入效应，是指对工薪课征的税收所产生的增加劳动者劳动时间从而增加劳动力供给的影响。政府对工资收入课税以后，劳动者的实际工资率下降，可支配收入也随之减少。假定闲暇和其他商品一样都是正常商品（即消费量与人们的实际收入成正比），那么，劳动者可支配收入减少将迫使其不得不减少闲暇和其他商品的消费，增加劳动力的供给。或者说，劳动者在税后工资收入下降的情况下，为了维持原有的收入水平和生活水平，他们会比过去更努力地工作，从而增加劳动力的供给。

（2）税收对劳动力供给的替代效应。税收对劳动力供给的替代效应，是指对工薪课征的税收所产生的增加劳动者闲暇时间而减少劳动力供给的影响。一个人的一天24小时可以分为劳动时间和闲暇时间两部分。这里的劳动是指个人在市场上为取得工资收入而进行的工作，闲暇是指劳动者除劳动以外的其他活动。由于劳动时间和闲暇时间二者此消彼长，个人实际上是在用工资与闲暇进行交换。如果我们把闲暇看作一种商品，那么工资率就是闲暇的价格（劳动者闲暇的机会成本是其劳动时间内可以取得的工资收入）。政府对工资收入课税，会降低劳动者的实际工资率，这意味着闲暇变得比以前便宜了。这时人们会增加对闲暇的消费（即延长闲暇的时间），减少劳动时间，出现所谓的闲暇替代劳动的税收替代

---

① 括号里的数字为增值税税率。

效应。

由此可见，政府对劳动者的工资收入课税，既可能产生减少劳动力供给的替代效应，也可能产生增加劳动力供给的收入效应。而税收对劳动力供给的净效应是什么，则取决于这两种效应孰大孰小。由于人们对劳动或闲暇的偏好不同，所以他们在劳动力供给方面对税收所做出的反应也不可能完全相同。因此，税收对劳动力供给的净效应实际上是因人而异的，如果人们要准确获知税收对劳动力供给的净效应，必须进行实证分析。

2. 税收对劳动力需求的影响

税收对劳动力需求的影响，主要表现为政府对企业课征的社会保险税会提高企业的劳动力价格，从而导致企业减少对劳动力的需求。社会保险税一般是按职工工资的一定比例向雇主和职工分别征收的，企业雇用一个工人，除了要支付工资以外，还要为其缴纳社会保险税。因此，企业的劳动力价格不仅取决于工人的工资率高低，还要受社会保险税的影响。在工资率一定的情况下，政府对企业征收社会保险税或提高社会保险税率，企业的劳动力价格就会随之提高，由此影响企业劳动力的需求：一是替代效应。替代效应指政府对企业课征社会保险税以后，企业的劳动力价格上升，劳动力成本提高，从而导致劳动力对资本（机器设备）的相对价格提高。由于资本和劳动力之间存在技术上的替代性，所以企业为了保持原有的投入水平，就可能多使用资本以替代一部分劳动力，其结果将减少企业劳动力的需求。二是规模效应。规模效应指政府对企业课征社会保险税以后，企业的劳动力价格提高，边际成本上升，导致均衡产量下降，从而导致企业对劳动力投入需求的减少。社会保险税对企业劳动力需求的影响可以从欧盟国家的经验得到验证。欧盟经济学家对 1970—2002 年的数据进行分析后发现，劳动力课税（包括对企业雇主课征的社会保险税）对欧盟国家的失业率有很大影响，劳动力课税减少 3 个百分点，可以导致失业率下降 1 个百分点。另外，塔贝利尼等人的研究表明，欧盟国家的失业税收弹性为 0.5，即劳动力课税增加 1 个百分点，失业率就会上升 0.5 个百分点。

（三）税收对家庭储蓄行为的影响

储蓄和消费是家庭的基本经济活动。消费是家庭购买商品和服务以获得当期满足的活动，储蓄则是把家庭的经济资源从现期转移到未来某个时期以便在未来得到满足的活动。从某种意义上说，储蓄就是未来的消费，是推迟了的消费。家庭储蓄行为受多种因素影响，税收是其中之一。这里主要分析个人所得税对家庭储蓄行为的影响。

个人所得税对家庭储蓄行为的影响是通过对储蓄利息课税引起的，这种课税可以是单独对利息收入课征，也可以是把利息收入纳入个人所得税的征税范围。

政府课征利息所得税，必然会降低储蓄的实际利息收入，这对家庭出于生命周期动机和谨慎动机而进行的储蓄都会产生一定的影响。不过，如同税收对劳动力供给的影响一样，个人所得税对家庭储蓄行为的影响方向在理论上也是不确定的，这种影响分为收入效应和替代效应。

1. 收入效应

利息所得税的收入效应表现在：政府对利息收入课征个人所得税，会减少个人未来的实际利息收入，而利息收入是个人第二阶段（退休期）生活的收入来源之一，为了实现既定的储蓄收入目标（维持个人退休后的生活需要），个人将会减少第一阶段（工作期）的消费，以增加储蓄。所以利息所得税的收入效应表现为增加家庭储蓄。

2. 替代效应

如果把储蓄看作第二阶段（退休期）的消费，那么对储蓄利息课税会减少储蓄的实际利息率，这相当于提高了第二阶段的消费价格。在这种情况下，个人为了保持一生中的效用和福利水平不变，将会放弃一些第二阶段的消费以增加第一阶段的消费。当前消费的增加，意味着储蓄的减少。这种增加现期消费而减少储蓄的效应就是利息所得税的替代效应。

由于利息所得税的收入效应和替代效应的作用方向相反，所以其净效应就取决于其中哪种效应较大，而这又是因人因时因地而异的。参见专栏 8-1。

**专栏 8-1 中国的储蓄存款利息所得税**

中国的利息所得税始于 1950 年，当年颁布的《利息所得税条例》规定，对存款利息征收 10%（后降为 5%）的所得税，1959 年利息所得税停征。1999 年 11 月 1 日，根据第九届全国人民代表大会常务委员会第十一次会议《关于修改〈中华人民共和国个人所得税法〉的决定》，利息所得税再次恢复征收，税率为 20%。

但课征利息所得税以后，我国的城乡居民储蓄存款余额仍然呈大幅度递增之势。据统计，1999 年年底，我国城乡居民储蓄存款余额为 5. 96 万亿元，到 2006 年年底达到了 16. 16 万亿元，年平均增长 24. 4%，高于同期我国 GDP 和城乡居民收入的增长速度。这在一定意义上表明，在我国，利息所得税的收入效应大于替代效应，利息所得税并没有抑制城乡居民储蓄的增长。

2008 年国际金融危机爆发后，我国开始采取宏观调控措施。为了配合宏观调控政策的需要，自 2008 年 10 月 9 日起，国家对储蓄存款利息所得暂免征收个人所得税。

# 第二节 税收负担

## 一、税负的概念与分类

税负是纳税人税收负担的简称。由于税收属于强制无偿的征收，纳税人在缴纳税收的同时没有从政府那里取得直接回报，所以税收是对纳税人私有财产的一种合法剥夺，必然对纳税人形成一种经济负担。

在理论和实践中，税负分类有多种方法，比较常见的有宏观税负和微观税负之分。所谓宏观税负，是指一定时期内（通常为一年）政府的税收收入占当期国内生产总值（GDP）的比重。从国民收入核算上看，增值税、消费税等间接税本身就构成 GDP 的一部分，而企业所得税和个人所得税又都是对 GDP 构成要素中的工薪、租金、利息、企业利润等课征的，所以宏观税负的高低可以从总体上反映出经济活动主体对国家税收的负担程度。而微观税负则是从纳税人的角度反映企业或者个人等微观经济主体税收负担水平的指标。例如，某企业的税负，就可以通过该企业全年缴纳的各项税收占企业销售收入（或总产值）的比重来衡量。当然，企业缴纳的税收并不一定要由企业负担，如增值税、消费税等间接税（流转税）是由最终消费者负担的，但在企业税负的核算上，往往也要将这些间接税计算在内，尽管这种做法并不一定妥当。与企业税负相类似的，还有所谓行业税负。

税负还可以按税种进行分类，如增值税税负、企业所得税税负、个人所得税税负等，而且这种划分也有宏观和微观之分。比如，企业所得税的宏观税负，就是企业所得税收入占 GDP 的比重，它是用来衡量企业所得税负担轻重的指标。2022 年，我国企业所得税的宏观税负为 3. 61%，而 2019 年经济合作与发展组织国家平均为 2. 98%。又比如，2022 年，我国个人所得税的宏观税负（个人所得税收入占 GDP 的比重）为 1. 23%，而经济合作与发展组织国家 2019 年平均为 8. 04%，美国为 10. 26%，加拿大为 12. 18%，瑞典为 12. 8%，丹麦为 24. 27%。①

税负还有名义税负和实际税负之分。名义税负是按照一般税收法律法规计算出来的税负，而实际税负则是按照纳税人实际缴纳的税款所计算出来的税负。由于税收优惠、税收征管水平等因素的影响，纳税人的名义税负与实际税负可能并不一致。例如，我国企业所得税名义税率为 25%，但是由于国家对高新技术企业

① 资料来源：经济合作与发展组织网站。

实行 15%的优惠税率，再加上研发费用加计扣除以及加速（快速）折旧等税收优惠政策，我国一些企业的实际税率不到 10%，实际税负大大低于名义税负。

## 二、宏观税负分析

### （一）宏观税负的统计口径

近年来，国内学术界对我国宏观税负轻重的判断存在较大的争论，而争论很大程度上起源于税收统计口径。2022 年，我国一般公共预算中税收收入为 166 620.1 亿元，占当年 GDP 1 210 207 亿元的 13.8%（小口径宏观税负）。如果与国外进行比较，则还应当把社会保险缴费考虑进去，因为很多国家都将社会保险税（费）统计在税收总额之中。2022 年，我国社会保险基金缴费收入为 74 982.31 亿元，如果将这部分收入计入税收总额，当年我国的宏观税负为 20%（中口径宏观税负，也称国际口径宏观税负）。但在研究宏观税负时，一些学者认为，宏观税负不能只看税收和社会保险费，还应当把政府的其他收入也考虑进去。例如，2022 年，一般公共预算收入中非税收入为 37 029.19 亿元，政府性基金收入为 77 896.37 亿元，国有资本经营收入为 5 695.98 亿元，把这些收入都予以考虑，2022 年，我国政府的所有收入占 GDP 的比重已高达 29.9%（大口径宏观税负）。① 据此，有人认为我国的宏观税负水平已接近发达国家的水平。

那么，在分析宏观税负时，是否应当将公共预算中的非税收入以及政府性基金收入和国有资本经营预算收入也考虑在内？如前所述，国家取得财政收入，除了税收形式以外，还有捐、收费、利润收入等，其中捐税是强制无偿征收的，对企业和个人会形成一种经济负担，但其他形式的收入有的是政府依据所提供的服务收取的，有的是依据财产权取得的（如国有资本经营预算收入），它们与税收有经济性质上的区别，因此在计算宏观税负时不应当将它们也涵盖进去。比如，目前的非税收入主要是专项收入（排污费、水资源费、教育费附加、矿产资源收入等）、行政事业收费收入和罚没收入，这些收入的取得大多是以政府提供服务或者让渡自然资源开采权或使用权为前提的。从费用支付者的角度看，他们一方面支付了各种收费，但同时也从政府得到了一定的服务或资源使用权，这与无偿性的税收在性质上是根本不同的。正是由于这个原因，国际上通常衡量或比较的是税负，而不是“费负”。2022 年我国政府性基金收入占到 GDP 的 6%以上，但其中 80%以上是土地出让金收入；此外还有各种政府性基金收入如铁路建设基金收入、民航发展基金收入、港口建设费收入、旅游发展基金收入等，这些收入在 2011 年之前都属于预算外资金收入，是政府向企业和个人提供服务时收取的一

① 资料来源：财政部及国家统计局网站。

种具有补偿性质的收费。从这个角度考虑，我们在计算宏观税负时，不应当考虑政府性基金收入。因此，大口径的宏观税负，不能作为准确衡量税收负担的指标，但其对于分析政府与企业关系、规范政府收入形式等，有着重要的指导意义。

（二）宏观税负的国际比较①

如前所述，2022 年我国国际口径（包括税收和社会保险缴费）的宏观税负水平为 20%，这个宏观税负水平与发达国家相比还是较低的。2021 年 OECD 国家宏观税负的平均水平为 34.1%，其中丹麦高达 46.9%，法国、瑞典和比利时也分别高达 45.1%、42.6%和 42%。当然，发达国家的宏观税负水平高低不一，差距也比较大。2020 年美国的宏观税负水平仅为 25.5%，远低于 OECD 国家的平均水平。一个国家宏观税负水平高低，与它的财政支出水平有关，政府支出责任较小从而财政支出水平较低的国家，其宏观税负水平也就较低。除了财政支出水平以外，宏观税负水平高低还取决于政府的其他收入项目，如政府的非税收入或债务收入规模都可能影响宏观税负的水平。例如，在发达国家中，美国的宏观税负水平是较低的，2021 年仅为 26.6%。但美国财政支出的水平并不低，2021 年美国各级政府的支出约占 GDP 的比重为 44.9%。这样巨大的收支缺口靠什么来弥补？一是非税收入，美国的地方政府特别是基层政府大量依赖非税收入取得财政收入，美国联邦政府财政收入中非税收入很少，但州和地方政府的财政收入中，各项收费占的比重较大，2020 年达到 21.4%。② 2020 年，美国各级政府的非税收入占 GDP 的比重达到 4%。二是债务收入，即政府预算安排赤字再通过发行债务进行弥补。第二次世界大战以后，美国多届政府推行赤字财政政策。2007 年美国爆发次贷危机，美国政府加大了赤字力度以刺激经济。2020 年新冠疫情爆发，美国政府为了经济纾困更是加大了财政赤字规模，当年各级政府的赤字占 GDP 的比重高达 14.9%，2021 年仍为 12.1%。由于赤字政策和大量发债，美国各级政府的债务负担率（债务余额占 GDP 的比重）2022 年年末已经达到 144%，远远超过宏观税率较高的丹麦（37%）、瑞典（58.4%）、荷兰（54.3%）等国。③ 可见，依赖债务筹资是美国宏观税负低于其他发达国家的一个重要原因。

（三）宏观税负轻重的判定

一个国家税负轻重往往指的是宏观税负，那么，如何来判定税负的轻重，是否一国宏观税负水平越高，其税负也就越重？其实，一个国家税负的轻重是一个

① 本部分数据除标注外，均来源于经济合作与发展组织网站。
② 资料来源：美国普查局网站。
③ 资料来源：经济合作与发展组织网站。

很复杂的问题，人们很难得出一个明确或一致的结论。

首先，税负轻重是一个相对的概念，人们衡量一国税负的轻重首先要看宏观税率，即税收收入占该国 GDP 的比重高低；这个比率越高，税负往往就越重。

其次，一国税负的高低要看税负在社会成员之间的分配是否公平合理。因为税负最终的归宿是个人，每个人的经济能力和负税能力是不同的。如果一国的税收负担很大一部分压在了占人口多数的中低收入者身上，那么绝大多数人就会感觉税负重；反之，如果一国的税收主要由高收入者负担，而高收入者有负税能力，其占人口的比重也低，这时大多数普通百姓就会感觉税负不重。

最后，考察一个国家的税负轻重，还要结合税收收入的使用方向。如果税收收入的使用效率很高，真正做到了“取之于民，用之于民”，即使宏观税率较高，但公众从政府那里得到的公共服务水平也较高，那么他们也不会感觉税负过重；反之，如果税款的使用不尽如人意，广大的纳税人和负税人的获得感不强，那么即使宏观税率不高，公众也会普遍感到税负重。例如，印度的宏观税率 2018 年仅为 12%①，在世界上属于很低的国家，但印度的公共服务也较差。仅以公共卫生为例，2019 年印度政府的公共卫生支出仅占全社会医疗卫生总支出的 33.1%，而高税负的发达国家这个比例一般都在 60%～85%，如比利时（76%）、丹麦（83.7%）、法国（83.6%）、德国（84%）、荷兰（82.7%）、挪威（85.8%）、瑞典（85.1%）、英国（79.4%）、美国（82.8%）等。此外，印度每 1 000 人中只有 0.9 个医生和 1.57 个护士，而 OECD 国家平均水平分别为 3.67 个和 8.78 个；印度的预期寿命为 69.9 岁，OECD 国家则一般都在 80 岁以上；印度的婴儿死亡率为 27‰，而高税负的发达国家一般不超过 4‰，如奥地利（3.1‰）、比利时（3.3‰）、丹麦（3.2‰）、法国（3.6‰）、德国（3.1‰）、荷兰（3.8‰）、瑞典（2.4‰）、英国（3.6‰）。② 印度的实例说明，宏观税负并不是越低越好，也说明税负的高低与税负的轻重并不是一个概念，税负的高低比较好判断，它只要比较数字就可以做到，但判断税负的轻重绝不是一件容易的事，它必须结合政府的财政支出以及公共服务水平来评价。

分析我国税负轻重，也必须结合财政支出结构以及公共服务水平的变化。党的十七大以后，“执政为民、以人为本”的执政理念深入人心，国家财政开始向“民生财政”的模式转变。特别是党的十八大以后，财政用于民生领域的支出所占比重逐年加大。2022 年，全国财政用于教育、医疗卫生、社会保障与就业、住房保障、城乡社区服务五项直接性民生支出在总支出中所占的比重达到了

---

① 资料来源：世界银行网站。

② 资料来源：经济合作与发展组织网站。

48.2%，比 2007 年的 35.8%提高了 12.4 个百分点。从 2007 年至 2022 年，我国狭义的宏观税率（不含社会保险费）从 16.9%降为 13.8%，下降了 3.1 个百分点，但财政用于上述五大民生领域的支出占 GDP 的比重却从 6.6%提高到了 10.4%，增加了 3.8 个百分点。① 从这一角度分析，近年来我国的税负状况是不断改善的。

## 三、税负转嫁与税负归宿

### （一）税负转嫁与税负归宿的含义

税负转嫁是财政学长期以来一直关注的问题。所谓税负转嫁，是指纳税人将自己缴纳的税款转移给他人负担的一种经济过程，在这个过程结束后，纳税人便不再是负担税款的人（负税人）。税负转嫁可以是多次完成，但最终负担税款的人不能将税款再转嫁出去，成为税负转嫁过程的终点，所以这个最终负担税款的人也叫税负归宿。一种税，凡是纳税人与负税人不一致的，即存在税负转嫁。在国家开征的各个税种中，属于流转税的税种比较容易转嫁，它们的纳税人往往是企业（商家），但其在缴纳税款后，一般都要把税款加到价格上由商品或服务的购买者负担，经过一系列的税负转嫁过程，这些税款最终要由广大消费者负担。消费者虽然不是税法规定的纳税人，但却在购买商品和服务时通过支付价格间接缴纳了这种税，所以流转税也被称为间接税。一般认为，所得税或者财产税不容易发生转嫁，因为这两种税不是对交易额课税。比如工薪个人所得税，纳税人很难将其转嫁出去，只能自己负担，这种直接由纳税人自己负担的税种又被称为直接税。目前我国也存在所得税转嫁现象：按照目前个人所得税法，个人出售二手房，如果不是“满五唯一”（即购房五年以后出售，而且是家庭唯一住房），应按 20%的税率就其取得的财产转让所得缴纳个人所得税，这部分税款往往最终由买房人负担。因此，不能说所得税一律都不发生转嫁，还要具体情况具体分析。

研究税负转嫁和税负归宿问题十分重要，因为它有助于政府设计出比较理想或者最优的税制。税收制度的设计主要涉及两大问题：一是税收负担的高低；二是税收由谁负担。

### （二）税负转嫁的类型

1. 前转

前转是指纳税人在缴纳税款后将税款加到价格中由自己提供的商品或服务的购买者负担的税负转嫁过程。前转是最典型、最常见的税负转嫁，通常人们所说的税负转嫁，一般都是指前转。

---

① 资料来源：财政部网站。

2. 后转

后转是指纳税人将自己未来所要缴纳的税款通过压低购入商品或服务价格的方式转嫁给自己供应商负担的一种税负转嫁过程。后转往往发生在前转无法或者很难进行的情况下，也就是说，当纳税人提高自己的销售价格会大大影响销售数量时，其就会考虑将税负转嫁给自己的供应商负担。

3. 消转

消转是指纳税人自己消化所缴纳的税款，即纳税人自己负担税款。当纳税人前转和后转都难以进行时，消转就成了唯一选择。不过，在现实中，消转往往要伴随着前转或者后转，也就是说，纯粹的前转或后转都是较少发生的，纳税人缴纳的税款往往是转嫁一部分，自己负担一部分。

（三）税负转嫁的条件

1. 税负转嫁的难度与商品（服务）的需求价格弹性成正比

前面提到，国家对商品或服务征税，纳税人总希望通过提高价格将税负转嫁给购买者负担，但在现实经济生活中，有些商品或服务的销售价格一旦提高，消费者的需求量就会下降。这里存在一个需求价格弹性的问题，即价格每提高 1% 消费者需求量下降的百分比。有的商品如食品等生活必需品，是刚性需求，需求价格弹性为零，如果政府对这种商品课征流转税，那么企业会将全部税款加到商品价格上由消费者负担。因为需求价格弹性为零，消费者价格（生产者价格+流转税）提高再多消费者的需求量也不会减少，这时企业就能够将全部税款转嫁出去而自己不负担任何税款。另有一种极端情况是，商品（一般为非生活必需品）的需求价格弹性为无穷大，即消费者价格稍有提高，需求量就会下降到零。在这种情况下，政府对商品课征流转税，企业不敢也不能转嫁给消费者，只能全部自己负担。当然，上述两种都属于极端的情况，在现实中商品和服务的需求价格弹性都介于零和无穷大之间，因此政府对商品和服务征税，税负往往是前转、后转和消转同时发生。但其中有一点可以证明，就是商品（服务）的需求价格弹性越大，对其课征的流转税越不容易向消费者转嫁。在现实中，越容易找到替代物的商品（服务），其需求价格弹性也就越大。

另外，从税收效率的角度看，如果只对少部分商品征税而对其他商品不征税，消费者为了规避税负就可能放弃征税商品的消费转而寻求其他替代品，从而产生对消费者选择的扭曲，引发消费的替代效应。为了避免对消费者选择产生干扰，国家应当对商品普遍征税，而且税率的高低应当与商品的需求价格弹性成反比：即需求价格弹性越大的商品亦即税负越不容易转嫁的商品，对其课征的税率也应当越低；反之，需求价格弹性越小从而税负容易转嫁的商品，对其课征的税率也就应当越高。不过，在实践中，商品（服务）的需求价格弹性各不相同，政府不可能针对每种商品（服务）的需求弹性分别制定税率。而且像粮食、药品等生活必需品，其需求价格弹性较小，如果对它们征收较高的税收，就会损失效率，也不符合社会公平的原则，这就需要政府制定税率时在公平和效率之间进行权衡，并尽量简化税率结构。

2. 税负转嫁的难度与企业的供给价格弹性成反比

企业的供给价格弹性是指其供给量对价格变化的敏感程度，即商品（服务）的供给价格每提高或降低1%其供给量增加或减少的百分比。企业的供给价格弹性与企业转产的难易度有关。如果企业很容易转产，那么当产品价格降低时，企业就可以迅速减产并将生产要素投入其他产品的生产中；但如果做不到这一点，那么即使产品的价格不断下降，企业为了维持固定资本投资的生产水平，仍必须保持原有的生产规模，供给量就不可能大幅度下降。那么，从税负转嫁难易的程度看，企业供给价格弹性越小，对企业产品课征的税款就越难以转嫁给消费者负担；反之，供给价格弹性越大，税负就越容易转嫁给消费者。例如，生产钢铁、汽车的资本密集型企业，前期已有巨额固定资本投入，很难转产其他产品，如果国家对其产品课税，企业就很难压缩产品的供应量；供应量难以压缩，产品价格很难提高，税负也就很难通过提高消费者价格的方式转嫁给消费者，企业缴纳税款就只能挤压自己的利润。

## 第三节 税制结构

### 一、税制结构的概念与分类①

税制结构是指一国税收制度中税类、税种的构成及主体税种②的设置。现代国家均实行复合税制，即为了取得既定的税收收入，采取多种税在经济活动多个环节征收的办法。国家同时开征多种税收，主要是为了避免征收单一或少数几个税种会给纳税人或负税人造成税负过于集中从而负担过重的局面，同时也有利于发挥税收的调节作用。由于各国的国情不同，税收的历史发展也不同，所以不同国家开征的税种也不尽相同。但开征的税种大致可以分为流转税（商品和服务税）、所得税、财产税和行为税等。大多数国家的流转税实行的是增值税，尽管有的国家不称为增值税而称为货物和服务税（GST，如加拿大、澳大利亚、新西兰）或者消费税（如日本），但其都具有增值税的性质。美国

① 本部分数据均来自税收数据库和经济合作与发展组织网站。

② 主体税种是指在一国税收收入中占比较大的税种。

是少数未开征增值税的国家之一，其地方政府（州和县市）征收的是零售税。也有个别国家（如阿根廷）联邦政府征收增值税，地方政府征收零售税。除了国际避税地以外，大多数国家都征收企业所得税和个人所得税。在财产税中，对居民个人的住房征收的房地产税也比较普遍，还有少数国家征收遗产税和财产转移税。

各国税制之间的差异主要体现在主体税种方面。有的国家以所得税（主要是个人所得税）为主体税种，有的国家以流转税（主要是增值税）为主体税种。整体而言，发达国家的税制多以所得税为主体，流转税（商品和服务税）在税收收入中占的比重不大。例如，2020 年，美国各级政府的流转税占税收总收入（含社会保险税）的比重为 16.9%，澳大利亚为 26.4%，比利时为 24.8%，法国为 26.5%，德国为 25.6%，意大利为 26.8%，西班牙为 26.8%。总之，除少数国家（如丹麦、芬兰、希腊、挪威、新西兰、葡萄牙、英国等）外，多数发达国家流转税在税收总收入中所占的比重都不超过 30%。

由于现代国家政府支出的相当部分用于社会保障，而不同的社会保障模式所要求的筹资方式也不同：社会保险模式有自己独立的筹资渠道即社会保险费（税），它对职工的工资、薪金课征，由企业和职工分别缴纳，专款专用于社会保险津贴的发放；社会救助或普遍津贴模式完全依靠政府的一般税收筹资，企业和职工个人不用缴费。不同的国家可能选择不同的社会保障模式，所以在其税制结构上就可能出现差异：有的国家依赖社会保险计划，其社会保险费占的比重就大，而有的国家社会保障采用社会救助或普遍津贴模式，这样它就可能没有社会保险费收入。例如，澳大利亚、丹麦和新西兰的社会保障采取的是社会救助或普遍津贴的模式，所以这三个国家基本上没有社会保险费收入，主要是靠一般税收中的个人所得税来为社会保障计划筹资，因此这些国家个人所得税所占的比重相对就高。2020 年，澳大利亚、丹麦和新西兰个人所得税收入占税收总收入（含社会保险费）的比重分别为 42%、54.2%和 38.6%。而发达国家中，奥地利、比利时、捷克、法国、德国、日本、荷兰、西班牙等国家社会保险制度相对发达，因而这些国家的社会保险费占税收总收入的比重都较高，一般均在 30%以上，超过了个人所得税在税收中所占的比重。例如，2020 年，奥地利社会保险费占比为 35.6%，个人所得税占比为 22%；同期这两个比例在法国分别为 32.6%和 21.1%，德国分别为 39.7%和 27%，日本分别为 41.1%和 19.2%，荷兰分别为 34.3%和 22.8%，意大利分别为 31.5%和 26.9%。

可见，个人所得税和社会保险费（税）占比的差异主要是由各国选择不同的社会保障模式造成的，在分析税制结构问题时，我们可以将这两个税费统一看待，都视作所得课税。所得课税占主体（一般占 60%以上）的国家，一类是奥地利、法国、德国、日本、荷兰等国家，其社会保险费的征收规模大于个人所得税；另一类国家情况相反，其个人所得税的占比高于社会保险费的占比，例如，2020 年，芬兰个人所得税收入占税收总收入的 30%，社会保险费占 27.5%。相同情况的国家还有英国（28.9%、20.9%）和美国（41.1%、24.9%）。

目前，流转税在税收收入中占主体地位的主要是发展中国家以及新兴工业化国家。这些国家个人所得税和社会保险费制度都不发达，政府筹资主要依靠流转税。例如，2020 年，流转税（商品和服务税）占税收总收入（含社会保险费）的比重，柬埔寨为 66%，印度尼西亚为 42.4%，老挝为 78.1%，泰国为 57.1%，埃及为 49%，乌干达为 65%，塞舌尔为 62%，哥伦比亚为 41.7%，巴西为 44.2%，智利为 55.2%。①

## 二、税制结构的影响因素

税制结构的影响因素，实际上也是政府在选择税制结构时需要考虑的因素。这里将根据各国税制结构的形成和发展，分析影响一国税制结构的主要因素。

### （一）政府的税收工具范围

众所周知，税收最主要的职能是筹集财政收入，筹资是税收的第一大功能。因此，一国开征哪些税，以什么税作为主要的收入来源，首先要考虑政府手中掌握着哪些有效的税收工具，即哪些税征收率高，征收成本较低。这实际上是从管理角度考虑税制结构问题。因为一种税即使理论上再优，但如果现实中难以征收，也不能作为政府可选择的税种，更不能作为主体税种。从汉字的“税”可以看出，“税”是由“禾”和“兑”组合而成的，意思是税收就是民众把谷物按照承诺付给国家。显然，在中国古代农业社会，国家主要是对土地征税，民众每年都要把收获的一部分农作物交给国家。不仅是中国，发达国家在漫长的奴隶社会和封建社会也是以原始的直接税（土地税和人头税）为税收主体的。因为在人类社会发展的早期，各国经济均以自给自足的农业经济为主导，工商业极不发达，国家尚不具备课征流转税和所得税的客观条件。为了取得财政收入，国家只得对当时大量存在而且极易捕捉的课税对象——土地和人身征税。正如马克思所指出的：“直接税，作为一种最简单的征税形式，同时也是一种最原始最古老的形式，是以土地私有制为基础的那个社会制度的时代产物。”② 以英国早期的“门窗税”和“烟囱税”为代表的人类社会古老的直接税，也因课税对象易于发现而且征收管理比较便利而问世，这些现在看来十分落后的税种在当时是适应税

---

① 资料来源：税收数据库，经济合作与发展组织网站。非洲国家为 2019 年的数据。

② 《马克思恩格斯全集》第八卷，人民出版社 1961 年版，第 543 页。

收征管水平的。到了资本主义初期，随着商品生产和流通规模的扩大，以商品流转额为课税对象的关税和国内商品税（消费税）才开始逐步取代原始的直接税，成为各国税制的主体。进入19世纪，无论是商品货币经济的发展还是税收征管水平的提高，都支撑了发达国家普遍开征个人所得税和企业所得税，甚至在第二次世界大战后它们在一些国家成为税收制度的主体。

（二）政府的税收政策目标

在保证财政收入的前提下，税制结构还要服务于政府的微观税收政策目标，具体而言，就是要看政府在公平和效率目标之间如何进行选择。政府在公平和效率之间的侧重点不同，税制结构的制定可能就不同。西方国家税制结构的发展变化就充分说明了这一点。

在资本主义发展的早期，各国的税制结构开始由以原始的直接税为主体向以关税和流转税等间接税为主体过渡。到了18世纪，由于关税管理能力的提高以及商品和服务流转额的扩大，间接税成为大多数国家的主体税种。但是，各国政府很快就认识到，这种以间接税为主体的税制结构不利于市场经济的发展。正如马克思所指出的："后来，城市实行了间接税制度；可是，久而久之，由于现代分工，由于大工业制度，由于国内贸易直接依赖于对外贸易和世界市场，间接税制度就同社会需求发生了双重的冲突。在国境上，这种制度体现为保护关税政策，它破坏或阻碍同其他国家进行自由交流。在国内，这种制度就像国库干涉生产一样，搞乱各种商品的相对价值，损害自由竞争和交换。"①

为了取代间接税在税制中的主体地位，许多国家开始发展和完善所得税制度和财产税制度。尤其是资本主义工商业的发展，为政府提供了日益丰裕的所得税税源，也为所得税的征收管理奠定了必要的物质基础，从而为所得税在税收制度中地位的提高创造了条件。需要指出的是，西方国家在第二次世界大战结束之前发展所得税，并不是出于社会公平的目标，而是因为间接税阻碍国际贸易和国内商品流通而不得不寻找所得税作为替代税源。当时各国重点发展的是企业所得税，而不是个人所得税。例如，1927年，美国联邦政府的税收收入中，所得税已经占到62.2%，但其中企业所得税占36.6%，个人所得税只占25.6%。而且在早期发展个人所得税时，各国并没有实行超额累进税率，即使后来实行了累进税率，累进程度也十分有限。例如，1909年英国实行个人所得税改革，对个人的高收入部分加征累进的超额税，但最高边际税率仅为5.8%，加上8.3%的比例所得税，最高合并税率也只有14.1%。

第二次世界大战后，西方国家的税收政策目标开始从经济效率转向社会公

① 《马克思恩格斯全集》第十一卷，人民出版社1995年版，第579页。

平，为了实现这个目标，各国纷纷加强了个人所得税征收，一方面扩大征收面，另一方面提高个人所得税税率。例如，1938 年英国个人所得税的纳税家庭仅为 380 万户，而到了 1958 年纳税家庭增加到了近 1 800 万户；1973 年的税制改革对高收入者的劳动所得征收附加税，最高税率为 75%，1974 年更提高到 83%；这次改革对投资所得也开征了最高 15%的附加税，从而导致投资所得的最高边际税率达到 98%。[①] 美国个人所得税的最高一档税率在 1944 年和 1945 年高达 94%，第二次世界大战后的 1946—1963 年一直维持在 91%或 92%的高位；1964 年降到 77%，在接下来的 16 年中直到 1981 年进行税制改革，始终保持在 70%的较高水平。除了英、美以外，第二次世界大战后许多西方国家也都出于社会公平目标和建设“福利国家”的资金需要而加大个人所得税的课征力度，到 20 世纪 70 年代中期，主要西方国家的个人所得税收入已占到各级政府全部税收收入的 30%~50%。

（三）财政支出规模

税制结构与财政支出规模是相互影响的：一方面，政府的财政支出规模受一定的税制结构制约；另一方面，政府一定的财政支出规模又要求有适当的税制结构与之相适应。如果财政支出的规模迅速扩大，往往会导致税制结构发生变化。这方面最明显的例子就是西方国家随着人口老化和福利国家的建设，其财政支出特别是其中的社会支出（包括教育、医疗、社会保障等支出）规模也越来越大。例如，1960 年，OECD 国家的财政社会支出占 GDP 的比重平均规模为 8.18%，而到了 2020 年，该比重增加到了 21.1%。许多国家如英国、波兰、卢森堡、日本、葡萄牙、西班牙、挪威、德国、希腊、瑞典、奥地利、丹麦、意大利、比利时、芬兰、法国等这个比例在 2020 年都超过了 20%，其中法国和意大利甚至超过了 30%。[②] 由于政府的社会保障和社会福利支出主要靠个人所得税和社会保险费（税）筹集资金，所以财政社会支出的增加直接导致这两个税种在税收总收入中的占比提高。1965 年，OECD 国家个人所得税和社会保险费占全部税收收入的比重平均为 44%，到 2020 年，这个比重提高到 50.7%。[③]

## 三、最优税制结构

政府筹集税收收入，究竟是应以流转税为主体，还是以所得税为主体，这是一个在财税理论界长期争论的话题，它直接涉及所谓的最优税制结构问题。所谓

① Tom Clark, Andrew Dilnot, “Long-term Trends in British Taxation and Spending,” *The Institute for Fiscal Studies*, Briefing Note No. 25, 2002.

② 资料来源：经济合作与发展组织网站。

③ 资料来源：“收入统计 2000—2020”，经济合作与发展组织网站。

最优税制结构，是指一种能使效率与公平取得最佳平衡的税制结构。由于流转税和所得税在效率和公平方面的效应不同，流转税侧重的是效率，而所得税更加侧重公平，所以最优税制结构问题实际上是在一定的社会经济条件下流转税和所得税的合理搭配问题。也就是说，最优税制结构在不同的国情条件下是因国而异的，没有统一的模式。因为不同国家所处的经济发展阶段不同，其所追求的社会经济目标也不同，税收征管水平也存在差异，所以其税制结构也不可能呈现同一个模式。发达国家的经济发展水平及税收征管水平已经达到了相当高的阶段，税制结构更需要满足政府的社会公平目标，因而会偏好以所得税为主体的税制结构；而发展中国家经济正处于起飞阶段，税收征管也亟待完善，因此会更加重视经济效率问题，在税制选择上就会更加注重以流转税为主体的税制结构。这恐怕也是现实中发达国家的税制多以所得税为主而发展中国家的税制又多以流转税为主的重要原因。

## 第四节　中国税收制度

### 一、中国现行税收体系

（一）中国税制概况

中国现行税收体系是在 1994 年全面进行的税制改革的基础上建立的，经过 2016 年 5 月 1 日全面完成“营改增”以后（见专栏 8-2），目前共开征有 18 个税种，其中增值税是第一大税种，约占全部税收收入①的 37%。流转税中主要包括增值税、消费税、城市维护建设税和关税，2022 年，流转税约占税收收入的 46.3%。所得税类中主要包括三个税种，即企业所得税、个人所得税和土地增值税，2022 年占税收收入的 39%，其中个人所得税占税收收入的 9%。财产税类中主要有房产税、城镇土地使用税、车船税、车辆购置税和契税，2022 年约占税收收入的 9%。行为税和其他税种包括印花税、耕地占用税、资源税、船舶吨税、烟叶税和环境保护税，它们在税收收入中约占 5.7%。②

---

① 本节税收收入中均不含社会保险费。

② 2022 年税收的各项数据来自财政部网站公布的《2022 年全国一般公共预算收入决算表》。由于 2022 年我国实行大规模的增值税期末留抵退税政策，当年退税达 2.46 万亿元，冲减了当年的增值税收入，从而也在一定程度上影响了当年的税收结构。

**专栏 8-2 “营改增”：我国一项重大的流转税制改革**

1994 年税制改革确定了我国流转税“增营并征”的格局。根据这种税制，在我国从事货物的销售及进口，或者提供加工、修理修配劳务的纳税人，需要缴纳增值税；提供交通运输、建筑安装、金融保险、邮电通信、文化体育、娱乐、服务等劳务以及转让无形资产和销售不动产的纳税人，则需要缴纳营业税。按照 1994 年财税体制改革确立的税收征管体制，各地的国家税务局负责征收增值税，而地方税务局负责征收营业税。但实践证明，“增营并征”的流转税制度存在许多问题，突出表现在以下几个方面：一是货物和劳务有时很难分清；二是纳税人的经营活动往往是对一个客户销售货物和提供劳务同时进行；三是纳税人还可能从事兼营业务，既有销售货物的业务，也有提供劳务的业务。

2012 年 1 月 1 日，国家实行“营改增”试点，先从上海的交通运输业和部分现代服务业开始，然后将试点工作在地区和行业两方面不断推进。2013 年 8 月 1 日，上述行业的“营改增”试点扩大到全国。从 2014 年 1 月 1 日起，国务院又在全国范围内开展了铁路运输和邮政业“营改增”的试点；从 2014 年 6 月 1 日起，电信业的“营改增”也在全国推开。“营改增”的“大决战”是从 2016 年 5 月 1 日开始的，从该日起，“营改增”的试点范围扩大到建筑业、金融业、生活服务业、文化体育业、娱乐业以及销售不动产等营业税的最后“阵地”。从 2016 年 5 月 1 日起，“营改增”试点在全国范围内各行业全面推开，2017 年 11 月 19 日，《国务院关于废止〈中华人民共和国营业税暂行条例〉和修改〈中华人民共和国增值税暂行条例〉的决定》公布，营业税正式退出历史舞台。

### （二）主要税种简介

#### 1. 增值税

增值税是对纳税人从事的各项经济活动课征的一种流转税，征税范围包括在中国境内销售货物或者加工、修理修配劳务，销售服务、无形资产、不动产以及进口货物。其中，服务包括交通运输服务、邮政服务、电信服务、建筑服务、金融服务、现代服务和生活服务。凡是在中国发生增值税征税范围内经济活动的单位和个人，都是增值税的纳税义务人。单位包括企业、行政单位、事业单位、军事单位、社会团体及其他单位。个人指个体工商户和其他个人。增值税的纳税人分为一般纳税人和小规模纳税人。一般纳税人采取当期销项税额减当期进项税额的计税方法，并实行价外税即计税依据中不含增值税税额。增值税的税率设置三档，分别是 13%、9% 和 6%，各档税率的适用范围参见表 8-1。小规模纳税人实行简易征收，即用不含税销售额直接乘以征收率计算应纳税额，其征收率为 3%。

国家为了给小规模纳税人纾困，规定自2023年1月1日至2023年12月31日，对月销售额10万元以下（含本数）的增值税小规模纳税人，免征增值税；增值税小规模纳税人适用3%征收率的应税销售收入，减按1%征收率征收增值税。此外，目前增值税制度中还有一档5%的征收率，适用于一般纳税人出租其2016年4月30日前取得的不动产、小规模纳税人销售其自建或取得的不动产、小规模纳税人出租其取得的不动产以及个人出租住房等。

**表8-1　增值税一般纳税人税率表**

<table>
<tr><th>纳税人</th><th colspan="2">应税行为及具体范围</th><th>税率</th></tr>
<tr><td rowspan="7">原增值税<br>一般纳税人</td><td colspan="2">销售或者进口货物（另有列举的货物除外）；销售劳务</td><td>13%</td></tr>
<tr><td colspan="2">粮食、食用植物油、食用盐</td><td rowspan="5">9%</td></tr>
<tr><td colspan="2">自来水、暖气、冷气、热水、煤气、石油液化气、天然气、二甲醚、沼气、居民用煤炭制品</td></tr>
<tr><td colspan="2">图书、报纸、杂志、音像制品、电子出版物</td></tr>
<tr><td colspan="2">饲料、化肥、农药、农机、农膜</td></tr>
<tr><td colspan="2">国务院规定的其他货物</td></tr>
<tr><td colspan="2">出口货物</td><td>0</td></tr>
<tr><td rowspan="16">营改增<br>一般纳税人</td><td>交通运输服务</td><td>陆路运输服务、水路运输服务、航空运输服务和管道服务、无运输工具承运业务</td><td>9%</td></tr>
<tr><td>邮政服务</td><td>邮政普遍服务、邮政特殊服务、其他邮政服务</td><td>9%</td></tr>
<tr><td rowspan="2">电信服务</td><td>基础电信服务</td><td>9%</td></tr>
<tr><td>增值电信服务</td><td>6%</td></tr>
<tr><td>建筑服务</td><td>工程服务、安装服务、修缮服务、装饰服务、其他建筑服务</td><td>9%</td></tr>
<tr><td>销售不动产</td><td>建筑物、构筑物</td><td>9%</td></tr>
<tr><td>金融服务</td><td>贷款服务、直接收费金融服务、金融商品转让</td><td>6%</td></tr>
<tr><td rowspan="3">现代服务</td><td>研发和技术服务、信息技术服务、文化创意服务、物流辅助服务、鉴证咨询服务、广播影视服务、商务辅助服务、其他现代服务</td><td>6%</td></tr>
<tr><td>有形动产租赁服务</td><td>13%</td></tr>
<tr><td>不动产租赁服务</td><td>9%</td></tr>
<tr><td>生活服务</td><td>文化体育服务、教育医疗服务、旅游娱乐服务、餐饮住宿服务、居民日常服务、其他生活服务</td><td>6%</td></tr>
<tr><td rowspan="2">销售无形资产</td><td>转让技术、商标、著作权、商誉、自然资源和其他权益性无形资产使用权或所有权</td><td>6%</td></tr>
<tr><td>转让土地使用权</td><td>9%</td></tr>
<tr><td colspan="2">出口服务（适用增值税免税政策的除外）</td><td>0</td></tr>
</table>

表 8-1 中的出口零税率，是指增值税对出口货物实行“一免、二退”制度，即对出口货物在出口环节免征增值税，同时对出口商为出口这批货物所负担的外购货物的进项税给予退税处理。增值税出口零税率可以保证出口货物的价格中不含任何增值税。因为根据国际上实行的消费地（目的地）原则，对国际贸易商品由进口国征税而出口国不征税，如果出口国不实行零税率（等于含税出口），那么其出口货物在进口国海关还要被征收增值税，从而被双重征税，这样就不利于国际贸易的开展。

2. 消费税

消费税是对少数非生活必需品性质的消费品课征的一种流转税，目前的征税范围包括 15 大类商品，这 15 大类商品可分为以下四种类型：一是过度消费对人体有害或不利于社会秩序、生态环境的消费品，如烟、酒、鞭炮及焰火、涂料、电池等；二是奢侈品，如高档化妆品、贵重首饰及珠宝玉石、高档手表、游艇、高尔夫球及球具等；三是高能耗的高档消费品，如小汽车、摩托车等；四是不可再生和替代的稀缺资源消费品，如成品油、实木地板、木制一次性筷子等。凡在中国境内生产、委托加工和进口应税消费品的单位和个人均为消费税的纳税义务人。消费税主要是在生产环节缴纳，但金银首饰、钻石及钻石饰品的消费税在零售环节缴纳；卷烟除了在生产环节缴纳之外，还要在批发环节缴纳。消费税的计税依据为销售额，并实行价内税，计税销售额中应当含有消费税税额但不含增值税税额。消费税有比例税率和定额税率两种形式，比例税率最低为 1%，最高为 56%。黄酒、啤酒以及汽油和柴油等适用于定额税率。另外，对白酒和卷烟实行从量定额和从价定率相结合的复合计税方法。例如，白酒生产企业出售白酒先要缴纳从量定额税，税率为每 500 克或 500 毫升 0. 5 元，然后再按出售价格缴纳从价税，税率为 20%。

3. 城市维护建设税

城市维护建设税原是一种具有特定目的的附加税，其收入专款专用于城市维护和建设所需要的资金。但随着我国城市建设的日臻完善，该税已不再是一种目的税。城市维护建设税以纳税人实际缴纳的增值税、消费税税额为计税依据。目前，凡是缴纳增值税和消费税的单位和个人，都是城市维护建设税的纳税人。从 2010 年 12 月 1 日起，外商投资企业和外国企业及外籍个人也要缴纳该税。城市维护建设税的税率有 3 档，分别适用于位于不同地区的纳税人：纳税人所在地在市区的，其适用税率为 7%；纳税人所在地在县城、镇的，税率为 5%；纳税人所在地不在市区、县城或者镇的，税率为 1%。

4. 关税

关税是中国政府对进出本国国境的货物和物品征收的一种流转税，由海关负责征收。货物是指贸易性商品；物品包括入境旅客随身携带的行李物品、个人邮递物品、各种运输工具上的服务人员携带进口的自用物品、馈赠物品以及以其他方式进入我国国境的个人物品。贸易性商品进口关税的纳税人是经营进口货物的收、发货人，包括外贸进出口公司、工贸或农贸结合的进出口公司以及其他经批准经营进出口商品的企业。物品进口关税的纳税人包括入境旅客随身携带的行李、物品的持有人，各种运输工具上服务人员入境时携带自用物品的持有人，馈赠物品以及以其他方式入境的个人物品的所有人，进口个人邮件的收件人。关税采用差别比例税率，税率分为进口税率和出口税率。根据《中华人民共和国进出口税则》的规定，进口税率分为最惠国税率、协定税率、特惠税率、普通税率以及暂定税率。最惠国税率主要适用于原产于共同适用最惠国待遇条款的世界贸易组织成员的进口货物；协定税率适用于原产于与我国签订含有关税优惠条款的区域性贸易协定的国家或者地区的进口货物，这类区域性贸易协定包括《亚太贸易协定》《中国—东盟全面经济合作框架协议》《区域全面经济伙伴关系协定》（RCEP）等19个协定或协议；特惠税率适用于原产于与我国签订含有特殊关税优惠条款的贸易协定的国家或者地区的进口货物，即对亚洲和非洲一些最不发达国家的部分进口货物中95%以上的税目实行零关税的特惠税率；普通税率适用于原产于除适用最惠国税率、协定税率、特惠税率国家或者地区以外的国家或者地区的进口货物以及原产地不明的进口货物；暂定税率即适用最惠国税率、协定税率、特惠税率的进口货物在一定期限内可以实行的税率，适用普通税率的进口货物不适用暂定税率。需要注意的是：当最惠国税率低于或等于协定税率时，协定有规定的按相关协定的规定执行，协定无规定的则从低适用税率；当适用最惠国税率的进口货物有暂定税率时，应当适用暂定税率；适用协定税率、特惠税率的进口货物有暂定税率的，应当从低适用税率。改革开放以来特别是加入世界贸易组织以后，我国多次大幅度降低进口货物的关税税率，目前我国进口关税的算数平均税率已由2001年的15.3%降到7%左右，低于世界贸易组织统计的发展中国家进口关税平均税率10%左右的水平。出口关税的税率也为比例税率，但没有普通税率和优惠税率之分，只是对部分出口货物实行暂定税率。目前我国共对106种序号的出口货物征收出口关税，税率分20%、25%、30%、40%和50%五档，其中有47个序号的出口货物暂定适用零税率，此外出口暂定税率还设有5%、10%、15%和20%四档。

5. 企业所得税

企业所得税的课税对象为企业的生产经营所得和其他所得。生产经营所得是指企业从事的主营业务活动取得的所得。其他所得包括转让财产所得、股息红利等权益性投资所得、利息所得、租金所得，等等。企业所得税的纳税人为中国居民企业和非居民企业。中国居民企业是指依法在中国境内成立，或者依照外国（地区）法律成立但实际管理机构设在中国境内的企业；非居民企业是指依照外国（地区）法律成立且实际管理机构不在中国境内，但在中国境内设立机构、场所，或者在中国境内未设立机构、场所，但有来源于中国境内所得的企业。企业所得税的计税依据为应纳税所得额，它等于企业的年度收入总额，减除不征税收入、免税收入、各项扣除以及允许弥补的以前年度亏损后的余额。企业所得税的税率为25%。但非居民企业在中国境内未设立机构、场所，或者虽设立机构、场所但取得的所得与其所设机构、场所没有实际联系的，其来源于中国境内的所得按照10%的税率缴纳企业所得税。符合条件的小型微利企业，减按20%的税率缴纳企业所得税。另外，根据财政部、国家税务总局公告2022年第13号以及2023年第6号的政策规定，在2024年年底之前，小型微利企业年应纳税所得额不超过100万元的部分，减按25%计入应纳税所得额，按20%的税率缴纳企业所得税，实际税率为5%。国家对需要重点扶持的高新技术企业减按15%的税率征收企业所得税。企业所得税税率的具体情况见表8-2。

**表8-2　企业所得税的税率表**

| 类别 | 税率 |
| --- | --- |
| 企业所得税法定税率 | 25% |
| 非居民企业在中国境内未设立机构、场所，或者虽设立机构、场所但取得的所得与其所设机构、场所没有实际联系的 | 10%（其来源于中国境内的所得按照10%的税率缴纳企业所得税，或执行税收协定税率） |
| 符合条件的小型微利企业 | 减按20% |
| 年应纳税所得额在100万元（含）以下的部分 | 5%（其所得减按25%计入应纳税所得额，实际税率为5%） |
| 需要重点扶持的高新技术企业 | 减按15% |

6. 个人所得税

个人所得税的纳税人包括中国公民、个体工商户以及在中国取得所得的外籍人员和中国香港、台湾、澳门同胞。个人所得税的纳税人也可以分为居民纳税人和非居民纳税人。这两类纳税人负有的纳税义务不同。居民纳税人负有无限纳税义务，即纳税人要就来源于中国境内和境外的一切所得向中国政府缴纳所得税。非居民纳税人则只需就其来源于中国境内的所得向中国政府缴纳所得税。我国现行个人所得税的征税范围包括纳税人取得的9大类所得，具体包括以下项目：（1）工资、薪金所得；（2）劳务报酬所得；（3）稿酬所得；（4）特许权使用费所得；（5）经营所得；（6）利息、股息、红利所得；（7）财产租赁所得；（8）财产转让所得（我国境内上市公司的股票转让所得暂免征收个人所得税）；（9）偶然所得。从 2019 年 1 月 1 日起，我国实行综合与分类相结合的个人所得税制度，即：居民个人取得的综合所得即上述第（1）项至第（4）项所得，要按纳税年度合并计算个人所得税；非居民个人取得的上述第（1）项至第（4）项所得，按月或按次分项计算个人所得税；纳税人取得上述第（5）项至第（9）项所得，依法分别计算个人所得税。个人所得税的计税依据为个人的应纳税所得额，应纳税所得额等于纳税人应税项目的收入额减去税法规定的费用扣除标准后的余额。不同收入项目的费用扣除标准不尽相同。例如，居民个人的综合所得，每一纳税年度可以减除费用六万元以及专项扣除（按国家规定缴纳的“三险一金”）、专项附加扣除（包括子女教育、继续教育、大病医疗、住房贷款利息或者住房租金、赡养老人以及 3 岁以下婴幼儿照护）和依法确定的其他扣除；非居民个人取得的工资、薪金所得，每月可以减除费用 5 000 元，劳务报酬所得、稿酬所得、特许权使用费所得以每次收入额为应纳税所得额，不能扣除费用；经营所得，每一纳税年度可以从收入总额中减除成本、费用以及损失；财产租赁所得，每次收入不超过 4 000 元的减除费用 800 元，4 000 元以上的减除 20%的费用；财产转让所得，可以减除财产原值和合理费用；利息、股息、红利所得和偶然所得，以每次收入额为应纳税所得额，不能减除任何费用。另外，劳务报酬所得、稿酬所得、特许权使用费所得以收入减除费用（同财产租赁所得）后的余额为收入额；稿酬所得的收入额减按 70%计算。

个人所得税专项附加扣除的标准分别为：（1）子女教育（包括年满 3 岁后的学前教育至高等教育），按照每个子女每月 2 000 元的标准定额扣除，父母可以选择由其中一方按扣除标准的 100%扣除，也可以选择由双方分别按扣除标准的 50%扣除；（2）继续教育，纳税人在学历（学位）教育期间按照每月 400 元定额扣除，或在取得相关证书的当年按照 3 600 元定额扣除；（3）大病医疗，纳税人发生的与基本医保相关的医药费用支出扣除医保报销后个人负担累计超过 15 000 元的部分，在 80 000 元限额内据实扣除，可以选择由本人或者其配偶扣除；（4）住房贷款利息，纳税人或其配偶购买中国境内住房发生的首套住房贷款利息支出，在实际发生贷款利息的年度，经夫妻双方约定，可以选择由其中一方按照每月 1 000 元的标准定额扣除；（5）住房租金，纳税人在主要工作城市没有自有住房而发生的住房租金支出，可以根据城市的规模按照每月1 500 元、1 100 元和 800 元的标准定额扣除，并由签订租赁住房合同的承租人扣除；（6）赡养老人，纳税人为独生子女的，按照每月 3 000 元的标准定额扣除；纳税人为非独生子女的，由其与兄弟姐妹分摊每月 3 000 元的扣除额度，每人分摊的额度不能超过每月 1 500 元；（7）3 岁以下婴幼儿照护，按照每个婴幼儿每月2 000 元的标准定额扣除，父母可以选择由其中一方按扣除标准的100%扣除，也可以选择由双方分别按扣除标准的50%扣除，具体扣除方式在一个纳税年度内不能变更。

个人所得税的税率按所得项目不同而分别确定。例如，综合所得适用七级超额累进税率，最低为3%，最高为45%（见表8-3）；经营所得适用5%至35%的五级超额累进税率（见表8-4）；利息、股息、红利所得，财产租赁所得，财产转让所得和偶然所得，适用20%的比例税率。

**表8-3 个人所得税税率（综合所得适用）**

| 级数 | 全年应纳税所得额 | 税率/% |
|---|---|---|
| 1 | 不超过36 000元的 | 3 |
| 2 | 超过36 000元至144 000元的部分 | 10 |
| 3 | 超过144 000元至300 000元的部分 | 20 |
| 4 | 超过300 000元至420 000元的部分 | 25 |
| 5 | 超过420 000元至660 000元的部分 | 30 |
| 6 | 超过660 000元至960 000元的部分 | 35 |
| 7 | 超过960 000元的部分 | 45 |

**表8-4 个人所得税税率（经营所得适用）**

| 级数 | 全年应纳税所得额 | 税率/% |
|---|---|---|
| 1 | 不超过30 000元的 | 5 |
| 2 | 超过30 000元至90 000元的部分 | 10 |
| 3 | 超过90 000元至300 000元的部分 | 20 |
| 4 | 超过300 000元至500 000元的部分 | 30 |
| 5 | 超过500 000元的部分 | 35 |

7. 土地增值税

土地增值税是国家为了抑制土地的炒买炒卖和调节房地产投机暴利而开征的一种税，它实际上是房地产企业的第二道所得税。土地增值税的纳税人为转让国有土地使用权、地上建筑物及其附着物并取得收入的单位和个人。其课税对象为纳税人转让房地产取得的增值额。这里的增值额是指纳税人转让房地产取得的各项收入（包括货币收入、实物收入和其他收入）减去国家规定的各项扣除项目后的余额。国家规定的允许扣除的项目有以下几项：（1）取得土地使用权所支付的金额，包括纳税人取得土地使用权所支付的地价款及交纳的有关费用；（2）房地产开发成本，包括土地的征用和拆迁补偿费、前期工程费、建筑安装工程费、基础设施费、公共配套设施费、开发间接费用等；（3）房地产开发费用，包括与房地产开发有关的销售费用、管理费用和财务费用；（4）旧房及建筑物的评估价格，即在转让已经使用的房屋和建筑物时，由政府批准的房地产评估机构评定的房屋价格；（5）与转让房地产有关的税金，包括转让房地产时缴纳的城市维护建设税、印花税、教育费附加等；（6）其他扣除项目，这里主要是指财政部规定，对从事房地产开发的纳税人，可以按其取得土地使用权所支付的金额和房地产开发成本这两项金额之和，加计20%的扣除。土地增值税实行四级超率累进税率，分别是30%、40%、50%和60%，累进的依据为增值额与允许的扣除项目金额之比。

8. 房产税

房产税属于财产税，是对纳税人拥有的房屋财产课征的税收。房产税的纳税人为在中国境内拥有房屋产权的单位和个人。房屋产权属于国家所有的，房屋的经营管理单位为纳税人；房屋产权属于集体或个人所有的，纳税人为集体单位或个人。位于农村的房屋不属于房产税的课税对象。房产税的计税依据为房屋的计税价值（即房产原值一次减除10%~30%后的余值）或者是房产的租金收入。房产税的税率为比例税率：按房产计税价值征收的，税率为1.2%；按房产租金收入课征的，税率为12%。但从2001年起，个人按市场价格出租居民住房用于居住的，可减按4%的税率缴纳房产税。对个人自住的房产（非营业性住房）免税。

9. 城镇土地使用税

城镇土地使用税的征税范围包括在城市、县城、建制镇和工矿区内的国家所有和集体所有的土地。其纳税人为拥有城镇土地使用权的单位和个人，或者实际使用城镇土地的使用人和代管人。城镇土地使用税的税率采用差别定额税率，因大城市、中等城市、小城市和县城、建制镇、工矿区而异，税率幅度为0.6~30元/平方米,具体税率由各省、自治区、直辖市政府根据本地的实际情况在上述幅度内确定。另外，对个人自住的房屋用地免征城镇土地使用税。

10. 契税

契税是对土地使用权和房屋产权的转让征收的一种税，属于对转移财产的课税，也是一种财产税。契税的课税对象是在中国境内转移的土地、房屋的权属。具体包括：（1）国有土地使用权的出让；（2）土地使用权的转让；（3）房屋买卖；（4）房屋赠与；（5）房屋交换。契税的纳税人为在中国境内转移土地、房屋权属过程中承受的单位和个人。契税实行3%~5%的幅度税率。各省、自治区、直辖市政府可根据本地的具体情况在该税率幅度内选择本地的适用税率。从2016年2月22日起，对个人购买家庭唯一住房（家庭成员范围包括购房人、配偶以及未成年子女，下同），面积为 90 平方米及以下的，减按 1%的税率征收契税；面积为 90 平方米以上的，减按 1.5%的税率征收契税。对北京市、上海市、广州市、深圳市以外的个人购买家庭第二套改善性住房，面积为 90 平方米及以下的，减按 1%的税率征收契税；面积为 90 平方米以上的，减按 2%的税率征收契税。

11. 车辆购置税

在我国境内购置汽车、有轨电车、汽车挂车、排气量超过 150 毫升的摩托车的单位和个人为车辆购置税的纳税人。该税实行一次性征收，即对购置已征车辆购置税的车辆国家不再征收车辆购置税。车辆购置税的税率为 10%。其计税价格为纳税人实际支付给销售者的全部价款，但其中不包括增值税税款；当所购车辆为进口车辆时，计税价格为关税完税价格加上关税和消费税。纳税人购置应税车辆，应当向车辆登记地的主管税务机关申报缴纳车辆购置税；如果购置不需要办理车辆登记的应税车辆的，则应当向纳税人所在地的主管税务机关申报缴纳车辆购置税。

12. 车船税

车船税是对在我国境内拥有或管理《车船税税目税额表》中规定的车辆和船舶课征的税收，上述车辆、船舶的所有人或者管理人为车船税的纳税人。车船税的税率实行定额税率：汽车的税率根据排量的大小由低到高设置，如 1.6 升以上至 2.0 升（含 2.0 升）排量的汽车车船税是 360 元至 660 元，2.0 升以上至 2.5 升（含 2.5 升）排量的汽车车船税是 660 元至 1 200 元；机动船舶的税率根据船舶的净吨位设置，如净吨位小于或者等于 200 吨的每吨 3 元，净吨位大于 200 吨但小于 2 000 吨的为每吨 4 元；游艇的税率根据艇身长度设定，如艇身长度不超过 10 米的为每米 600 元，艇身长度超过 10 米但不超过 18 米的为每米 900 元。车船税的纳税人应按照纳税地点所在的省、自治区、直辖市人民政府确定的具体适用税额缴纳车船税。但各地区对节约能源、使用新能源的车船可以减征或者免征车船税。车船税按年申报，一次性缴纳。从事机动车第三者责任强制保险业务的保险机构为机动车车船税的扣缴义务人，应当在收取保险费时依法代收车船税，并出具代收税款凭证。

13. 印花税

在我国境内书立应税凭证、进行证券交易的单位和个人为印花税的纳税人。这里的应税凭证，包括合同、产权转移书据和营业账簿；证券交易则是指转让在依法设立的证券交易所、国务院批准的其他全国性证券交易场所交易的股票和以股票为基础的存托凭证。同一应税凭证由两方以上当事人书立的，按照各自涉及的金额分别计算应纳税额。印花税的税率为比例税率，例如，借款合同的税率为 0.05‰，买卖合同为 0.3‰，商标专用权、著作权等转让为 0.3‰，营业账簿为

0.25‰，证券交易为0.5‰。印花税的计税依据分别为：（1）应税合同的计税依据，为合同所列的金额，不包括列明的增值税税款；（2）应税产权转移书据的计税依据，为产权转移书据所列的金额，不包括列明的增值税税款；（3）应税营业账簿的计税依据，为账簿记载的实收资本（股本）、资本公积合计金额；（4）证券交易的计税依据，为成交金额。印花税的应纳税额按照计税依据乘以适用税率计算。印花税可以采用粘贴印花税票或者由税务机关依法开具其他完税凭证的方式缴纳。

14. 资源税

资源税的课征是为了调节开采自然资源的企业取得的级差收入。资源税的课税对象主要是自然资源，但目前并非所有的自然资源都属于应税范围，应税的自然资源只包括矿产品、盐和水资源三大类，而森林资源暂不课税。具体而言，资源税的税目包括五大类，即能源矿产（包括原油、天然气、煤等）、金属矿产（包括黑色金属、有色金属等）、非金属矿产（包括矿物类、岩石类等）、水汽矿产和盐。过去，资源税长期采用定额税率征收，其计税依据为课税数量。自2011年11月起，原油、天然气改为从价征税，计税依据为销售收入，自2014年12月1日起税率调整为6%~10%。自2014年12月1日起，煤炭资源税也改为从价计征，税率为2%~10%，由各省、自治区、直辖市政府自行确定。自2015年5月1日起，稀土、钨、钼三种矿产品实行从价计征，稀土税率各省不一，钨的税率为6.5%，钼的税率为11%。自2016年7月1日起，铁矿、金矿、铜矿、铝土矿、铅锌矿、镍矿、锡矿、石墨、硅藻土、高岭土、萤石、石灰石、硫铁矿、磷矿、氯化钾、硫酸钾、井矿盐、湖盐、提取地下卤水晒制的盐、煤层（成）气和海盐都改为从价计征资源税，中央政府为每一种矿产品制定幅度税率，然后由省级人民政府在规定的税率幅度内提出具体适用税率建议，报财政部、国家税务总局确定核准。同时自2016年7月1日起，国家开始在河北省开展水资源税试点，并自2017年12月1日起将水资源税改革试点扩大到北京、天津、山西、内蒙古、山东、河南、四川、陕西、宁夏9个省（自治区、直辖市），并实行从量计征。下一步，还要将其他矿产品纳入从价计征的范围。另外，从促进资源节约集约利用和生态环境保护的角度考虑，国家还将创造条件，逐步对水、森林、草场、滩涂等自然资源开征资源税。

15. 环境保护税

《中华人民共和国环境保护税法》（简称《环境保护税法》）于2016年12月25日由第十二届全国人民代表大会常务委员会第25次会议通过，于2018年1月1日起实施。环境保护税是向那些在我国领域及所管辖的其他海域直接向环境排放应税污染物的企业事业单位和其他生产经营者课征的一种税，目的是促进纳税人减少污染物的排放，推进生态文明建设。应税污染物包括大气污染物、水污染物、固体废物和噪声，具体范围依照《环境保护税法》所附的《环境保护税税目税额表》和《应税污染物和当量值表》确定。环境保护税的税率实行定额税率，例如，大气污染物每污染当量 1.2 元至 12 元；水污染物每污染当量 1.4 元至 14 元；固体废物中的煤矸石每吨 5 元；工业噪声超标 1~3 分贝每月 350 元，超标 4~6 分贝每月 700 元，等等。应税大气污染物和水污染物具体适用税额的确定和调整，由省、自治区、直辖市人民政府统筹考虑本地区环境承载能力、污染物排放现状和经济社会生态发展目标要求，在《环境保护税法》规定的税额幅度内提出，报同级人民代表大会常务委员会决定，并报全国人民代表大会常务委员会和国务院备案。纳税人排放应税大气污染物或者水污染物的浓度值低于国家和地方规定的污染物排放标准 30%的，减按 75%征收环境保护税；纳税人排放应税大气污染物或者水污染物的浓度值低于国家和地方规定的污染物排放标准 50%的，减按 50%征收环境保护税。

16. 耕地占用税

耕地占用税是对在我国境内占用耕地建设建筑物、构筑物或者从事非农业建设的行为征收的税收，其纳税人为占用耕地从事上述建设活动的单位和个人，但占用耕地建设农田水利设施的不缴纳耕地占用税。征税范围内的耕地是指用于种植农作物的土地，同时还包括园地、林地、草地、农田水利用地、养殖水面、渔业水域滩涂以及其他农用地。耕地占用税的税率为定额税率，并以纳税人实际占用的耕地面积为计税依据。该税按照规定的适用税额一次性征收，应纳税额为纳税人实际占用的耕地面积（平方米）乘以适用税额。适用税额按照耕地所在地区（县、自治县、不设区的市、市辖区）人均耕地面积的大小确定，人均耕地面积越大的税额越小。例如，人均耕地不超过一亩的地区每平方米为 10 元~50 元，人均耕地超过一亩但不超过二亩的地区每平方米为 8 元~40 元，等等。各地区耕地占用税的适用税额由省（自治区、直辖市）人民政府提出，报同级人大常委会决定，并报全国人大常委会和国务院备案。但各省（自治区、直辖市）耕地占用税适用税额的平均水平不得低于国家为其规定的平均税额，如上海为 45 元/平方米，北京为 40 元/平方米，内蒙古、西藏、甘肃、青海、宁夏、新疆为 12.5 元/平方米。占用基本农田的，应当按照当地适用税额加按 150%征收。耕地占用税也有一些减免规定，例如：占用园地、林地、草地、农田水利用地、养殖水面、渔业水域滩涂以及其他农用地从事应税建设的，适用税额可以适当低于本地区的适用税额，但降低的部分不得超过 50%；占用耕地建设军事设施、学校、幼儿园、社会福利机构、医疗机构的，免征耕地占用税。

17. 烟叶税

烟叶税是对在我国境内收购烟叶的单位就其收购时实际支付的价款课征的税收。烟叶税的纳税人为收购烟叶的单位，应税烟叶包括烤烟叶和晾晒烟叶。烟叶税的计税依据为纳税人收购烟叶实际支付的价款总额，其中包括纳税人支付给烟叶生产销售单位和个人的烟叶收购价款和价外补贴。其中，价外补贴统一按烟叶收购价款的10%计算。烟叶税的税率为20%。纳税人应当向烟叶收购地的主管税务机关申报缴纳烟叶税。

18. 船舶吨税

船舶吨税是对自境外港口进入我国境内港口的船舶课征的税收。船舶吨税实行差额定额税率，船舶的净吨位以及执照期限不同则税额也不同，吨位越大、期限越长（分1年、90日、30日），则税额越高。另外，船舶吨税的税率还分为优惠税率和普通税率，我国国籍的应税船舶以及船籍国（地区）与我国签订含有相互给予船舶税费最惠国待遇条款的条约或者协定的应税船舶，适用优惠税率；其他应税船舶，适用普通税率。船舶吨税由海关负责征收。

## 二、中国税制改革的方向

### （一）税制改革的基本原则

中国现行税制自1994年确立以来，对保障国家的财政收入起了十分重要的作用，同时也基本适应税收征管水平的要求。但现行税制毕竟是二十多年前确立的，在此期间国家的社会经济已经发生了巨大变化。1994年的税制改革是适应当时提出的社会主义市场经济要求而进行的，1993年11月党的十四届三中全会通过的《中共中央关于建立社会主义市场经济体制若干问题的决定》中提出实行“效率优先、兼顾公平”的收入分配制度，这在当时国家刚开始进行社会主义市场经济建设，其主要任务是提高经济效率的历史时期是完全必要的。在二十多年后的今天，中国的经济效率有了很大的提高，GDP规模已居世界第二。党的十八大以来，党和国家更加重视社会公平。特别是党的十九大提出中国特色社会主义进入了新时代，人民美好生活需要日益增长，不仅对物质文化生活提出了更高要求，而且在民主、法治、公平、正义、安全、环境等方面的要求也日益增长；因此，必须坚持以人民为中心的发展思想，不断促进人的全面发展、全体人民共同富裕，履行好政府再分配调节职能，加快推进基本公共服务均等化，缩小收入分配差距。另外，党的十九大还要求“深化税收制度改革，健全地方税体系”，党的二十大报告也提出“优化税制结构”。改革的原则仍然是党的十八大提出的“形成有利于结构优化、社会公平的税收制度”。这一税制改革的原则十分有针对性，它实际上也指出了当前我国税制存在的主要问题是过于倚重流转税，造成税制结构不合理。目前增值税占我国税收收入的30%以上，虽然税款均由企业缴纳，但其中有很大一部分要转嫁给消费者负担。根据国家统计局的统计调查，2011年，中国最低收入的10%的家庭用于生活消费的支出占家庭可支配收入的93%，而最高收入的10%的家庭其生活消费支出占可支配收入的59%。这表明，在以流转税为主的税制结构下，低收入家庭负担的税收占其收入的比重要大于高收入家庭。因此，党的十八大提出加快改革财税体制，形成有利于结构优化、社会公平的税收制度。党的十八届三中全会通过的《中共中央关于全面深化改革若干重大问题的决定》对如何优化税制结构提出了具体要求，即“逐步提高直接税比重”。《中华人民共和国国民经济和社会发展第十四个五年规划和2035年远景目标纲要》中也提出“优化税制结构，健全直接税体系，适当提高直接税比重”。目前如果把社会保险缴费也视为税收，那么我国的直接税大约占到税收总额的65%，但这里所指的直接税最主要的是个人所得税，因为在全部税收中，个人所得税是最公平的税种。一是它的税负公平，“多得多征、少得少征、不得不征”；二是它采取累进税率征收，有利于调节社会成员的收入分配。但这样一种公平合理的税种，2022年在我国一般公共预算的税收收入中仅占9%；如果按国际口径（税收中包括社会保险费），其在我国税收收入中的占比就更低，仅为6.2%左右。而这个比重在OECD国家平均达到23%，在一些发展中国家也达到15%。当然，房地产税也是直接税的重要内容，它的发展和完善对于优化我国的税制结构也十分重要。

### （二）下一步税制改革的主要内容

《中共中央关于全面深化改革若干重大问题的决定》为今后税制改革提出了具体的战略部署，即“推进增值税改革，适当简化税率。调整消费税征收范围、环节、税率，把高耗能、高污染产品及部分高档消费品纳入征收范围。逐步建立综合与分类相结合的个人所得税制。加快房地产税立法并适时推进改革，加快资源税改革，推动环境保护费改税。”

> **编 者 谈**
>
> 我国未来税制改革的方向

#### 1. 完善增值税制度

2016年5月1日全面实行“营改增”试点，营业税正式退出历史舞台。但增值税改革远没有结束。下一步，增值税还面临立法的问题，在立法过程中，增值税制度还需要进一步完善。这里最主要的问题之一是增值税税率档次仍有13%、9%和6%三档。目前虽然不再有增值税和营业税的混合销售和兼营的问题，但由于多个税率档次，增值税自身仍然存在混合销售和兼营的问题，比如销售货物和销售服务二者的混合，以及适用9%和6%税率服务的兼营，使得增值税的征收管理十分复杂。因此，下一步增值税的改革仍要适当简化税率档次，由三档向两档的方向发展。另外，“营改增”试点方案对增值税抵扣链条的考虑不足，如纳税人支付的银行贷款利息和相关费用进项税不能抵扣，这些在增值税立法时都需加以完善。

2. 改革消费税制度

下一步消费税改革重点是调整征税范围和税率，把一些有利于调节收入分配和抑制环境污染的产品列入消费税的征税范围。为了配合消费税逐步下放给地方，还要研究消费税的征收环节后移到批发和零售环节的问题。

3. 完善个人所得税制度

我国过去实行的分类所得税制度最大的好处是便于源泉征收，由支付所得的单位和个人代扣代缴，纳税人一般不需要进行申报纳税（两头取得工资、境外取得所得、没有扣缴义务人以及年收入超过 12 万元等情况的除外）。但这种制度在面对收入来源不同的纳税人时，由于各类所得都有其不同的费用扣除标准（免征额），所以它无法做到税收的横向公平。实行“综合和分类相结合”的个人所得税，有望解决这一问题。当然，从世界各国的做法来看，把纳税人的所有收入综合缴纳所得税的情况也不多见，一般资本所得（股息、利息、财产转让所得等）往往单独征税。这次个人所得税改革先将工薪所得、劳务报酬所得、稿酬所得和特许权使用费所得四项劳动性所得纳入综合征税范围，其他所得仍实行分类征收。今后我国个人所得税征收模式应当由“小综合”向“大综合”的方向发展，逐步将经营所得、财产租赁所得等纳入综合征收的范围。另外，修正后的《中华人民共和国个人所得税法》将个人所得税综合所得的费用扣除标准由每月 3 500 元提高到每月 5 000 元（60 000 元/年），同时还增加了专项附加扣除，即子女教育支出、继续教育支出、大病医疗支出、住房贷款利息和住房租金支出、赡养老人以及 3 岁以下婴幼儿照护等支出，这比过去费用扣除标准“一刀切”的做法有了很大的改进。今后应当不断完善费用扣除办法，基本费用扣除标准（如现在的每年 60 000 元）应当随物价的上涨进行动态调整。

另外，目前我国的个人所得税对个人的财产性收入都有许多免税规定，如银行存款利息所得、上市公司的股票转让所得、持有一年以上上市公司股票取得的股息红利所得等。随着我国居民收入来源中财产性收入的比重不断提高（1990 年城镇居民的可支配收入来源中财产性收入仅占 1.01%，2021 年已达到 10.6%），[①] 国家从社会公平的角度考虑也应当对个人的一部分财产性收入征收个人所得税。

---

① 资料来源：《中国统计年鉴 2022》。

4. 研究房地产税的征收

目前我国并没有开征房地产税这个税种，但开征了房产税和城镇土地使用税。国外一般都征收房地产税，而我国由于城镇土地属于国家所有，因此当时并没有将房产与土地合并征税，而是单独征收了城镇土地使用税，它实际上是一种地租或使用费。房产税目前是按照房产原值一次减除10%至30%后的余值作为计税依据，税率为1.2%；房产出租的，则依照房产租金收入按12%的税率计征房产税。城镇土地使用税则以纳税人实际占用的土地面积为计税依据，按年征收，税率为定额税率，如大城市为每平方米1.5元至30元，中等城市为每平方米1.2元至24元，等等。可见，无论是房产税还是城镇土地使用税目前都不是按照房地产的评估价值征收的。另外，目前房产税和城镇土地使用税主要是对企事业单位征收，对个人不从事营业用途的住房免征房产税和城镇土地使用税。党的十八届三中全会提出“加快房地产税立法并适时推进改革”，其主要内容为：一是将企事业单位的房产税和土地使用税合二为一，开征房地产税；二是时机成熟时将个人符合条件的非营业性住房纳入房地产税的征收范围；三是该改革要在全国人大立法的框架内进行。2021年10月23日，全国人大常委会做出决定，授权国务院在部分地区开展房地产税改革的试点工作，国务院制定房地产税试点具体办法，试点地区人民政府制定具体实施细则，试点实施启动时间由国务院确定。但鉴于当前我国的房地产形势，房地产税扩大试点的工作近期内不宜启动。

## 思考题

1. 税收与其他收入形式有什么区别？
2. 如何理解税收替代效应、税收超额负担和税收中性三者之间的关系？
3. 如何看待我国的宏观税负？
4. 哪些因素会影响一个国家的税制结构？
5. 我国下一步税制改革的主要任务有哪些？

▶ 即测即评

# 第九章　非税收入

现代国家的政府收入体系由多种形式的收入构成，其中税收是最主要和最典型的形式，是政府收入的主体。税收以外的其他收入，如政府性收费收入、政府性基金收入、政府性债务收入、国有资本经营收益及利润、社会保险基金收入、土地出让收入、罚没收入等，是政府收入的辅助和补充形式，又被统称为“非税收入”，由此与税收共同形成“税费债利租”的政府收入格局及“全口径财政收入”的概念。由于政府性债务收入（公债）的特殊性，本书在第十章论述。

本章共四节。第一节先概述政府性收费的含义、特征以及存在的理由等有关内容，作为讲解政府非税收入的铺垫。第二节至第四节对政府性基金、国有资本经营收入和社会保险基金收入这几种主要的非税收入的概况和改革设想进行阐释。

## 第一节　政府性收费

### 一、政府性收费的概念

（一）政府性收费的含义

政府性收费是非税收入的重要形式，是政府为提供特定社会产品和服务，参与国民收入分配和再分配的一种形式，包括行政性收费和事业性收费两部分。行政性收费是指国家机关、具有行政管理职能的企业主管部门和政府委托的其他机构，在履行或代行政府职能过程中，为了特定目的，依照法律、法规并经有关部门批准，向单位和个人收取的费用，一般具有强制性和排他性特征。事业性收费是指事业单位向社会提供特定服务，依照国家法律、法规并经有关部门批准，向服务对象收取的补偿性费用，一般具有补偿性和排他性特征。政府性收费遵循非营利性原则，是政府非税收入的重要形式，目前，我国政府性收费种类主要包括：管理性收费、资源性收费、证件性收费等。从广义上讲，凡是以政府部门为主体的收费，都可以被称为政府性收费，政府性收费是政府财政收入的重要来源之一，同时又是一种特殊的价格形式，其实质是国家意志和权威的经济体现。

（二）政府性收费的特征

政府性收费作为公共财政非税收入的重要形式，是政府在履行其职能的过程中收取的费用，且一般都有专项用途。它与财政收入的主要形式——税收相比，有其自身的特征。

1. 征收主体是履行政府某种管理职能的部门或单位

政府性收费的征收主体有国家及其政府有关部门，也有事业单位，还有代行政府职能的社会团体，而税收由专门的税务机关负责征收。

2. 使用方向的特定性

政府性收费是为了满足准公共需要即提供特定的公共产品和公共服务而收取的，资金的使用方向相对固定。税收通常是政府为满足纯公共需要，筹集一般公共产品和服务所需资金而征收的，使用方向不固定。

3. 征收上的有偿性、自愿性和不固定性

政府性收费的征收虽然具有一定的强制性，但在很大程度上体现了自愿和有偿，具体表现是为缴费人提供特定的公共产品和公共服务，同时每项政府性收费一般都明确征收期限，且征收标准与提供的准公共产品和公共服务直接相关，适时调整。

4. 资金管理方式的特殊性

政府性收费由于是政府为提供特定公共产品和公共服务而收取的，一般实行专款专用；而税收收入全部纳入财政预算，用于政府一般性开支，实行集中管理。

## 二、政府性收费存在的理由

在我国，政府性收费存在的理由和必要性在于：

第一，需要税收之外的其他财政收入来补偿公共产品的提供成本。一般而言，满足公共需要的产品和服务，应由政府提供并以税收和其他财政收入形式获得成本的补偿。由政府提供的纯公共产品的补偿形式主要是税收，而准公共产品的补偿主要是依靠政府性收费等向特定服务或受益对象收取的有关费用。所以，纯公共产品主要由政府采用“税收—公共支出”机制来分摊其生产的成本费用，是一种最为有效的社会分配机制；对于准公共产品则应由政府根据成本费用的分摊机制，按照“谁受益谁付费”的原则让公共产品的使用者和受益者以使用费的方式进行补偿和调节，这不仅可以提高公共产品的使用效率和公共服务的质量，可以解决公共产品面临的“拥挤”和“搭便车”问题，使公共产品的消费调整到合理状态，同时还可以缓解政府财政资金的紧张状况。

第二，需要通过政府性收费矫正某些“负外部性”。在现代社会，微观主体的行为会对经济社会和生态环境（如治安、交通秩序、生态保护和污染防治等）产生正的或负的外部性。由于“外部性”损益的大小及范围难以确定，因此受“外部性”影响者不可能因获益而向产生“正外部性”者付费，也不可能因受害而向产生“负外部性”者索赔，这必然造成环境的恶化。对此，由政府出面按照治理“外部性”所需要的成本来核定收费，使产生“负外部性”者负担真实的活动成本，从而能够从利益机制上约束其产生“负外部性”。如排污费、交通违纪和事故处理费、各种罚没款等，这类惩罚性收费的标准就可按照治理成本，即边际社会成本与边际私人成本之差来核定。

第三，需要以适量的政府性收费等非税收入作为公共财政收入的补充。我国地域辽阔且各地区的经济基础、自然条件、人文地理状况都存在很大差异，由此也造成了我国税源因各地区、行业、领域不同而不均衡的局面。如果将所有凭借国家职能取得的收入都设置成各种固定的税种，必将会造成税制结构的繁杂和混乱，而且会带来高成本、低效率的结果，因此，对一些社会公益性项目和特定项目的支出收取费用会提高效率。

第四，需要以政府性收费作为增强国家治理能力的必要的财力支撑。财政是国家治理的基础和重要支柱，财政制度作为国家治理体系中的核心制度安排，须服从服务于国家治理现代化的要求。将现代财政制度优势转化为国家治理效能，必须借助于强大的国家财力支撑才能有效高效地实现。当出于妥善设计整体财政制度和构建财政体系的考虑而不能仅仅依赖单一的税收形式筹资时，通过适当地征收政府性收费等非税收入，既可建立和完善多元的财政收入体系，又为提升政府的治理能力和公共服务能力、更好地实现国家治理现代化提供了更充足的财力保障。

而且，政府性收费的存在，也适应了政府事权不断扩大的情况。随着经济发展和人民收入水平的不断提高，公众对公共产品和公共服务的需求不断增加，政府履行公共职能的事权范围也在逐步扩大，这必将导致公共财政支出的不断增长，并且经常超出一般公共预算收入的增长。因此，政府有必要开辟一些收入渠道，增加一些除税收之外的收入形式，以避免因财力缺乏而造成公共产品提供不足、政府职能缺位等情况发生。特别是一些经济欠发达、财政资金短缺的地方政府，政府性收费不仅在提供地方性公共产品和公共服务、维持地方政府机构运转等方面发挥了很大的作用，而且可以改善当地的公共基础设施，促进文化卫生和福利等民生事业的发展。

### 三、政府性收费管理

政府性收费反映了政府与非政府主体的一种特殊经济联系，它是政府为提供特定公共产品和公共服务而收取的、主要用于公共产品成本补偿的特殊公共收入形式，属于公共财政资金范畴。

我国政府性收费自 20 世纪 90 年代之后至 21 世纪初呈现出显著增长态势。然而，由于国民收入分配格局的重大调整，财政收入在 GDP 中的占比偏低，作为财政收入主要形式的税收，因其固定性的特征已经不能保证税收收入随公共支出的增长而相应增长，其法定性的规定也限制了税种的任意设置和开征，与此同时，因管理制度不健全及管理约束不严，也衍生了“税收缺位、收费越位”的扭曲性税费关系。

伴随着公共财政体系的创立和改革的逐步深化，中国政府性收费制度改革也在努力探索和不断深化，通过实行税费制度综合改革①，借以整顿分配秩序，理顺分配关系，完善收入格局，扭转财政困难局面，增强国家尤其是中央的宏观经济调控能力。在新形势下，对政府性收费实行综合财政预算管理，既是理顺分配关系、健全公共财政职能的客观要求，又是依法理财、完善公共财政收入体系的重要途径和严肃财经纪律、推进廉政建设的必要措施。

政府性收费制度改革，是为规范政府收入机制所采取的一项重大改革举措，是涉及经济、政策和制度的系统工程，必须统筹协调，稳步推进。其基本改革思路是：在对现有的政府性收费进行清理整顿的基础上，用税收取代一些具有税收特征的收费，通过进一步深化财税改革和完善财政管理制度，初步建立起以税收为主，以少量的、必要的政府性收费为辅的科学规范的政府公共收入体系。具体改革措施是：

第一，准确界定政府性收费。关键是正确清晰地认识政府性收费与经营服务性收费的区别。两者混淆会产生两大问题：一是若将属于市场行为的收费纳入政府性收费管理，会扩大政府管理范围，造成政府包揽事务过多，影响政府效能的发挥；二是若将政府性收费作为经营服务性收费管理，会造成财政资金流失和政府职能弱化，甚至导致收费部门利用行政权力和垄断地位，强征强收，出现政府权力商品化及“寻租”，滋生腐败。因此必须明确：除法律、法规及国务院明确规定的之外，政府性收费不能转为经营服务性收费管理。同时要把真正的经营服务性收费从政府性收费管理范围中分离出去，实行市场化运作，自收自支，并依法纳税。具体参见专栏 9-1。

**专栏 9-1 财政部：将进一步完善减税降费措施**
**突出对中小微企业、个体工商户以及特困行业的支持**

2023 年 3 月 20 日，财政部发布《2022 年中国财政政策执行情况报告》（以下简称《报告》）。《报告》指出，2022 年各项财政政策早出快出，推动稳住宏观经济大盘。大规模增值税留抵退税政策扩围加力提速，上半年即大头落地，接连打出小规模纳税人免征增值税、阶段性缓缴社会保险费、缓缴

① 中国实行的税费制度综合改革，被简称为“费改税”。但严格来说，“费改税”不是税费制度综合改革的全部。

部分行政事业性收费和保证金、减征部分乘用车购置税等一揽子政策“组合拳”，全年新增减税降费和退税缓税缓费超4.2万亿元，其中增值税留抵退税约2.46万亿元，力度是近年来最大的。

2023年，财政部将扎实推进中国式现代化，坚持稳中求进工作总基调，完整、准确、全面贯彻新发展理念，加快构建新发展格局，着力推动高质量发展，更好统筹疫情防控和经济社会发展，更好统筹发展和安全，增强财政宏观调控效能，突出做好稳增长、稳就业、稳物价工作，推动经济运行整体好转，实现质的有效提升和量的合理增长，为全面建设社会主义现代化国家开好局起好步提供有力支持。

同时，完善税费支持政策，着力纾解企业困难。综合考虑财政承受能力和助企纾困需要，在落实好前期出台政策的基础上，根据实际情况进一步完善减税降费措施，增强精准性针对性，突出对中小微企业、个体工商户以及特困行业的支持，促进企业转型升级和提升创新能力，为企业增活力、添动力。

资料来源：《财政部：将进一步完善减税降费措施 突出对中小微企业、个体工商户以及特困行业的支持》，中国证券网，2023年3月20日。

第二，明确政府性收费的管理主体。政府性收费的征管主体只能是管理政府资金的财政部门，因此，在管理过程中要坚持财政部门的主体地位，变征管主体“多元”为“一元”，在财政部门内部设立专门的管理机构，负责政府性收费的全面管理工作，统一征收，统一管理，统一政策。

第三，规范政府性收费的范围和标准。借鉴市场经济国家对准公共产品的收费范围，结合中国的实际，政府性收费范围一般限定在：提供特定服务和社会管理的行政管理机关；提供准公共性和准公益性服务的文化事业、基础设施、高等教育、职业教育、广播电视、医疗保健等事业单位。坚决杜绝一切随意性越权收费和不合理搭车收费，收费标准的审批也必须依法进行。

第四，强化对政府性收费的预算管理。坚持政府收入规范化和预算“完整性”，是市场经济国家历来推行的原则。据此，必须把全部政府性收费和所有财政性资金纳入公共财政预算，实行全口径政府预算管理，并做好政府性收费管理与政府财政管理和部门预算管理相互衔接。强化预算执行刚性约束，执行“收支两条线”管理办法，专款专用，制止“坐收坐支”①。公共财政预算管理要从单

① “坐收坐支”是财务专用的术语，是一种违反现金管理办法的行为。“坐收”是指企事业单位和机关团体收取的款项不入账或者不按照规定入账的行为；“坐支”是指企事业单位和机关团体将本单位的现金收入直接用于现金支出的行为。

纯的预算内收支平衡转移到对整个社会财力的管理和分配上来，全面反映政府收支总量、结构和管理活动。

第五，建立政府性收费的法律体系和监督检查机制。健全法律体系，在制度上规范和约束政府性收费的项目审批、标准制定、征收管理、资金使用、稽查审核等工作。强化对政府性收费的监督检查，形成法律监督、社会监督、职能部门监督三位一体的监督体系，形成全方位、多层次、多形式的监督网络。

第六，实行政府性收费与税收制度的联动改革。对于带有税收性质的政府性收费，应创造条件，将其尽快规范为税收。多年来，许多以收费形式存在的实质上的税收存在项目重复、收取依据软化、多头管理、收支一条线、缺乏监督、使用效益差等缺陷，应当通过“费改税”及收费与税收制度的联动改革等措施还其税收面目，纳入一般公共预算的规范化管理。比如近年来在环境保护、水资源等资源产品的开发与使用方面推行的“费改税”改革措施。

## 第二节　政府性基金

### 一、政府性基金的概念与分类

#### （一）政府性基金的含义

政府性基金是指各级人民政府及其所属部门根据法律、行政法规和国家有关文件规定，按照国家规定程序批准，为支持公共事业发展和特定基础设施建设，向公民、法人和其他组织无偿征收的具有专项用途、实行专款专用的财政资金，包括各种基金、资金、附加和专项收费等。目前中国政府性基金主要是政府通过出让土地、发行彩票等方式取得的专项收入，是仅次于税收的第二大财政收入来源，是国家财政收入体系的重要组成部分，对各级政府筹集资金、加快经济建设和社会事业发展起到了重要和积极的作用。

根据财政部公布的数据：2022 年，全国政府性基金收入达 78 683.1 亿元，比上年降低 19.73%。从中央和地方看，中央政府性基金收入为 4 124.0 亿元，比上年增长 0.89%；地方政府性基金本级收入为 74 559.1 亿元，比上年降低 20.63%，如表 9-1 所示。

**表 9-1　2015—2022 年中国政府性基金收入**　　单位：亿元

| 项目 | 2015 年 | 2016 年 | 2017 年 | 2018 年 | 2019 年 | 2020 年 | 2021 年 | 2022 年 |
|---|---|---|---|---|---|---|---|---|
| 中央政府性基金收入 | 4 067.6 | 4 178.1 | 3 824.8 | 4 034.8 | 4 039.8 | 3 561.6 | 4 087.7 | 4 124.0 |

续表

| 项目 | 2015 年 | 2016 年 | 2017 年 | 2018 年 | 2019 年 | 2020 年 | 2021 年 | 2022 年 |
|---|---|---|---|---|---|---|---|---|
| 地方政府性基金本级收入 | 38 270. 5 | 42 465. 2 | 57 654. 9 | 71 444. 3 | 80 477. 9 | 89 927. 1 | 93 936. 5 | 74 559. 1 |
| 合计 | 42 338. 1 | 46 643. 3 | 61 479. 7 | 75 479. 1 | 84 517. 7 | 93 488. 7 | 98 024. 2 | 78 683. 1 |

资料来源：根据财政部网站发布的历年财政决算数据整理。

（二）政府性基金的特征

从属性上说，政府性基金其实是政府参与国民收入分配和再分配的一种形式，它一般不直接与被征收主体发生管理或服务关系，与税收性质基本相同，是一种典型的“准税收”。因此，可将政府性基金界定为：政府凭借权力强制性无偿征收的、具有特定目的的收入。政府性基金既具有一般财政资金的共性，又具有专款专用的特点，资金的财政性、政府的主体性和用途的特定性构成了它的三大鲜明特征。

（三）政府性基金的分类

按征收对象是否特定划分，我国政府性基金可分为两大类：一类基本面向所有社会成员征收，如民航发展基金、国家电影事业发展专项资金等；另一类面向特定行业或阶层征收，如铁路建设基金。

按收入归属划分，我国政府性基金可分为三类：一是中央政府独有的政府性基金，如铁路建设基金收入、民航发展基金收入、烟草企业上缴专项收入等；二是地方政府独有的政府性基金，如国有土地使用权出让金收入、城市基础设施配套费收入等；三是中央和地方政府分享的政府性基金，如新增建设用地土地有偿使用费收入、彩票公益金收入等。

按支出用途划分，我国政府性基金分为用于公路、铁路、民航、港口等建设的基金；用于水利建设的基金；用于城市维护建设的基金；用于教育、文化、体育等事业发展的基金；用于移民和社会保障的基金；用于生态环境建设的基金；用于其他方面的基金。

## 二、中国政府性基金的发展沿革

1990 年以前，国家对政府性基金的管理权限没有明确的规定。1990 年之后，中央和国务院发布文件，规定把设立各种政府性基金的审批权集中在财政部，由财政部会同有关部门审批，并报国务院批准。

1995 年，国家对各种基金进行清理整顿，陆续公布取消了一批不合法、不合理的基金项目。

1996年发布的《国务院关于加强预算外资金管理的决定》规定，从当年起，将养路费、车辆购置附加费和民航机场管理建设费等13项数额较大的政府性基金纳入财政预算。

1997年，中央和国务院再次重申政府性基金由财政部统一审批，重要的报国务院审批的规定，之后的多个年份对各种政府性基金进行了清理整顿，陆续取消多达千项不适应社会主义市场经济发展要求、国务院其他有关部门越权设立，以及省、自治区、直辖市及其所属部门和省级以下人民政府及其所属部门越权设立的政府性基金项目。

2009年，《财政部关于进一步完善政府性基金预算编制的工作方案》印发，明确了完善基金预算编制的主要目标和任务，正式建立政府性基金预算，将政府性基金纳入制度化规范化的预算管理。

2010年财政部发布《政府性基金管理暂行办法》，进一步规范基金审批、征收、使用和监管等行为，以切实加强政府性基金管理和保护公民、法人和其他组织的合法权益。

2016年1月，国务院第121次常务会议审议通过了财政部会同有关部门制定的《清理规范政府性基金方案》，明确清理规范政府性基金的近期目标是：先取消违规设立以及虽依法合规设立但已明显不适应形势发展变化的基金项目；继续保留政策效应明显、仍对相关领域投资和事业发展发挥重要作用的基金项目，并建立依法、规范、透明的管理制度，加强与一般公共预算资金统筹使用，提高资金使用效率。长期目标是按照“清费立税”原则，强化税收筹集财政收入主渠道作用，限制并逐步减少基金项目。该方案还对清理规范政府性基金提出六项基本原则，包括：对违规设立的基金，一律取消；对按规定设立的基金，通过清理、整合、改税等措施，减少项目数量；对存在较大收支结余的基金，降低征收标准；加大对小微企业减免基金力度，扶持小微企业发展；对保留的基金，公布目录清单，推进收支公开透明，强化监督管理；取消、停征有关基金后，相关部门和单位依法履行职能和事业发展所需经费通过一般公共预算统筹安排。同时推出清理规范政府性基金的五项具体内容：一是取消地方违规设立的基金；二是将不能更好适应政府职能转变要求的基金征收标准降为零或停征；三是整合征收对象相同、计征方式和资金用途相似的基金；四是扩大有关基金的免征范围；五是对保留下来的基金实行严格的规范化管理。

特别需要指出，自改革开放以来，国有土地使用权出让收入（国有土地出让金）逐渐成为我国政府性基金中最大的一项。自2022年1月1日起，我国正式开始实施将政府非税收入征管职责向税务部门划转工作，至此，国有土地出让金的预算管理经历了由预算外收入到纳入地方政府性基金、实行“收支两条线”

的管理并最终由非税收入划归税务部门征收的过程，逐渐规范、透明化。这标志着国有土地出让金的预算管理和征管体制进入了规范化的新阶段。

随着公共财政制度改革的深入，国家不断改进完善政府性基金预算制度，持续加强政府性基金管理，并加大政府性基金预算调入一般公共预算的力度，目前全国性政府基金种类数量保持在 30 项上下，项目数量控制在 100 项以内，标志着政府性基金进入了一个相对稳定的完善阶段。

### 三、我国政府性基金的改革方向

政府性基金是我国财政收入来源的重要组成部分，加强对政府性基金的管理，对于维护国家利益和保护公共资金安全、构建全面统一的公共预算体系、促进完善国家治理具有重要的意义和作用。

从改革方向和发展趋势来看，未来中国政府性基金的征收应限于那些设立的目的是解决社会发展过程中出现特定问题的项目。因此，当特定问题已经解决或者该问题扩展至具有普遍性而有必要通过税收来规制时，相应的政府性基金项目就应终止。据此，政府应制定并公布确实应当征收的基金项目目录清单，对于不属于政府性基金性质的项目进行全面清理，对开征的政府性基金进行规范化管理。

本着“推进全口径政府预算管理，全面反映政府收支总量、结构和管理活动”的改革精神，中国政府日益严格控制政府性基金项目的设立，强化政府性基金预算与一般公共预算的统筹衔接，加快把政府性基金纳入一般公共预算的改革步伐，包括政府性收费在内的政府性基金收入得到控制，政府性基金的征收管理和使用、政府财政收入更加法治化和规范化。

## 第三节 国有资本经营收入

### 一、国有资本经营收入的含义与属性

国有资本经营收入是指国有资本经营、转让、清算等形成的财政收入，它反映的是经营和使用国有财产取得的收入，是政府非税收入的又一个重要组成部分，也是国有资产收益的主要渠道。它包括国有企业、国有独资公司依法上缴的税后净利润，国有控股、参股企业分配的国有股利以及企业国有产权转让收入和企业清算净收益中国家所得的部分。

国有资本经营收入之所以能够成为财政收入的一部分，根本依据在于国家

（政府）是国有资本（国有资产）① 的终极所有者，按照“谁投资、谁所有、谁受益”的原则，国家拥有依法取得和通过财政支出形成的国有资产的完整所有权。收入权是所有权的一项重要权能，收入的获取是资产所有权借以实现的经济形式。因此，国家可以凭借其对国有资产的所有权获得应有的经营利润、租金、股息、利息和红利等收入，以及国有产权的转让、清算和拍卖收入等。参见专栏 9-2。

**专栏 9-2　完善国有资本收益分享制度要做好几项工作**

建立国有资本经济预算制度，是一项重大制度建设，也是搞好国有资本收益分享机制的重要基础，现阶段完善国有资本预算制度，应当把握好以下几个方面。

第一，正确界定国有资本经营预算的定位。国有资本经营预算为完善国有企业收入分配制度，在公共预算逐步推出支持国有企业发展的同时，以出资人的身份，通过资本预算适度集中部分资金，推进国有经济布局和结构的战略性调整，集中解决国有企业发展中的体制性、机制性问题，加快培育世界一流企业，提高国有企业的国际竞争力。

第二，国有企业改革发展的成果不仅直接体现在资本收益的分享上，更多体现在社会效益的共享方面。一是通过国有股减持和转持划转社保基金等制度惠及民生；二是资本预算安排惠及民生；三是为国家财政提供巨大税源；四是承担着不可替代的政治和社会责任。

第三，中央企业资本收益上缴比例如何确定、多少合适，这是关系企业能否可持续发展的大问题，涉及面广，影响深远，需要深入研究，慎重考虑，既要适应国家调整国民收入分配格局的要求，又要处理好企业自身积累和国民经济持续健康发展的关系。

第四，现阶段把握好国有资本经营预算的使用方法和范围，发挥国有资本经营预算的引导作用，将国有资本更多地向关系国家安全和国民经济命脉的重要行业和关键领域集中，向具有优势的大企业大集团集中，向企业主业集中。

① 广义的国有资产是指属于国家所有的一切财产。狭义的国有资产一般是指经营性国有资产，可以定义为法律上确定为国家所有的，并能为国家提供未来经济利益的各种经济资源的总和。与国有资产相关的经济范畴还有国有资本、国有法人资本和国家所有者权益等。国有资本是指国家（政府）以其掌握的国有资产对企业的出资，或者说是政府实际投入企业的、用于享有权利和承担义务的国有资产，它体现在企业资产负债表中的负债与所有者权益方。

国有资本经营预算是中国宏观调控的重要辅助手段，唯有国有资本经营预算建立在国有资本投资和运营基础上，才能充分发挥宏观调控作用和杠杆效应，确保我国社会经济的稳定、和谐发展。我们只有下大力气解决问题，搞好国有企业收入分配制度改革、增强政府宏观调控能力、合理配置国有资本，才能促进企业技术进步、提高企业核心竞争力。

资料来源：《经济观察报》，2018 年 11 月 12 日，作者：张银平。

## 二、我国国有资本经营收入的形式

国有资本经营收入的具体形式主要取决于国有资产的运作和经营方式，随着国有资产运作和经营方式的多样化，国有资本经营收入的形式也相应多样化。

在我国《2023 年政府收支分类科目》中，“国有资本经营收入”款下包括了五项收入：（1）“利润收入”，主要指使用国有资产的企业按规定上缴国家的利润；（2）“股利、股息收入”，包括国有控股及参股公司股利、股息收入，金融企业股利、股息收入，以及其他国有资本经营预算企业股利、股息收入等；（3）“产权转让收入”，反映国有资产股权出售或转让所取得的收入，即政府的一种资产转变为另一种资产，一般为一次性收入；（4）“清算收入”，包括国有股权、股份清算收入，国有独资企业清算收入，以及其他国有资本经营预算企业清算收入等；（5）“其他国有资本经营预算收入”。其中，第一项“利润收入”是国有资本经营收入的主要形式。

根据 2016 年财政部颁发的《中央国有资本经营预算管理暂行办法》，中央国有资本经营预算收入主要包括：国有独资企业按照规定应当上交国家的利润；国有控股、参股企业国有股权（股份）获得的股利、股息收入；国有产权（含国有股份）转让收入；国有独资企业清算收入（扣除清算费用），国有控股、参股企业国有股权（股份）分享的公司清算收入（扣除清算费用）；其他国有资本经营收入。

表 9-2 显示的是 2015—2022 年国有资本经营收入的执行情况。

**表 9-2　2015—2022 年国有资本经营收入**　　单位：亿元

| 项目 | 2015 年 | 2016 年 | 2017 年 | 2018 年 | 2019 年 | 2020 年 | 2021 年 | 2022 年 |
|---|---|---|---|---|---|---|---|---|
| 全国国有资本经营收入 | 2 551.0 | 2 609.0 | 2 580.9 | 2 905.8 | 3 971.8 | 4 774.6 | 5 170.4 | 5 696.0 |
| 其中：利润收入 | 2 033.9 | 1 252.7 | 1 823.8 | 2 138.5 | 2 614.8 | 3 039.6 | 3 075.3 | 3 716.3 |
| 中央国有资本经营收入 | 1 613.1 | 1 430.2 | 1 244.3 | 1 326.4 | 1 636.0 | 1 785.6 | 2 007.2 | 2 343.3 |

续表

| 项目 | 2015 年 | 2016 年 | 2017 年 | 2018 年 | 2019 年 | 2020 年 | 2021 年 | 2022 年 |
|---|---|---|---|---|---|---|---|---|
| 上年结转收入 | 144.0 | 394.5 | 161.7 | 113.6 | 6.7 | 144.1 | 413.1 | 355.6 |

资料来源：根据财政部网站发布的财政决算数据整理。

从表 9-2 显示的数据来看，近年来我国国有资本经营收入数量规模整体呈上升趋势。我国国有资本经营收入从 2015 年的 2 551.0 亿元逐渐提升至 2022 年的 5 696.0 亿元，年均增幅达到 11.9%。

## 三、加强国有资本经营收入预算管理

在理论上和实践中，国有资本经营收入体现的是国家凭借国有财产所有者的身份获得的权益，它构成公共财政收入体系中的重要部分。因此，将国有资本经营收入预算管理纳入公共财政预算管理体系，建立国有资本经营收入预算制度，是建设和完善公共财政收入体系的题中应有之义。

国家获得国有资本经营收入并且实行国有资本经营收入预算管理的客观根据主要在于：国家代表全体社会成员对全民所有制的国有资产和国有资本行使终极所有权；国家承担和履行经济管理（包括国有资产管理）的职能。因此，国家具有的政权行使者与国有资产所有者的“双重身份”，以及国家承担的社会管理职能与经济管理职能的“双重职能”，反映在公共财政预算管理体系上，就有了“一般公共预算”与“国有资本经营收入预算”的区别和衔接问题。

国有资本经营收入预算管理体现的是国家基于财产所有者的身份所从事的对公共收入的管理活动。通过这种管理所要达到的目标是：维护国有资产所有者权益，促进国有资本结构调整和优化，引导、促进市场机制的成熟和完善，充实公共财政收入。在中国，国有资本在关系国家安全和国民经济命脉的重点领域和重要行业占据统治和主导地位，作用非凡，且数量巨大、收入丰厚，因此强化对国有资本经营收入的预算管理尤其重要。我国国有资本经营收入预算制度建立以来，围绕国有资本经营收益的收缴和规范收入分配制度，充分发挥政府作为国有资本所有者的职能，在增强政府的宏观调控能力，完善国有资本收入分配制度，促进国有资本的合理配置，推动国有经济的改革和发展等方面发挥了重要的作用。按照党的十九大提出的“完善各类国有资产管理体制，改革国有资本授权经营体制，加快国有经济布局优化、结构调整、战略性重组，促进国有资产保值增值”和党的二十大提出的“推动国有资本和国有企业做强做优做大，提升企业核心竞争力”的改革要求和总体部署，中国国有资本经营收入预算制度逐步趋于完善，国有资本经营收入预算管理不断改善。

总的来看，我国多年以来国有资本经营收入上缴公共财政的比例较低，下一步，要不断完善国有资产管理体制，有序扩大国有资本经营预算实施范围，完善国有资本收益上交机制。到“十四五”末，基本形成全面完整、结构优化、运行顺畅、保障有力的国有资本经营预算制度。

## 第四节 社会保险基金收入

### 一、社会保险基金收入的含义

社会保障是一项由政府主导和举办的需要缴费的社会福利计划，有独立的收入来源。在现代国家，社会保障实行国家、企业（用人单位）和个人责任共担的原则，采取社会保险基金征缴方式筹集资金，① 主要来自参保单位和参保个人的缴纳，资金由政府的社会保障机构统一征缴和管理，并专款用于全体社会成员的社会保障项目。

社会保险基金筹资的原则是“以支定收，收支平衡”，即一定时期内社会保险基金的筹集总额，应以同期预计支付的社会保险费用总额为依据来确定，并使两者始终保持大体上的平衡关系。

### 二、我国社会保险基金收入的类型

目前我国社会保险基金的类型主要包括基本养老保险、基本医疗保险（含生育保险）、失业保险和工伤保险。作为最大保险项目的基本养老保险和基本医疗保险，采取“社会统筹与个人账户相结合”的筹资模式。

社会保险基金收入是一种强制性的专款专用的财政收入形式，我国保险基金收入项目中又都包括了保险费收入、财政补贴收入和基金的其他收入（主要是基金的利息收入）等。

### 三、我国社会保险基金收入概况

根据财政部公布的数据：2022 年，我国社会保险基金总收入为 102 448 亿元，同比增长 5.8%；总支出为 90 603 亿元，同比增长 4.5%；当年收入大于支出 11 845 亿元，当年末滚存结余超过 11.65 万亿元，如表 9-3 所示。

---

① 目前世界上社会保险基金主要采取两种征缴方式：社会保险税和社会保险费，即缴税制和缴费制。我国目前采取缴费制。

**表 9-3 2015—2022 年中国社会保险基金总收支情况**

| 项目 | 总收入 | | 总支出 | | 当年末滚存结余 | |
|---|---|---|---|---|---|---|
| | 总额/亿元 | 比上年增长/% | 总额/亿元 | 比上年增长/% | 总额/亿元 | 比上年增长/% |
| 2015 年 | 46 012 | 15.5 | 38 988 | 18.1 | 59 533 | 13.5 |
| 2016 年 | 53 563 | 16.4 | 46 888 | 20.3 | 66 350 | 11.5 |
| 2017 年 | 67 154 | 25.4 | 57 145 | 21.9 | 77 312 | 16.5 |
| 2018 年 | 79 003 | 17.6 | 67 381 | 17.9 | 89 378 | 15.6 |
| 2019 年 | 83 152 | 5.3 | 74 741 | 10.9 | 96 545 | 8.0 |
| 2020 年 | 76 364 | -8.2 | 78 372 | 4.9 | 94 537 | -2.1 |
| 2021 年 | 96 877 | 26.9 | 86 694 | 10.6 | 104 720 | 10.8 |
| 2022 年 | 102 448 | 5.8 | 90 603 | 4.5 | 116 564 | 11.3 |

资料来源：根据财政部网站发布历年财政决算数据整理。

## 四、我国社会保险基金收入管理制度改革

我国社会保险基金收入管理制度改革的基本设想和措施，是适当降低社会保险缴费率，尤其是基本养老保险缴费率，进一步减轻企业和个人缴费负担；丰富社会保险基金收入来源渠道，拓宽社会保险基金投资渠道，推进基金市场化、多元化、专业化投资运营；提高国有资本收益上缴公共财政的比例，以充实社会保险基金，更好地保障和改善民生；划转部分国有资本充实社会保险基金，弥补企业职工基本养老保险基金缺口；①积极探索做实社保基金个人账户的途径和方式，实现社会保障事业的可持续发展。

编 者 谈

"非税收入"一章的核心内容

① 2021 年 1 月 12 日财政部发布消息称，2020 年中央层面划转部分国有资本充实社会保险基金的工作已经全面完成，为促进建立更加公平、更可持续的养老保险制度提供了有力保障，充分体现了国有企业全民所有，发展成果全民共享。消息称，截至 2020 年年末，符合条件的 93 家中央企业和中央金融机构划转国有资本充实社会保险基金总额达到 1.68 万亿元。除了中央层面的企业划转之外，目前各地方的国有企业也在加快推进国有资本充实社会保险基金的工作，多个省份已经陆续发布了划转部分国有资本充实社会保险基金的实施方案。——引自 2021 年 1 月 12 日中央广播电视总台央视新闻。

## 思考题

1. 请说明政府收费不同于税收的性质和特殊作用。
2. 怎样理解政府性收费存在的理由和必要性?
3. 我国政府性收费制度改革的基本思路和主要措施有哪些?
4. 作为专项收入的政府性基金为什么要加以适当控制?
5. 将国有资本经营收入纳入财政收入体系的理论依据是什么?
6. 请思考我国社会保险基金收入管理制度改革的基本构想。

▶ 即测即评

# 第十章　公　　债

公债是公共债务的简称，是政府公共部门的债务。财政收入不足以满足支出需要，出现缺口，就意味着财政赤字的出现，公债是弥补财政赤字的重要手段。公债发行会产生公债负担，其中既包括国民经济的负担，也包括不同利益主体的负担。整体看，中国公债的规模与负担还在可接受范围内，但需加强从发行到流通乃至偿还全过程的管理。改革开放以来，我国地方债的发展经历了从禁止发行到自发自还的改革历程，2014 年修订的《预算法》正式赋予地方政府举债权之后，我国地方债管理逐步走上规范完善的路径。

本章共三节。第一节为公债概述，主要介绍公债的概念、用途、分类，公债的规模与负担。第二节是公债的发行、流通与偿还，主要分析公债的发行管理、流通管理和偿还管理。第三节为地方债，主要分析地方债的含义与分类，改革开放以来我国地方债的发展演变及地方债管理改革。

## 第一节　公债概述

### 一、公债的概念

（一）公债的含义与特征

公债是国家或政府以其信用为基础，在向国内外筹集资金的过程中所形成的债权债务关系，即国家或政府以债务人的身份，采取信用方式，通过借款或发行债券等方式取得资金的行为。

与政府的其他收入形式相比，公债具有以下特征：

1. 信用性

公债是以政府信用为基础的政府收入形式，离开了政府信用，公债也就不存在。公债是政府的信用活动，这是公债与私债的根本区别。无论是私债还是公债，都必须遵循有借有还的信用原则。

2. 自愿性

是否认购、认购多少，完全由认购人自主决定。这使得公债不同于强制性的税收和罚没收入等财政收入形式。

3. 有偿性

政府通过发行公债取得一定的财政收入，这部分公债收入的使用是有偿的。政府必须按照公债发行时规定的期限和利率，偿还公债的本金和利息。有偿性也是公债区别于税收等无偿性财政收入的主要标志。

4. 灵活性

公债发行与否、什么时间发行、发行多少、以什么方式发行，通常由政府视情况而定，既没有时间上的连续性，也没有发行数额上的固定性，与固定性的税收截然不同。

(二) 公债的产生与发展

作为一个财政范畴，公债的产生晚于税收。据记载，公债最早出现于公元前4世纪左右的古希腊和古罗马。当时的公债只是一种偶然经济现象。公债规模较小，且常以高利贷形式出现，主要作用是为政府筹资并满足政府财政支出需要。

公债的产生需要具备相应的社会经济条件。首先，随着政府活动增多和职能扩大，财政支出日益扩大，尤其是突发性和临时性的支出需求越来越多，仅靠税收已不能满足财政支出的需要，这时国家不得不寻求其他财政收入来源，这是公债产生的需求条件。其次，社会上充足的闲置资金是公债产生的经济基础，它为公债产生提供了充足的资金供给。最后，社会上的闲置资金只有通过信用制度才能顺利转移到发行公债的政府手中，信用制度的发展是连接公债资金供给方与需求方的纽带，是公债产生的媒介条件。

随着现代社会经济的发展和政府职能的增强，公债制度也发生了深刻的变化。公债不仅承载着弥补财政赤字的重要功能，而且成为国家调控经济运行的重要杠杆，公债的规模与日俱增。

新中国的公债制度历经三个阶段：第一阶段是1950年，为恢复和发展国民经济，抑制通货膨胀、巩固金额、促进国家财政好转，发行了总额一万万分（原计划发行二万万分）的“人民胜利折实公债”（见专栏10-1）。同年，为加强东北经济建设，经中央人民政府政务院批准，东北人民政府发行了总额三千万分的“东北生产建设折实公债”。第二阶段是1954—1961年，为进行社会主义经济建设，分五次发行了总额为35.44亿元的“国家经济建设公债”。1959年开始，国家经济建设公债停止发行。为支持地方经济建设和融资需求，根据1958年6月通过的《中华人民共和国地方经济建设公债条例》，四川、辽宁、吉林、安徽等省份发行了地方经济建设公债。1962年后，国债和地方政府债都处于停滞状态。第三阶段是1978年改革开放以后，从理论上矫正了“既无内债又无外债是社会主义的优越性”的错误思想，按照社会主义市场经济的要求积极完善公债制度，公债的发行次数、种类、数量等方面与改革开放前相比发生了较大变化，公债的作用也得以加强。

**专栏 10-1 关于发行人民胜利折实公债的决定**

（一九四九年十二月二日中央人民政府委员会第四次会议通过，一九四九年十二月三日发布）

一、为支援人民解放战争，迅速统一全国，以利安定民生，走上恢复和发展经济的轨道，决定于一九五零年度发行人民胜利折实公债。

二、本公债之募集及还本付息，均以实物为计算标准，其单位定名为“分”。每分以上海、天津、汉口、西安、广州、重庆六大城市之大米（天津为小米）六斤、面粉一斤半、白细布四尺、煤炭十六斤之平均批发价的总和计算之。此项平均市价，统一由中国人民银行每十日公布一次。

三、本公债总额为二万万分，于一九五零年内分期发行。第一期在一九五零年一月至三月间定期发行。继续发行时间，由政务院决定之。

四、本公债分五年偿还，第一年抽还总额百分之十，以后每年递增百分之五。每期自发行截止时起，每满一年抽签还本一次。

五、本公债定为年息五厘，亦照实物计算。每期于发行截止时起，每满一年付息一次。

六、责成政务院根据本决定制定人民胜利折实公债条例，公布实行。

资料来源：《关于发行人民胜利折实公债的决定》，《人民日报》1949 年 12 月 4 日。

## 二、公债的用途

现代经济中，公债的用途主要体现在以下几个方面：

（一）弥补财政赤字

通过发行公债弥补财政赤字是公债最原始和最基本的用途。从历史上看，公债本身就是同财政赤字相联系的经济范畴，是作为弥补公共收支差额的手段而产生的。公债其他方面的用途大都是随着公债的发展而派生出来的。

以公债弥补财政赤字，实质是将不属于政府支配的资金在一定时期内让渡给政府使用，是社会资金使用权的单方面转移。与其他弥补财政赤字的方式，如增税和向银行透支等方式相比，这种方式的副作用较小，一般不会影响经济发展。首先，发行公债只是部分社会资金使用权的暂时转移，社会资金总量并没有因此增加，因而一般不会引起通货膨胀。其次，公债的认购通常遵循自愿原则，如果发行规模得当，吸收的基本上是社会闲置资金，一般不会对经济发展产生不利影响。

当然，也不能把公债视为医治财政赤字的灵丹妙药。第一，如果财政赤字过大，用于弥补赤字的公债发行规模过大，就会形成债台高筑，最终会导致财政收支的恶性循环；第二，社会的闲置资金是有限的，政府集中过多往往会侵蚀经济主体开展活动的必要资金，从而降低社会的投资水平和消费水平，即产生“挤出效应”。

（二）筹集建设资金

通过发行公债筹集国家重点建设项目资金是许多国家通行的做法。我国从1987年开始发行的国家重点建设债券和重点企业债券（其中包括电力债券、冶金债券、石油化工债券和有色金属债券）就是这一用途的体现。1998年我国为实行积极的财政政策，发行了2 700亿元的特种公债，也主要是为国家重点建设项目筹集资金。另有一些国家则从法律上对公债弥补财政赤字和筹集建设资金这样两种不同用途做出明确规定，如日本在法律上将公债明确分为建设公债和赤字公债两种。

（三）执行经济政策

政府利用公债可以灵活地执行不同时期的经济政策，以稳定经济。在现代经济条件下，公债的发行常常是政府执行反衰退政策的手段。面对经济衰退、私人需求不足的形势，政府要刺激经济发展，就应该或者增加政府支出，或者缩减政府税收，或者两者兼而有之。增支减税的结果，必然伴随着政府财政赤字的产生。一般说来，弥补财政赤字主要靠增加税收、增发货币和发行公债三种方法。增加税收会直接压低私人需求，显然与反衰退政策的初衷相违背；增发货币在现代金融制度下难以办到，并极易引发通货膨胀；发行公债则既同反衰退政策的目标相一致，又能有效弥补财政赤字。正因为如此，当今西方各国政府的反衰退政策，主要以公债为后盾。2008年9月，为应对次贷危机引起的金融危机，美国政府经国会批准发行7 000亿美元公债购买“不流动”按揭证券，并将公债的法定上限从10.6万亿美元提升至11.3万亿美元，从而成为经济萧条以来美国最大的救市方案。

公债可以调节货币供应量和利率水平。政府发行公债或中央银行进行公开市场操作，都可以影响货币供应量，控制通货膨胀和利率水平，维护经济稳定。此外，公债的存在还有助于形成利率基准，为其他金融工具定价提供参考依据。

（四）调剂季节性资金余缺

利用公债，政府可以灵活调剂财政收支过程中所发生的季节性资金余缺。政府的公共收入（主要是税收）在一年中往往不是以均衡的速率流入国库的，而公共支出则基本上以较为均衡的速率进行。这意味着即使从全年来看政府财政预算是平衡的，在个别月份也有可能发生赤字。例如，以所得税为主体收入的国家如美国，每年的4—6月份通常为公共收入的“旺季”，其余月份则是“淡季”。尽管如此，其公共支出一般是在一年中均匀分布的，由此势必造成整个预算年度中的某些月份收不抵支，某些月份却收大于支。即使以增值税为主要收入的国家如法国，这种季节性收支不平衡的情况也经常发生。为弥补这种季节性的赤字，保证政府职能的正常履行，许多国家都把发行期限在一年之内（短至几个月，最长不超过 52 周）的短期公债，作为一种季节性的资金调剂手段，以求解决暂时的收支失衡。一般地，政府在公共收入“淡季”，发行短期公债，取得资金，而在公共收入“旺季”，便以盈余资金偿还债务，从而使收入与以较为均衡的速率进行的公共支出相适应。

## 三、公债的分类

### （一）按偿还期限（或存续期限）划分，可分为短期公债、中期公债和长期公债

短期公债是指债务期限在一年以内的公债。短期公债灵活性较大，政府可根据需要随时发行短期债券，弥补财政资金的不足。金融市场发展到一定程度，短期公债还是执行货币政策、调节市场货币供应量的一个重要政策工具。

中期公债是债务期限在 1 年以上、10 年以下的公债。与短期公债相比，中期公债从发行到偿还时间较长，政府可在较长时间内使用这笔资金。许多国家将中期公债筹集到的资金用于弥补财政赤字或进行中长期投资。

长期公债是债务期限在 10 年以上的公债。政府发行长期公债，可以在更长时间内使用公债资金，但由于发行期限较长，债务人利益可能会受到币值和物价波动的影响，这会影响长期公债的发行。

### （二）按发行地域划分，可分为国内公债和国外公债

国内公债（也称内债）是指政府在本国境内发行的公债。一般来说，内债以本国居民和企事业单位认购为主，内债的发行及还本付息也以本国货币进行，但也不排除外国居民在本国境内购买公债的可能性，同时，政府也可以用外币发行国内公债。因此，只要是本国政府在本国境内发行的公债，不管其发行对象是否为本国居民，也不管其发行的货币单位是否以本国货币计量，都为国内公债。国内公债不会影响国内资源总量，但内债的发行和偿还会影响一定时期内国内资源的重新配置。

国外公债（也称外债）是指政府在国外的借款及在国外发行的公债。外债的债权人多为外国政府、国际金融组织和外国公民，也不排除本国居民在居住国购买本国在国外发行的公债的可能性。外债的发行及还本付息须以外币支付。外债的发行可以弥补国内资金短缺，加快国内经济的发展速度。

（三）按发债主体划分，可分为中央公债与地方公债

中央公债即国债，是以中央政府作为债务主体的公债；地方公债也称地方债，是由地方政府发行的公债。

国债和地方债对国民经济的影响不同。国债的发行、对债务收入的使用和还本付息的安排，考虑的是国民经济全局，地方债决策则立足于本地。地方债的发行范围可以超出本地，但它对国民经济的影响仍是局部的。

（四）按流动性划分，可分为自由流通公债和非自由流通公债

自由流通公债是指可在金融市场上买卖或转让的公债。自由流通公债一般不记名，并有期限、利率和票面价值的规定。自由流通公债既受金融市场影响，又反过来影响金融市场态势。其市场价格取决于金融市场供求状况，并随着市场利率和币值变化而变动。

非自由流通公债是指按规定不允许在市场上公开买卖、转让的公债。一般来说，非自由流通公债的偿还期较长，利率较高，但变现能力较差。

在一国的公债结构中，既有自由流通公债，也有非自由流通公债。在发达的市场经济国家，公债多数为自由流通公债。1988 年之前，中国公债基本上是非自由流通公债，但目前这种状况已经改变。

（五）按票面利率划分，可分为固定利率公债和浮动利率公债

固定利率公债的票面利率在发行时确定，在公债的整个存续期内保持不变。浮动利率公债的票面利率随市场利率的变化而浮动，付息利率由付息期起息日当日相同期限的市场利率（基准利率）加固定利差确定。由于票面利率可以浮动，因此浮动利率公债能在较大程度上帮助发行人和投资者规避未来由于利率变动带来的风险。

国际上浮动利率债券产生于 20 世纪 70 年代前半期，80 年代末 90 年代初，在公债利率水平不断降低的情况下，浮动利率公债得到了较大发展。2000 年 5 月 23 日，我国财政部首次在交易所成功发行浮动利率公债。

（六）按付息方式划分，可分为零息公债和附息公债

零息公债在存续期内不支付利息，到期一次还本付息。附息公债的利息一般按年支付，到期还本并支付最后一期利息。

我国于 1996 年 6 月 14 日首次发行了十年期附息公债（000696）。2001 年 6 月 6 日财政部发行的 15 年期公债是我国第一只每年付息两次的附息债券。

## 四、公债的规模

（一）制约公债规模的主要因素

现实生活中，公债的规模要受很多因素制约，这些因素主要有：（1）认购者

的承受能力。认购者的承受能力是指居民和各经济实体的承受能力。(2) 政府的偿债能力。政府的偿债能力是指政府作为债务主体对其所借债务还本付息的能力。政府的偿债能力通常由财政收入增长速度和国民收入增长速度两个因素决定。(3) 其他因素。认购者的承受能力和政府的偿债能力是制约公债规模的主要因素，此外，公债的使用效益、公债期限长短、社会总供给的结构、外贸出口创汇能力等因素也是控制公债规模时应该予以考虑的。

### (二) 衡量公债规模的指标及其控制

公债规模通常是采用一系列指标来衡量和控制的。这些指标主要包括：

1. 公债负担率

这一指标反映了当年公债的余额与国内生产总值的数量关系，它是衡量经济总规模对公债的承受能力的重要指标，也是用于反映公债规模的主要指标之一。计算公式为：

$$\text{公债负担率}=\frac{\text{当年公债余额}}{\text{当年国内生产总值}}\times 100\%$$

公债负担率越低，表明一国对公债的承受余地越大。欧盟一般将公债负担率60%作为控制国家债务规模适度性的重要指标。但也有不少国家的公债负担率远超过该限度，如近年来日本的公债负担率一般在约 250%的水平。

2. 公债依存度

这一指标反映了当年财政支出对公债的依赖程度，它是控制公债规模的重要指标。计算公式为：

$$\text{公债依存度}=\frac{\text{当年公债发行额}}{\text{当年财政支出额}}\times 100\%$$

公债依存度是判断公债规模是否合理的重要指标。公债依存度越高，表明财政支出更多依赖债务收入，财政的可持续性风险越高。国际上关于公债依存度公认的警戒线是 20%。

3. 公债偿债率

这一指标反映了当年财政所承担的还债负担，也反映了财政收入中政府可直接支配的数额，即通过公债偿还转移给债权人的财力数额；在借新债以偿还旧债时，它还制约着当年公债的发行规模。计算公式为：

$$\text{公债偿债率}=\frac{\text{当年公债还本付息额}}{\text{当年财政收入额}}\times 100\%$$

公债偿债率越低，说明财政的偿债能力越强，具有较强的借债潜力。国际上通常将公债偿债率 20%设定为警戒线。当偿债率超过 20%时，说明该国公债还本付息负担过重，有可能发生债务危机。

4. 反映外债规模的主要指标

（1）外债负担率。外债负担率是一国当年外债余额与商品和劳务出口收入的比率。

计算公式为：

$$外债负担率=\frac{当年外债余额}{当年贸易和非贸易收汇额}\times 100\%$$

按照国际上公认的标准，外债负担率在100%～120%被认为是安全的。如果期限、利率条件比较优惠，这一比率可适当提高，反之则应低一些。

（2）外债偿债率。外债偿债率是一国外债当年还本付息额与商品和劳务出口收入的比率，是衡量一国还债能力的主要参考指标。

计算公式为：

$$外债偿债率=\frac{当年外债还本付息额}{当年商品和劳务出口收汇额}\times 100\%$$

国际上认为，外债偿债率应控制在20%，最高不能超过25%这一警戒线。

（三）中国公债规模的现状分析①

1. 公债负担率考察

从表10-1可以看出，我国公债负担率自1990年以来逐步提升，2007年发行1.5万亿元特别国债，这一比率上升到19.28%，此后其他年份基本稳定在14%～21%，公债负担率维持在合理限度内。

**表10-1 1990—2021年我国公债负担率**

| 年份 | 国内生产总值/亿元 | 公债余额/亿元 | 公债负担率/% |
|---|---|---|---|
| 1990 | 18 872.9 | 890.34 | 4.72 |
| 1995 | 61 339.9 | 3 300.30 | 5.38 |
| 2000 | 100 280.1 | 13 020.00 | 12.98 |
| 2001 | 110 863.1 | 15 618.00 | 14.09 |
| 2002 | 121 717.4 | 19 336.10 | 15.89 |
| 2003 | 137 422.0 | 22 603.60 | 16.45 |
| 2004 | 161 840.2 | 25 777.60 | 15.93 |
| 2005 | 187 318.9 | 32 614.21 | 17.41 |
| 2006 | 219 438.5 | 35 015.28 | 15.96 |

① 本部分主要以国债数据进行分析。

续表

| 年份 | 国内生产总值 /亿元 | 公债余额 /亿元 | 公债负担率 /% |
|---|---|---|---|
| 2007 | 270 092.3 | 52 074.65 | 19.28 |
| 2008 | 319 244.6 | 53 271.54 | 16.69 |
| 2009 | 348 517.7 | 60 237.68 | 17.28 |
| 2010 | 412 119.3 | 67 548.11 | 16.39 |
| 2011 | 487 940.2 | 72 044.51 | 14.77 |
| 2012 | 538 580.2 | 77 565.70 | 14.40 |
| 2013 | 592 963.2 | 86 746.91 | 14.63 |
| 2014 | 643 563.1 | 95 655.45 | 14.86 |
| 2015 | 688 858.2 | 106 599.59 | 15.47 |
| 2016 | 746 395.1 | 120 066.75 | 16.09 |
| 2017 | 832 035.98 | 134 770.15 | 16.20 |
| 2018 | 919 281.1 | 149 607.41 | 16.27 |
| 2019 | 986 515.2 | 168 038.04 | 17.03 |
| 2020 | 1 013 567.0 | 208 905.87 | 20.61 |
| 2021 | 1 143 669.7 | 232 697.29 | 20.35 |

资料来源：《中国统计年鉴 2022》。

我国公债负担率的指标远远低于发达国家的水平。但要想正确认识我国的公债负担率，与国外的这一指标进行对比时，必须注意把握以下几个重要因素。

首先，虽然我国目前的公债负担率比国外发达国家低不少，如 2007 年年末主要发达国家公债负担率，英国 43.0%，美国 60.8%，德国 63.2%，法国 64.0%，加拿大 68.4%，意大利 104.0%，日本 195.5%，① 但是必须指出的是，西方工业化国家经济实力雄厚，国家财力集中程度高，财政收入占 GDP 的比重一般为 30%~40%，有的甚至超过 50%。也就是说，西方发达国家高债务的承受能力强。而中国作为一个发展中国家，不仅经济发展与外国比较有相当大的差距，而且国家财力集中程度也要低得多，因此，从总体上讲，我国债务的承受能力要相对弱一些，公债负担率不能简单地和国外进行对比。

其次，以美国为代表的西方发达国家，其公债的积累规模之所以能达到这样高的水平，是经过上百年时间积累下来的结果。而我国举债的历史不长，从 1981 年

① 资料来源：国际货币基金组织（IMF），《世界经济展望》，2008 年 4 月。

开始发行国库券算起也只有 40 多年，但若按目前的势头发展下去，我国公债的积累规模将十分可观。

最后，如果考虑地方债（详见第三节），则我国的公债负担率将达到较高水平。自 2014 年《预算法》修改以来，地方政府债务逐步纳入财政预决算统计范围，从已有数据来看，我国地方债的规模增长较为迅速，需要引起人们的高度关注。关于 2014 年以来地方政府的举债融资机制，参见专栏 10-2。

**专栏 10-2 加快建立规范的地方政府举债融资机制**

（一）赋予地方政府依法适度举债权限。经国务院批准，省、自治区、直辖市政府可以适度举借债务，市县级政府确需举借债务的由省、自治区、直辖市政府代为举借。明确划清政府与企业界限，政府债务只能通过政府及其部门举借，不得通过企事业单位等举借。

（二）建立规范的地方政府举债融资机制。地方政府举债采取政府债券方式。没有收益的公益性事业发展确需政府举借一般债务的，由地方政府发行一般债券融资，主要以一般公共预算收入偿还。有一定收益的公益性事业发展确需政府举借专项债务的，由地方政府通过发行专项债券融资，以对应的政府性基金或专项收入偿还。

（三）推广使用政府与社会资本合作模式。鼓励社会资本通过特许经营等方式，参与城市基础设施等有一定收益的公益性事业投资和运营。政府通过特许经营权、合理定价、财政补贴等事先公开的收益约定规则，使投资者有长期稳定收益。投资者按照市场化原则出资，按约定规则独自或与政府共同成立特别目的公司建设和运营合作项目。投资者或特别目的公司可以通过银行贷款、企业债、项目收益债券、资产证券化等市场化方式举债并承担偿债责任。政府对投资者或特别目的公司按约定规则依法承担特许经营权、合理定价、财政补贴等相关责任，不承担投资者或特别目的公司的偿债责任。

（四）加强政府或有债务监管。剥离融资平台公司政府融资职能，融资平台公司不得新增政府债务。地方政府新发生或有债务，要严格限定在依法担保的范围内，并根据担保合同依法承担相关责任。地方政府要加强对或有债务的统计分析和风险防控，做好相关监管工作。

资料来源：《国务院关于加强地方政府性债务管理的意见》（国发〔2014〕43 号）。

2. 公债依存度考察

从具体的数字统计来看（见表 10-2），1995—2006 年，我国的公债依存度基本维持在 20%~27%，超过了国际公认的警戒线（20%），但并未超出太多。而从中央债务依存度（即国债发行额占中央财政支出比重）来看，情况就不容乐观了。由于这一时期我国政府债务基本上是中央政府债务，我国中央债务依存度一直都比较高，2007 年因为 1.5 万亿元特别国债的发行，公债依存度上升到 47.17%，中央债务依存度更是高达 205.24%。2008 年国际金融危机引起实体经济增长下滑，中国政府推出 4 万亿元中央投资刺激计划，2009 年、2010 年的公债依存度保持 20%左右高位运行，随着世界经济的恢复，刺激计划退出，公债依存度逐渐下降。2015 年以来，为弥补减税降费带来的财政减收，特别是新冠疫情期间，为实现“六稳”“六保”增加必要财政支出，国家适当扩大赤字规模，增大公债发行额，由此公债依存度又相应有所提高。

**表 10-2　1990—2021 年我国公债依存度与中央债务依存度**

| 年份 | 当年公债发行额/亿元 | 当年全国财政总支出/亿元 | 当年中央本级财政支出/亿元 | 公债依存度/% | 中央债务依存度/% |
|---|---|---|---|---|---|
| 1990 | 375.45 | 3 083.59 | 1 004.47 | 12.18 | 37.38 |
| 1995 | 1 549.76 | 6 823.72 | 1 995.39 | 22.71 | 77.67 |
| 2000 | 4 180.10 | 15 886.50 | 5 519.85 | 26.31 | 75.73 |
| 2001 | 4 604.00 | 18 902.58 | 5 768.02 | 24.36 | 79.82 |
| 2002 | 5 679.00 | 22 053.15 | 6 771.70 | 25.75 | 83.86 |
| 2003 | 6 153.53 | 24 649.95 | 7 420.10 | 24.96 | 82.93 |
| 2004 | 6 879.34 | 28 486.89 | 7 894.08 | 24.15 | 87.15 |
| 2005 | 7 022.88 | 33 930.28 | 8 775.97 | 20.70 | 80.02 |
| 2006 | 8 883.00 | 40 422.73 | 9 991.40 | 21.98 | 88.91 |
| 2007 | 23 483.28 | 49 781.35 | 11 442.06 | 47.17 | 205.24 |
| 2008 | 8 615.00 | 62 592.66 | 13 344.17 | 13.76 | 64.56 |
| 2009 | 16 280.66 | 76 299.93 | 15 255.79 | 21.34 | 106.72 |
| 2010 | 17 849.94 | 89 874.16 | 15 989.73 | 19.86 | 111.63 |
| 2011 | 15 609.80 | 109 247.79 | 16 514.11 | 14.29 | 94.52 |
| 2012 | 14 527.33 | 125 952.97 | 18 764.63 | 11.53 | 77.42 |
| 2013 | 16 949.32 | 140 212.10 | 20 471.76 | 12.09 | 82.79 |
| 2014 | 17 876.57 | 151 785.56 | 22 570.07 | 11.78 | 79.20 |
| 2015 | 21 285.06 | 175 877.77 | 25 542.15 | 12.10 | 83.33 |
| 2016 | 30 869.32 | 187 755.21 | 27 403.85 | 16.44 | 112.65 |

续表

| 年份 | 当年公债发行额/亿元 | 当年全国财政总支出/亿元 | 当年中央本级财政支出/亿元 | 公债依存度/% | 中央债务依存度/% |
|---|---|---|---|---|---|
| 2017 | 40 096.00 | 203 085.49 | 29 857.15 | 19.74 | 134.29 |
| 2018 | 37 092.31 | 220 904.13 | 32 707.81 | 16.79 | 113.41 |
| 2019 | 42 737.18 | 238 858.37 | 35 115.15 | 17.89 | 121.71 |
| 2020 | 71 782.75 | 245 679.03 | 35 095.57 | 29.22 | 204.54 |
| 2021 | 68 683.96 | 245 673.00 | 35 049.96 | 27.96 | 195.96 |

注：全国财政总支出=中央本级财政支出+地方本级财政支出。本表的财政支出数字2000年以前不包括国内外债务还本付息支出和利用国外借款收入安排的基本建设支出。从2000年起，全国财政总支出和中央本级财政支出中包括国内外债务付息支出。

资料来源：《中国统计年鉴2022》以及2009—2021年全国财政决算数据。

3. 公债偿债率考察

数据显示，20世纪90年代，公债偿债率与中央财政偿债率（即当年国债还本付息额占中央财政收入比重）上升较快，进入21世纪后，这两个指标稳步下降。2008年，公债偿债率和中央财政偿债率分别跃升至20.88%和39.18%，达到近年来的最高值。此后开始逐年下降，2013年最低至7.80%和16.74%。自2014年以来，这两个指标又开始缓慢上升。如表10-3所示。

**表10-3 1990—2021年我国公债偿债率和中央财政偿债率**

| 年份 | 当年全国财政总收入/亿元 | 当年中央财政收入/亿元 | 当年公债还本付息支出#/亿元 | 公债偿债率/% | 中央财政偿债率/% |
|---|---|---|---|---|---|
| 1990 | 2 937.10 | 992.42 | 190.07 | 6.47 | 19.15 |
| 1995 | 6 242.20 | 3 256.62 | 882.96 | 14.15 | 27.11 |
| 2000 | 13 395.23 | 6 989.17 | 1 579.82 | 11.79 | 22.60 |
| 2001 | 16 386.04 | 8 582.74 | 2 007.73 | 12.25 | 23.39 |
| 2002 | 18 903.64 | 10 388.64 | 2 563.13 | 13.56 | 24.67 |
| 2003 | 21 715.25 | 11 865.27 | 2 952.24 | 13.60 | 24.88 |
| 2004 | 26 396.47 | 14 503.10 | 3 671.59 | 13.91 | 25.32 |
| 2005 | 31 649.29 | 16 548.53 | 3 923.37 | 12.40 | 23.71 |
| 2006 | 38 760.20 | 20 456.62 | 3 883.60 | 10.02 | 18.98 |

续表

| 年份 | 当年全国财政总收入/亿元 | 当年中央财政收入/亿元 | 当年公债还本付息支出#/亿元 | 公债偿债率/% | 中央财政偿债率/% |
|---|---|---|---|---|---|
| 2007 | 51 321. 78 | 27 749. 16 | 5 812. 50 | 11. 33 | 20. 95 |
| 2008 | 61 330. 35 | 32 680. 56 | 12 803. 90 | 20. 88 | 39. 18 |
| 2009 | 68 518. 30 | 35 915. 71 | 10 644. 62 | 15. 54 | 29. 64 |
| 2010 | 83 101. 51 | 42 488. 47 | 12 049. 35 | 14. 50 | 28. 36 |
| 2011 | 103 874. 43 | 51 327. 32 | 12 896. 15 | 12. 42 | 25. 13 |
| 2012 | 117 253. 52 | 56 175. 23 | 11 069. 12 | 9. 44 | 19. 70 |
| 2013 | 129 209. 64 | 60 198. 48 | 10 076. 18 | 7. 80 | 16. 74 |
| 2014 | 140 370. 03 | 64 493. 45 | 11 561. 26 | 8. 24 | 17. 93 |
| 2015 | 152 269. 23 | 69 267. 19 | 13 214. 48 | 8. 68 | 19. 08 |
| 2016 | 159 604. 97 | 72 365. 62 | 20 790. 07 | 13. 03 | 28. 73 |
| 2017 | 172 592. 77 | 81 123. 36 | 28 953. 87 | 16. 78 | 35. 69 |
| 2018 | 183 359. 84 | 85 456. 46 | 26 136. 16 | 14. 25 | 30. 58 |
| 2019 | 190 390. 08 | 89 309. 47 | 28 530. 23 | 14. 99 | 31. 95 |
| 2020 | 182 913. 88 | 82 770. 72 | 36 139. 80 | 19. 76 | 43. 66 |
| 2021 | 202 554. 64 | 91 470. 41 | 50 390. 77 | 24. 88 | 55. 09 |

注：表中财政收入数字不包括国内债务收入。

标“#”的含义为：2000—2008 年的数字仅表示本金支出，其中 2000—2005 年的数字来自国家统计局网站，2006—2008 年的数据根据 2006—2008 年《中国国债市场年报》中“国债到期情况表”计算而得。2009—2021 年的数据根据全国财政决算数据计算而得，计算公式为：当年公债还本付息支出 = 内债还本额+国内债务付息支出。

资料来源：《中国统计年鉴 2022》以及 2009—2021 年全国财政决算数据。

通过上述分析，我们可以看出，我国的公债总水平较低，但增长幅度较快。同时，我们应该看到，在进行政府债务指标的国际比较时，不能只进行数量的比较，更重要的是结合中国国情，分析这些数量指标所代表的经济含义。

## 五、公债负担

### （一）公债负担的概念

公债负担是指政府发行公债给各相关方面造成的利益损失和政府因负担所承受的经济压力。公债负担既包括国民经济的负担，也包括不同利益主体的负担。

1. 国民经济的公债负担

国民经济的公债负担是指政府负债给国民经济发展带来的损失。这种负担是否形成，关键是公债的使用方向和使用效益。如果公债用于经济发展并发挥良好效果，它并不减少社会积累的总规模，并且形成了良好的宏观经济环境，对国民经济发展产生推动作用，发行公债就不会给经济发展带来损失，也不形成对国民经济的负担。反之，如果发行公债仅仅是为了满足政府的纯消费性开支，它减少了社会积累的总规模，影响经济发展，则会构成公债的经济负担。

2. 政府的公债负担

政府的公债负担是指政府作为债务人因负债所承受的经济压力。政府的公债负担往往体现在政府对公债还本付息的能力上。如果公债增长推动了经济增长，并且产生出足够的偿还能力或者具备借新债还旧债的经济条件，那么公债的增长并不会形成政府的公债负担。反之，如果公债的偿还是通过增加税负或压缩正常的支出来实现的，则可能干扰正常的财政活动，形成政府财政的拖累，构成政府作为债务人的公债负担。

3. 认购者的公债负担

认购者的公债负担是指认购者作为债权人因认购公债所承担的利益损失。认购公债作为公民投资的一种方式具有风险低、收益高等特点，通常能给投资者带来收益而不是带来损失。因此，投资公债往往并不构成认购者的负担。但在被强制购买影响资金使用或福利以及公债利率低于通货膨胀率等情况下，这种负担却是客观存在的。

4. 纳税人的公债负担

纳税人的公债负担是指因偿还公债而增加税负给纳税人造成的利益损失。公债发行可以增加财政收入，但在偿还期则会增加财政支出。而国家还债资金的重要来源是税收收入。如果公债的增加推动了经济发展，使税源得以扩大，则偿债增加的税收本应是公债效益的一部分，是公债再投资所产生的偿债能力，只不过以税收形式征集而已。在这种条件下，公债偿还并不构成纳税人的负担。反之，如果公债的使用并未增加社会的或宏观的经济利益，也没有引起税源的相应扩大，而是靠减少微观利益主体的利益来增加税收，以满足偿债的需要，则实质上便构成了纳税人的公债负担。马克思所说的公债是一种延期的税收，就是指公债与税收的这种关系。①

① 马克思指出："借债使政府可以应付额外的开支，而纳税人又不会立即有所感觉，但借债最终还是要求提高税收。"——《马克思恩格斯文集》第五卷，人民出版社2009年版，第866页。

（二）公债负担的类型

1. 货币负担和实物负担

公债的货币负担是指以货币为单位计量的公债负担，这种负担可以用货币数额来测定其大小。公债的实物负担是指以实物为单位计量的公债负担，它通常按照实物数量的损失来测定。

2. 直接负担和间接负担

公债的直接负担是指由于公债的发行而引起有关经济主体经济利益的直接损失。比如，依靠增加税收偿还公债，则纳税人缴纳的税款为其直接负担。在外债方面，债务国政府向外债债权人偿还公债的本息，使本国的财富减少，形成债务国直接负担。如果举债主体单方面取消债务，公债持有人的利益就会受到损失，此亦为直接负担。公债的间接负担是指由于公债直接负担而引起的对未来经济发展和社会福利的进一步影响。比如，政府征税还债，纳税人被课征税款后减少了其生产投资额，从而使得未来的社会产出减少。

3. 形式负担和实质负担

公债的形式负担是指政府因清偿债务而引起的实际支出额，它并不考虑发债阶段所取得的资源和债务收入使用效益，而只计算其未来付息和还本支出。因此，还本付息成为政府举债的形式负担。公债的实质负担是指由于公债的发生而引起的真实资源的损失，它是从债务形成到结束的整个过程来分析社会真实资源的增减变化情况。真实资源增加则无负担，真实资源减少则构成负担。

## 第二节 公债的发行、流通与偿还

### 一、公债的发行管理

（一）公债的发行方式

公债的发行是公债售出或被个人和企业认购的过程，它是公债运行的起点和基础环节，其核心是确定公债售出的方式即公债发行的方式。一般来说，主要有以下三种。

1. 公募法

公募法指政府或受政府委托的部门向社会公众募集公债的发行方法。公募法又可进一步分为直接公募法和间接公募法两种。

直接公募法，即直接面向全国公众募集公债、发行成本全部由政府承担的方法。直接公募法的优点是政府能直接控制公债发行权和发行过程，但缺点是发行对象过于分散，销售时间长，发行成本较高。

间接公募法，是由政府委托银行或其他金融机构发行公债，通过金融系统向社会公开募集公债的方法。在发行规模确定后，募集额未达到发行额的差额，将由受托的金融机构承购。间接公募法将公债发行权及发行事务交由金融机构代理，公债推销较方便，收入较及时，筹资成本相对较低，且由金融机构发行政府公债，能较好地适应社会资金结构，较灵活地调节市场货币流量和流向。间接公募法下，政府对公债发行及发行管理的影响力不如直接公募法，但该方法可以很好地发挥金融部门在债券推销上的比较优势，从而促进发行成本的下降。

2. 包销法

包销法，又称承受法，是指政府将发行的债券统一售予金融机构，再由金融机构自行发售的方法。包销法与间接公募法形式相似，但也有较大的区别。实行间接公募法，金融机构只是代理公债的发行权和发行事务，最终应向政府负责，并受政府的指导和监督；实行包销法则是公债发行权的转让，在通常情况下，政府不再干预，金融机构可自主执行发行权并决定发行事务。包销法有中央银行承受、商业银行承受和金融集团承受三种具体方法。从 20 世纪 90 年代开始，中国部分公债的发行采用金融集团承受包销的方法。

3. 公卖法

公卖法，又称出售法，是指政府在证券市场以公开出售的方式发行公债的方法。以公卖法发行公债，公债价格随行就市，随市场资金供求情况波动。这种方法的优点是能在金融市场上筹集大量资金，也可以为国家调节货币流通量、金融市场供求状况及利率水平提供操作工具；缺点是公债发行受资金市场影响较大。

各国在实践中通常根据本国的经济社会条件以及各种公债发行方法的优缺点，选择一种或几种方法来发行公债。一般来说，银行信用制度比较发达、证券市场比较健全的发达国家大都采取公卖法和公募法；信用体系不健全、证券市场不够发达的发展中国家，通常采用的是包销法和其他不常用的方法。

（二）公债的发行条件：发行价格与利率

公债的发行条件涉及的问题较多，如公债的票面额、期限、利息率、发行价格、偿还方式、能否转让，都属于公债发行的基本条件。但相对重要、牵扯面较广的主要还是公债的发行价格和利息率。

1. 公债发行价格

公债发行价格就是公债的出售价格或购买价格，它可以等于票面值，也可以低于票面值，还可以高于票面值。按照公债发行价格与其票面值的关系，公债发行可以分为平价发行、折价发行和溢价发行三种。

（1）平价发行。平价发行就是公债按其票面值出售。认购者按公债票面值支付购金，政府按票面值取得收入，到期亦按票面值还本。通常适于公债利息率与市场利息率相当、政府信誉良好的环境。

（2）折价发行。折价发行（亦称减价发行）就是公债以低于票面值的价格出售。即认购者以低于票面值的价格支付购金，政府按这一折价取得收入，到期仍按票面值还本。通常适于公债利息率低于市场利息率、财政拮据、发行任务重的环境。

（3）溢价发行。溢价发行（亦称增价发行）就是公债以超过票面值的价格出售。认购者按高于票面值的价格支付购金，政府按这一溢价取得收入，到期则按票面价值还本。通常适于公债利息率高于市场利息率的环境。

2. 公债利息率

公债利息率是政府因举债所应支付的利息额与借入本金额之间的比率。公债利息率的高低，主要参照以下三种因素确定：

（1）金融市场利率水平。公债利息率应参照金融市场的利率而定。金融市场利率高，公债利息率必须相应提高；金融市场利率低，公债利息率可相应降低。否则，如果公债利息率与金融市场利率相差甚远，或者公债利息率低于金融市场利率致使公债找不到认购者，或者公债利息率高于金融市场利率致使政府蒙受不必要的损失。

（2）政府信用状况。公债利息率也应按照政府信用的状况而决定。政府信用良好，公债利息率可相应较低；政府信用不佳，公债利息率只能较高。否则，不是加重财政负担，就是会阻碍公债的发行。

（3）社会资金供给量。公债利息率还应根据社会资金供给量的大小而决定。社会资金供给量充足，公债利息率可相应下调；社会资金供给量匮乏，公债利息率便需相应上调。否则可能或者使国库承受额外的债息支出，或者使公债的发行不畅。

此外，政府为了实现特定的经济政策，选择较高或较低的公债利息率，以诱导社会资金流向，刺激或抑制生产与消费，也是十分必要的。在现代社会中，利用公债利息率升降调节证券市场运行和资金运转是政府实现宏观经济管理的重要手段之一。

### （三）我国改革开放以来国债发行方式的演变

我国从 1981 年开始发行国库券以来，具体的发行方式有过多种，但是从总体上来说，其演变可以分为三个阶段。

第一阶段是 1981—1990 年，主要是行政性摊派方式发行。这一时期，我国国债发行基本上是在行政动员基础上的计划分配和派购。财政部将每年的国债发行任务按一定标准分配到各地，各地财政部门再将本地区的国债发行额层层分配到企事业单位，甚至分配到农村，然后各单位再具体对每位职工落实认购指标，从职工工资中扣款。

第二阶段是1991—1994年，主要是承购包销的方式。1991年4月，财政部和当时的承购包销团主干事中国工商银行信托投资公司举行了国债承购包销签字仪式，承销当时的国库券25亿元，占计划发行量的25%。随之地方财政部门和中国人民银行系统也组织承购包销，结果以承购包销方式发行的国库券占总发行量的65%。在以后的几年内，国债承购包销得到了进一步的扩大和发展。

第三阶段是1995年至今，主要是招标发行的方式。1995年8月，财政部对1995年一年期记账式国债首次进行招标式发行，这是我国国债发行方式的重大突破。1996年1月，财政部在发行1996年记账式（一期）国债时，第一次采用了价格招标的形式。1996年6月，财政部在发行1996年记账式（五期）国债时，首次采用了收益率招标形式。记账式国债基本上都采用招标方式发行。采用招标方式发行国债，可使我国的国债发行条件能够比较准确地反映金融市场上的资金供求状况，而且也缩短了国债发行期，减少了发行成本，提高了发行效率。

（四）我国国债发行管理方式的转变

1981年恢复发行国债后，我国曾采取年度发行额管理的方式。按照这种管理模式，每年的国债发行规模将视当年国债还本付息数额以及当年财政赤字数额而定，即国债发行额度等于当年国债还本付息数额加上当年财政赤字数额。发行额度一经全国人民代表大会批准，就成为刚性指标，不得突破也不得减少。这种管理模式相对简单，基本可以保证弥补当年的财政赤字。但也存在一定缺陷：国债政策目标比较单一，仅仅是为弥补财政赤字；在额度内财政部门倾向于多发长期国债，少发短期国债，使得债券存量每年滚动增加数量较大，不利于合理安排和优化国债的期限结构；年度发行规模管理制度也扭曲了金融市场，降低了货币政策的效率。

从2006年起，我国改进国债管理办法，参照国际通行做法，采取国债余额管理方式管理国债发行活动。所谓国债余额管理，是指每年全国人民代表大会批准一个国债余额上限，这个指标等于上一年的国债余额加上本年度财政预算的赤字。国债发行只要不突破这个余额，发行规模和期限品种就可由政府视财政收入状况和市场情况灵活掌握。这既规范了发债行为，又增加了主动性和灵活性，符合国债管理的客观需要，并有利于有效防范财政风险。同时，在国债余额管理制度之下，一年期以内的国债，由于它当年发行当年兑付，不会增加下一年度国债市场的余额负担，因此也就为健全国债品种、完善基准利率体系创造了基本的制度条件，为金融市场化改革尤其是利率的市场化改革打下了坚实的基础。这也是我国2007年后国债发行额大幅上升的主要原因。

1985—2021年中国国债的发行情况，如表10-4和表10-5所示。

表 10-4　1985—2005 年国家财政债务发行情况　单位：亿元

| 年份 | 合计 | 国内债务 | 国外借款 | 国内其他债务 |
|---|---|---|---|---|
| 1985 | 89.85 | 60.61 | 29.24 | — |
| 1986 | 138.25 | 62.51 | 75.74 | — |
| 1987 | 223.55 | 63.07 | 106.48 | 54.00 |
| 1988 | 270.78 | 92.17 | 138.61 | 40.00 |
| 1989 | 407.97 | 56.07 | 144.06 | 207.84 |
| 1990 | 375.45 | 93.46 | 178.21 | 103.78 |
| 1991 | 461.40 | 199.30 | 180.13 | 81.97 |
| 1992 | 669.68 | 395.64 | 208.91 | 65.13 |
| 1993 | 739.22 | 314.78 | 357.90 | 66.54 |
| 1994 | 1 175.25 | 1 028.57 | 146.68 | — |
| 1995 | 1 549.76 | 1 510.86 | 38.90 | — |
| 1996 | 1 967.28 | 1 847.77 | 119.51 | — |
| 1997 | 2 476.82 | 2 412.03 | 64.79 | — |
| 1998 | 3 310.93 | 3 228.77 | 82.16 | — |
| 1999 | 3 715.03 | 3 702.13 | — | 12.90 |
| 2000 | 4 180.10 | 4 153.59 | 23.10 | 3.41 |
| 2001 | 4 604.00 | 4 483.53 | 120.47 | — |
| 2002 | 5 679.00 | 5 660.00 | — | 19.00 |
| 2003 | 6 153.53 | 6 029.24 | 120.68 | 3.61 |
| 2004 | 6 879.34 | 6 726.28 | 145.07 | 7.99 |
| 2005 | 6 922.87 | 6 922.87 | — | — |

注：从 1999 年开始，国内其他债务项目为债务收入大于支出部分增列的偿债基金。

资料来源：《中国统计年鉴 2006》，国家统计局网站。

表 10-5　2005—2021 年中央财政债务余额情况　单位：亿元

| 年份 | 合计 | 国内债务 | 国外债务 |
|---|---|---|---|
| 2005 | 32 614.11 | 31 848.59 | 765.52 |
| 2006 | 35 015.26 | 34 380.24 | 635.02 |
| 2007 | 52 074.65 | 51 467.39 | 607.26 |
| 2008 | 53 271.54 | 52 799.32 | 472.22 |

续表

| 年份 | 合计 | 国内债务 | 国外债务 |
| --- | --- | --- | --- |
| 2009 | 60 237.68 | 59 736.95 | 500.73 |
| 2010 | 67 548.11 | 66 987.97 | 560.14 |
| 2011 | 72 044.51 | 71 410.80 | 633.71 |
| 2012 | 77 565.70 | 76 747.91 | 817.79 |
| 2013 | 86 746.91 | 85 836.05 | 910.86 |
| 2014 | 95 655.45 | 94 676.31 | 979.14 |
| 2015 | 106 599.59 | 105 467.48 | 1 132.11 |
| 2016 | 120 066.75 | 118 811.24 | 1 255.51 |
| 2017 | 134 770.15 | 133 447.43 | 1 322.72 |
| 2018 | 149 607.41 | 148 208.62 | 1 398.79 |
| 2019 | 168 038.04 | 166 032.13 | 2 005.91 |
| 2020 | 208 905.87 | 206 290.31 | 2 615.56 |
| 2021 | 232 697.29 | 229 643.71 | 3 053.58 |

注：从 2006 年起实行债务余额管理。

资料来源：《中国统计年鉴 2022》，国家统计局网站。

## 二、公债的流通管理

### （一）公债发行和流通的关系

公债的发行和流通相辅相成，是相互依存的整体。公债发行是公债流通的基础，没有公债发行，公债流通就失去了客观存在的必要性，而公债流通确保了外部投资者愿意向政府提供新的资金来源，为公债顺利发行和平衡财政收支创造了良好条件。

公债发行市场又称一级市场，是政府出售新债券的市场。公债发行市场的作用是将政府为筹集资金向社会发行的债券，分散发行到投资者的手中。公债流通市场又称二级市场，是指对已发行债券进行买卖、转让的市场。债券一经认购，即确立了一定期限的债权债务关系。通过流通市场，投资者可以转让债权，把债券变现。发行市场是整个债券市场的源头，是流通市场的前提和基础。发达的流通市场是发行市场的重要支撑，流通市场的发达是发行市场扩大的必要条件。

### （二）公债流通市场的构成

公债流通市场可分为场内交易市场和场外交易市场。

在证券交易所内买卖债券所形成的市场，就是场内交易市场，这种市场组织形式是公债流通市场较为规范的形式。证券交易所是专门进行证券买卖的场所，如我国的上海证券交易所和深圳证券交易所。证券交易所作为债券交易的组织者，本身不参加债券的买卖和价格的决定，只是为债券买卖双方创造条件，提供服务，并进行监管。

场外交易市场又称“店头市场”或柜台交易市场，是指证券经纪商和证券自营商不通过证券交易所，而是在证券商之间或证券商与客户之间直接进行的证券分散买卖市场。柜台交易市场为场外交易市场的主体。许多证券经营机构都设有专门的证券柜台，通过柜台进行债券买卖。在柜台交易市场中，证券经营机构既是交易的组织者，又是交易的参与者。此外，场外交易市场还包括银行间交易市场，以及一些机构投资者通过电话、计算机网络等通信手段形成的市场等。

目前，我国债券流通市场由三部分组成，即沪深证券交易所市场、银行间交易市场和证券经营机构柜台交易市场。场外交易的方式主要有两种：一种是自营买卖公债，即投资者根据证券商挂牌上市公布的买卖价格，直接与证券商自由洽谈买卖公债，如达成协议，即可成交。另一种是委托买卖公债，即投资者委托证券商代其买卖公债，证券商仅作为中介不参与买卖业务，交易价格由委托买卖双方分别挂牌，双方价格达成一致后成交。

（三）公债流通市场的交易方式

公债流通市场的交易方式有现货交易、期货交易、回购交易和期权交易。

1. 现货交易

现货交易是指交易双方在成交后即时清算交割其债券和价款的方式。现货交易在公债流通市场初期对公债市场的发展起到了重要作用，但随着经济的发展和改革的深入，单纯用此方式已行不通，因为公债现货交易方式限制了个人信用的发挥，同时也不利于投资者稳定收益，减少投资风险。

2. 期货交易

期货交易是指公债买卖双方成交后按契约中规定的价格、数量进行远期交割的一种债券交易方式。我国于 1992 年开放国债期货市场，首先在上海证券交易所试点。由于期货交易的杠杆性以及过度的投机，造成市场的混乱和不成熟，1995 年 5 月，中国政府宣布暂停国债期货交易。然而，国债的期货交易不仅作为金融期货交易的一种特殊交易形式，是金融市场的重要组成部分，而且是我国加入世界贸易组织、融入经济全球化的需要。经过多年准备，2013 年 9 月 6 日，五年期国债期货正式在中国金融期货交易所上市交易，国债期货交易得以恢复。

3. 回购交易

公债的回购交易是指公债交易商或投资者在卖出某种公债的同时，约定于未来某一时间以事先确定的价格再买回同一牌名、同等数量的公债的一种交易方式，其实质是证券的卖出者借入资金。与此相反，如果公债的交易商或投资者买进公债，并约定于未来某一时间按事先确定的价格再将等量的同一牌名的公债卖给最初出售者，则这种交易被称为公债的逆回购交易，其实质是证券买入者向交易对象贷出资金。

公债回购市场是公债流通市场的重要组成部分。公债回购和逆回购具有以下作用：(1) 作为一种融资与融券相结合的交易方式，公债回购和逆回购将证券市场与货币市场相连接，扩大了经纪商承销公债的能力，增大了公债一级市场的容量，从而有助于公债顺利发行以及公债运行机制的市场化改革。(2) 公债回购和逆回购是中央银行在公债市场开展公开市场业务操作的基本方式，是实现货币政策的重要工具。(3) 公债回购率是公债期货价格确定的依据。(4) 公债回购业务不仅给短期资金富余者提供了投资机会，而且也直接增加了市场对公债的需求，从而直接增加了公债的流通性。目前，我国公债回购业务发展速度快，交易量大，逐渐成为重要的交易工具。

4. 期权交易

公债的期权交易是指公债交易双方为限制损失或保障利益而签订的，同意在约定时间内按协定价格买进或卖出契约中指定的债券，也可以放弃买进或卖出这种债券的交易方式。目前我国尚未开展国债的期权交易。

## 三、公债的偿还管理

### (一) 公债的偿还方法

公债的偿还方法主要有以下四种。

1. 买销法

买销法也称收买偿还法、市场偿还法，是政府按照市场价格在证券市场上买进政府所发行的公债，公债的偿还通过市场交易完成。买销法是一种间接偿还方式。这种方法对政府来说，偿还成本低，操作简单，且可以体现政府的经济政策。买销法通常与公债发行上的公卖法相对应。

2. 比例偿还法

比例偿还法是指政府按照公债的数额，分期按比例偿还。由于这种偿还方法是政府不通过市场，而直接向公债持有者偿还公债的本息，所以又称直接偿还法。偿还比例的确定包括平均比例偿还、逐年递增比例偿还、逐年递减比例偿还等具体的做法。比例偿还法的优点是有利于政府安排偿债基金，使公债的偿还有稳定的资金来源。20 世纪 50 年代中国发行的公债大都采用逐年递增比例偿还法。

3. 抽签偿还法

抽签偿还法是指政府通过定期抽签确定应清偿的公债的方法。一般是以公债的号码为抽签依据，一旦公开抽签确定应清偿公债的号码之后，所有相同号码的公债都同时予以偿还。抽签偿还法也是一种直接偿还法。1981—1984 年中国发行的国库券，就采用抽签偿还法。

4. 一次偿还法

一次偿还法是指国家定期发行公债，在公债到期后，一次还清本息。自 1985 年以来中国发行的国库券就是规定发行期限到后一次还本付息完毕。

（二）公债偿还的资金来源

政府公债偿还的资金来源主要依靠预算盈余、偿债基金、预算列支以及发行新债还旧债等。

1. 预算盈余

用预算盈余偿还，是指政府以预算盈余资金作为偿债资金来源的做法。从理论上说，用预算盈余资金偿还公债是预算周期平衡政策的具体运用。但这种方法实施的前提是政府预算必须有盈余。从目前世界各国的财政收支状况看，这个前提条件并不具备，因而这种方法一般不具有实践价值。

2. 偿债基金

建立偿债基金，以备偿债之用，也是筹集公债偿还资金的一种方法。偿债基金，是指在政府预算中专门设立并规定来源和用于公债还本付息的专门准备基金。其来源包括预算定额拨款、公债发行收入的定额缴纳、部分超计划发行公债、公债还本付息结余、部分预算结余以及偿债基金经营收益等。建立偿债基金制度，为偿还债务提供了一个稳定的资金来源，能保证公债的及时偿还，提高公债信誉，减轻债务成本，顺利渡过偿债高峰。从长远看，还可以平衡各年度的还债负担。设置偿债基金可以把政府的正常预算收支和债务收入、使用和偿还分离开来，有利于掌握各类不同来源的资金结构、投向和使用效果。

3. 预算列支

预算列支方法，指公债偿债期到时，政府将当年到期的公债本息直接列入本年预算支出中，以预算资金抵偿公债，从而使预算资金成为政府偿债的资金来源之一。这种方式在正常情况下可以保证债权安全，增强公债信誉，但在公债运用低效或无效时，只能靠提高税收负担的办法来筹资偿债，这就可能给社会生产带来不利影响。

4. 发行新债还旧债

政府发行新债还旧债，是当前世界各国政府筹集偿债资金的常用方法。这种方法就是从每年新发行的公债收入中，提取一部分来偿还公债的本金。从本质上说，这并不是一种偿还方式，其副作用较大，必须严格控制。但在实践中，长期实行赤字财政政策的国家，往往不得不依靠借新还旧的办法来偿付到期的债务本金。

从实践角度看，出于信用体系和金融市场的发展程度等方面的原因，发达国家偿还公债一般以买销法为主，而发展中国家较多地采用比例偿还法。过去，一些发达国家曾建立偿债基金制度，但由于奉行赤字财政政策，赤字连年不断，不仅原有偿债基金被挪用，而且还不得不发行大量新债，现在除少数国家仍坚持偿债基金制度外，大都已转向预算拨款和调换公债的办法。少数发展中国家，尽管有各种各样建立偿债基金的计划，但苦于资金匮乏和财政制度的不完善，真正付诸实施的并不多见，大多数国家现在实行的是预算列支偿还制度和新债换旧债的方法。

中国目前大多数公债实行一次偿还法，其资金来源多靠举借新债。随着证券市场的完善和公卖法的采用，其他方法也会得到更多的运用。

## 第三节 地 方 债

### 一、地方债的含义与分类

#### （一）地方债的含义

地方债是由地方政府凭借信用发行的债券，有的国家也称为市政债券。从世界范围来看，市政债券的历史最早可以追溯到文艺复兴时期，19 世纪早期被引入美国①，用来解决城市建设的资金需要问题。第二次世界大战结束之后，美国重新将重心转向经济发展，市政债券市场迎来高速发展期，市政债券的发行及管理规范也日趋完善，规模巨大的市政债券对推动美国经济发展起到了重要作用。20 世纪 70 年代以后，市政债券在世界部分国家逐步兴起。

编 者 谈

如何认识地方政府隐性债务?

就我国实际情况而言，需要注意把握地方债与地方政府债务的区别。如上所述，本书所指地方债主要是地方政府发行的债券，而地方政府债务的口径更大，既包括地方政府债券，还包括非政府债券形式的存量政府债务，后者主要是指 2014 年以前形成的、经财政部审计确认的、地方债形式以外的地方政府负有偿还责任的债

① 1812 年美国纽约市政府为运河建设募集资金发行了市政债，这是有记录以来最早的市政债券，自此市政债券正式进入美国债券市场。

务，包括银行贷款、企业债券、信托、建设—移交（BT）类债务等不同类型。此外，地方债与城投债也有本质区别。城投债是地方政府融资平台作为主体发行的债务，主要包括企业债（公司债）、短期融资券和中期票据等，其本质是企业债券。关于地方政府融资平台的定义，参见专栏 10-3。

**专栏 10-3 何为地方政府融资平台**

2010 年 6 月 10 日，《国务院关于加强地方政府融资平台公司管理有关问题的通知》（国发〔2010〕19 号）发布，将地方政府融资平台公司定义为："由地方政府及其部门和机构等通过财政拨款或注入土地、股权等资产设立，承担政府投资项目融资功能，并拥有独立法人资格的经济实体。"

2010 年 7 月 30 日，财政部、发展和改革委员会、中国人民银行和银监会联合发布《关于贯彻国务院关于加强地方政府融资平台公司管理有关问题的通知相关事项的通知》（财预〔2010〕412 号），将地方政府融资平台公司定义为："由地方政府及其部门和机构、所属事业单位等通过财政拨款或注入土地、股权等资产设立，具有政府公益性项目投融资功能，并拥有独立企业法人资格的经济实体，包括各类综合性投资公司，如建设投资公司、建设开发公司、投资开发公司、投资控股公司、投资发展公司、投资集团公司、国有资产运营公司、国有资本经营管理中心等，以及行业性投资公司，如交通投资公司等。"

2013 年 4 月 9 日，《中国银监会关于加强 2013 年地方政府融资平台贷款风险监管的指导意见》（银监发〔2013〕10 号）发布，指出："地方政府融资平台是指由地方政府出资设立并承担连带还款责任的机关、事业、企业三类法人。"

（二）地方债的分类

1. 按照资金用途和还款来源，地方债可分为一般债券和专项债券

一般债券是指为没有收益的公益性项目发行的、约定一定期限内主要以一般公共预算收入还本付息的政府债券。

专项债券是指为有一定收益的公益性项目发行的、约定一定期限内以公益性项目对应的政府性基金或专项收入还本付息的政府债券。单只专项债券应当以单项政府性基金或专项收入为偿债来源。单只专项债券可以对应单一项目发行，也可以对应多个项目集合发行。

一般债券和专项债券都采用记账式固定利率附息形式，由各地按照市场化原则自发自还，遵循公开、公平、公正的原则，发行和偿还主体为地方政府。

2. 按照是否为新增债务，地方债可分为新增债券、置换债券和再融资债券

新增债券发行会增加地方政府债务，新增债券资金可用于存量和新项目的建设。新增债券限额主要受政府债务负担的轻重及资金需求大小的影响。根据规定，每年新增债券的发行规模不得超过财政部下达的本地区新增债务限额。

置换债券，顾名思义只是债务形式变化，不增加债务余额。2015 年，《财政部关于对地方政府债务实行限额管理的实施意见》发布，对地方政府存量债务中通过银行贷款等非政府债券方式举借部分，通过三年左右的过渡期，由省级财政部门在限额内安排发行地方政府债券置换。置换债券的发行有效解决了地方政府债务的期限错配和融资成本高企问题。

再融资债券主要用于偿还到期的地方政府债券以及部分纳入政府预算管理的存量债务。

## 二、改革开放以来我国地方债的发展演变

我国地方债的雏形诞生于新中国成立初期，最早可溯源至 1950 年的东北生产建设折实公债。1958 年，我国正式立法发行地方经济建设公债，对加速地方工农业生产建设发挥了积极作用，但于 1962 年停止发行。

改革开放以来，围绕着地方政府能否发行债券这一核心问题，我国经历了“禁止发行”“国债转贷”“代发代还”“自发代还”“自发自还”几个阶段，地方政府的发债权最终得以确立，从而为建立规范完善的分税制财政体制起到了重要的推动作用。

### （一）禁止发行阶段（1978—1997 年）

改革开放之后，我国于 20 世纪 80 年代重启国债的发行，但地方债却一直处于禁止发行状态。1985 年，《国务院办公厅关于暂不发行地方政府债券的通知》发布，认为当前经济增长速度过快，投资增加过猛，如不加以控制，就会导致物价上涨，要求各地方政府不要发行地方政府债券。党的十四大明确了建立社会主义市场经济体制的改革目标，标志着我国经济体制正式开始向市场经济转轨，与市场经济相配套的相关制度改革与法律法规完善也陆续推出。1993 年 4 月，《国务院关于坚决制止乱集资和加强债券发行管理的通知》发布，明确要求地方人民政府“不得发行或变相发行地方政府债券”。1994 年颁布的《预算法》规定，“除法律和国务院另有规定外，地方政府不得发行地方政府债券”，各级政府预算应做到收支平衡，不列赤字。1995 年《担保法》也明令禁止政府部门提供担保贷款，防止过度举债行为。

（二）国债转贷阶段（1998—2007 年）

国债转贷是在地方政府不能发债的情况下，由中央政府发行国债并转贷给地方政府，以用于特定项目建设。1998 年，为应对亚洲金融危机，国家决定实施积极财政政策以刺激经济增长。同年，财政部公布《国债转贷地方政府管理办法》，决定增发一定数量的国债，由财政部转贷给省级（包括省、自治区、直辖市及计划单列市）政府用于国家确定项目的建设。作为一项过渡性制度安排，国债转贷在未违背《预算法》禁止地方政府发债的制度规定前提下，可有效贯彻中央决策意图、保障重点项目建设，实现宏观调控目的，对拉动经济增长起到了重要作用。但由于国债转贷地方是中央发债，地方使用，不列中央赤字，因此，转贷资金既不在中央预算反映，也不在地方预算反映，只在往来科目列示，不利于监督。2007 年地方政府接收最后一批国债转贷资金后，这项过渡性安排就此废止，随之地方政府债券发行试点工作逐步审慎推进。

（三）"代发代还"阶段（2008—2011 年）

所谓"代发代还"，是指虽然地方政府可以作为发债和偿还主体，但具体发行及还本付息均由财政部代理进行。2008 年，为应对国际金融危机冲击，中央采取果断措施，实施积极的财政政策，推出大规模经济刺激计划。2009 年 3 月，财政部印发《2009 年地方政府债券预算管理办法》，明确指出，该办法中的地方政府债券是指"经国务院批准同意，以省、自治区、直辖市和计划单列市政府为发行和偿还主体，由财政部代理发行并代办还本付息和支付发行费的 2009 年地方政府债券"，"地方政府债券收入可以用于省级（包括计划单列市）直接支出，也可以转贷市、县级政府使用"。特别需要指出的是，随着四万亿财政刺激方案的推行，地方财政收支缺口紧张的问题特别凸显，以地方城投公司为代表的地方融资平台快速扩张，融资平台公司的债务规模也迅速膨胀。①

（四）"自发代还"阶段（2011—2013 年）

"自发代还"是由"代发代还"向"自发自还"过渡的改革试点阶段，即由地方政府自行发债，但其还本付息仍由财政部代办执行。2011 年 10 月，财政部印发《2011 年地方政府自行发债试点办法》，选择上海市、浙江省、广东省、深圳市作为地方政府自行发债试点。2013 年 6 月，财政部印发《2013 年地方政府自行发债试点办法》，增加江苏省、山东省为"自发代还"试点省份，试点期间其余地区的地方政府债仍沿用"代发代还"模式。

---

① 从 2008 年上半年到 2010 年年末，全国融资平台数量从大约 3 000 家增加到 6 576 家。到 2010 年年末，地方融资平台债务中政府负有偿还责任的部分已经达到 4.08 万亿元。

### （五）“自发自还”阶段（2014 年至今）

“自发自还”是指在国务院批准的发债规模限额内，地方政府自行组织本地区政府债券发行、支付利息和偿还本金，即自主发行、自行还本付息。2014 年 5 月，财政部印发《2014 年地方政府债券自发自还试点办法》，在前期 6 个试点地区的基础上，增加北京、青岛、江西、宁夏为试点地区，继续推进地方政府债券改革试点。同年 8 月，全国人大常委会通过《预算法》修正案，正式赋予省级地方政府及计划单列市发行地方债券的权力。① 同年 9 月，《国务院关于加强地方政府性债务管理的意见》（国发〔2014〕43 号）印发，赋予地方政府依法适度举债融资权限，同时坚决制止地方政府违法违规举债，并在加快建立规范的地方政府举债融资机制、对地方政府债务实行规模控制和预算管理、控制和化解地方政府性债务风险等方面做了总体部署，此后我国地方债进入规范发展阶段。

2015—2021 年我国地方债发行额、还本付息额及余额情况如表 10-6 所示。

**表 10-6 2015—2021 年我国地方债发行额、还本付息额及余额情况**

单位：亿元

| 年份 | 一般债券发行额 | 专项债券发行额 | 一般债券还本付息额 | 专项债券还本付息额 | 一般债券余额 | 专项债券余额 |
|---|---|---|---|---|---|---|
| 2015 | 28 607 | 9 744 | 2 192 | 3 | 38 516 | 9 744 |
| 2016 | 35 340 | 25 119 | 3 873 | 373 | 71 420 | 34 862 |
| 2017 | 23 619 | 19 962 | 4 746 | 1 092 | 92 624 | 54 824 |
| 2018 | 22 192 | 19 459 | 9 950 | 3 476 | 108 095 | 72 615 |
| 2019 | 17 742 | 25 882 | 12 786 | 6 932 | 117 137 | 94 046 |
| 2020 | 23 034 | 41 404 | 18 524 | 10 196 | 125 937 | 128 927 |
| 2021 | 25 669 | 49 229 | 19 846 | 16 118 | 136 302 | 166 775 |

资料来源：中国地方政府债券信息公开平台。

## 三、我国地方债管理改革

### （一）债务限额管理

我国对地方政府债务一直采用限额管理制度。在地方债“代发代还”改革探索时期，财政部《2009 年地方政府债券预算管理办法》指出：“地方政府债券

① 《预算法》第 35 条规定：“经国务院批准的省、自治区、直辖市的预算中必需的建设投资的部分资金，可以在国务院确定的限额内，通过发行地方政府债券举借债务的方式筹措。……除前款规定外，地方政府及其所属部门不得以任何方式举借债务。”

收入根据省级政府报请国务院批准同意的额度编制。”地方政府债券的发行额度都须经过国务院批准。在“自发代还”阶段，财政部《2011 年地方政府自行发债试点办法》明确规定了限额管理的办法，“试点省（市）在国务院批准的发债规模限额内，自行组织发行本省（市）政府债券的发债机制”。此后，2014 年《国务院关于加强地方政府性债务管理的意见》规定，“地方政府一般债务和专项债务规模纳入限额管理”，地方债发行额度“由国务院确定并报全国人大或其常委会批准”。

2015 年，财政部印发《关于对地方政府债务实行限额管理的实施意见》，明确提出“年度地方政府债务限额等于上年地方政府债务限额加上当年新增债务限额……地方政府债务总限额由国务院根据国家宏观经济形势等因素确定，并报全国人民代表大会批准”。① 各省、自治区、直辖市政府债务限额，由财政部在全国人大或其常委会批准的总限额内，根据债务风险、财力状况等因素并统筹考虑国家宏观调控政策、各地区建设投资需求等提出方案，报国务院批准后下达各省级财政部门。省级财政部门严格按照限额举借地方政府债务，依照财政部下达的限额，提出本地区政府债务安排建议，编制预算调整方案，经省级政府报本级人大常委会批准；根据债务风险、财力状况等因素并统筹本地区建设投资需求提出省本级及所属各市县当年政府债务限额，报省级政府批准后下达各市县级政府。市县级政府确需举借债务的，依照经批准的限额提出本地区当年政府债务举借和使用计划，列入预算调整方案，报本级人大常委会批准，报省级政府备案并由省级政府代为举借。

（二）分类预算管理

地方政府要将其所有政府债务纳入限额，并分类纳入预算管理。其中，一般债务纳入一般公共预算管理，主要以一般公共预算收入偿还，当赤字不能减少时可采取借新还旧的办法。专项债务纳入政府性基金预算管理，通过对应的政府性基金或专项收入偿还；政府性基金或专项收入暂时难以实现，如收储土地未能按计划出让的，可先通过借新还旧周转，收入实现后即予归还。

根据《地方政府一般债务预算管理办法》和《地方政府专项债务预算管理办法》，一般债务收入、安排的支出、还本付息、发行费用纳入一般公共预算管理。除外债转贷外，一般债务收入通过发行一般债券方式筹措。一般债务利息通过一般公共预算收入（包含调入预算稳定调节基金和其他预算资金）等偿还，

---

① 年度预算执行中，如出现下列特殊情况需要调整地方政府债务新增限额，由国务院提请全国人大常委会审批：当经济下行压力大、需要实施积极财政政策时，适当扩大当年新增债务限额；当经济形势好转、需要实施稳健财政政策或适度从紧财政政策时，适当削减当年新增债务限额或在上年债务限额基础上合理调减限额。

一般债务本金的偿还除上述资金来源外，还可以通过发行一般债券筹集资金。专项债务收入、安排的支出、还本付息、发行费用纳入政府性基金预算管理。专项债务收入通过发行专项债券方式筹措，专项债务利息通过对应的政府性基金收入、专项收入偿还，专项债务本金的偿还除上述资金来源外，还可以通过发行专项债券筹集资金。

（三）风险防范管理

为加强地方债的风险防范管理，《预算法》明确规定，国务院建立地方政府债务风险评估和预警机制、应急处置机制以及责任追究制度。

一是建立地方政府性债务风险预警机制。财政部根据各地区一般债务、专项债务、或有债务等情况，测算债务率、新增债务率、偿债率、逾期债务率等指标，评估各地区债务风险状况，对债务高风险地区进行风险预警。列入风险预警范围的债务高风险地区，要积极采取措施，逐步降低风险。债务风险相对较低的地区，要合理控制债务余额的规模和增长速度。

二是建立债务风险应急处置机制。要硬化预算约束，防范道德风险，地方政府对其举借的债务负有偿还责任，中央政府实行不救助原则。各级政府要制定应急处置预案，建立责任追究机制。地方政府出现偿债困难时，要通过控制项目规模、压缩公用经费、处置存量资产等方式，多渠道筹集资金偿还债务。地方政府难以自行偿还债务时，要及时上报，本级和上级政府要启动债务风险应急处置预案和责任追究机制，切实化解债务风险，并追究相关人员责任。

三是严肃财经纪律。建立对违法违规融资和违规使用政府性债务资金的惩罚机制，加大对地方政府性债务管理的监督检查力度。地方政府及其所属部门不得在预算之外违法违规举借债务，不得以支持公益性事业发展名义举借债务用于经常性支出或楼堂馆所建设，不得挪用债务资金或改变既定资金用途；对企业的注资、财政补贴等行为必须依法合规，不得违法为任何单位和个人的债务以任何方式提供担保；不得违规干预金融机构等正常经营活动，不得强制金融机构等提供政府性融资。

## 思考题

1. 公债大规模出现的背景是什么？
2. 试结合有关衡量指标，分析当前中国的国债规模。
3. 谁实际上负担了公债？
4. 如果公债是政府的一种收入，那么这是不是意味着政府永远不会出现收不抵支这一问题？

5. 试分析中国市场化改革和公债市场发展的关系。
6. 改革开放以来，我国地方债的发展演变经历了哪几个阶段？

▶ 即测即评

# 第十一章　政府预算

政府预算是经法定程序审核批准的政府年度收支计划，具有完整性、统一性、可靠性、年度性、法治性和公开性的原则要求。21 世纪以来，我国政府预算管理经历了部门预算、国库集中收付制度、政府采购制度、政府收支分类体系、全口径预算管理、预算支出标准体系、预算公开制度、中期财政规划管理、政府会计制度和政府综合财务报告制度以及预算监督体系方面的改革，取得了积极的成效，但仍需深化改革、不断完善。

本章共分三节。第一节是政府预算概述，说明政府预算的概念、原则、分类和我国政府预算的组成体系。第二节是政府预算过程，包括预算编制、预算审查和批准、预算执行与调整、政府决算。第三节是中国政府预算管理制度改革，介绍我国政府预算管理制度改革的方向和要求、内容及成效。

## 第一节　政府预算概述

### 一、政府预算的概念及产生

（一）政府预算的界定

“预算”一词原意指英国财政大臣在议会做财政收支报告时随身携带的装有财政收支计划的皮包，后则演变成该皮包所装之文件，即政府提交立法机构审批的财政收支计划。

政府预算，亦称国家预算，是各级政府依据法律和制度规定编制，并经法定程序审核批准的政府年度收支计划，是政府组织和规范财政分配活动的重要工具，在现代社会，它还是政府保障和调节经济社会等活动的重要手段。“国家的预算是一个重大的问题，里面反映着整个国家的政策，因为它规定政府活动的范围和方向。”①

首先，政府预算是以年度财政收支的形式存在的。它是对年度财政收支规模和结构的预计与测算，具体形式是按一定标准，将预算年度的财政收支分门别类地列入各种计划表格，通过这些表格可以反映一定时期政府财政的收支情况。

其次，政府预算是政府组织和规范财政分配活动的重要工具。法治财政要求财政运行必须有法可依，政府预算本身是一个经过立法机关审批的法律文件，预

① 《毛泽东文集》第六卷，人民出版社 1999 年版，第 24 页。

算中各种有关财政收支总额、结构以及财政赤字、政府债务的规定，是财政运行的重要依据。除法律另有规定外，预算就是规范政府财政运行的标尺，不得随意突破，也不得任意减少。

最后，政府预算还是保障和调节经济社会等活动的重要手段。政府预算的调节作用主要表现为财政收支的规模及其差额。本书第二章已经分析过，财政在发挥经济稳定与发展职能时，可以采取相机抉择的政策，逆经济风向调节。就政府预算来说，当社会有效需求不足时，政府可以扩大支出规模、保持一定赤字以扩大社会总需求；当社会需求过旺时，政府可以缩小支出规模、保持预算盈余以抑制社会总需求。此外，在市场经济条件下，经济运行客观上存在周期性波动，因此，政府可以考虑制定中长期的政府预算进行反经济周期调节，从而在更长的时间范围内调节经济，实现长期的经济稳定增长。不仅如此，政府预算对一国科学、教育、文化、卫生、体育等社会事业发展，社会治理、环境保护、国家安全、国际关系等国家治理诸多方面的运行发挥着财力保障和调节发展作用。正是在这个意义上，政府预算体现着国家的方针政策，也规定着政府活动的范围和方向。

政府预算是公共财政体系的重要组成部分。从财政收支的内容上看，政府预算是财政的核心，政府预算规定了财政的收支总额及结构状况。但从起源看，两者不具有一致性。财政随国家的产生而产生，而现代政府预算是社会发展到一定阶段的产物。

（二）现代政府预算的形成

现代意义上的第一个政府预算产生于封建社会向资本主义社会过渡、自然经济向市场经济过渡的英国。在 13 世纪至 19 世纪之间，英国社会与封建君主进行了无数次的斗争，其中包括 1215 年的《大宪章》事件、17 世纪 40 年代的资产阶级革命、1688 年的“光荣革命”以及 19 世纪上半叶的宪章运动等，英国政府收支的全部决定权逐步转到了英国议会手中。议会为了确保有效控制和决定政府收支，要求政府在财政年度开始之前预先编制年度收支计划，报送议会审议批准，然后才能执行。这一预先提交并经议会审批的政府年度收支计划就是政府预算。

政府预算的产生，是新兴资产阶级追求政治权力和地位的必然要求。资本主义生产方式出现、资产阶级掌握经济权力后，必然要求相应的政治权力和地位，通过预算来控制全部政府收支就是一种必然结果。此外，加强财政管理和监督是政府预算发展的决定性因素。随着社会生产力的迅速发展，财政分配规模日益扩大，财政收支项目增加，收支关系日益复杂，财政收支的发展变化客观上要求加强财政监督与管理，编制统一的财政收支计划。因此，政府预算是适应财政管理的需要而发展的。

（三）我国政府预算的产生和发展

我国作为世界文明古国，早在公元前 2 000~3 000 年就形成了国家，产生了财政，但直到清光绪末年一直没有现代意义上的政府预算。在漫长的封建社会中，虽出现过关于国家财政收支事先要有计划的设想，如公元 780 年唐德宗时宰相杨炎提出“量出制入”的财政原则，要求国家先计划支出数额，以支定收，但因缺乏形成政府预算制度的经济和政治基础，只有预算思想而没有形成真正的政府预算。鸦片战争以后，随着帝国主义的入侵，我国沦为半殖民地半封建社会，这时西方的财政思想开始逐步输入我国并产生重要影响。清光绪皇帝 1898 年实行变法，推行新政，提出“改革财政，编制政府预算”，实际上就是按照西方模式改革清王朝的财政，但最终变法夭折，未能实施。

清末，由于政府腐败和挥霍无度，财政收不抵支，清政府只得向国外大量举债。外国政府要求清王朝公开财政，编制财政收支计划，迫使清政府不得不编制预算。1908 年，清政府颁布《清理财政章程》，于 1910 年起试编政府预算，由度支部（1906 年由户部改名而来）下设的清理财政处主持编制预算工作。由于清政府统治已摇摇欲坠，各省形成割据状态，财政并未统一，仅仅是各省收支数字拼凑而成的账面统一。1911 年辛亥革命爆发，推翻了清政府，结果是该年度仅有预算而无决算。

国民政府 1928 年成立预算委员会，主要负责编制年度预算。因内战长年不息，一切财政收支难以按计划进行，无法完成综合的政府预算。1931 年，国民政府主计处成立，公布了《预算章程》及《办理预算收支分类标准》，为政府预算提供了基础性规则，当年国民政府第一次正式编制了总预算。

中华人民共和国成立前，各革命根据地曾编制地方预算，由于战时客观条件的限制，不可能建立统一的政府预算。新中国成立后，中央人民政府根据《中国人民政治协商会议共同纲领》关于“建立政府预算决算制度”的规定，着手编制 1950 年财政收支概算草案，即新中国第一个预算。1951 年 8 月，政务院发布了《预算决算暂行条例》，规定了政府预算的组织体系，各级政府的预算权，各级预算的编制、审查、核定与执行的程序，决算的报批与审定程序，建立了政府预算制度。为配合社会主义市场经济改革，1994 年 3 月，《预算法》经第八届全国人民代表大会第二次会议审议通过，并于 1995 年 1 月 1 日起施行。此后，历经四次审议，第十二届全国人民代表大会常务委员会第十次会议在 2014 年 8 月 31 日表决通过了《全国人民代表大会常务委员会关于修改〈中华人民共和国预算法〉的决定》，并决议于 2015 年 1 月 1 日起施行。《预算法》修订的重大突破，参见专栏11-1。①

**专栏11-1　《预算法》修订的重大突破**

（一）完善政府预算体系，健全透明预算制度

《预算法》删除了有关预算外资金的内容，并明确规定：政府的全部收入和支出都应当纳入预算。预算包括一般公共预算、政府性基金预算、国有资本经营预算、社会保险基金预算。同时对四本预算的功能定位、编制原则及相互关系做出规范。

为推进预算公开透明，《预算法》增加规定，除涉及国家秘密的事项外，预算、预算调整、决算、预算执行情况的报告及报表，应当在批准后20日内由政府财政部门向社会公开。

（二）改进预算控制方式，建立跨年度预算平衡机制

根据十八届三中全会的要求，《预算法》增加规定，各级人大预算审查的重点是：预算安排是否符合国民经济和社会发展的方针政策，收支政策是否可行；重点支出和重大投资项目的预算安排是否适当；对下级政府的转移性支出预算是否规范、适当等内容。

同时，为适应经济形势发展变化和财政宏观调控的需要，《预算法》强调，各级政府应当建立跨年度预算平衡机制。

（三）规范地方政府债务管理，严控债务风险

为规范地方政府债务管理，按照疏堵结合、"开前门、堵后门、筑围墙"的改革思路，《预算法》增加了允许地方政府举借债务的规定，同时从主体、用途、规模、方式、风险五个方面做出限制性规定。

（四）完善转移支付制度，推进基本公共服务均等化

为进一步规范和完善转移支付制度，《预算法》增加规定：财政转移支付应当规范、公平、公开，以均衡地区间基本财力、由下级政府统筹安排使用的一般性转移支付为主体。建立健全专项转移支付定期评估和退出机制。

（五）坚持厉行节约，硬化预算支出约束

《预算法》确定了统筹兼顾、勤俭节约、量力而行、讲求绩效和收支平衡的原则。在预算执行中，各级政府一般不制定新的增加财政收入或者支出的

① 2018年12月29日，第十三届全国人民代表大会常务委员会第七次会议通过对《预算法》的第二次修正，将第八十八条中的"各级政府财政部门负责监督检查本级各部门及其所属各单位预算的编制、执行"修改为"各级政府财政部门负责监督本级各部门及其所属各单位预算管理有关工作"。

政策和措施，也不制定减少财政收入的政策和措施；必须做出并需要进行预算调整的，应当在预算调整方案中做出安排。同时，《预算法》增加规定，国家实行国库集中收缴和集中支付制度，对政府全部收入和支出实行国库集中收付管理。

资料来源：财政部网站。

## 二、政府预算的原则

政府预算的原则是指政府进行预算管理应遵循的指导思想，是组织政府预算编制、审批、执行、决算等全过程活动的基本方针。自政府预算产生以来，学者们关于预算原则的主张主要包括如下内容。

### （一）完整性

完整性原则要求政府所有预算项目的全部收支都必须纳入预算，受预算机制约束，不允许存在预算外的其他财政收支和财政活动。完整性原则包括两方面含义：一是政府预算应当涵盖所有政府收支项目及其全部收入数额，完整反映政府全部财政分配活动，而不仅是列入收支总额或差额；二是政府预算内容要完整，所有政府收支信息、全部资产负债信息、绩效信息、风险信息等都必须纳入预算文件。只有确保政府预算的完整性，才能做到预算的信息充分，切实利于立法机关和社会公众实施预算监督。

### （二）统一性

统一性原则要求设立全国统一的预算科目，各级财政部门对每个科目都应按照统一的口径、标准、程序计算和填列，确保上下一致，数据准确。这是因为在多级政府的国家中，虽然一级政府设立一级预算，但各级地方预算与中央预算共同组成统一的国家预算。为准确反映各级政府财政收支状况，以利政府宏观经济分析与管理，便于立法机关和社会公众了解确凿信息进行监督，政府预算遵循统一性原则是十分必要的。

### （三）可靠性

可靠性原则要求政府预算必须依据可靠的资料、信息进行预测和编制，运用科学的方法正确地估计各项预算收支数字，不得假定或编造。预算信息的真实可靠，是实施预算科学管理和有效监督的前提要件。为保证数据的真实可靠，政府部门应按统一公开的标准和方法预测、记录和公布所产生的财政信息，使预算数据能够真实反映最近的收入和支出趋势、潜在的宏观经济发展情况；同时，还要有公开独立的审计机构对政府提供的财政信息按照统一公开的标准进行审核，使预算数据更加清晰、可比。

（四）年度性

年度性原则是指政府必须按照法定的预算年度编制预算，反映全年财政收支活动，不允许将不属于本年度财政收支的内容列入其中。预算年度是预算收支起讫的有效期限，通常为一年。目前世界各国普遍采用的预算年度有两种：一是历年制预算年度，即从每年1月1日起至同年12月31日止，我国即实行历年制预算年度；二是跨年制预算年度，即从每年某月某日开始至次年某月某日止，中间历经12个月，但却跨越了两个年度，如美国联邦政府预算年度是从每年的10月1日开始，到次年的9月30日止。各国选定预算年度主要考虑与社会经济统计期限相一致、开年即税收的旺季以及审议预算的时间等因素。为了发挥财政的宏观调控作用，有的国家编制中长期政府预算。它与年度预算性质不同，一般是指导性、非强制的，但又与年度预算有着密切联系，中长期预算目标任务需要通过年度预算予以落实。

（五）法治性

法治性原则要求政府预算的成立、调整和执行结果都要经过立法机关审查批准。政府预算与一般财政经济计划不同，它必须经过规定的合法程序，预算一经立法机关审批通过，就是法律文件，政府部门必须严格执行。预算执行过程中因情况变化而导致的预算变动，需要调整、修正或补充预算，政府部门都必须提请立法机关审批。未经立法机关批准，政府不能擅自改变资金的用途和使用方式，不能将资金在不同的部门、不同的用途、不同的项目、不同的预算科目之间调进、调出，任何政府支出都应在政府预算中事先决定。法治性原则体现了立法机关代表社会公众对行政机关财政权力的监督和制约，旨在维护政府分配的合理性、规范性和严肃性。

（六）公开性

公开性原则要求政府预算及其执行情况必须以一定的形式公之于众，以便公众了解财政收支状况，财政分配接受公众监督。财政信息公开程度被称作财政透明度，包括制度透明度、会计透明度、指标与预测透明度等。国际货币基金组织的《财政透明度手册》（2007年）要求，“应就过去、现在和未来的财政活动以及主要的财政风险，向公众提供全面的信息”，“应将及时公布财政信息作为政府的法定义务”，“应宣布并遵守事先公布的财政信息日程”。政府预算分配的是公共资金，目的是满足社会公共需求，因此，政府有义务向社会公众公开有关公共资金筹集和使用的所有信息（涉密信息除外）。政府预算公开透明是保证政府资金安全、有效使用的重要前提。

## 三、政府预算的分类

### （一）单式预算和复式预算

按政府预算形式划分，政府预算可分为单式预算和复式预算。

单式预算是传统的预算形式，其做法是将预算年度的全部财政收入与支出汇集编入单一的预算表格内，而不区分各项财政收支的经济性质。其优点是把全部的财政收入与支出分列于一个统一的预算表上，综合反映年度内政府财政收支总体情况，简洁明了，整体性强，便于立法机关审议批准和社会公众了解。其主要缺点是没有把全部财政收入按经济性质分列和汇集平衡，不便于经济分析和有选择地进行宏观经济调控。

复式预算是将预算年度内全部财政收支按经济性质汇集编入两个或两个以上的预算表格，从而形成两个或两个以上的预算。复式预算下的各个预算以特定收入来源对应特定支出，收支之间具有相对稳定的对应关系，分别平衡，但各预算之间也存在着一定的关联关系。复式预算的优点是利于经济分析和宏观调控，利于政府根据不同类别收入性质，权衡不同类别支出，区分轻重缓急，根据经济调控需要，合理有序安排资金使用；缺点在于其打破了传统的收支平衡观念，对预算管理和审查监督提出了更高要求。

复式预算的典型做法是把政府预算分成经常预算和资本预算两个部分。其中经常预算是针对政府经常性收支而编制的预算，以税收等经常性收入为来源，以行政事业支出等经常性支出为对象；资本预算也称投资预算、建设预算，主要针对政府资本性收支而编制的预算，以公债为主要收入来源，以经济建设支出及宏观调控等资本性支出为支出对象。

### （二）增量预算和零基预算

按预算编制方法划分，政府预算可分为增量预算和零基预算。

增量预算是以以前财政年度的财政收支为基数，依据新的财政年度经济发展情况、公共需求变化状况、国家重大方针政策调整等因素加以调整之后确定的预算。零基预算不考虑以前年度的财政收支状况，所有财政收支计划必须从零开始，重新审核，以提高资金使用效率。

增量预算以过去的历史数据为基础进行编制，注重预算的历史延续，简单易行，但这种方法对财政收支基数的依赖性大，因而要求基数的合理程度较高，如果以往财政收支基数不合理，增量预算会通过累积效应进一步放大这种不合理。此外，长期实行增量预算，易产生基数固化，造成政府调整预算力度减弱、保障落实政府新的重大政策力度不足问题。零基预算强调一切从零开始，不受此前收支基数的影响，根据预算年度影响收入支出因素的变化，尽可能采用更好的方法，使未来年度的预算建立在科学合理的基础上，避免不必要的浪费，但零基预算要求的技术水平较高，编制时间较长，且容易受到既得利益集团的反对，实施难度较大。

（三）年度预算和中长期预算

按预算时间长短划分，政府预算可分为年度预算和中长期预算。

年度预算是指起讫时间为一年的政府收支预算。中长期预算是指预算时间一年以上的财政收支计划，一般把一年以上 10 年以下的财政收支计划称中期预算，10 年以上的财政收支计划称长期预算。中长期预算编制形式不同，有的国家采用中期财政规划或远景概算的形式，有的采用多年滚动预算的形式。

由于年度预算比较符合实际条件，准确度高，一般各国实际编制且具有法律约束力的都是年度预算。中长期预算主要是中期预算，是现代政府运用国家预算调控经济社会活动的产物，旨在提高财政的前瞻性和全局性，体现经济社会中长期规划目标和国家重大政策，增强对年度预算的约束力，促进经济社会稳定发展和财政可持续发展。据世界银行发布的报告，已有占成员国 73%的 132 个国家实行了中期预算性质的“中期支出框架”。①

（四）总预算、部门预算和单位预算

按预算收支管理范围划分，政府预算可分为总预算、部门预算和单位预算。

总预算是各级政府的财政收支计划，由各级政府的本级预算和下级政府总预算组成。部门预算是由政府各个部门编制、反映政府各部门所有收入和支出情况的预算，部门预算的总和构成政府本级预算。单位预算是部门预算的基本组成部分，是各政府部门直属机关及其所属行政事业单位的年度收支预算。

（五）中央政府预算与地方政府预算

按政府预算的级次划分，政府预算可分为中央政府预算（中央预算或联邦预算）和地方政府预算（地方预算）。

目前，世界上多数国家都采用多级政府架构，中央预算是指经法定程序审查批准的、反映中央政府活动的财政收支计划。除中央政府外，其他级次政府均可称为地方政府，其相应的预算就是地方预算。

## 四、我国政府预算的组成体系

《预算法》第三条规定，“国家实行一级政府一级预算”。我国政府预算体系即按照这一原则建立。与政权结构相适应，结合行政区域划分，我国设立中央，省、自治区、直辖市，设区的市、自治州，县、自治县、不设区的市、市辖区，

---

① 世界银行：《超越年度预算：中期支出框架的全球经验》，财政部综合司译，中国财政经济出版社 2014 年版。

乡、民族乡、镇五级政府预算。除中央预算外，其余四级预算均可称为地方预算。因此，从政府纵向体系看，我国政府预算系统由中央预算和地方预算组成。地方各级总预算由本级预算和汇总的下一级总预算组成。

从预算所涵盖的内容看，根据《预算法》，我国的预算包括一般公共预算、政府性基金预算、国有资本经营预算、社会保险基金预算。

（一）一般公共预算

一般公共预算是对以税收为主体的财政收入，安排用于保障和改善民生、推动经济社会发展、维护国家安全、维持国家机构正常运转等方面的收支预算。

一般公共预算收入包括各项税收收入、行政事业性收费收入、国有资源（资产）有偿使用收入、转移性收入和其他收入。一般公共预算支出按照其功能分类，包括一般公共服务支出，外交、公共安全、国防支出，农业、环境保护支出，教育、科技、文化、卫生、体育支出，社会保障及就业支出和其他支出；一般公共预算支出按照其经济性质分类，包括工资福利支出、商品和服务支出、资本性支出和其他支出。

（二）政府性基金预算

政府性基金预算是对依照法律、行政法规的规定在一定期限内向特定对象征收、收取或者以其他方式筹集的资金，专项用于特定公共事业发展的收支预算。政府性基金预算的收入来源主要包括向特定对象征收的基金、收费，出让土地以及发行彩票等，其支出主要用于特定的公共事业，具体支出科目与一般公共预算相同。

政府性基金预算的管理原则是：基金全额纳入预算管理，实行收支两条线，收入全额上缴国库，先收后支，专款专用；在预算上单独编列，自求平衡，结余结转下年继续使用。

（三）国有资本经营预算

国有资本经营预算是指国家以所有者身份依法取得的国有资本收益，并对所得收益进行分配而产生的各项收支预算。

国有资本经营预算的收入主要包括从国家出资企业取得的利润、国有产权（股权）转让收入、清算收入以及其他收入等。国有资本经营预算的支出按照当年的预算收入规模安排，不列赤字，主要包括国有经济和产业结构调整、企业灾后恢复生产重建、企业重大技术创新、节能减排、境外矿产资源权益投资以及改革重组补助支出等。

（四）社会保险基金预算

社会保险基金预算是对社会保险缴款、一般公共预算安排和其他方式筹集的资金，专项用于社会保险的收支预算。社会保险基金预算按照统筹层次和社会保险项目分别编制，包括基本养老保险基金、失业保险基金、基本医疗保险基金、工伤保险基金、生育保险基金等内容。

社会保险基金预算的收入主要包括社会保险费收入、利息收入、财政补贴、其他收入等，社会保险基金预算的支出主要包括社会保险待遇支出、转移支出、补助下级支出等。

## 第二节 政府预算过程

一个完整的政府预算过程包括预算编制、预算审批和批准、预算执行与调整、政府决算四个阶段。各国预算过程具有共性，但也各具特点。在此主要介绍我国政府预算过程。

### 一、预算编制

（一）预算编制要求

政府预算在未经立法机构审批之前称为预算草案。预算草案的编制，简称预算编制，是整个预算周期的开端，也是整个预算过程的基础，在预算活动中居于十分重要的地位。预算编制质量直接影响预算过程后续环节的顺利与否，而编制完整统一、基础可靠、科学可行的预算，是预算编制的目标任务。

1. 明确编制依据

编制政府预算应严格遵循前述六项预算原则，此外，各级预算应当根据年度经济社会发展目标、国家宏观调控总体要求和跨年度预算平衡的需要，参考上一年预算执行情况、有关支出绩效评价结果和本年度收支预测，按照规定程序征求各方面意见后，进行编制。各级预算收入的编制，应当与经济社会发展水平相适应，与财政政策相衔接。各级预算支出的编制，应当贯彻勤俭节约的原则。各级一般公共预算支出的编制，应当统筹兼顾，在保证基本公共服务合理需要的前提下，优先安排国家确定的重点支出。各部门、各单位应当按照国务院财政部门制定的政府收支分类科目、预算支出标准和要求，以及绩效目标管理等预算编制规定，根据其依法履行职能和事业发展的需要以及存量资产情况，编制本部门、本单位预算草案。

2. 严格债务管理

中央一般公共预算中必需的部分资金，可以通过举借国内和国外债务等方式筹措，但应控制适当规模，保持合理结构，实行全国人民代表大会批准的限额管理。地方各级预算按照量入为出、收支平衡的原则编制，一般不列赤字。

经国务院批准的省、自治区、直辖市的预算中必需的建设投资的部分资金，可以在国务院确定、全国人大常委会批准的限额内，通过发行地方政府债券举借债务的方式筹措。地方政府及其所属部门不得为任何单位和个人的债务以任何方式提供担保。建立地方政府债务风险评估和预警机制、应急处置机制以及责任追究制度。

3. 落实特别帮扶

我国是一个地域辽阔、民族众多、地区差异较大的多民族统一的国家，实现人口规模巨大的现代化和全体人民共同富裕的现代化，是中国式现代化的两大特征。为了实现区域均衡发展目标，我国《预算法》规定，中央预算和有关地方预算中应当安排必要的资金，用于扶助革命老区、民族地区、边疆地区、贫困地区发展经济社会建设事业。

4. 预算留有余地

为增强政府预算应对各种不确定性的能力，充分发挥政府预算的保障作用，编制预算留有余地十分必要。目前我国该项制度包括预备费、周转金和预算稳定调节基金等内容：各级一般公共预算应按照本级一般公共预算支出额的1%～3%设置预备费，用于当年预算执行中的自然灾害等突发事件处理增加的支出及其他难以预见的开支；可以按照规定设置预算周转金，用于本级政府调剂预算年度内季节性收支差额；可以按照规定设置预算稳定调节基金，用于弥补以后年度预算资金的不足。

（二）预算编制程序

预算编制程序是预算草案形成的基本顺序。规范的编制程序是落实预算原则要求、保证预算内在质量的必要前提。我国预算编制采用“两上两下”即“二上二下”的程序。通过“二上二下”的过程，财政部门与各收入支出部门正式沟通信息，形成预算草案，经立法机关审查批准成为正式预算后批复下达，参见专栏11-2。

**专栏11-2 我国政府预算编审的“二上二下”模式**

我国政府预算草案在当年人民代表大会召开之前确定。预算编制与审批的组织程序按“自下而上、自上而下、二上二下、上下结合”的方式进行。

一上：单位、部门提出预算建议数

由单位、部门自下而上向财政部门上报预算建议数。单位根据预算年度工作计划、任务和收支增减因素，按财政部门规定的预算报表格式，提出由各项收支组成的概算，逐级汇总后，按规定的时间由主管部门报送同级财政部门。

> 一下：财政部门下达预算控制数
>
> 财政部门根据政策法规、经济社会发展规划和各项收支测算所确定的预算数额，自上而下按预算级次下达预算控制数或预算指标。
>
> 二上：汇编预算草案
>
> 单位根据所下达的预算控制数，调整本单位各项收支，按照预算编报的要求，正式编制本单位年度预算草案。预算草案编制完成后，按照规定程序逐级报送主管部门，主管部门审核汇总形成部门预算草案，报送财政部门。财政部门审核汇总后形成本级预算草案。
>
> 二下：审批预算
>
> 各级政府提交的预算草案要经同级人民代表大会按规定的立法程序审核批准，经人民代表大会审批后的预算成为当年的正式预算。财政部门将经批准的本级预算在规定期限内向各部门批复下达，各主管部门再在部门预算的范围内批复所属各单位预算。批复下达的预算成为预算执行的依据。

## 二、预算审查和批准

### （一）预算审批

预算草案编制完成之后必须提交立法机关审议，经过立法机关审查批准的预算才是正式的具有法律效力的文件。可以说，立法机关审批预算是现代预算的本质特征。立法机关审批政府预算必须具备以下条件：（1）立法机关的代表性。立法机关必须经由民众选举产生，能够表达选民意愿，代表选民行使对财政资金的决策和监督职能。（2）立法机关审批预算的权力必须通过法律予以明确规定。（3）立法机关审批预算要有充足的时间保障。（4）立法机关审批预算要有相应的专业知识基础和能力保障。

在我国，中央政府预算由全国人民代表大会审查和批准，地方各级政府预算由本级人民代表大会审查和批准。预算审批程序主要有：（1）初步审查。各级政府财政部门须在规定时间之前将预算草案的初步方案提交各级人民代表大会财政经济委员会或其他专门委员会或常委会进行初步审查。（2）听取意见。全国和地方各级人民代表大会举行会议审查预算草案前，采用多种形式，听取本级人民代表大会代表、社会各界专家以及选民的意见。（3）大会审查。全国和地方各级人民代表大会举行会议时，听取政府关于本年度预算草案以及上年预算执行情况的报告，审查预算草案。预算草案审查重点包括：上年预算执行情况是否符合本级人民代表大会预算决议的要求；预算安排是否符合预算法的规定；预算安排是否贯彻国民经济和社会发展的方针政策，收支政策是否切实可行；重点支出和重大投资项目的预算安排是否适当；预算的编制是否完整、细化；对下级政府的转移性支出预算是否规范、适当；预算安排举借的债务是否合法、合理，是否有偿还计划和稳定的偿还资金来源；与预算有关重要事项的说明是否清晰，等等。人民代表大会财政经济委员会或其他专门委员会向大会主席团提出审查结果报告，并经大会予以通过。

（二）预算下达

各级预算经本级人民代表大会批准后，本级政府财政部门应在20日内向本级各部门批复预算。各部门应当在接到本级政府财政部门批复的本部门预算后15日内向所属各单位批复预算。中央对地方的一般性转移支付和专项转移支付应当分别在全国人民代表大会批准预算后一定时间内正式下达。省、自治区、直辖市政府接到中央一般性转移支付和专项转移支付后，也应当在规定时间内正式下达到本行政区域县级以上各级政府。对自然灾害等突发事件处理的转移支付，应当及时下达预算；对据实结算等特殊项目的转移支付，可以分期下达预算，或者先预付后结算。县级以上各级政府财政部门应当将批复本级各部门的预算和批复下级政府的转移支付预算，抄送本级人民代表大会财政经济委员会、有关专门委员会和常务委员会有关工作机构。

## 三、预算执行与调整

（一）预算执行

政府预算执行是整个预算工作程序的重要环节。政府预算草案在立法机关审批后即成为正式法案，进入执行阶段，由政府组织实施。

预算执行的基本要求有两个。一是严格按立法审批的预算执行。要求先有预算、后有收支，严格执行预算，严禁超预算或者无预算安排收支。收入部门组织收入必须依法进行，及时足额上缴国库；支出部门在具体支出时间、支出内容和支出金额上应该按照经过审查和批准的预算来实施，不随意超前或滞后支出，不挤占挪用资金，不出现大额超支或者结余等情况，也不能存在项目无预算而支出。二是根据立法意图及时调整预算。在预算执行过程中，由于经济、社会环境的变化，预算需要进行相应调整，包括预算支出总额的变化，项目的改变，经费在不同部门、不同项目、不同科目之间的调入调出等。预算执行过程中的上述变化，都必须经立法机关审批后方能进行。

我国的各级预算由本级政府组织执行，具体工作由本级财政部门负责。预算执行包括收入征缴、指标审核、支出资金拨付和预算调整等几个环节。预算收入征收部门，必须依法组织预算收入，按照财政管理体制规定及时将预算收入缴入中央国库和地方国库。有预算收入上缴任务的部门和单位，必须依照法规的规定，将应上缴的预算资金及时、足额地上缴国库。各级政府财政部门必须依照法律和规定及时、足额地拨付预算支出资金，并加强管理和监督。各级政府应当加强对预算执行的领导，支持政府财政、税务、海关等预算收入的征收部门依法组织预算收入，支持政府财政部门严格管理预算支出。财政、税务、海关等部门在预算执行中，应当加强对预算执行的分析，发现问题时应当及时建议本级政府采取措施予以解决。

动用各级预算预备费，应由本级政府财政部门提出方案，报本级政府决定。各级预算周转金由本级政府财政部门管理，不得挪作他用。各级一般公共预算年度执行中有超收收入的，只能用于冲减赤字或者补充预算稳定调节基金。各级一般公共预算的结余资金，应当补充预算稳定调节基金。

（二）预算调整

经各级人民代表大会批准的政府预算，在执行中出现需要增加或者减少预算总支出、需要调入预算稳定调节基金、需要调减预算安排的重点支出数额、需要增加举借债务数额情况的，应当进行预算调整。对于必须进行的预算调整，各级政府应当编制预算调整方案，说明调整原因、项目、数额等，报经人民代表大会常务委员会或代表大会审查批准。

## 四、政府决算

（一）决算编制

政府决算是整个预算工作过程的总结。编制决算有助于评估预算的编制和执行情况，总结预算编制和执行经验，为立法机关和政府部门未来决策提供重要的参考依据。

决算需先编制决算草案。在我国，决算草案由各级政府、各部门、各单位在每一预算年度终了后按规定时间编制。编制决算草案，必须符合法律、行政法规，做到收支真实、数额准确、内容完整、报送及时。决算草案应当与预算相对应，按预算数、调整预算数、决算数分别列出。各部门对所属各单位的决算草案，应当审核并汇总编制本部门的决算草案，在规定的期限内报本级政府财政部门审核。各级政府财政部门对本级各部门决算草案审核。国务院财政部门编制中央决算草案，经国务院审计部门审计后，报国务院审定，由国务院提请全国人民代表大会常务委员会审查和批准。县级以上地方各级政府财政部门编制本级决算草案，经本级政府审计部门审计后，报本级政府审定，由本级政府提请本级人民代表大会常务委员会审查和批准。

（二）决算审批

决算报告需经过法定程序批准。县级以上政府决算草案由各级人民代表大会常务委员会审批。对各级决算草案的重点审查内容包括：预算收入情况；支出政策实施情况和重点支出、重大投资项目资金的使用及绩效情况；结转资金的使用情况；资金结余情况；本级预算调整及执行情况；财政转移支付安排执行情况；经批准举借债务的规模、结构、使用、偿还等情况；本级预算周转金规模和使用情况；本级预备费使用情况；超收收入安排情况；预算稳定调节基金的规模和使用情况；本级人民代表大会批准的预算决议落实情况；其他与决算有关的重要情况。县级以上各级人民代表大会常务委员会应当结合本级政府提出的上一年度预算执行和其他财政收支的审计工作报告，对本级决算草案进行审查。

各级决算经批准后，财政部门应当在规定时间内向本级各部门批复决算。各部门应当在接到财政部门批复的本部门决算后的规定时间内向所属单位批复决算。地方各级政府还应将经批准的决算报上一级政府备案。

## 第三节 中国政府预算管理制度改革

### 一、中国政府预算管理制度改革的方向和要求

编 者 谈

健全现代预算制度的主要任务

中国政府预算管理制度改革的总体方向是：推动预算编制完整科学、预算执行规范有效、预算监督严格有力、管理手段先进完备，建立健全综合统筹、规范透明、约束有力、讲求绩效、持久安全的现代预算制度。具体改革要求如下：

（一）综合统筹

一是强化四本预算统筹。强化政府性基金预算、国有资本经营预算、社会保险基金预算与一般公共预算的统筹衔接，严控政府性基金项目设立，加大国有资本经营预算调入一般公共预算力度，加快推进统一预算分配权。二是强化增量与存量资源统筹。完善结余资金收回使用机制，依托行政权力、国有资源资产获取的收入等全面纳入预算管理，推动抵消、闲置资产调剂使用。三是强化财政拨款收入与非财政拨款收入统筹。

（二）规范透明

一是推进全口径政府预算管理，全面反映政府收支总量、结构和管理活动。二是遵循财政预算编制的基本规律，根据经济社会发展目标、国家宏观调控要求和行业发展需要等因素，明确重点支出预算安排的基本规范。扩大基本支出定员定额管理范围，建立健全定额标准动态调整机制。深入推进项目支出标准体系建设，发挥标准对预算编制的基础性作用。加强预算评审结果运用，及时总结不同

项目的支出规律，探索建立同类项目的标准化管理模式。三是不断拓展预算公开的内容和范围，坚持以公开为常态、不公开为例外，完善预算公开的方式方法，加强预算决算公开情况检查，全面提高预算透明度，强化社会监督。

（三）约束有力

一是严格落实《预算法》，切实硬化预算约束。坚持先预算后支出，年度预算执行中，严格执行人民代表大会批准的预算，严控预算调整和调剂事项，强化预算单位的主体责任。严格依法依规征收财政收入。二是优化预算监督体系，完善财会监督、审计监督、人大监督、党内监督、社会监督横向协同、纵向联动的机制，切实提高监督效能。

（四）讲求绩效

全面实施绩效管理，紧紧围绕提升财政资金使用效益，将绩效理念和方法深度融入预算编制、执行和监督的全过程，注重成本效益分析，关注支出结果和政策目标实现程度。绩效管理覆盖所有财政资金，体现权责对等，放权和问责相结合。强化绩效目标管理，建立预算安排与绩效目标、资金使用效果挂钩的激励约束机制。加强绩效目标执行动态监控。推动绩效评价提质扩围，提升公共服务质量和水平，提高人民满意度。

（五）持久安全

一是构建管理规范、风险可控的政府举债融资机制，明确各级政府对本级债务负责，增强财政可持续性。地方政府一律采取发行政府债券方式规范举债，强化地方政府债务预算管理和限额管理。层层落实各级地方政府主体责任，加大问责追责和查处力度，完善政绩考核体系，做到终身问责，倒查责任。二是强化基层财政运行监测预警，建立健全重大政策和项目决策的财政承受能力评估机制。三是深入实施中期财政规划管理，提高中期财政规划的科学性，增强对年度预算编制的指导作用。进一步健全预算稳定调节基金机制，加强跨年度预算平衡。

## 二、中国政府预算管理制度改革的内容及成效

1999 年我国启动了适应社会主义市场经济体制、构建现代政府预算制度的改革。它标志着我国财政管理制度改革在重视提高财政收入汲取能力、理顺中央与地方财政关系的同时，开始关注财政支出管理和资金使用绩效，推动配套制度改革和法制化建设，逐步健全预算监督体系。建立现代预算制度的主要举措如下（“全面实施财政支出预算绩效管理”参见第三章第四节）。经过 20 余年的改革，我国现代预算制度已基本确立。

（一）部门预算改革

新中国成立以来，我国政府向全国人民代表大会提交的预算是收入按类别、

支出按功能的汇总预算。功能预算不分组织单位和开支对象，按照政府的概括目标或职能对支出加以分类，便于了解政府的职能运作，但也存在不适应社会主义市场经济的缺陷：一是预算资金分配权分散，预算碎片化，预算主体权责不清，预算约束软化，不利于政府统一预算管理，不利于提高资金使用绩效；二是预算管理无法涵盖所有的政府收入和支出，财政监督和问责制度不健全，难以实现政府预算的依法管理、规范管理；三是预算编制沿用“基数加增长”的方法，预算粗糙且支出数额固化，不利于满足政府职能变化和重大方针政策调整的需要。

部门预算是由政府各部门编制，经财政部门审核后报立法机关审议通过，反映部门所有收入和支出的预算。部门预算保证了预算的完整性，预算编制更为细化科学，而且要求预算编制、执行与监督相分离，有助于消除预算分配权分散化、部门收支行为不规范、预算约束软化等种种弊端。

从2000年开始，中央政府的六个直属部委进行部门预算改革试点，此后逐步推广到所有的政府部门。我国部门预算改革的内容主要包括：(1) 编制范围涵盖部门或单位所有的收入和支出，不仅包括财政预算内资金收支，也包括各项预算外资金收支、经营收支以及其他收支；既包括一般预算收支，还包括政府性基金收支。(2) 编制程序由基层单位开始，自下而上逐级审核汇总。(3) 延长编制时间。(4) 编制内容包括部门收入预算和部门支出预算。部门各类收入要按照不同来源分别编制预算，汇总后形成部门收入预算。部门支出预算包括基本支出预算和项目支出预算两部分。

近年来，我国部门预算改革不断深化，报送人大审议的部门预算越来越多，内容不断细化，与现代财政制度相适应的预算编制、管理体系已经初步确立：预算编制工作逐步走向规范化、制度化和科学化，预算编制责任主体更为明确，预算内容完整涵盖所有政府收支活动，初步建立起与国家宏观政策及部门履行职能紧密结合的现代预算分配机制，预算的计划性和严肃性得到增强，预算透明度进一步提高，人大对预算的监督和约束显著增强。

### （二）国库集中收付制度改革

预算执行的规范和有效，需要国库管理制度的密切配合。我国传统的财政性资金缴库和拨付方式，是通过征收机关和预算单位设立多重账户分散进行的，财政资金逐级层层经收、上解和下拨。这种分散的财政资金收付制度，重复和分散设置账户、政府财政资金分散脱离监督、财政收支不规范、预算信息管理落后，越来越不适应社会主义市场经济体制下公共财政的发展要求。

国库集中收付制度是建立、规范国库集中收付活动的各种法令、办法、制度的总称，其运作以国库单一账户体系为基础，所有财政性资金（包括预算内外资金）都纳入国库单一账户体系管理，各级政府预算统一管理，资金缴拨以国库集中收付为主要形式。

自2001年开始我国正式启动中央单位和地方政府财政国库管理制度改革试点。改革主要内容包括：建立国库单一账户体系，所有财政性资金通过国库单一账户体系存储、支付和清算；规范收入收缴程序，适应财政国库管理制度的改革要求，将财政收入的收缴分为直接缴库和集中汇缴；规范支出拨付程序，按照不同的支付主体，对不同类型的支出分别实行财政直接支付和财政授权支付；落实改革相关配套措施，包括推进预算编制改革、建立财政管理信息系统和国库管理操作系统、建立现代银行支付系统、建立财政国库收付执行机构、加强监督制约机制建设等。

近年来，国库集中收付制度改革不断深化，财政资金运行的安全性、规范性、有效性进一步增强。国库集中收付制度规范了预算执行程序，方便了预算单位及时用款；促进了预算编制细化，提高了支出透明度；建立了财政资金支付全过程监督机制，有助于从源头上预防腐败；有利于合理调度资金，增强政府对经济的宏观调控能力。

（三）政府采购改革

政府采购是提高预算资金使用效率的重要方式。传统的预算管理重拨款轻使用，政府购买支出多采用分散方式进行，采购资金由各使用单位自行支配，政府采购缺乏法律、规章制度的规范与监督，容易出现盲目随意采购、重复采购、本地化采购、高价采购、工程和货物验收不严格等现象，缺乏制度约束和有效监督，助长寻租现象，导致政府采购资金浪费、使用效率不高，阻碍预算目标的实现。

政府采购是指各级政府及其所属机构为了开展日常政务活动或为公众提供服务的需要，在财政部门的监督下，以法定的方式、方法、程序，对货物、工程或服务的集中购买行为。政府采购实质上是通过政府支付和使用资金的行为促使政府采购行为规范化，实现政策目标，具有集中性、公开性、计划性和规范性的特点。因此，政府采购有一套规范化、程序化的法律制度和规则。

1999年4月，财政部制定发布了《政府采购管理暂行办法》，这是我国有关政府采购的第一部规章，明确了我国政府采购试点的框架体系。2003年，《中华人民共和国政府采购法》颁布实施，标志着我国政府采购由试点阶段转向全面推行阶段。政府采购制度建立以来，政府采购的法治化和规范化水平显著提升，政府采购规模持续扩大（见图11-1），经济效益显著提高，政府采购政策功能不断拓展，宏观调控能力明显增强。政府采购在发挥财政政策功能、规范财政支出行为、提高财政资金使用效益，以及促进国家经济社会发展目标实现等方面取得了突出成效。

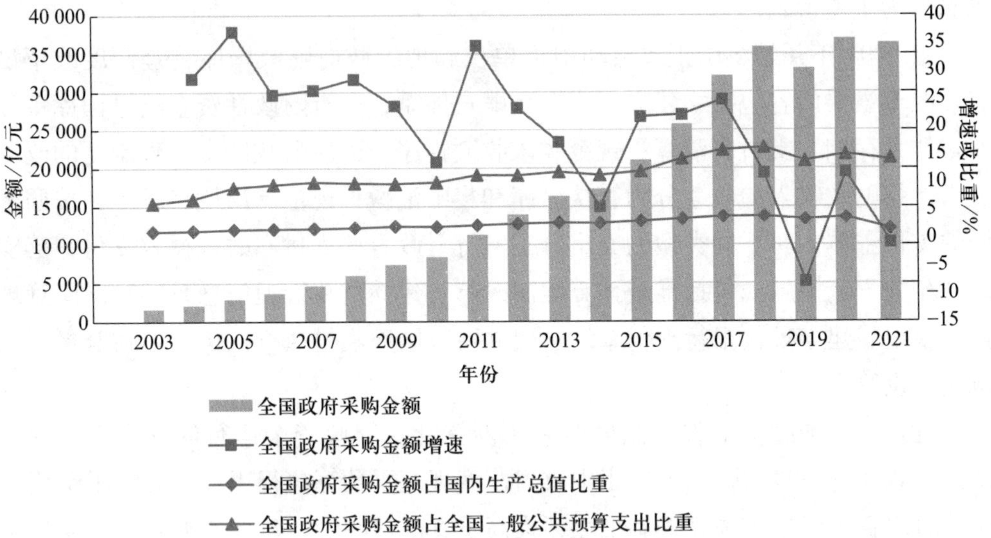


图 11-1 2003—2021 年全国政府采购金额、增速及其占 GDP 和全国一般公共预算支出的比重

资料来源：财政部网站和中国政府采购网。

（四）政府收支分类改革

政府收支分类体系表现为政府的收入和支出项目类别与层次，反映着政府职能及其细化内容，是编制政府预决算、组织预算执行以及预算单位进行会计明细核算的重要依据。建立科学的政府收支分类体系是财政预算管理的一项重要基础性工作，事关政府预算收支信息的完整准确，影响政府预算管理的规范化、科学化和透明度。我国原政府预算收支科目的分类方法是计划经济时期参照苏联财政管理模式确定的，随着社会主义市场经济体制和公共财政管理框架的逐步确立，部门预算、国库集中收付等各项财政改革的逐步深入，以及对外开放和国际交流的不断发展，原收支分类体系越来越不能适应现代财政管理与改革的需要，弱化了政府预算管理基础。这主要表现在：原收支科目沿用计划经济体制要求的基本分类框架，不能反映市场经济体制下的政府职能转变及其特点；涵盖范围偏窄，仅包含预算内收支，不能全面反映政府收支活动全貌；缺乏完整准确的支出分类科目体系，支出科目按照行政费、事业费、基建费等经费划分，难以将支出信息与政府部门履行职能建立联系，不利于监督问责；支出科目设置比较粗放，科目内容交叉重复；不适应国民经济核算体系和国际通行做法，不适应开放环境下的国家治理需要。

为全面、完整、准确地反映政府收支活动，规范预算管理，强化预算监督，并为进一步深化各项财政管理改革、建立健全公共财政体系创造有利条件，在前期广泛试点并征求意见的基础上，自 2007 年起我国开始全面实施政府收支分类改革。此次政府收支分类改革，建立了一套包括收入分类、支出功能分类和支出经济分类在内的完整规范的政府收支分类体系，所有分类设置类、款、项、目四级，奠定了我国政府收支分类体系的基本框架，并保持相对稳定。收入共分六大类 49 款，包括税收收入、社会保险基金收入、非税收入、贷款转贷回收本金收入、债务收入和转移性收入。支出功能分类体系共分为综合反映政府职能的 17 类、反映履行某项政府职能某个方面工作的 172 款。支出经济分类体系根据支出的经济性质和用途具体分为 12 类 98 款，包括工资福利支出、商品和服务支出、对个人和家庭的补助、对企事业单位的补贴、转移性支出、赠与、债务利息支出、债务还本支出、基本建设支出、其他资本性支出、贷款转贷及产权参股、其他支出。

2007 年实施的政府收支分类改革是新中国成立以来财政分类统计体系最大且最为重要的一次调整，对全面、准确、清晰地反映市场经济条件下政府的收支活动，合理把握财政调控力度，继续深化部门预算、国库集中收付、政府采购等各项改革，强化财政监督，建立与国际接轨的、高效实用的财政统计分析体系，不断推进国际合作与交流，都具有重要的意义。

（五）全口径预算改革

如前所述，预算的完整性要求所有政府收支都纳入预算，接受立法机关和社会监督。但实际上，20 世纪 90 年代中期以来，我国财政运行中存在相当规模的预算外资金，甚至还有一些不规范的制度外资金，肢解了预算的完整性，导致预算的碎片化，不仅影响了人大对政府收支的监督，还降低了财政透明度，损害了政府公信力。因此，统一预算管理成为改革的必然。

1998 年，我国提出了构建公共财政体制框架目标，要求规范政府收支，将政府所有收支都纳入预算管理，接受全体社会成员的监督。2003 年 10 月，党的十六届三中全会通过了《中共中央关于完善社会主义市场经济体制若干问题的决定》，首次提出“实行全口径预算管理”，积极构建公共财政框架并致力于将所有政府收支纳入预算管理。《国务院关于 2005 年深化经济体制改革的意见》中指出，改革和完善非税收入收缴管理制度，逐步实行全口径预算管理。2010 年 6 月，《财政部关于将按预算外资金管理的收入纳入预算管理的通知》印发，决定从 2011 年起，全面取消预算外资金，把中央和地方的所有预算外收支纳入预算管理，标志着“预算外资金”概念成为历史，这是我国推进全口径预算改革的一个重大突破。

2014 年修订的《预算法》为我国全口径预算改革提供了法律保障。修订后的《预算法》删除了有关预算外资金的内容，并明确规定政府的全部收入和支出都应当纳入预算。预算包括一般公共预算、政府性基金预算、国有资本经营预算、社会保险基金预算，同时规范了四本预算功能定位、编制原则及相互关系。为加强对地方政府性债务的规范管理，《国务院关于加强地方政府性债务管理的意见》（国发〔2014〕43号）规定要对地方政府债务实行规模控制和预算管理。地方政府债务实行限额管理，地方政府举债不得突破批准的限额。地方政府债务分门别类纳入全口径预算管理。一般债务收支纳入一般公共预算管理，专项债务收支纳入政府性基金预算管理。

（六）预算支出标准体系建设

预算支出标准体系建设是部门预算管理和改革的重要内容，是实施全面规范、公开透明预算制度的重要基础。加快推进预算支出标准体系建设，是规范部门预算管理、提高财政资金配置效率的现实需要，也是深入推进依法行政、依法理财的必然要求。预算支出标准体系包括基本支出标准和项目支出标准两大部分。前者包括人员支出标准和公用支出标准两部分，后者包含基本建设、大型修缮、大型购置、大型会议、专项业务费等项目支出标准，由通用、专用和部门内部标准组成。

我国基本支出标准建设是配合部门预算改革而启动的，目标是建立内容完善、结构优化、定额科学、程序规范、修订及时的基本支出标准体系。2001年，财政部选择原农业部等10个部门试点基本支出预算定员定额管理方式。2002年6月，财政部颁布《中央本级基本支出预算管理办法（试行）》，在中央部门全面推行基本支出定员定额试点。2007年4月，财政部修订《中央本级基本支出预算管理办法》，明确了定额标准制定的原则和方法，基本支出预算的编制、管理及监督，进一步规范和加强了中央部门基本支出预算管理。经过20余年建设，基本支出标准已总体实现了与部门性质、职能、业务范围和工作任务相适应，保障了基本支出安排的公正合理，也提高了行政事业单位基本运转的资金保障能力。

项目支出标准建设始于2009年。财政部于2009年11月发布的《中央本级项目支出定额标准管理暂行办法》正式提出编制项目定额标准，对标准编制的依据、原则、方法、程序等提出指导意见。2014年修订的《预算法》提到预算支出标准和要求，同年颁布的《国务院关于深化预算管理制度改革的决定》提出，进一步完善基本支出定额标准体系，加快推进项目支出定额标准体系建设，充分发挥支出标准在预算编制和管理中的支撑作用。2015年，财政部发布《关于加快推进中央本级项目支出定额标准体系建设的通知》，部署了项目支出定额标准编制的重点工作，重点针对部门普遍使用、资金量大、实施期限长、适合标准化管理的项目制定标准，拓宽建设思路，合理运用绝对标准、相对标准、综合标准和分项标准等形式。

预算支出标准体系建设的发展方向是：完善基本支出标准，加快项目支出标准建设，健全基本公共服务保障制度和标准。建立全国基础标准和地方标准相结合的基本公共服务保障标准体系，中央根据支出政策、项目要素及成本、财力水平等，建立不同行业、不同地区、分类分档的预算项目支出标准体系，地方结合公共服务状况、支出成本差异、财政承受能力等因素因地制宜制定地方标准。根据经济社会发展、物价变动和财力变化等动态调整支出标准。将支出标准作为预算编制的基本依据，不得超标准编制预算。

（七）预算公开制度建设

预算信息公开是指政府及其部门向社会公众公开预算相关的有效信息，以便公众了解和判断政府收支状况、支出绩效状况以及政府履行职能状况，实施依法有效监督。建立预算公开制度、实现预算信息公开透明，是构建现代预算制度的必然要求，也是实现国家治理体系和治理能力现代化的重要举措。近年来，我国预决算公开制度建设加速，公开范围逐步扩大，公开内容不断丰富，公开方式有所创新，取得历史性进步。

2008 年 5 月，《中华人民共和国政府信息公开条例》正式实施，要求县级以上各级政府及其部门在各自职责范围内确定主动公开的政府信息的具体内容，并重点公开财政预算决算报告，为预算公开提供制度保障。2011 年 5 月，《国务院办公厅关于进一步做好部门预算公开工作的通知》发布，对预算信息公开进一步部署推动。2014 年修订的《预算法》规定，“经本级人民代表大会或者本级人民代表大会常务委员会批准的预算、预算调整、决算、预算执行情况的报告及报表，应当在批准后二十日内由本级政府财政部门向社会公开”，为预决算公开提供了法律依据。2016 年 2 月，中共中央办公厅、国务院办公厅发布《关于进一步推进预算公开工作的意见》，要求扩大预算公开范围，公开预决算信息，细化公开内容，加快公开进度，规范公开方式。

随着预算公开制度的逐步完善，我国预算信息公开的广度深度不断拓展。从预算公开部门看，2010 年报送全国人大审议的 98 个部门中有 75 个公开了部门预算，2011 年公开的部门增加至 92 个，2017 年为 105 个。从预算公开内容看，2009 年财政部首次公布财政预算报告、中央财政收入预算表、中央财政支出预算表、中央本级支出预算表、中央对地方税收返还和转移支付预算表，财政预算公开迈出重要一步；2014 年修订的《预算法》颁布后，预算公开范围不仅涵盖四本预算收支表、“三公经费”支出表，而且 2016 年在部门预决算报告中首次增加了部门预算绩效信息的内容，迈出了中央政府绩效信息公开透明的第一步；2017 年，104 个中央部门公开了绩效信息。从预算公开渠道看，2017 年财政部网站上的“中央预决算公开平台”正式开通，中央预算及各部门预算在原渠道公开的同时，首次在该平台集中展示，大大提高了信息获取的便利度。

（八）中期财政规划管理改革

当前，我国经济社会发展面临的国内外环境错综复杂，财政可持续发展面临较多挑战；现行支出政策考虑当前问题较多，支出结构固化僵化；地方政府性债务存在一定风险隐患；专项规划、区域规划与财政规划衔接不够，不利于预算统筹安排。为此，我国于2015年起，实施中期财政规划管理改革。

中期财政规划是中期预算的过渡形态，是在科学预判未来三年财政收支情况的基础上，合理确定财政收支政策和重大项目资金安排，逐年滚动管理，实现规划期内跨年度平衡的预算收支框架。中期财政规划涵盖一般公共预算、政府性基金预算、国有资本经营预算和社会保险基金预算。主要改革内容包括：（1）根据国民经济和社会发展五年规划纲要及年度计划，考虑国际国内发展环境重大变化，结合基期年的经济社会发展情况，预测未来三年经济社会发展状况、主要经济指标及未来财政收支情况。（2）根据对现行政策下财政收支的预测和对现行财政收支政策实施效果的分析，深入分析财政收入制度、财政支出政策及债务风险方面的问题。（3）制定财政收支政策改革方案。（4）根据财政收支政策改革方案，测算未来三年财政收支情况，并进行综合平衡。

实行中期财政规划管理，有利于完善政府治理体系，稳定市场主体预期，促进经济增长；有利于保障国民经济与社会发展中长期规划的贯彻实施，更好发挥财政稳定器和“逆周期”调节器作用；有利于防范化解债务风险，解决各类规划之间衔接不够、财政支出结构固化、资金使用效率不高等问题，实现财政可持续发展。

（九）政府会计制度和政府财务报告制度改革

长期以来，我国政府财政报告制度实行以收付实现制的政府会计核算为基础的决算报告制度，主要反映政府年度预算执行情况的结果，对准确反映预算收支情况、加强预算管理和监督发挥了重要作用。但随着经济社会发展，仅实行决算报告制度已经难以满足建立现代财政制度、促进财政长期可持续发展和推进国家治理现代化的要求，主要表现在：无法全面准确反映政府负债，难以为有效防范财政风险、促进财政长期可持续发展提供可靠的信息支撑；无法完整清晰反映政府资产，不利于强化政府资产管理、增强政府公共服务能力；无法科学合理反映政府成本费用，不利于降低行政成本、提升政府运行效率。

党的十八大之后，党中央、国务院对于建立现代财政制度做出了一系列重要部署，党的十八届三中全会提出要“建立权责发生制的政府综合财务报告制度”，修改后的《预算法》也对各级政府财政部门按年度编制以权责发生制为基础的政府综合财务报告提出了明确要求。2015年以来，财政部相继印发《政府会计准则》《政府会计制度》等文件，标志着具有中国特色的政府会计标准体系初步建成。新的政府会计制度在完善传统预算会计功能基础上强化了政府财务会计功能，有机统一了现行政府单位各项会计制度，全面引入了权责发生制核算原则，充分体现了财政预算改革的新要求，从而为权责发生制政府综合财务报告制度改革提供了前提条件。

政府财务报告不同于传统的政府财政报告，是反映各级政府整体财务状况、运行情况和财政中长期可持续性的报告，内容主要包括政府资产负债表、收入费用表等财务报表和报表附注，以及以此为基础进行的综合分析等。政府财务报告又可以分为政府部门财务报告和政府综合财务报告。政府部门编制部门财务报告，反映本部门的财务状况和运行情况；财政部门编制政府综合财务报告，反映政府整体的财务状况、运行情况和财政中长期可持续性。自 2015 年起，财政部选取部分部门和地区开展政府财务报告编制试点工作，目前试点范围不断扩大。

（十）预算监督体系改革

随着我国社会经济的发展和预算改革的深入，我国政府预算监督方面也进行了改革，取得了积极的效果，初步构建起了立体化的预算监督体系。

一是人大预算监督。人大预算监督是我国立法机关对行政机关预算活动的全过程监督，本质上是人民通过人民代表大会行使权力实施的预算监督，是我国预算监督体系中最具权威性、法治性、程序性的监督。1998 年 12 月，九届全国人大常委会第六次会议决定设立预算工作委员会（简称预工委）。预工委是全国人大常委会的常设工作机构，主要职能是协助全国人大财经委员会承担全国人民代表大会及其常务委员会对预决算、预算调整方案的审查，监督预算执行，承担有关法律草案的起草和审议工作。预工委的成立，缓解了全国人大财税立法和预算审查监督缺乏经常性工作机构、专业力量不足的问题。2006 年 8 月，为加强立法机关对政府工作和预算事务的监督，第十届全国人民代表大会常务委员会第二十三次会议讨论通过了《中华人民共和国各级人民代表大会常务委员会监督法》，特别加强了各级人民代表大会的预算审查和监督责任，强化了人大对预算的监督和控制。党的十八大以来，人大预算监督进入快速推进时期。2013 年 11 月，党的十八届三中全会提出“加强人大预算决算审查监督、国有资产监督职能”。2017 年 12 月 30 日，《中共中央关于建立国务院向全国人大常委会报告国有资产管理情况制度的意见》印发，开启了预算监督由流量到存量、由流到源的监督模式。2018 年 3 月，中共中央办公厅印发实施《关于人大预算审查监督重点向支出预算和政策拓展的指导意见》，加强人大对支出预算和政策的审查监督，提高人大监督的针对性和有效性。2020 年 12 月 26 日，第十三届全国人民代表大会常务委员会第二十四次会议通过《全国人民代表大会常务委员会关于加强国有资产管理情况监督的决定》，对规范政府部门国有资产管理报告制度、建立健全整改与问责机制、健全国有资本经营预算管理制度，各级人大依法、全面、有效履行国资管理监督职能等做出具体规定。2021 年 4 月 29 日，第十三届全国人民代表大会常务委员会第二十八次会议修订《全国人民代表大会常务委员会关于加强中央预算审查监督的决定》，全面部署了改进和加强全国人大对中央预算的全过程监督。2021 年 6 月，中共中央办公厅印发《关于加强地方人大对政府债务审查监督的意见》，力求加大人大监督力度，防范化解地方债务风险，保证财政可持续发展。总体而言，我国人大预算审查监督呈现出法治化、专业化、全面化、多元化、信息化的发展趋势，发挥着越来越重要的作用。

二是预算审计监督。政府预算审计监督是指审计机构对政府预算执行过程产生的数据进行合法合规和绩效状况的审核监督，是我国预算监督体系中具有法治性、专业性的重要组成部分。依照 1982 年《宪法》规定，1983 年我国设立国家和地方审计机构。1988 年国务院发布《中华人民共和国审计条例》。1994 年 8 月，第八届全国人大常委会第九次会议审议通过《中华人民共和国审计法》（简称《审计法》），2006 年 2 月，第十届全国人大常委会第二十次会议审议通过了修改后的《审计法》，大大推进了审计工作的规范化法治化进程。2021 年 10 月，《审计法》进行了第二次修正。1995 年 10 月，审计署首次依法对中央预算执行情况进行了审计，并于 1996 年 5 月向国务院提交了审计结果报告。1999 年 6 月，审计署向全国人大常委会做了《关于 1998 年中央预算执行情况和其他财政收支的审计工作报告》，首次向社会公布了审计结果。党的十八大以来，预算审计监督在三个方面改革完善：一是组建中央审计委员会，以加强党中央对审计工作的领导，构建集中统一、全面覆盖、权威高效的审计监督体系；二是加强重大政策跟踪审计，以及公共资金、国有资产、国有资源、领导干部经济责任履行情况审计，实现审计全覆盖；三是 2015 年 12 月中共中央办公厅颁布《关于改进审计查出突出问题整改情况向全国人大常委会报告机制的意见》，这标志着审计查出问题整改机制的深化，以及人大预算监督和审计监督的协同机制不断健全。

三是社会监督。预算必须公开透明，接受社会广泛监督，这也是建设阳光政府、责任政府的内在要求。近年来，我国在推进预决算公开方面做了大量工作，初步形成了以《中华人民共和国预算法》《中华人民共和国政府信息公开条例》为统领，涵盖政府预算、部门预算和转移支付预算多层次、多方位、具有中国特色的预算公开法治模式，为社会监督提供了必要条件。我国预算社会监督一方面表现为人大或政府有序组织社会公众参与预算决策、预算执行评议等活动，如浙江省温岭市 2005 年开始探索社会公众“参与式预算”，后从乡镇一级推广至市级，形成社会公众参与预算治理的“温岭模式”；另一方面表现为公民个人、经济和社会组织通过公共媒体或其他方式表达对政府预算事务的意见建议。

## 思考题

1. 政府预算的原则包括哪些?
2. 什么是零基预算与增量预算?
3. 中国的复式预算体系包括哪些内容?
4. 结合实际，分析中国全口径预算管理的主要内容和进程。
5. 结合现实，分析中国政府预算管理制度改革的方向和要求。

▶ 即测即评

# 第十二章 财政体制

在现代经济社会条件下，国家的各项职能是由各级政府共同承担的。为了保证各级政府有效地行使职能，就需要在中央与地方政府以及地方上下级政府之间明确、合理地划分财政收支范围和财政权限，实现政府间财政关系的良性互动。在我国财政经济改革与发展的过程中，需要构建起一个适合我国具体国情的，既有助于中央政府进行宏观经济调控，又能够调动各级地方政府聚财和理财积极性的责、权、利相结合的财政体制，并使之合理有效地运转。

本章共分三节。第一节为财政体制概述，介绍财政体制的概念与类型，阐述分级财政理论。第二节是分级财政体制，说明政府间事权与支出责任的划分、收入的划分，以及政府间的转移支付制度；第三节为中国财政体制改革，介绍中国财政体制改革的进程与方向。

## 第一节 财政体制概述

### 一、财政体制的概念与类型

#### （一）财政体制的概念

在各级政府共同承担国家职能的条件下，各个级次的政府财政均需要以相应的财权、财力作为保障，为中央和各级地方政府履行职责提供支持。财政体制与国家的政权结构、行政区划有着密切的关系。

财政体制，是确定中央与地方政府以及地方上下级政府之间分配关系的一项基本制度，是政府安排财政收支、制定和实施财政政策的重要依托，它承担处理财政分配中各种责、权、利关系的职责，规定协调各级政府间财政关系的原则和各级政府在财政管理方面的权限、财力和收支范围划分，并对政府职能的有效行使、政府运作效率乃至整个经济社会产生深刻的影响。从本质上讲，财政体制是划分各级政府事权和财权、加强中央宏观调控、协调地区发展的一项重要制度安排。财政体制的核心是正确处理国家在权责划分、财政资金分配及管理上的集中与分散的关系问题。

财政体制也有狭义和广义的区分。狭义的财政体制，便是上述关于处理各级政府间分配关系和权责安排的基本制度，这也是通常意义上的财政体制；广义的财政体制，除包含狭义财政体制的内容之外，还包含了政府预算管理制度、税收和非税收入管理体制以及政府财务管理体制等多项内容。

事权、财政事权、财权和财力等概念，是财政体制中的重要术语。事权，通常是指一级政府应该承担的提供基本公共服务的任务和职责。各级政府事权的明确划分和科学调整，是财政体制安排的逻辑起点。与事权相关联，财政事权是指一级政府应担负的运用财政资金提供基本公共服务的任务和职责。财权和财力，是履行事权和承担相应支出责任的重要手段。这里的财权，往往是指各级政府为履行提供公共服务职责而拥有的财政资金筹集权和支配权，包括征税权、收费权、国有资产收益权和发债权等，其中以征税权为财权的基础。相应地，财力就是一级政府一定时期内为履行职责而拥有和支配的财政资金，是政府间财政资源分配的结果。

从财政体制与经济管理体制之间的关系看，二者是局部与全局的关系。其中，经济管理体制包含财政体制，财政体制是一个国家经济管理体制中的重要组成部分。经济社会各项事业的发展离不开政府财力的支持，而财政体制安排和财政体制的改革也必须与经济管理体制的要求相适应。

（二）财政体制的类型

受经济社会发展程度及传统文化等因素的影响，各个国家的财政体制均存在一定的差别。即使在同一国家内部的不同历史发展阶段，其财政体制安排也会有所不同。通常情况下，按照事权和支出责任、财权、财力集中与分散程度的不同，大体上可以将财政体制划分为集权型和分权型两种。不同类型的财政体制在事权和支出责任划分、收入划分和政府间转移支付制度安排诸方面均存在着明显的差异。

集权型财政体制，是指政府间财政关系中的各种权限高度集中在中央。集权型财政体制的突出特点是国家财政的管理权和财权、财力主要由中央集中统一。相比较之下，各级地方的权限和机动财力很小甚至并无严格意义上的财权、财力，地方组织的财政收入大都统一上缴中央，地方支出统一由中央层层下拨，地方收入和支出之间基本上没有关联性，地方财政往往是中央财政及其职能的延伸，地方财政对中央财政的依赖性很强，且政府间财政关系的随意性很强。

相对于集权型财政体制而言，分权型财政体制是指政府间财政关系中的权责大致分散在中央和各级政权当中。分权型财政体制往往存在于现代市场经济条件下，其主要特点是：在维持中央政府调控能力的同时，各级地方政府拥有相对自主的财政收支权限与调剂权限，且通常以法律的形式规定中央与地方政府之间的财政收支划分和收支往来关系，政府间财政关系的稳定性较强。

实际上，所谓集权型和分权型财政体制的划分并非绝对，而是相对的。在各国的财政体制实践中，有的分权型财政体制条件下，其中央的集中程度可能稍高一些，而有的集权型财政体制下，其地方财政也可能具有一定程度的自主权限，包括或大或小的调剂权限和机动财力。此外，单一制和联邦制的政体形式，也会对财政体制的集权和分权程度产生影响。其中，联邦制条件下的各级政府均具有一定程度的自主权限，因而其财政体制也往往呈现出分权型的特征；在单一制条件下，往往强调国家权力的集中，也强调居民对公共产品的同等享用权，各级地方财政对中央常常有着较多的依存关系。当然，实施单一制和联邦制，并非划分财政体制类型的主要依据或标准。

## 二、分级财政理论

在现实经济社会中，绝大多数国家的政府都由多个级次构成。在我国，政府级次包括中央、省（自治区、直辖市）、市、县、乡等。各级政府均拥有自身的财政收入和支出活动。这意味着，政府财政具有清晰的、内在的层次性，现实中的政府财政体制实际上是分级财政。在分级财政体制中，不仅有中央政府财政，还有各级地方财政，各个级次政府之间存在着财政收支划分和收支往来关系。

### （一）财政分权的一般理论

理论意义上的财政分权，主要是指将政府经济职能在中央和各级地方政府之间合理有效地进行划分，更好地赋予地方政府一定的事权与支出责任和税收权力，从而处理好财政体制中集中与分散之间的关系。科学的财政分权，对于充分调动各级政府的积极性、促进各类公共产品和服务的有效提供，具有积极的作用。

#### 1. 蒂布特模型

针对如何促使各级政府（尤其是地方政府）规范、足额地组织收入和合理、有效地安排支出，处理好政府间的财政关系问题，蒂布特将著名的“看不见的手”理论引申到地方财政体制设计中来，并运用“用脚投票”理论，对地方公共产品的有效供给问题进行了较为系统的分析。在蒂布特模型中，社会成员之间消费偏好的不同和人口的流动性，制约着地方政府生产和提供公共产品的种类、数量和质量。如果存在许多地方政府和相应的辖区，并且各地方政府分别提供类型各异的公共产品，人们选择在哪一个地方生活时要考虑的一个重要因素，便是该地方的税收和公共产品与服务的组合状况。地方政府在行使其职责的过程中，需要充分考虑居民的偏好。各地方政府之间的相互“竞争”，也会促使其更有效地提供人们所需要的公共产品和服务。财政分权条件下的地方政府间财政竞争，是指一个国家内部不同地方政府之间，以提高其各自辖区内的经济实力、提升居民福利水平为目标，运用财政收支手段所展开的相互博弈。一般认为，政府间的财政竞争在调动地方政府积极性方面能够发挥一定程度的作用，但其对政府经济活动效率的影响还需要进行系统分析。有效率的政府间财政竞争，应该是有约束的、有序的竞争，而不应陷入恶性的、无序的竞争之中。为此，需要对政府间的财政竞争加以适当的规范。

2. 斯蒂格勒的最优分权理论

在财政分权理论体系中，斯蒂格勒论述了最优分权条件下地方政府提供地方公共产品和服务的有效性问题，认为地方政府比中央政府更接近于当地居民，更了解辖区居民的消费偏好和地方公共产品与服务方面的需求，于是，地方政府提供地方公共产品并相应进行资源配置的行为也就更加有效，进而有助于实现所谓社会福利的最大化。

3. 奥茨分权定理

奥茨运用福利经济学的方法进一步分析了财政分权的必要性和有效性，提出了所谓“奥茨分权定理”，指出若由中央政府向不同地方居民直接提供公共产品，有可能出现各地间公共产品的等量提供问题，从而忽视消费者的需求偏好并产生公共产品提供中的效率损失。相比之下，由地方政府根据各自辖区居民偏好提供公共产品，会比由中央政府向所有辖区全体居民提供等量公共产品的效率水平更高。由奥茨分权定理可以进一步引申，中央政府仅应提供具有广泛的偏好一致性特征的公共产品，除此之外的公共产品则应由地方政府直接提供。

此外，还有其他学者分别从“俱乐部理论”、受益原则和政府职能分解等视角论证了财政分权的观点。与财政体制实践发展和财政理论研究的深入相伴随，财政分权理论也由传统的注重论证地方政府的必要性和有效性，发展为将经济学的研究进展应用于财政体制领域，在财政分权框架下引入激励机制设计理论，更加关注如何促进经济增长、防控腐败和保护生态环境等一系列具体问题，提高公共产品供给的效率。

（二）公共产品的受益范围及其划分

公共产品受益范围问题是公共产品理论的延伸。市场经济条件下的各种公共产品和服务是有其特定的受益范围和区域的，而没有绝对无限的受益区域。这就意味着，社会成员对公共产品的享用程度，要受到来自地理和空间等因素所产生的不可忽视的影响。研究公共产品的受益范围，实际上就是研究公共产品的层次性问题，进而为分析不同特征的公共产品与各级政府职责和行为目标之间的内在联系，并为科学、合理地界定和划分各级政府间事权及支出范围提供必要的依据。按照受益范围大小的不同，可以将公共产品主要分为全国性公共产品和地方性公共产品两大类。①

① 本书第二章在“公共产品的分类”部分，将公共产品按受益范围分为地方性公共产品、全国性公共产品、地区性公共产品和全球性公共产品，这里主要分析前两者。

全国性公共产品是指受益范围在一国以内的、覆盖所有疆域、全体公民都可受益的公共产品。从纯理论的意义上讲，全国性公共产品应该具有三个方面的突出特征：一是公共产品的受益范围被限定在整个国家的疆域之内，无论国土面积大小，都是如此。二是公共产品的受益在整个国家的疆域内散布得相当均匀（至少提供全国性公共产品的愿望如此），无论何种内容的公共产品及国土面积的大小，都是如此。三是全国性公共产品的提供者为中央政府，而不可能是某一级地方政府。较为典型的全国性公共产品包括国防、外交、全国性立法和司法、中央银行、中央税的征管、宏观经济稳定等。

地方性公共产品是受益范围局限于国内某一特定区域（而非全国）的公共产品。地方性公共产品的特征主要表现在三个方面：一是地方性公共产品的提供者主要是各级地方政府，而不应该是中央政府。二是受益范围基本上被限定在某个区域之内，并且这种受益在本区域内散布得相当均匀（至少作为提供者的愿望是如此）。三是这类公共产品的受益者主要是本辖区内的居民。这就意味着，社会成员对地方性公共产品的享用程度，要受到来自地理和空间等因素的影响。例如，交通、道路、治安、路灯、水利设施和防洪工程等的受益范围是受地域限制的，超过这一范围的居民就无法获得相应的利益。

地方性公共产品之所以应该由地方政府提供而不应由中央政府提供，是一个看似简单而又需要认真分析的问题。不难理解，各地区居民之间对某种地方性公共产品的偏好程度是不相同的，而且各地方辖区内的居民数也会有一定的差异，由此决定了不同地区之间居民对这种地方性公共产品的需求量也各不相同。在这种情况下，若由中央政府出面提供各个地方的区域性公共产品，那么，它只能选择一个尽可能综合反映各个地方利益的“量”。虽然这个“量”也许对某个地区有利，但对其他地区不一定适宜。相比之下，地方政府能够更好地、更全面地了解本地居民对公共产品的需求偏好，从而使提供地方公共产品的经济行为更具效率、更具有针对性。

地方性公共产品也有“纯”与“准”之分，并且，准公共产品在地方政府提供的整个公共产品量中所占的比重并不算小。尽管地方性准公共产品在总体上仍然是竞争性的，但进一步的分析表明，辖区内居民总数与每位居民所享受到的这种准公共产品益处之间是负相关的。若当地居民人数较少，那么，地方性准公共产品对每位居民所带来的利益就比较多。然而，随着辖区内人数的增加，这种准公共产品在消费上的拥挤就会相应地扩大，它对每位居民所产生的利益以及每位居民所分担的该公共产品成本便呈现出递减的趋势。比较一下气象预报与公共安全系统这两种公共产品，便可以清晰地看出“纯”与“准”公共产品之间的差异。气象预报提供给当地居民的利益具有非竞争性，每位居民从当地气象预报中所获得的利益并不会因为其他地区居民的大量迁入而相应地减少或受损，所以，气象预报是一种较为典型的纯公共产品。相比之下，地方性的公共安全系统的情况则完全不同。如果更多的居民迁入本地，则会造成人均警力减少，于是，原有公共安全系统对当地原有居民所产生的利益便会减少。[①] 从上述分析可以看出，区分和判断“纯”与“准”地方性公共产品，关键是看这种公共产品的消费是否会因居民人数的增加而产生拥挤。

在划分公共产品的受益范围时，需要澄清以下两个问题：

第一，纯公共产品并非肯定是全国性的，准公共产品也不一定是地方性的。比如，路灯是典型的纯公共产品，具有非排他性和消费上的非竞争性，但是路灯的受益范围却很小，甚至仅仅局限在某个街区之内。由此可见，即使对于纯公共产品来说，也有着全国性与地方性之分，也具有一定的层次性。

第二，根据公共产品本身的特征和受益范围的差异以及各级政府职责的内在要求，可以判断出，地方性公共产品须由地方政府负责提供，全国性公共产品则由中央政府出面提供。然而，这并不意味着逆命题成立，即不能够反过来说由地方政府提供的就是地方性公共产品，由中央政府提供的就是全国性公共产品。事实上，在有些情况下，由地方政府提供的许多公共产品的受益范围虽以本地区为主，但也可以在一定程度上超出本区域的界限，成为对其他地区产生一定影响的公共产品。与此相似，由中央政府提供的许多公共产品，也可能仅仅在某一特定区域内释放出其效应。在这一方面，中央财政给予受灾地区的救灾性补助和对相对落后地区下拨的开发性补助就是比较突出的例子。

#### （三）分级财政条件下中央政府与地方政府财政基本职能的分工

把公共产品的内涵同政府的财政基本职能联系起来，可以说，政府在资源配置、收入分配和经济稳定与发展方面所进行的努力及其相应的效应等，均为公共产品的重要组成部分，并且可以在中央政府和地方政府之间对这些职能进行相应的划分。

##### 1. 资源配置职能的分工

与公共产品的受益范围相对应，各级政府作为不同的主体，分别在一定范围之内提供用于满足社会成员不同偏好的公共产品和服务。受益范围遍及全国的公共产品，如国防、司法、航空、大规模交通运输主干设施等，应由中央政府提供。与中央政府相比，地方政府主要是在较小的范围内进行资源配置，但这种配置的针对性明显增强。

地方政府提供的公共产品大致可以分为四类：一是具有区域性受益特征的基

---

① 除了地方性的公共安全系统之外，还可以举出排水系统、公立学校等类似的事例。

础设施，主要包括道路、交通、电力、电信、自来水、下水道、路灯、垃圾收集与处理、管道煤气，乃至港口、机场、车站等。二是社会服务，主要有医疗卫生、社会保障与社会福利、气象预报、消防、公园等。这一类型的公共产品，具有较为明显的社会公益性和半社会公益性的特征。而且，在许多社会服务的提供过程中，也可以通过定价的方式收取一定费用。三是地方性的文化与传播媒介，主要包括广播、电视、报纸、杂志、出版、图书馆、文化艺术馆、博物馆、表演团体、文物与文化遗产的发掘等。四是社会管理，主要由地方行政管理机构、公共秩序和公共安全机构等组成。无形的社会管理还应包括政府的政策及规制等。在各类地方性公共产品当中，与社会管理有关的公共产品更具有供给上的非排他性和消费上的非竞争性的特点，更能够体现政府的职能和行为，因而也就属于应由地方政府提供的较纯的地方性公共产品，需要依靠强制性的征税来弥补其成本和耗费。由于上述地方性公共产品的地域受益特征极强，而地方政府在了解本地居民消费偏好方面处于较佳的地位，这会有助于地方政府将来源于本地区的税收同本地利益切实地结合起来，从而有效地提供地方公共产品和服务。

2. 收入分配职能的分工

从理论和实践结合的意义上讲，凡是具有全国性意义、调控性的职能，就应该由中央政府行使。可以说，收入分配的职能具有全国性意义，收入分配职能主要由中央政府承担。这样的判断，是通过分析地方政府进行个人收入分配的低效性甚至无效性而做出的。一般地，收入分配政策要求具有一定的倾斜度，即把对高收入者课征的累进税收转移给低收入者，以减轻贫富差异的程度。假设社会成员在全国范围之内可以自由迁移，在这种情况下，如果某一地方政府独自实施收入分配政策，在课征较高的个人累进所得税的同时给予低收入者较多的转移性支出，那么，就会出现本地区高收入者移出、外地低收入者大量涌入的状况。显而易见，这种问题的出现是与地方政府决策者的初衷大相径庭的。地方政府的本来意愿，是通过收入分配政策来促进公平，减少贫穷，进而提高效率，实现区域内经济社会的协调、有序发展，但本区域以内及以外收入分配政策的差异在客观上起到了加剧贫困的作用，从而导致了资源的非正常流动。这样一来，也就难以促进公平和提高效率。由此可见，地方政府实施收入分配政策所起的正常作用是比较小的。若要使收入分配政策真正奏效，就需要承认和发挥中央政府的作用，由中央政府在全国范围内运用这一政策。这样一来，人力资源的流动就会变得合理起来，在区域间通过迁移来避税或者通过迁移来竞相享用政府转移性支出的现象就会减轻乃至消失。

3. 经济稳定与发展职能的分工

与收入分配的职能相似，实现经济的稳定与发展同样也是中央政府义不容辞的职责。这样的判断，同样是通过分析地方政府实施经济稳定政策的低效性甚至无效性而做出的。通常，经济稳定和发展的目标集中地体现为社会总供求之间的大致平衡。如果社会总供求保持平衡，那么，物价水平就会处于基本稳定的状态，也就有助于实现充分就业和国际收支平衡，经济增长率也会是较为适度的。调节社会总供求，是由政府通过有目的地协调运用财政政策和货币政策，产生组合效应，或单独选用财政、货币政策中的一种，来促进供求总量向平衡点移动。正常条件下的全国市场是统一的、整体的，而不是分散的；地方经济也是相对的，它不可能独立于其他地区的经济而存在。地方政府在调节社会总供求方面所采取的任何措施，都会超越本地区的界限，对其他地区产生影响，从而降低该措施在本地区内所产生的效应。

假设在因需求不足而导致供求失衡的情况下，某一地方政府试图独自制定和运用财政政策来刺激本地区的总需求，可供选择的主要方式不外乎有两种：或者增加财政支出，或者减少税收。这样一来，由地方政府针对需求不足而采取的增支减税措施就可能产生一些值得注意的问题：首先，增支减税会导致预算赤字，但地方政府的财政赤字并不容易单纯依靠地方自身来弥补，通过刺激经济而增加的财政收入和储蓄（或部分地用来认购公债）也并不一定足以抵消赤字，且增发的地方政府公债中的大部分可能会被生活在国内其他地区的居民所认购和持有，从而形成了地方政府的“外债”负担。其次，减税不仅能刺激本地区经济和增加企业及个人收入，而且也会对其他地区产生类似甚至更大的影响。这是因为居民所购买和消费的不只是本地企业的产品，外地企业的产品实际上也占有相当大的比重。最后，地方政府不能控制货币供给和掌握利率杠杆，也难以有效地控制物价和对外贸易，其宏观调控政策的效应与力度就必然要打折扣。相比之下，中央政府在运用财政政策和配合运用货币政策方面处于有利的地位，并且也会产生有效的作用。从上述意义上讲，调节宏观经济运行和促进经济发展，应该是中央政府承担的职责。

## 第二节 分级财政体制

### 一、政府间事权与支出责任划分

#### （一）政府间事权与支出责任划分的原则及依据

在分级财政条件下，应综合考虑多方面的因素，科学、合理地确定政府间事权和支出责任划分的原则及依据。

1. 集中与分散相结合

从中央与地方政府事权与支出责任划分的角度来看，有中央集中事权和地方分散事权之分，并分别体现出支出责任集中于中央政府或分散给各地方政府的特征。事权与支出责任的划分，应适当兼顾并处理好集中与分散之间的关系。一般情况下，国家最基本的、重大的政策法规应由中央来决定，涉及全局性的大问题只能由中央政府来决策，与此相关的支出应由中央财政负责。与此同时，在一个国家内部，尤其是在幅员较为辽阔、各地区之间经济社会发展程度相差较大的情况下，中央政府也很难管得过宽、过细、过于具体，而需要赋予各级地方政府适度的事权和支出责任，实行分级管理，由地方政府提供适合本地区具体情况的公共产品和服务，充分调动地方的积极性和主动性。

2. 依据受益对象和范围

应将各种事权与支出项目受益的对象和范围大小作为安排政府权责的重要依据。凡具有以国家为整体服务对象，全体公民都能从中受益的公共性质的项目，如国防、外交等，均由中央政府负责。凡具有以省或地方为服务对象，其受益范围仅限于某一区域的公共性质项目，如省或地方的基础设施，则均由省或地方政府负责。据此原则，中央政府主要承担宏观经济调控和收入分配职能，同时保证全国性公共产品的提供；地方政府则主要承担资源配置职能，负责地方性公共产品的提供。通过贯彻受益对象和范围原则，有利于充分体现权责匹配，有利于各级政府积极主动履行职责和激励相容，实现总体利益最大化。

3. 兼顾公平与效率

此处的公平，是指各级政府的事权划分要公平合理，同级政府之间所拥有的事权程度应该大体相等，差距不宜过大；效率是指投入产出的比例关系，等量的人力、财力、物力的投入能取得最大的产出，则为高效率，反之则为低效率。效率原则主要是考虑某项事务交由哪级政府办理成本最低，效率最高。也就是说，由哪一级政府行使事权能达到投入最少、成本最低、效率最大，则事权归属该级政府。凡是地方政府能够有效提供并加以管理的公共服务，均交由地方政府承办；凡是地方政府无力承担或不宜承担的公共服务，则均由中央政府承担；对于中央和地方共有的职能，在地方政府管辖范围之内的事务由地方政府负责，超出地方政府管辖范围的事务，则由中央政府出面负责或进行协调。

4. 相对稳定与适当调整相结合

这里的稳定是指中央政府与地方政府的事权与支出责任的划分和调整，不仅要经过立法程序，明确规范，逐步纳入法律管理的轨道，而且要保持一定的连续性。应该通过严格的法律程序规范中央与地方政府的事权与支出责任，并用法律手段解决各级财政之间的利益冲突，事权与支出责任的划分力求科学化、规范化和法律化，并保持相对稳定。适当调整是指对中央与地方政府事权与支出责任划分的不合理部分适时进行修正、更改。相对稳定的事权与支出责任界定，不仅有利于各级政府因地制宜，统筹安排财政收支，而且有利于调动中央和地方政府的积极性。如果各级政府事权与支出责任界定变动过于频繁，必然会使事权与支出责任划分在各级政府间不规则地收缩与扩张，进而影响各级政府财力、财权的划分，破坏中央财政的宏观调控和地方的长远规划。因此，政府间事权与支出责任的界定要保持一定的稳定性，并根据国民经济的发展变化，有针对性地进行及时调整。

5. 坚持事权和支出责任划分的法治化

事权是支出责任划分的前提，同时也是分级财政体制协调过程中的基础环节，需要用法律的形式将事权划分和支出责任划分加以规范，从而对各级政府有效地履行职责创造良好的条件。与此同时，各级政府事权和支出责任的调整，也需要通过法律的程序加以规范。

（二）政府间事权与支出责任的具体划分

按照政府间事权与支出责任划分的理论依据和划分原则，中央政府与地方政府之间的事权与支出责任，大体可分为四大类：

一是应完全归中央政府承办的事务，指那些全体国民共同受益而且必须在全国范围统筹安排的事务，主要包括国防，外交事务，国家安全事务，中央行政管理，经济社会发展规划与宏观经济政策的制定、实施，基本法律法规的颁布，对外经济援助及大型中外合作项目的统筹，重大基础科学研究和高新技术开发等。

二是应完全归地方政府承办的事务，指那些仅限于某一辖区内的社会成员共同受益，而且由地方政府承办效率更高的事务。它主要包括辖区内的重要基础设施建设和城镇公用事业发展，辖区内的社会治安、消防及行政管理，辖区内的经济社会发展规划的制定、实施，地方性法律法规的颁布，卫生防疫等。

三是由中央政府承办地方政府协助的事务，指那些由中央政府出面承办效率更高，但是受益既不面向全体国民，也不局限于某一行政辖区，而是跨越几个辖区的事务。比如跨省区的基础设施建设（铁路干线、核电站等），大江、大河、大湖的整治，跨流域环境污染的治理等，这些事务必须由中央出面组织、协调，但是根据受益与付费对称的原则，相关地方政府要积极配合，尤其是提供必要的财力保证。

四是地方政府承办中央政府资助的事务，指那些由地方政府承办效率更高，但是可以归全国国民共享的事务。如重要历史文化遗产与珍贵文物的发掘、整理、保护，若全部归地方政府承办，支出压力太大；若由地方政府承办中央出资，就会调动地方政府的积极性。再如某一段国道干线需要维修时，应由当地政府具体承办，中央拨付专款。

从各个国家的实践来看，由于具体国情不同，事权与支出责任的划分也各有不同。其中，国防、外交、国际贸易、中央银行、全国性立法和司法等均为中央政府的职责，而交通、教育、卫生、环保、警察、消防、公园（至少一部分）等均为地方政府的职责，但中央政府对于上述事务的介入程度却有着很大的区别。此外，集权和分权程度还与国家的规模大小有着十分密切的关系。在新加坡、安道尔、列支敦士登等较小的国家，其中央政府既要理所当然地履行外交、国防等职责，同时也难免会像大国的地方政府那样提供一些地方性公共产品。这些问题从很大程度上表明，在各个国家之间，对于某些事权划分会存在一定程度的差异；在大国和小国之间，也会存在着集权和分权上的重要区别。然而，这些问题的存在并不能从根本上动摇各个国家各级政府职责划分的基本原则，也不会在总体上影响政府间事权和支出责任划分的国际惯例。

## 二、政府间收入划分

在现代经济社会条件下，政府的财政收入多以税收的形式筹集，同时也包括国有资源收入、国有资本经营收入、规费收入、政府性基金收入以及债务收入等形式和内容。在着重分析税收的划分方式的同时，这里还结合中国实际，对国有资本经营收入、国有资源收入和政府性基金收入的划分进行分析。政府间的收入划分与支出划分之间具有内在关联性，政府间财政收入的有效划分，对于合理配置政府财力、满足各级政府履行职责的需要，具有重要的作用。

### （一）政府间的税收划分

税收的划分是协调各级政府之间财政关系过程中的一项重要内容。为此，需要明确税收划分的基本依据和准则，把握税收和税权划分的基本方式。

#### 1. 税收划分的依据

税收的划分，需要考虑以下四个方面的影响因素：

一是将各税种的功能与各级政府的职责相结合。各级政府的行为目标有所不同，复合税制条件下的不同税种在聚财和调节方面的功能也各不相同。尽管每一种税并不完全与各级政府的某项职责有必然的对应关系，但在划分中央税和地方税时，应该考虑各个税种、税类的不同功能和作用，力求使这种划分有利于中央和各级地方政府有效地行使其职责。按照这一原则，应该把有助于中央政府实行宏观调控（其中包括调节级差收入、稳定经济等）的税收划归中央政府，对于较明显的受益性税收、区域性税收和对宏观经济运行不产生直接影响的税收，则应该根据实际情况将其划归地方政府所有。

二是注重多级财政关系间的相互协调。尽管中央税与地方税是相对独立、自成体系的，但绝对不意味着要把两者截然分开。为了使中央和地方税制能够在各自有效运行的前提下为中央和各级地方政府提供充裕的财力，并产生良好的经济影响，必须协调好两级税收体系之间的相互关系，尽量减少和避免中央政府和地方政府在制定税收政策过程中的相互矛盾。

三是体现税收划分的便利性。税收划分也涉及由谁征收的问题，所以考虑税收的划分，不能不顾及征收难易的问题，或者说，是否便于课征应该成为划分中央税与地方税的标准之一。古老的房产税、土地税长期以来之所以毫无例外地成为各个国家的地方税收，在很大程度上是因为作为征税对象的房产和土地分布在各个辖区之内，便于地方政府（尤其是市、镇政府）掌握税源、核实房价地价，纳税人不易逃漏税款，课征效率较高。若由中央政府出面课征房地产税，所面临的实际困难则会明显增多。并且，由于房地产与其主人的居住地通常是在一起的，再加上地方税具有一定的受益性特征，地方政府对房地产征税以筹措财力，同时提供充足的地方性公共产品，这也是从另一个角度出发来解释房地产税被划归地方政府的原因。按照便利性的原则，税基广泛且富有流动性者宜划归中央，税基狭窄且具有固定性者则应划归地方。

四是使税收划分有利于经济的运行与发展。从总体上讲，税收的划分应该有利于提高经济运行的效率，有利于经济的健康发展。一般情况下，中央和地方政府均适合于对商品流转额进行课税，但若将经济效率因素考虑在内，就应把对商品流转额课税的职责主要赋予中央政府而不是地方政府。这是因为，地方政府出面对商品进行课税时，会由于追求本地利益而容易出现各自为政、加剧地区间经济割据和关卡林立的状况，从而增加成本，影响产销，降低经济效率。由此可以进一步认为，由中央政府出面课征或以中央政府为主、地方政府为辅进行课征，可在一定程度上避免上述问题的出现，达到货畅其流。同理，关税由中央政府课征，会有利于整个国家对外经济政策的协调性和一致性，有利于开放经济中国际贸易的扩大和发展。

2. 税收划分的方式

与经济发展水平相伴随，税收制度是不断变化和演进的，作为中央与地方财政关系协调方式的重要组成部分，税收划分方式也必然产生相应的变化。从理论和实践的结合上看，大致有按税额划分、按税种划分、按税率划分、按税制划分和混合型五种类型。

按税额划分是对税收的最简单的划分，它一般是先税后分，即先统一征税，然后再将税收收入的数额按照一定比例在各级政府之间加以划分。中国经济体制改革之前曾经实行的总额分成财政体制，就做法而言，实际上便属于这种方式。对某一个税种的收入在中央和地方之间进行分享，也属于划分税额的一种方式。

按税种划分，是在税收立法权、税目增减权和税率调整权乃至税种的开征和停征权等税收权限主要集中于中央的条件下，针对各级政府行使职责的需要，考虑主体税和辅助税中各个税种的特征及收入量等因素，把不同税种的收入分割给各个级别的政府财政，即按照税种划分收入范围。与划分税额的方式不同，该方式是确定某些税种收入的隶属关系，也就是将某些税种的收入固定地划归中央或地方，对某些税种的收入也可以实行共享，但地方政府并不享有等同于中央的税收立法权。

按税率划分实际上是一种按照税源实行同源课税、分率计征的方式。此类方式所采取的具体做法包括：一是上级政府对某一税基按照既定比率征税并将税款留归本级财政之后，再由下级政府采用自己的税率，对相同的税基课征且自行支配该税收款项。在这种类型中，下级政府亦可在上级政府征税的同时或之前按照自己的税率对同一税基课税。这种税收划分的方式主要在国外实行。二是采用所谓税收寄征的方式，即上级政府在对某一税基按照自己的税率征收本级税款的同时，代替下级政府并按照下级政府的税率对同一税基课税，然后将这笔税款拨给下级政府。

在按税制划分的方式下，往往是分别设立了中央税和地方税两个相互独立的税收制度和税收管理体系，中央与地方均享有相应的税收立法权、税种的开征和停征权、税目的增减权和税率调整权，并且有权管理和运用本级财政收入。当然，尽管两级税收体系相对独立，但它们之间又是相互衔接和相互补充的，不可能截然地分割开来。

混合型的税收划分方式，是综合运用以上两种或两种以上做法而形成的一种各级政府间的税收划分方式。例如，在以划分税制为主的情况下，辅之以对某个或某些税种的收入实行共享的方式；在以划分税制为主的同时，中央和地方政府对某一个或某些税源实行分率计征。许多国家所采取的税收划分方式往往并不是纯粹的划分税额、划分税种、划分税率或划分税制四种方式中的一种，而通常是采取混合型的税收划分方式，从而发挥多种方式的综合效应。

3. 税收权限的划分

从税收法治的角度来看，划分中央和地方两级税收体系，重要的一点在于如何认识和确定中央与地方的税收权限（即税权），尤其是地方的税收权限。完整意义上的税收权限应该涵盖税收立法权、税法解释权、征收管理权和税收调整权四个方面的内容。

从集中与分散的角度来看，目前大致有分散、适度集中（相对分散）、集中三种税收权限的划分类型。分散型的税收权限划分方式，主要存在于政治和经济管理权限均比较分散的国度，其特点是赋予各级立法机构和执行机构很大的税收权限，尤其是地方在税权上的自主性相当大。从功能上看，这种税收权限划分方式有助于保证各级财政（尤其是地方财政）自主地组织和支配财力，但它也对各级税权之间的协调性和衔接性提出了相当高的要求。如果各级政府之间的税权关系未能很好地加以协调，便很可能产生各级政府间税收政策上的矛盾，并会因此而导致负面效应的出现。所谓税收权限适度集中（相对分散），是指各种税收权限当中的某一部分归中央，其他部分归各级地方，立法权集中、执行权分散，或者大部分立法权掌握在中央，地方则负责征收管理。所谓税收权限集中，主要指基本权限相对集中于中央。在许多情况下，税权集中与税权适度集中（相对分散）是很难严格区分的，只是集中、分散的程度有所不同而已。

#### （二）国有资本经营收入的划分

国有资本经营收入，是指国家依法以所有者身份取得的国有资本产权收益和投资收益。国有资本经营收入具体包括：（1）应交利润，即国有独资企业按照规定应当上缴国家的利润；（2）国有股股利、股息，即国有控股、参股企业国有股权获得的股利、股息收入；（3）国有产权转让收入，即转让国有产权、股权（股份）获得的收入；（4）企业清算收入，即国有独资企业清算收入（扣除清算费用），国有控股、参股企业国有股权（股份）分享的公司清算收入（扣除清算费用）；（5）其他国有资本收益。

由于国有资本经营收入是经营性国有资产带来的收益，因此，按隶属关系级次的不同，可划分为中央国有资本经营收入和地方国有资本经营收入。其中，中央国有资本经营收入应当按规定直接上缴中央财政，纳入中央本级国有资本经营预算管理。中央国有资本经营收入由财政部负责收取，国务院国资委负责组织所监管企业上交国有资本收益。中央国有资本经营收入最典型的是目前归属国务院国资委管理的中央企业上缴的国有资本经营收入。地方国有资本经营收入，则应按规定划归地方财政，并相应地纳入地方国有资本经营预算加以管理。

#### （三）国有资源收入的划分

《中华人民共和国宪法》第9条规定，“矿藏、水流、森林、山岭、草原、荒地、滩涂等自然资源，都属于国家所有”。同时，《中华人民共和国矿产资源法》第3条规定：“矿产资源属于国家所有，由国务院行使国家对矿产资源的所有权。”矿产资源的国有属性与分布地的分散性，决定了国家和地方都可以从国有资源的开采中获得收益。

与国有资源有关的财政收入，按其归属划分为中央固定收入、地方固定收入、中央与地方共享收入。按照我国现行国有资源财政收入相关制度，中央固定收入有石油特别收益金和归中央所有的行政性收费（基金）；地方固定收入有归地方所有的全国性收费（基金）和地方性收费（基金）；中央与地方共享收入有矿产资源补偿费、探矿权采矿权使用费、探矿权采矿权价款以及其他根据矿山资源登记管理层级不同确定归属的行政性收费（基金）等。

（四）政府性基金收入的划分

前已述及，政府性基金是指各级人民政府及其所属部门根据法律、国家行政法规规定并经国务院或财政部批准，为支持某项事业发展，向公民、法人和其他组织征收的具有专项用途的资金，以及参照政府性基金管理或纳入基金预算、具有特定用途的财政资金。政府性基金主要包括各种基金（如国家重大水利工程建设基金收入、资金（如农业土地开发资金收入）、附加（如可再生能源电价附加收入）和专项收费（如车辆通行费）等。

按照预算级次的不同，政府性基金可划分为中央基金预算收入、地方基金预算收入、中央与地方共享基金收入。政府性基金在中央政府和地方政府之间的归属问题，可以通过基金项目划分和基金收入分成来体现。我国基金收入的归属结构具有两个特点：一是地方政府成为基金收入主体。基金收入归地方政府使用的比重达到90%以上，已成为地方政府的重要收入来源，进一步突出了政府性基金对地方经济发展的重要作用。二是地方政府对基金收入的财政依赖程度高于中央政府。同中央政府相比，地方政府更倾向于选择政府性基金作为主要财政收入手段，以满足本级财政需求。

## 三、政府间转移支付

从财政理论与实践的结合上讲，财政政策工具和管理手段中存在着三种形式的广义的转移支付：一是政府对企业的转移支付，二是政府对居民个人的转移支付，三是政府之间的转移支付。就一般现象而言，各种转移支付均表现为财力和资金的转移，受补者的经济状况会因收入的增加而有所改善。其中，第一种形式的转移支付主要是指政府给予企业的各种补贴。在市场经济的条件下，政府对企业实行转移支付，通常是出于政策性原因的考虑。市场力调节和政府可支配财力状况共同作用的结果，往往会迫使政府严格控制对企业补贴的规模、优化补贴的结构。政府对居民个人的转移支付，是调节收入分配的重要手段，许多国家均十分重视充分发挥社会保障网的作用，并且一直力求在公平与效率之间寻找到最佳的结合点和平衡点。与这两种转移支付形式相比较，政府之间的转移支付是同类主体之间的财政资金转移支付，也就是通常意义上的转移支付，它在内涵、方式和效应诸方面都有其独自的特征。

（一）政府间转移支付的依据

1. 解决纵向财政失衡问题

纵向财政失衡是针对多级财政体制中上下级政府之间财政收支差异的状况而

言的。在各级政府之间的支出范围和收入范围得以确定之后，当某一级政府财政面临着赤字，而其他级次政府出现盈余时，就意味着纵向财政失衡问题的存在。

具体地看，在许多国家，按照事权和财权划分的标准，将事关维护国家权益、税基广、增长快、潜力大和有利于实施宏观调控的税种划为中央收入，并将税源分散、与地方经济和社会发展密切相关且易于征管的税种划为地方收入后，在这样的收支划分格局下，有可能使中央政府掌握较多的财力，而使地方财政处于收不抵支的境况。这是纵向财政失衡的第一种形式，也是常见的一种形式。第二种形式是，在财政实践过程中，也可能会出现地方财力相对过多，而中央财力相对不足的状况。无论从公平还是从效率的角度看，这两种形式的纵向失衡问题都需要切实得以解决，从而达到纵向财政均衡。主要的解决办法，便是运用财政转移支付政策和手段，协调上下级政府之间的资金往来关系。从历史和经验来看，任何一个国家，客观上都需要维护中央政府的权威，限制地方政府势力的过度扩张，以保证政令畅通、政局安定、经济协调稳定发展。通过中央政府集中相对较多的财力份额，以使地方政府的财力在一定程度上有赖于中央政府的支持，则是一种有效的手段。

2. 应对横向财政失衡问题

从经济社会发展的视角来看，一个国家内各个地区之间各种要素禀赋条件的差异性是绝对的，而条件的同一性是相对的，当国土面积较大时，更是如此。各个地区之间经济发展程度的差异，必然导致横向财政失衡问题。横向的财政失衡主要体现在：（1）富裕地区财政收入充裕，出现财政盈余；贫困地区则税源狭小，财政状况拮据。（2）富裕地区能够为其居民提供较高水准的公共产品和服务；贫困地区却难以提供最基本的公共产品和服务。

显而易见，横向财政失衡状况的存在和加剧是不利于各地区均衡发展和社会共同进步的。首先，地区间的这些差异会导致人口大规模的流动，即贫困地区的人口向经济发达、社会福利条件好的地区流动，人口流动会在一定程度上导致人口流入地区的人均福利水平下降。其次，地区间的差别还会导致市场的分割和封锁，各地区为了本地的利益，避免本地资源外流，便会设置各种障碍，形成地区间的市场封锁和经济割据，不利于全国统一市场的形成和发展。同时，地区封锁还会导致地区产业结构的趋同化，不利于产业结构的优化和稀缺资源的合理有效配置。

更深刻的矛盾在于，在经济落后和税源有限的条件下，增税和发行公债等加重企业和居民负担的方式，并不是地方政府筹资的理想和可行渠道。而与落后地区相比较，发达地区财政资金的边际效应是递减的。通过转移支付方式，可以扶持落后地区的发展，增加财政资金的边际效应。通常，在发达和落后地区之间，是无法自动形成这种财政资金转移的，因为各地方财政的收支活动都会以本地利益为出发点和归宿点。中央政府代表着国家的整体利益，有责任运用倾斜性政策，采取转移支付的预算调剂方法，协调各个地区之间的经济发展。

3. 解决公共产品提供中的外部性问题

地方政府提供区域性公共产品的受益范围几乎不可能恰好被限定在地方政府的辖区之内。地方性公共产品的受益（或成本）范围很可能会超出地方政府辖区的界限，使其他地区在受益或受侵害的同时并不承担任何成本或得到任何补偿。此时会出现两种结果：（1）当存在着正外部性时，从本地利益出发，地方政府有可能高估提供公共产品的成本，而低估其整体效益，并有可能以无法完全负担成本为理由，减少此类外部效应比较理想的公共产品的提供。（2）与此相反，当公共产品附带着外部不经济时，地方政府则容易高估该公共产品的正效应，低估或者忽视提供该公共产品的成本，从而使这种附带着的外部不经济继续存在乃至有所增加。这种扭曲性政策的实施，不仅影响着区域性公共产品的提供和本地区及相关地区居民的利益，而且不利于地区间经济关系的协调。在这种情况下，实行财政转移支付制度，由上级政府给予下级政府一定的财政补助，对具有外部性的公共产品的提供进行适当调节，便是一种较为有效的干预方式。

4. 弥补收入划分方式的不足

值得指出的是，财政转移支付制度的存在，也是弥补收入划分方式不足的重要手段之一。在财政体制中，如果单纯依靠税收等收入的划分便可以轻易达到政府间事权与财权的最佳协调，无疑这是一种较为理想的模式。然而，这种期望距现实相当遥远。这是因为，第一，划分本身只是在中央与地方之间确定各种收入的归属，这仅仅构成了多级财政体制中各级政府间财政关系的一部分，而不是全部，尚有支出划分、收支关系协调等一系列复杂问题有待于在财政体制框架中加以处理；第二，无论从理论还是技术上讲，单纯的收入划分方式都难以使财政收入在各级政府之间的划分达到恰当和合理的地步，难以实现效率与公平的完美结合。所以多数国家在各级政府间划分收入的同时，也实行财政转移支付制度，以弥补收入划分方式本身的固有缺陷。

### （二）政府间转移支付的类型

对于政府间的转移支付，可以从不同的视角进行分类。

1. 按转移支付资金运行方向分类

按照转移支付资金运行的方向性，可以将转移支付分为纵向转移支付和横向转移支付。纵向转移支付主要是指上级政府对下级政府，尤其是中央政府对地方政府的财政转移支付，其目的是提升下级政府的财力水平，增强下级政府提供一般性或特定公共服务的能力。横向转移支付主要是地方政府之间发生的横向转移，主要有两种形式。一是生态补偿横向转移支付，主要目的是协调和平衡生态保护地区和生态受益地区之间的利益关系，主要方式是通过流域上下游地方政府之间协商谈判实现利益互补。生态补偿横向转移支付最早从新安江流域开始试点，逐步以点带面扩大试点，目前已在全国推开。[①] 二是对口支援横向转移支付，一般是上级主要是中央政府主导，由经济发达地区政府给予边疆民族地区、欠发达地区、特殊困难地区或重大建设工程项目地区的政治、经济、文教科卫等方面的支持，具体又可分为两类，其一是适用于长期性、区域性援助任务的持续性、特定性横向转移支付，其二是适用于紧急性、局部性援助任务的横向转移支付。目前，我国应用广泛、形式多样的对口支援，[②] 已经成为政治经济社会活动中组织性日渐增强、覆盖面越来越广、力度不断加大的政府行为，具有政治动员性强、人财物多要素集成发挥作用、实现多重政策目标等特征，在解决地方性公共产品提供不足、推动区域经济协调发展、实现各民族团结互助等方面发挥了重要作用。从实际效果来看，纵向转移支付无论是在动员的资金规模，还是在行政运行效率和推动基本公共服务均等化等方面，都优于横向转移支付，是我国转移支付体系的主体部分，而横向转移支付可以在特定项目或特定任务中发挥积极作用，是纵向转移支付的有益补充。

2. 按转移支付与资金用途的关系分类

各种转移支付资金均有相应的用途。按照转移支付与资金用途之间的关系进行划分，通常将转移支付分为一般性转移支付和专项转移支付，这也是一种普遍的分类方式。在具体实践中，还可以对一般性转移支付和专项转移支付做进一步细致的划分。

（1）一般性转移支付。一般性转移支付是指中央政府对有财力缺口的地方政府（在我国，主要是中西部地区），按照规范的办法（如因素法等）给予的补

---

① 以黄河流域为例，2021 年 5 月，河南省与山东省签署《黄河流域（豫鲁段）横向生态保护补偿协议》。根据协议，若水质全年均值达到Ⅲ类标准，山东省、河南省互不补偿；水质年均值在Ⅲ类基础上每改善一个水质类别，山东省给予河南省 6 000 万元补偿资金；水质年均值在Ⅲ类基础上每恶化一个水质类别，河南省给予山东省 6 000 万元补偿资金。在水质变化补偿方面，年度关键污染物（COD、氨氮、总磷）指数每同比下降 1 个百分点，山东省给予河南省 100 万元补偿；每同比上升 1 个百分点，河南省给予山东省 100 万元补偿，该项补偿上限为 4 000 万元。

② 1979 年 7 月，中央明确提出，国家要有计划地组织一些较为发达的内地省市对口支援少数民族地区以及边疆地区，由此对口支援的政策正式确定下来。此后，对口援藏、对口援疆、对口医疗援助、对口教育援助、对口支持三峡库区、对口援建汶川地震灾区、对口扶贫等形式的对口支援不断涌现，并在我国经济社会发展中发挥着越来越重要的作用。

助。一般性转移支付的目的主要是缩小地区间财力差距，实现地区间基本公共服务的均等化。此类转移支付一般不要求下级政府拿出一定数额或比例的配套资金，不规定资金的具体用途，由接受拨款的政府自主安排使用。显而易见，一般性转移支付无异于对地方政府的“赠款”，使地方财政增加了一笔净收入。一般性转移支付赋予地方政府一定的自由度，使地方政府可以依照本地情况，相对灵活地安排资金投向，上级政府对此一般不加过多的限制或干预。因此，这种方式往往属于无条件拨款。

一般性转移支付的确定，往往需要考虑多种因素。其中主要的因素有三个：一是地方的收入能力；二是地方的支出需求；三是上级财政的承受能力。在具体测算地方财政收入能力和支出需求时，还需要了解影响收入能力和支出需求的各种具体因素。值得注意的是，一般性转移支付的政策意图主要是达到横向财政平衡，具有抽肥补瘦的特点，如果一般性转移支付数额过大，财力过于平调，则会挫伤较富裕地区的积极性，同时也有可能使落后地区产生依赖性。因此，需要科学、合理、有效地对这种转移支付形式加以运用。我国中央财政对革命老区、民族地区、边疆地区和贫困地区（乡村振兴）的转移支付在分类上属于一般性转移支付，其具体内容及增长情况参见专栏 12-1。

**专栏 12-1 对革命老区、民族地区、边疆地区、贫困地区（乡村振兴）的转移支付**

党的十八届三中全会《中共中央关于全面深化改革若干重大问题的决定》明确提出，完善一般性转移支付增长机制，重点增加对革命老区、民族地区、边疆地区、贫困地区的转移支付。党的十九大报告要求，加大力度支持革命老区、民族地区、边疆地区、贫困地区加快发展。党的二十大报告提出，要支持革命老区、民族地区加快发展，加强边疆地区建设，推进兴边富民、稳边固边。党的二十大报告同时指出，要全面推进乡村振兴，并且要巩固拓展脱贫攻坚成果，增强脱贫地区和脱贫群众内生发展动力。近年来，中央财政上述各项转移支付持续增加。

1. 支持革命老区发展

2001 年起设立革命老区转移支付，补助对象是对中国革命做出重大贡献、财政较为困难的连片老区县（市、区）。资金主要用于革命遗址保护、烈士陵园维护和改造等老区专门事务，以及教育、文化、卫生、乡村道路、饮水安全等老区民生事务。2001—2022 年，中央财政已累计安排革命老区转移支付 1 391 亿元，其中 2022 年规模达到 225 亿元。

2. 支持民族地区发展

2000 年起设立民族地区转移支付，2006 年起，实现了对所有少数民族地区的全覆盖，并建立了转移支付资金稳定增长机制。2000—2022 年，中央财政累计下达民族地区转移支付 9 878 亿元，其中 2022 年规模达到 1 107 亿元。

3. 支持边疆地区发展

2001 年起设立边境地区转移支付。遵循“管边控海、海陆并重”的原则，补助对象覆盖所有陆地边境省区和部分沿海省市。补助内容包括陆地边境事务补助、海洋管理事务补助等方面。2001—2021 年，中央财政已累计下达边境地区转移支付 1 956 亿元，其中 2021 年规模达到 262 亿元。

4. 支持贫困地区发展（推进乡村振兴）

中央财政扶贫资金主要投向国家确定的连片特困地区和扶贫开发工作重点县、贫困村，资金分配坚持向西部地区、贫困少数民族地区、贫困边境地区和贫困革命老区倾斜。2011—2020 年，中央财政不断加大投入力度，累计安排财政专项扶贫资金 7 203 亿元，其中 2020 年规模达到 1 461 亿元。2021 年 3 月 31 日，中央财政专项扶贫资金更名为“中央财政衔接推进乡村振兴补助资金”，用于支持巩固拓展脱贫攻坚成果同乡村振兴有效衔接工作，2021 年的该项资金规模为 1 561 亿元。

资料来源：财政部网站。

（2）专项转移支付。从内涵和功能上讲，专项转移支付是上级政府为实现特定政策目标以及对委托下级政府代理的一些事务进行补偿，而设立的专项补助金，资金的接受者需按规定用途使用相关款项。在有的情况下，上级政府在实行专项转移支付时，还可能要求受补地区拿出一定比例的资金进行配套。专项转移支付手段通常具有很强的针对性，可以直接、有效地体现上级政府的政策意图，从制度上、支出责任上保证事先确定的各种支出项目的落实。这些规定了具体用途的，或者需要由受补地区拿出相应配套资金的专项转移支付，通常属于有条件拨款。

按照政府间事权和支出责任范围划分的标准，现行专项转移支付方式大致分为以下四种类型：一是属于中央政策导向范围的专项转移支付。中央政府在履行宏观调控职能的同时，着眼于进一步改善民生、促进均衡发展诸方面的考虑，还需要由地方政府代为行使部分调控和维护社会稳定方面的职责，于是需要安排相应的专项转移支付资金作为补偿。二是与中央委托地方事务相伴随的专项转移支付。考虑到由地方政府具体组织实施某些事权更有助于实现既定的政策目标，中央政府有时会将原属于自身的部分事权交由地方政府行使。随着事权的下移，中央会相应地安排专项转移支付资金，对相关地方政府给予补偿，从而使地方政府的财权和事权相互匹配。三是中央和地方政府共同事权范围内的专项转移支付。这种方式主要适用于中央与地方政府需要共同负担的事务，虽然这种公共产品位于地方政府辖区范围之内，但其在受益上却具有很强的外部性。由中央财政安排专款补助，对这种外部性进行矫正，有助于调节各地方之间的经济利益关系。四是针对地方政府责权范围内事权的专项转移支付。这项资金通常主要用于支持地方提供特定的公共产品和服务，实现区域间的协调发展。

专项转移支付资金作为一种指定了用途的拨款，不得被挪作他用。专项转移支付的主要功能在于，协助地方政府改善基础设施、生态环境等方面的条件。根据不同时期经济社会发展薄弱环节或宏观调控重点的变化，对专项转移支付的项目范围及补助比例通常也需要进行相应的调整。地方政府需要承诺按照既定的用途使用资金，并且接受上级财政的检查和监督。

关于一般性转移支付和专项转移支付的特征及表现，可用表 12-1 加以展示和比较。

**表 12-1 一般性转移支付和专项转移支付的特征及表现**

| 特征 | 一般性转移支付 | 专项转移支付 |
|---|---|---|
| 体现中央政府意图 | 中 | 强 |
| 行政干预成分 | 弱 | 中 |
| 影响地方政府的决策 | 弱 | 中 |
| 地方政府运用资金的自由度 | 强 | 弱 |
| 促进特定效果的提高 | 弱 | 强 |

## 第三节 中国财政体制改革

自中华人民共和国成立以来，伴随着各个历史阶段政治和经济形势的变化，财政体制经历了多次变化和改进。改革开放后，尤其是 1994 年分税制改革以来，我国财政体制运行显现出良好的经济与政策效应。系统梳理和总结财政体制演进的脉络和经验，对于进一步理顺政府间财政关系，具有重要的作用。新时代我国社会主要矛盾已经转化为人民日益增长的美好生活需要和不平衡不充分的发展之间的矛盾，从财政体制改革上讲，需要体现新时代社会主要矛盾的变化，提高广大人民群众对更高品质公共产品和服务的获得感，解决区域财富占有和收入分配差距方面的问题，以及公共产品供给不充分的问题。

## 一、中国财政体制改革的进程

在新中国成立初期的国民经济恢复时期，我国实行的是高度集权的统收统支财政体制；从第一个五年计划开始，逐步过渡到不同程度的统一领导、分级管理体制；改革开放初期，为调动地方政府的积极性，实行了多种形式的分级包干财政体制；1994 年起，在立足国情的基础上，借鉴成熟市场经济国家的经验，相继实施了分税制财政体制改革、所得税收入分享改革、转移支付改革、省以下财政体制改革、事权与支出责任划分改革等措施，符合市场经济一般要求的财政体制框架初步形成。

### （一）1994 年以来的分税制财政体制改革

我国 1994 年起实施的分税制财政体制改革，主要围绕收支划分和财政转移支付制度构建等几个方面展开。

1. 中央与地方的事权和支出划分

在分税制改革初期，中央与地方财政事权和支出责任划分基本沿袭了改革前的格局，除国防、外交、重大基本建设外，主要按照隶属关系确定支出范围。这一时期我国中央与地方支出责任的划分情况如表 12-2 所示。

**表 12-2　分税制财政体制改革初期中央与地方支出责任划分**

| 项目 | 内容 |
| --- | --- |
| 中央财政支出 | 国防费，武警经费，外交和援外经费，中央级行政管理费，中央统管的基本建设投资，中央直属企业的技术改造和新产品试制费，地质勘探费，由中央财政安排的支农支出，由中央负担的国内外债务还本付息支出，以及中央本级负担的公检法支出和文化、教育、卫生、科学等各项事业费支出 |
| 地方财政支出 | 地方行政管理费，公检法经费，民兵事业费，地方统筹安排的基本建设投资，地方企业的技术改造和新产品试制经费，地方安排的农业支出，城市维护和建设经费，地方文化、教育、卫生等各项事业费，价格补贴以及其他支出 |

注：表中为 1994 年分税制改革时的支出责任划分。2007 年政府收支分类科目调整后，具体的支出科目发生了一定的变化。

随着公共财政体制的确立和不断完善，中央和地方事权与支出责任划分改革不断深入。2014 年 6 月 30 日，中央政治局会议审议通过的《深化财税体制改革总体方案》，确定了财政事权和支出责任划分改革的基本原则和总体要求。2016

年8月，《国务院关于推进中央与地方财政事权和支出责任划分改革的指导意见》印发；2018年1月，国务院办公厅印发《基本公共服务领域中央与地方共同财政事权和支出责任划分改革方案》；此后，医疗卫生、科技、教育、交通运输、生态环境、自然资源、应急救援等分领域权责划分改革也相继展开，初步形成了中央和地方财政事权和支出责任划分框架。

2. 中央与地方的收入划分

1994年分税制改革时，将维护国家权益、实施宏观调控所必需的税种划分为中央税；将同经济发展直接相关的主要税种划分为中央与地方共享税；将适合地方征管的税种划分为地方税，充实地方税税种，增加地方税收入。同时，分设中央与地方两套税务机构，中央税务机构征收中央税、中央与地方共享税，地方税务机构征收地方税。此后，中央根据分税制运行状况以及经济形势发展的需要，对中央与地方收入划分进行了一系列的调整与完善，并于2018年将省级和省级以下国税地税机构合并 。此外，还对国有企业上缴利润、国有土地有偿使用收入等主要财政收入的划分做出具体规定。现行的政府间收入划分情况如表12-3所示。

**表12-3 现行中央与地方的收入划分情况**

| 项目 | 内容 |
|---|---|
| 中央固定收入 | 关税，海关代征的消费税和增值税，消费税，船舶吨位税，车辆购置税，未纳入共享范围的中央企业所得税，证券交易（印花）税，中央企业上缴的利润等 |
| 中央与地方共享收入 | 增值税（中央分享50%，地方分享50%）；<br>纳入共享范围的企业所得税和个人所得税（中央分享60%，地方分享40%）；<br>资源税按不同的资源品种划分，海洋石油资源税作为中央收入，其他资源税作为地方收入 |
| 地方固定收入 | 城镇土地使用税，城市维护建设税，房产税，车船税，印花税（不含证券交易印花税），耕地占用税，契税，烟叶税，土地增值税，环境保护税，地方企业上缴的利润，国有土地有偿使用收入等 |

3. 政府间转移支付制度的建立与发展

1994年分税制改革以后，我国先是建立了以财力性转移支付和专项转移支付为主的转移支付制度。2009年起，为进一步规范财政转移支付制度，将中央对地方的转移支付，划分为一般性转移支付和专项转移支付两类。为与财政事权和支出责任划分改革相衔接，2019 年设立了共同财政事权转移支付。①

我国现行的政府间转移支付主要由三个部分构成：一是一般性转移支付，主要包括均衡性转移支付、老少边穷地区转移支付、重点生态功能区转移支付、资源枯竭城市转移支付、县级基本财力保障机制奖补资金等，主要用于均衡地区间财力配置，保障地方日常运转和加快区域协调发展。二是共同财政事权转移支付，包括城乡义务教育补助经费、学生资助补助经费、就业补助资金、困难群众救助补助资金、基本公共卫生服务补助资金、城镇保障性安居工程资金等，主要是配合财政事权和支出责任划分改革，用于履行中央承担的共同财政事权的支出责任，保障地方落实相关政策所需财力，提高地方履行共同财政事权的能力。三是专项转移支付，包括文化产业发展专项资金、清洁能源发展专项资金、城市管网及污水治理补助资金、农村环境整治资金等，主要用于保障中央决策部署的有效落实，对地方政府行为加以引导。

4. 省以下财政体制的改革与变化

根据我国国情的需要，省以下财政体制实行统一领导、分级管理的基本原则，由省级政府在中央指导下，结合本地实际自行确定。在省以下地方财政体制改革方面，推进了省直管县和乡财县管改革。省直管县改革，有利于发挥省级财政在省辖区域内对财力差异的调控作用，帮助缓解县级财政困难，减少财政管理级次，降低行政成本，推动城乡共同发展。乡财县管改革，集中和加强了乡镇收入管理，控制和约束了乡镇支出需求，统一和规范了乡镇财务核算，遏制和缩减了乡镇债务规模，提高了县乡财政管理水平。针对部分县乡财政困难的情况，还探索构建县级基本财力保障机制，加强了省市财政向基层进行转移支付的力度，对提高基层公共服务能力、保证基层政权运转能力发挥了积极作用。

（二）分税制财政体制改革和发展的主要成效

分税制改革是新中国财政体制变迁的重要分水岭，是一次改革力度大、涉及范围广、影响深远的财政体制创新。通过分税制财政体制改革和发展，基本上建立起了适应社会主义市场经济发展要求的财政体制框架，并且在运行过程中显示出良好的政策与经济效应。特别是党的十八大以来，从国家治理的高度将其作为全面深化改革的一项重点工作加快推进，调动了各方面的积极性，为我国经济社会发展营造了更加公平有效的环境，为全面建成小康社会提供了坚实的财力保障。

1. 事权与支出责任相适应的制度基本建立

随着政府间财政关系的逐步规范，财政体制中主要领域的事权与支出责任划

---

① 2019 年设立的共同事权转移支付，按规定暂列在一般性转移支付项下。

分基本明确。

一方面，事权和支出责任安排逐步明晰。按照党的十八届三中全会确定的改革方向，首先将义务教育、基本就业服务、基本养老保险等涉及人民群众基本生活和发展需要、需要优先和重点保障的八大类 18 项基本公共服务事项，纳入事权和支出责任划分改革范围，逐项明确中央与地方的支出责任分担方式和具体比例。同时，结合政府支出分类，按照统一的原则和标准加快明确分领域财政事权和支出责任划分。医疗卫生、科技、教育、交通运输、生态环境、自然资源、应急救援等分领域改革方案已经出台。以往财政体制中事权和支出责任划分不够清晰的局面，得到明显改观。

另一方面，充分发挥了共同事权的功效，基本公共服务保障标准体系得以初步建立。共同事权划分和支出责任分担机制构建，关系到中央与地方间的利益分配。在推进事权和支出责任划分改革过程中，确立以基本公共服务为主体的中央和地方共同事权框架，合理确定共同事权范围，并以共同财政事权转移支付作为支撑，符合我国实际情况和国家治理需要，对充分发挥中央和地方两个积极性，以及对提高公共服务供给质量，具有重要意义。与此同时，主要基本公共服务项目的支出标准逐步明确，中央与地方的分担办法得以建立，健全了中央与地方共同财政事权清单管理制度，制定了一系列基本公共服务统一的国家基础标准，并且引入了合理增长机制，使共同事权的落实与财政可持续发展相适应。

2. 财政收入稳步增长，国家财政实力显著增强

分税制财政体制改革较好地处理了国家与企业、个人的分配关系，规范了中央与地方的分配关系，调动了各级政府促进经济发展、加强税收征管、依法组织收入的积极性，建立起了财政收入稳定增长机制。分税制改革后，我国财政收入在相当长的时期里保持了较快增长势头，财政实力不断壮大（见表 12-4）。1993—2022 年，全国一般公共预算收入由 4 349 亿元增加到 203 649. 29 亿元，增长了 45. 8 倍；全国一般公共预算收入占 GDP 的比重则由 1993 年的 12. 2%提高到 2015 年的 22. 2%，此后由于在供给侧结构性改革的背景下实施减税降费，以及为应对新冠疫情于 2020 年起加大减税降费的力度，该比重有所下降，2022 年为 16. 8%。与分税制改革初期相比，中央财政收入所占比重明显提高，1993—2022 年，中央财政收入占全国财政收入的比重由 22%提高到 46. 6%，① 为充分发挥我国集中力量办大事的社会主义制度优势提供了有力保障。增值税、所得税等主体税种由企业所在地政府按比例分享，提高了地方政府服务企业的积极性，推动了

① 2011 年，全面取消预算外资金，将所有政府性收入纳入预算管理。地方政府的非税收入增长较快，比 2010 年增长 43. 4%，因此造成地方政府收入占全国财政收入的比重有所上升。

经济发展。

**表 12-4　全国一般公共预算收入及中央财政收入占比情况（1993—2022 年）**

| 年份 | 全国一般公共预算收入/亿元 | 全国一般公共预算收入占 GDP 比重/% | 中央财政收入/亿元 | 中央财政收入占全国财政收入比重/% |
|---|---|---|---|---|
| 1993 | 4 349.0 | 12.2 | 957.5 | 22.0 |
| 1994 | 5 218.1 | 10.7 | 2 906.5 | 55.7 |
| 1995 | 6 242.2 | 10.2 | 3 256.6 | 52.2 |
| 1996 | 7 408.0 | 10.3 | 3 661.1 | 49.4 |
| 1997 | 8 651.1 | 10.9 | 4 226.9 | 48.9 |
| 1998 | 9 876.0 | 11.6 | 4 892.0 | 49.5 |
| 1999 | 11 444.1 | 12.6 | 5 849.2 | 51.1 |
| 2000 | 13 395.2 | 13.4 | 6 989.2 | 52.2 |
| 2001 | 16 386.0 | 14.8 | 8 582.7 | 52.4 |
| 2002 | 18 903.6 | 15.5 | 10 388.6 | 55.0 |
| 2003 | 21 715.3 | 15.8 | 11 865.3 | 54.6 |
| 2004 | 26 396.5 | 16.3 | 14 503.1 | 54.9 |
| 2005 | 31 649.3 | 16.9 | 16 548.5 | 52.3 |
| 2006 | 38 760.2 | 17.7 | 20 456.6 | 52.8 |
| 2007 | 51 321.8 | 19.0 | 27 749.2 | 54.1 |
| 2008 | 61 330.4 | 19.2 | 32 680.6 | 53.3 |
| 2009 | 68 518.3 | 19.6 | 35 915.7 | 52.4 |
| 2010 | 83 101.5 | 20.1 | 42 488.5 | 51.1 |
| 2011 | 103 874.4 | 21.2 | 51 327.3 | 49.4 |
| 2012 | 117 253.5 | 21.7 | 56 175.2 | 47.9 |
| 2013 | 129 209.6 | 21.7 | 60 198.5 | 46.6 |
| 2014 | 140 370.0 | 21.8 | 64 493.5 | 45.9 |
| 2015 | 152 269.2 | 22.2 | 69 267.2 | 45.5 |
| 2016 | 159 605.0 | 21.4 | 72 365.6 | 45.3 |
| 2017 | 172 592.8 | 20.9 | 81 123.4 | 47.0 |
| 2018 | 183 359.84 | 19.9 | 85 456.5 | 46.6 |

续表

| 年份 | 全国一般公共预算收入/亿元 | 全国一般公共预算收入占 GDP 比重/% | 中央财政收入/亿元 | 中央财政收入占全国财政收入比重/% |
|---|---|---|---|---|
| 2019 | 190 390.08 | 19.3 | 89 309.5 | 46.9 |
| 2020 | 182 913.88 | 18.0 | 82 770.7 | 45.3 |
| 2021 | 202 538.88 | 17.7 | 91 461.8 | 45.2 |
| 2022 | 203 649.29 | 16.8 | 94 887.14 | 46.6 |

资料来源：国家统计局网站。

3. 转移支付制度逐步完善

编者谈

转移支付制度改革与建设成效显著

随着财政体制的改革和发展，国家财政收入持续增加，为转移支付规模的扩大和力度的加强提供了必要条件，增强了中央政府的宏观调控能力，促进了国民经济的持续稳定快速发展和国家的长治久安。财政实力的增强，为均衡地区间财力差异提供了财力保障，与此同时，转移支付体系和制度也逐步规范。总体上形成了以财政事权和支出责任划分为依据，以一般性转移支付为主体，共同财政事权转移支付和专项转移支付有效组合、协调配套、结构较为合理的转移支付体系，既保障了相关领域政策有效落实，又体现了财力均等化的导向；既维持了中央和地方财力格局基本稳定、保护了东部地区增加收入的积极性，又促进了区域协调发展，实现了多元政策目标的有机统一；既优化了专项转移支付的使用范围和方向，又逐步建立了专项转移支付的定期评估和退出机制。

4. 地方财政保障能力有所增强，省以下财政体制初步规范

分税制财政体制改革以来，逐步理顺了政府间的权责关系，基本建立了各级政府各司其职、各负其责、各得其利的约束机制和费用分担、利益共享机制。税种、税源按财政体制划定的标准分属中央或地方政府，各级财政预算的财力来源、规模约束明显增强，自收自支、自求平衡的责任得到加强。

现行分税制财政体制强化了对地方财政的预算约束，提高了地方坚持财政平衡、注重收支管理的主动性和自主性。各地参照中央做法逐步建立健全省以下财政体制，明确划分地方各级政府收入范围，注重调动基层政府发展经济的积极性。规范省以下政府间财政事权和支出责任划分，将部分适合更高一级政府承担的财政事权和支出责任上移，强化省级政府在义务教育、医疗卫生、社会保障等基本公共服务领域的支出责任，提高民生支出保障水平。建立较为规范的省对下转移支付制度，引导财力向下倾斜，着力增强县乡政府提供基本公共服务能力，

促进省内地区间基本公共服务均等化。此外，也推动了经济结构调整，在一定程度上抑制了盲目投资，地方政府的经济行为和投资行为发生了积极变化，产业结构和发展方式都有所调整和转变。

（三）财政体制改革和发展中存在的主要问题

在肯定分税制财政体制改革成就的同时，不可否认，现行财政体制与规范的分级财政体制相比还有一定差距，财政体制运行中还存在一些有待解决的问题。随着经济社会发展和国内外形势变化，特别是与新时代发挥财政在国家治理中的基础和重要支柱作用相比，与推进国家治理体系和治理能力现代化的要求相比，现行财政体制中仍然存在着一些不相适应的方面。

1. 部分领域的中央与地方政府间事权和支出责任划分有待完善

在中央与地方政府间权责划分方面，国家已出台多项改革举措，涉及指导意见、分领域改革方案等多个方面。但是，部分领域的中央与地方财政事权划分还不够清晰，若干基本公共服务供给的政府间权责安排仍有待进一步完善；中央与地方政府间共同财政事权与支出责任分担机制是权责划分改革任务当中的重点和难点，仍需进一步加以探索和规范；在有的领域，中央财政事权和支出责任需要加强。

2. 政府间收入划分和地方税改革方面的工作有待进一步加强

现有的税收划分方式，在保证财政收入稳定增长、调动地方经济发展积极性诸方面，发挥了重要作用。与此同时，也应该看到，税收等政府收入形式处于改革发展当中，与这种情况相适应，政府间收入划分方式的改进也处于发展变化当中，需要构建合理的收入划分结构，使划分方式有助于合理调动各方面的积极性。目前地方税体系不够健全，地方政府之间仍然存在着有待规范的非良性税收竞争现象。随着城镇化进程的推进，地方政府需要充足的资金来源用于向当地居民提供教育、医疗、社会保障等基本公共服务。

3. 转移支付结构和管理方面存在问题

政府间转移支付制度建设已经取得了积极的成效，但需要注意的是，转移支付制度建设的基础工作仍有待夯实，转移支付的结构不尽完善，转移支付管理工作仍有待进一步加强。一般性转移支付比重仍需提高，共同事权转移支付改革有待深化，专项转移支付项目繁杂，资金相对分散，不利于充分发挥转移支付资金的规模效应和效益，且有可能在一定程度上增加地方政府负担。一般性转移支付专项化、专项转移支付一般化的问题尚未得到根本解决。

4. 省以下财政体制亟待进一步优化

地方财政和基层财政是财政体制的基础环节，直接关系整个财政体制的运行状况和效果。省以下财政体制还存在财政事权和支出责任划分不尽合理、收入划分不够规范、部分转移支付方式定位不清等问题。省以下的财力纵向和横向分布格局仍存在改进的空间，相当一部分地区对下转移支付的力度不够充足。从纵向财力分布看，省、市、县之间人均财力差距较为明显；从横向财力分布看，部分省份县级财力水平存在相当的差距。一些地方“三保”（保基本民生、保工资、保运转）的压力依然存在，基本公共服务均等化程度和水平有待提升。

## 二、中国财政体制改革的方向

党的十八大报告强调，“加快改革财税体制，健全中央和地方财力与事权相匹配的体制”。党的十八届三中全会明确提出：“必须完善立法、明确事权、改革税制、稳定税负、透明预算、提高效率，建立现代财政制度，发挥中央和地方两个积极性。”党的十九大报告强调：“加快建立现代财政制度，建立权责清晰、财力协调、区域均衡的中央和地方财政关系。”党的二十大报告强调：“健全现代预算制度，优化税制结构，完善财政转移支付体系。”深化我国财政体制改革的方向，得到进一步的明确。

### （一）深化财政体制改革的目标

在明确财政体制改革方向的基础上需从以下方面深刻理解和全面把握财政体制改革目标。

#### 1. 财政体制改革要有利于处理好政府与市场的关系

党的十八大报告指出，经济体制改革的核心问题是处理好政府和市场的关系，必须更加尊重市场规律，更好发挥政府作用。党的十九大报告提出，加快完善社会主义市场经济体制。党的二十大报告提出，构建高水平社会主义市场经济体制。要围绕政府间事权和支出责任划分、收入划分、转移支付制度中存在的问题，针对不利于生产要素自由流动、不利于统一大市场形成、不利于市场经济主体公平竞争的体制机制障碍，加快推进财政体制改革。

#### 2. 继续大力推进基本公共服务均等化

近年来，中央财政不断加大对地方的转移支付力度，并向中西部等财力较为薄弱的地区倾斜，加上东部地区财政收入增速趋缓、中西部收入增幅较高，地区间财力差距呈现逐年缩小的态势，但是，与基本公共服务均等化的要求相比，完善转移支付和基本公共服务均等化工作依然任重道远。基本公共服务均等化不仅体现公平正义，有利于促进和谐社会建设，而且有助于遏制盲目发展，促进发展方式转变与生态文明建设。因此，今后一个时期，推进基本公共服务均等化仍然是财政体制改革的重要目标。

3. 财政体制改革应有利于公平正义和国家发展强大、长治久安

事权和支出责任在中央与地方之间、不同地方之间的划分，财政资金在中央与地方之间、不同地方之间的分配，对促进区域协调发展、建设和谐民族关系、树立中央政策权威都具有重要意义。要从有利于实现公平正义，有利于推动经济发展方式转变，有利于推进国家发展强大、长治久安的高度出发，处理好条条与块块之间的关系，改革和完善财政体制。

（二）深化财政体制改革的基本思路

1. 推进建立和完善适合我国国情的分级财政体制

作为与市场经济发展相适应的公共财政的体制安排，1994 年以来的分税制财政体制改革适应了我国改革开放的需要，适应我国基本国情，在规范政府间财政分配关系、营造企业公平竞争平台、提高中央政府的宏观调控能力和改进地方政府行为模式等方面发挥了重要作用。分税制改革的成效明显：一是抛弃按照企业的隶属关系来划分中央与地方的收入，以税种为基础来界定中央与地方之间的收入，有利于全国统一市场的形成。二是形成了强大的动力机制。作为一个激励相容的机制，分税制形成了地方政府自主收入，提高了地方政府在开发财源、增加收入等方面的努力程度，调动了中央与地方的“两个积极性”。三是分税制改革一举扭转了中央财政收入比重较低的局面，增强了中央政府的政治控制力和宏观调控能力。分税制的基本框架奠定了中央财政的主动地位，有利于强化中央政府对地方政府行为的调节与控制，使中央政府在宏观调控中处于主动地位。从政治意义上讲，这有利于从体制与制度上保证国家的政令统一，维护国家的稳定与安全。因此，财政体制改革应适应我国基本国情，坚持分税制的基本方向不变。在保持分税制财政体制框架基本稳定的前提下，进一步推进建立和完善适应我国国情的分级财政体制，围绕推进基本公共服务均等化建设，健全中央和地方财力与权责相匹配的财政体制，推进省以下财政体制改革，促进地区协调和城乡统筹发展。

2. 清晰划分和界定政府间的事权和支出责任

近年来，按照政府职能转变和公共财政建设的方向要求，财税体制改革得到不断深化。特别是党的二十大报告进一步强调了财政体制改革的重要意义。合理划分各级政府的事权和支出责任，是构建权责清晰、财力协调、区域均衡的中央和地方财政关系的基础。权责清晰，就是要形成中央领导、合理授权、依法规范、运转高效的财政事权和支出责任划分模式。因此，应以清晰划分政府间事权和支出责任为突破口，全面推进财政体制改革。一方面，按照市场经济总体的要求，更好发挥政府职能作用，使中央和地方事权的划分合理化、规范化、清晰化。另一方面，完善共同财政事权体系，强化中央财政事权和支出责任。与此同

时，结合本地区实际加快推进省以下各级财政事权划分改革，根据基本公共服务受益范围、信息管理复杂程度等事权属性，清晰界定省以下各级财政事权，合理划分支出责任。要对地方政府间的财政竞争加以必要的规范和协调，降低地方财政竞争行为预期的不确定性。关于深化省以下财政体制改革中的财政事权划分与支出责任界定，参见专栏 12-2。

**专栏 12-2 清晰划分和界定省以下财政事权与支出责任**

1. 合理划分省以下各级财政事权

结合本地区实际加快推进省以下各级财政事权划分改革，根据基本公共服务受益范围、信息管理复杂程度等事权属性，清晰界定省以下各级财政事权。适度强化教育、科技研发、企业职工基本养老保险、城乡居民基本医疗保险、粮食安全、跨市县重大基础设施规划建设、重点区域（流域）生态环境保护与治理、国土空间规划及用途管制、防范和督促化解地方政府债务风险等方面的省级财政事权。将直接面向基层、由基层政府提供更为便捷有效的社会治安、市政交通、城乡建设、农村公路、公共设施管理等基本公共服务确定为市县级财政事权。

2. 明晰界定省以下各级财政支出责任

按照政府间财政事权划分，合理确定省以下各级财政承担的支出责任。省级财政事权由省级政府承担支出责任，市县级财政支出责任根据其履行的财政事权确定。共同财政事权要逐步明确划分省、市、县各级支出责任，按照减轻基层负担、体现区域差别的原则，根据经济发展水平、财力状况、支出成本等，差别化确定不同区域的市县级财政支出责任。推动建立共同财政事权保障标准，按比例分担支出责任，研究逐步推进同一市县不同领域的财政支出责任分担比例统一。上级财政事权确需委托下级履行的，要足额安排资金，不得以考核评比、下达任务、要求配套资金等任何形式，变相增加下级支出责任或向下级转嫁支出责任。

3. 建立财政事权和支出责任划分动态调整机制

根据事务管理及执行方式、机构职能调整等客观实际，动态调整省以下各级财政事权和支出责任划分。健全共同财政事权支出责任动态调整机制，结合各地区经济发展、财政自给率变化、保障标准调整等情况，适时调整省以下各级财政支出责任分担比例。

资料来源：节选自《国务院办公厅关于进一步推进省以下财政体制改革工作的指导意见》（国办发〔2022〕20 号）。

3. 形成合理、协调的中央与地方收入划分格局

结合事权和支出责任划分、税制改革和税收政策调整，考虑税种属性，在保持中央和地方财力格局总体稳定的前提下，科学确定共享税分享方式及比例，在加强地方税建设的同时，形成以共享税为主、专享税为辅的具有中国特色的、科学合理的收入划分体系。

在财权划分上要继续坚持适度向上集中的原则。我国仍然是一个发展中的大国，各地区之间的经济社会发展水平差异较为明显，既有各省（自治区、直辖市）横向上的发展不均衡，也存在省市县级纵向上的发展不均衡和城乡发展不均衡。从政治上看，在促进民生、构建和谐社会、保证国家安全等方面均需要维护中央政府的权威。从经济上看，目前转变经济发展方式、调整经济结构，进而建设现代化经济体系，确保改革开放大局，需要维护中央宏观调控的权威性和宏观调控能力。这就应该在财政体制方面切实体现中央政府对公共资源必要的掌控力度，以实现其政治、经济目标。因此，构建科学的财政体制需要维持适当的中央财政收入比例，保持中央和地方财力分配格局的总体稳定。在收入划分改革中，可采取渐进改革的方式，对具体情况做具体分析，并采取相应有效的对策措施，逐步理顺中央和地方之间的收入划分关系。

4. 进一步改革完善政府间转移支付制度

应对和解决纵向和横向财政差异，在财力配置方面适当向相对不发达地区倾斜，是政府间转移支付制度建设的重要任务。与财政收入和财权的划分不同，政府间转移支付在财力配置方面所起的作用，是要弥补收入划分方式的不足，缓解或减轻财力差异状况，应对公共产品供给中的外部性问题，力求实现各级各地政府财力与事权的基本匹配。目前，我国地方政府承担了大量的基本公共服务和其他事务，这些基本公共服务和事务需要得到有效的财力保障。如果某个地区出现严重的财力缺口，就意味着该地区的政府难以正常履行其职责，难以正常运转。现行的财力下移包括一般性转移支付、共同事权转移支付、专项转移支付等方式。从总体来看，财力下移取得了积极的成效，但缩小地区间财力差距的运行机制仍有待于完善。在事权、财权和财力三者之间的关系上，财力的调整是相对灵活的。要在保证中央政府的调控能力和力度的同时，适度地向中西部地区倾斜财力，均衡各地区的财力状况，提高财政保障水平，推进基本公共服务均等化和可及性，健全基本公共服务保障标准。

在深化转移支付改革中，要完善和优化中央对地方转移支付制度，进一步厘清各种类型转移支付的功能定位，规范项目设置，强化协调配合，扩大一般性转移支付规模，优化共同事权划分方式和支出责任分担机制，合理确定专项转移支付项目和规模，建立健全专项转移支付定期评估和退出机制，加强转移支付对中

央重大决策部署的保障，精准支持地方落实国家重大战略任务。

5. 充分发挥省级财政的调节能力，深入推进省以下财政体制改革

省级政府是中央为管理地方政府事务而设置的中央政府下属权力机关。作为地方最高权力的执行机构，省级政府拥有对省域内行政事务、经济运行以及公共产品和服务提供的管理和调节职责。作为地方最高行政机关，省级政府往往要把较多的资源投入促进省域经济增长和促进省内基本公共服务均等化方面。我国幅员辽阔，人口众多，各地的资源禀赋、技术水平和经济实力差异较大，这一点也决定了省级政府在其所管辖的行政区域内行使其经济和财政调控职能的特殊重要性。我国经济运行和发展的区域性明显，具有多样性和不平衡性，因而就特别需要省级政府根据各自的特殊情况对所辖区域内的经济进行必要调节。省级财政保持必要的调节能力，才能实现省对市县转移支付补助，调节市县间财力差异，逐步实现公共产品和公共服务的逐步均等化。

按照深化财税体制改革和建立现代财政制度的总体要求，要进一步理顺省以下政府间财政关系，建立健全权责配置更为合理、收入划分更加规范、财力分布相对均衡、基层保障更加有力的省以下财政体制，促进加快建设全国统一大市场，推进基本公共服务均等化，推动高质量发展，为全面建设社会主义现代化国家提供坚实保障。要坚持省负总责、分级负责，尊重地方的自主性和首创精神，鼓励各地区因地制宜采取差异化措施，激励与约束并重，充分调动省以下各级政府积极性，以增量改革为主、适度调整存量结构，优化权责配置和财力格局，增强财政体制的适应性和有效性。要在清晰界定省以下财政事权和支出责任的同时，理顺省以下政府间收入关系，完善省以下转移支付制度，推进省直管县财政改革，推动乡财县管工作提质增效。

6. 坚持渐进性改革的原则

要把握好财政体制改革的节奏与力度，平稳有序推进改革，保持财政体制连贯性和政策连续性，发挥财政体制在改革发展中的引导和保障作用。我国财政体制的变革与整个经济体制改革一样，在世界上没有先例可循，需要根据我国的实际情况，在逐步取得改革共识的基础上不断探索、不断完善，不可能一蹴而就，一步到位。任何一项改革都只能是一个渐进的过程。改革总是会涉及各方面的利益关系调整。为了涵养改革的支持力量和保证改革的顺利进行，我国改革的主体脉络是采取“增量式改革”的渐进性改革。这种改革的渐进性带来的基本经济制度的连续性和稳定性，避免了新旧体制更替过程中可能发生的政治和经济的失序、失范和失控问题，保证了我国经济的持续和快速发展。这种改革的优势在于：在不触动各方面既得利益的同时，通过增量式改革来减缓各方面的矛盾，保持改革的动力，以持久的增量调整来逐步冲淡存量利益。这方面的调整本身就是

利益调整的一个渐进性过程。

在这样的背景下，我国财政体制的改革作为整个经济体制改革的重要环节，需要和其他方面的改革相配合、相协调，采取渐进性的改革路径。财政体制改革直接涉及各方面复杂的利益关系，关系改革的成败，必须谨慎从事。利益关系的调整从来都只能是增量式调整，这也就决定了改革只能是渐进的。就目前情况来看，我国公共收入体系尤其是税制建设还未到位，制约着以此为基础的财政体制优化调整。改革开放40余年以来，虽然我国基本建立起适应社会主义市场经济的、以税收收入为主的公共收入体系，但是目前无论是税收体系还是非税收入体系均有改进的空间。公共收入改革的渐进性也决定了以税种划分为基础的财政体制完善的渐进性需要与整个改革的进程相适应。

## 思考题

1. 谈谈你对分级财政条件下中央与地方政府财政职能分工的认识。
2. 如何科学、合理地划分政府间的事权与支出责任？
3. 为什么要实行政府间的转移支付？政府间转移支付主要采取哪些方式？
4. 我国分税制改革取得了哪些成效？还存在哪些有待解决的问题？
5. 试谈我国财政体制改革的基本思路。

▶ 即测即评

# 第十三章　财政平衡与财政政策

财政收支运行存在平衡、结余和赤字三种结果。市场经济条件下，充分就业、物价稳定、经济增长、国际收支平衡是宏观经济调控的目标。财政政策是政府以一定的财政经济理论为依据，为实现预定的目标而制定的综合运用各种财政手段的基本规则，财政政策和货币政策并称政府宏观调控的两大政策工具。

本章共两节。第一节是财政平衡与财政赤字，介绍财政平衡的内涵，分析财政赤字的计算口径、国际比较、弥补方式及经济效应。第二节是财政政策，介绍财政政策的概念、分类和目标，分析财政政策的作用机理，以及财政政策与货币政策的配合，最后介绍中国财政政策的实践。

## 第一节　财政平衡与财政赤字

### 一、财政平衡的内涵

财政平衡，亦称财政收支平衡或预算平衡，是指一定时期内财政收入与支出基本持平。财政收支或政府预算收支的对比关系，不外乎三种结果：一是收大于支，形成财政结余；二是支大于收，出现财政赤字；三是收支相等，实现财政平衡。在研究财政平衡和财政赤字之前，必须首先明确财政平衡的内涵，进而树立科学的财政平衡观。

第一，财政平衡是相对的或大体的平衡，不存在绝对的平衡。财政收支正好相等的情况在理论上可以成立，但从实际经济运行来看，几乎是不存在的。每日、每月、每季、每年收支对比的经常状态是不平衡，不是收大于支，就是支大于收，而收支正好相等的状态是偶然的。因此“略有结余”或“略有赤字”都是财政平衡的表现形式，都应被视为财政平衡，而财政平衡追求的目标也是基本平衡或大体平衡。

第二，应树立动态平衡的观点，不拘泥于静态平衡或一个预算年度内的收支平衡。静态平衡是某一时点上出现的瞬时现象，或者是在预算平衡表上的形式表现；动态平衡观则要求考虑年度之间的联系和衔接，研究未来财政收支的发展趋势，研究经济周期对财政的影响以及财政对经济周期的调节作用，以求得一个时期的内在平衡。在一个波动的经济周期内，可能某些年份有赤字，某些年份有结余，但如果将二者结合起来从动态上看，财政收支仍可能是平衡的。在一个预算年度内也是如此，有时可能收大于支，有时可能支大于收，即平衡不断被打破，又不断达到新的平衡。

第三，财政平衡只是一种局部平衡，它应该服从或服务于宏观经济总体平衡。如果把财政部门看作国民经济的一个部门，那么，财政部门的收支同家庭部门、企业部门以及对外部门的货币收支有着密切的联系，不仅相互交织，而且互补余缺。为了说明这个道理，可以将四部门国民经济的总量平衡公式（$C+S+T+M \equiv C+I+G+X$）[①] 做一个变形，则 $G-T \equiv (S-I)+(M-X)$ 。变形后，等式左边表示预算收支对比关系：当 $G>T$ 时，政府预算出现赤字；当 $G<T$ 时，则有财政结余。等式的右边由两个不同的账户组成，$S$ 和 $I$ 代表非政府部门的储蓄、投资账户，$M$ 和 $X$ 代表对外部门的贸易经常账户。当 $S>I$ 时，即非政府部门的储蓄大于投资时，有结余资金；反之，则非政府部门的储蓄、投资账户出现赤字。当 $M<X$ 时，即进口额小于出口额时，贸易经常账户有盈余，资源净出口；反之，则贸易经常账户出现赤字，资源净进口。当等式的左右两边都大于 0 时，这个预算恒等式可以理解为：财政赤字≡储蓄、投资账户结余+贸易经常账户赤字。也就是说，尽管此时财政收支未实现平衡，存在赤字，但国民经济却在总体上实现了平衡，而这比财政收支本身的平衡重要得多。可见，国民经济总体平衡的目标是实现社会总供求的大体平衡，财政平衡不过是其中的一个局部平衡，因而对国民经济全局而言，财政平衡本身不是目的，而是一种手段，必须从国民经济的总体平衡来考虑财政应否平衡。换句话说，只有从国民经济全局出发研究财政平衡，才有可能运用财政政策有效地调节经济运行。

第四，不仅要关注中央政府的收支平衡，也要研究各级地方政府的收支平衡。长期以来，我们一般把中央财政与地方财政合在一起，从总体上进行考察。这种考察虽可反映国家财政收支的全貌，却不能反映中央与地方政府各自收支的对比情况。自 1994 年我国实行分税制改革以后，地方各级财政已相对独立，在中央预算与地方预算分立的情况下，分别考察中央预算的平衡与地方预算的平衡，就是十分必要的了。

第五，应该注意将真实平衡与虚假平衡区分开来。虚假平衡主要表现为两种类型：一是由隐性债务和或有债务形成的“财政性挂账”；二是用收入空转（即先缴后返）等方式形成的财政收入虚增。比如，应补未补的企业亏损补贴、粮食亏损补贴、欠发公教人员工资、欠补社会保障缺口等，这些由隐性债务和或有债务构成的隐性财政赤字，抵减了当年真实的财政赤字。又如，中国有些省级财政

① 等式的左边代表总供给的收入流量，由消费 $C$、储蓄 $S$、税收 $T$ 和进口额 $M$ 组成；右边代表总需求的支出流量，由消费 $C$、投资 $I$、政府支出 $G$ 和出口额 $X$ 构成。这个公式可以理解为：当宏观经济总体平衡时，作为总供给的收入流量恒等于作为总需求的支出流量。

和县级财政，受地方经济发展滞后、税源不足等诸多因素的影响，不能完成财政收入任务，于是，就利用收入空转、寅吃卯粮或异地入库等方式使财政收入达到一定标准，造成财政收入的虚假增长。财政虚假平衡有较大的隐蔽性，会使人们产生一种错觉，即在实际已存在赤字的情况下，还可能误认为财政状况良好，从而导致决策上的失误。从这一点看，虚假平衡比公开的赤字有更大的危害性。

## 二、财政赤字（或财政结余）的计算口径和国际比较

### （一）两种财政赤字（或财政结余）计算口径

为了科学、全面地理解财政平衡，还需要区分财政赤字（或财政结余）的计算口径，因为不同口径计算得出的结果可能会相差很大。根据是否将债务收支作为正常的财政收支，可以有两种计算财政赤字（或财政结余）的口径。

第一种方法将债务收支视为正常的财政收支。如果把年度债务收支计入正常财政收支范围，仍然收不抵支而存在差额，那么这个差额便称作财政硬赤字。

硬赤字(结余)=(正常收入+债务收入)-(正常支出+债务还本付息支出)①

第二种计算方法不把债务收支计入正常财政收支范围，在此前提下，收支相抵形成的差额，叫作财政软赤字。在这种计算方法下，债务利息的支出是列入经常性支出的，主要是反映政府每年需要支付一定的债务利息的现实。第二种计算方法为世界上大多数国家或组织所采用，如美国、国际货币基金组织等。

软赤字(结余)= 正常收入-(正常支出+债务利息支出)

### （二）中国财政赤字（或财政结余）计算口径

1953—1993年，中国基本上采用第一种方法计算财政赤字（或财政结余）。这样，从账面上看，财政收支很容易实现平衡。但这样做存在以下几个问题：(1) 它掩盖了财政赤字的真实情况，因为按这种口径计算，只有财政向央行透支时才有赤字，否则，即使财政发生了较大赤字，只要它可以发行公债，不向央行透支，从账面上看，收支都是平衡的，有时甚至发生结余。(2) 由于这种口径大大缩小了赤字的数额，会使人们对财政困难认识不足，从而导致财政支出的进一步扩张。(3) 由于财政赤字数额不能得到真实的反映，也就难以分析财政支出对经济运行所产生的影响。

1994—1999年，为了适应社会主义市场经济体制改革的需要，中国政府收支核算制度做了一些修正。重要内容之一就是财政收支不再包括公债收支，这段时

① 公式中的正常收入是指政府通过征税等活动所取得的收入，即税收收入、国有企业上缴利润收入，以及各种非税收入，如规费收入、国有资源收入等，不包括政府发行债券或借款获得的收入。正常支出是行使政府职能所必不可少的支出，如国防支出、行政管理支出、教科文卫支出、政府投资支出等，不包括政府债务的还本付息支出。

间财政赤字（或财政结余）的口径为：

财政赤字(或财政结余)=经常收入-经常支出

需要指出的是，这一口径与当今市场经济国家通行的软赤字口径相比，仍有一定差别。虽然1994—1999年债务收入不再列作正常收入，债务本金也不再作为正常支出，但债务利息支出也未列入正常预算支出。这样，一方面，财政支出不反映公债的利息支出，人为地压缩了赤字规模；另一方面，还本支出和付息支出不恰当地捆在一起，借新债还旧债的本金和利息，有可能导致债务规模越滚越大。

2000年之后，公债利息支出被列入正常的预算支出，中国的财政赤字（或财政结余）口径已完全与国际通行的做法接轨。将公债利息支出列入财政支出中，有助于正确估算出赤字规模，便于财政政策的正确运作，同时有利于财政监督。

值得一提的是，从2006年起，中央预算稳定调节基金建立。关于中央预算稳定调节基金及其对财政赤字的影响参见专栏13-1。

**专栏13-1 中央预算稳定调节基金**

中央预算稳定调节基金是指中央财政通过超收收入和支出预算结余安排的具有储备性质的基金，视预算平衡情况，在安排下年度年初预算时调入并安排使用，或用于弥补短收年份预算执行的收支缺口，基金的安排使用接受全国人大及其常委会的监督。中央预算稳定调节基金单设科目，安排或补充基金时在支出方反映，调入使用基金时在收入方反映。安排中央预算稳定调节基金时在支出方反映，但实际上钱没花掉。年度财政收支差额不等于年度财政赤字，在进行国际比较时应注意支出口径差别。

1998年以来，我国财政收入增速很快，且实际财政收入增速远超预算。超收收入如何支出的问题由此而生。2006年，用当年超收收入安排500亿元建立中央预算稳定调节基金，余额500亿元；2007年，用当年超收收入安排补充中央预算稳定调节基金1 032亿元，余额1 532亿元。为落实全国人大关于改进收入预算编制方法，进一步规范超收收入分配和使用的要求，从2008年起，中央财政年度执行中如有超收，除按法律、法规和财政体制规定增加有关支出，以及用于削减财政赤字、解决历史债务、特殊的一次性支出等必要支出外，原则上不再追加支出，均列入中央预算稳定调节基金，转到下年度经过预算安排使用。

资料来源：财政部网站。

### （三）财政赤字（或财政结余）的国际比较

综观世界各国，财政收支的平衡与赤字相比，财政赤字更是一种常态。财政赤字是财政收不抵支的结果。在会计账目处理中，收不抵支的结果是负数，以红色显示，财政赤字由此而来。在比较各国财政赤字状况之前，首先要说明一点，财政赤字有预算赤字和决算赤字之分，它与赤字政策（亦称赤字财政）是完全不同的概念。预算赤字是指在编制预算时，就存在收不抵支的情况，预算列有赤字，不代表预算执行的结果也一定是赤字。因为在预算执行过程中可以通过采取增收节支的措施，实现收支的平衡。决算赤字是指预算执行结果支大于收。决算有赤字，可能是因为预算编制时就有赤字，也可能是因为在预算执行过程中出现新的减收增支的因素所致。预算赤字或决算赤字，从指导思想上说，并不是有意识地安排赤字，也并非在每一个财政年度都出现，只是由于经济生活中的一些矛盾一时难以解决而导致的个别年度或少数年度的赤字。赤字政策则完全不同。赤字政策是指国家有意识地用赤字来调节经济的一种政策，亦即通过财政赤字扩大政府支出的规模，刺激社会有效需求的增长。赤字政策的基本思想是英国经济学家凯恩斯提出的，在西方市场经济国家曾被广泛运用，是调节经济的一种主要手段。

在西方发达国家，财政赤字司空见惯，可以说是一种世界经济现象。从 18 世纪后期直至 1914 年第一次世界大战爆发之前，以斯密为代表的经济学家极力主张“廉价政府”并保持财政收支的平衡，但财政赤字也屡见不鲜。1929—1933 年经济大萧条发生之前，财政赤字多是战争、大规模疫情、自然灾害等临时冲击因素所致。一旦这些临时因素消失，财政就会恢复平衡。当然，国家大小不同，所受的冲击不同，财政平衡恢复所耗费的时间也会有所差异。第一次世界大战之后特别是 20 世纪 30 年代至 80 年代之前，各国政府公开奉行凯恩斯提倡的赤字政策，因而连年的巨额赤字成为西方各国经济的一个重要特征。从 20 世纪 80 年代以来的情况看，西方国家也很难做到周期性财政平衡或中长期财政平衡，年度财政结余更是罕见。20 世纪末期，美国在克林顿执政时期出现过短暂的财政结余，但很快又转为财政赤字。

由于世界上大多数国家都存在程度不同的财政赤字，而财政赤字（或财政结余）在一定程度上又服从或服务于经济总体平衡的需要，因而对财政赤字是好是坏的评价不能绝对化。事实说明，许多国家存在一定程度的赤字但未发生财政危机，它是经济周期波动的反映，同时又是熨平经济周期波动的必要手段；但过大的赤字无疑是经济状况和财政状况不佳的表现，甚至可能导致债务危机和金融危机。至于将财政赤字控制在什么样的水平才不至于伤害社会经济的发展，这也难以有一个绝对的标准。目前理论界一般将欧盟国家《马斯特里赫特条约》规定的“入围限制标准”即赤字率①不超过3%，作为适度赤字水平的参考值。但是，这个标准并不是根据科学的经济理论计算出来的，只是依据欧盟国家建立欧元体系时法、德等国的现实情况做出的协议规定，是政治妥协的结果。欧盟国家也不认为超过这个标准就一定会出现财政风险，而且超过3%标准的情况时有发生。

2009年，世界性的金融海啸导致世界各国“负债累累”，欧元区的财政赤字比2008年增长了三倍，欧盟27个成员国的平均财政赤字率由2008年的2.0%上升到2009年的6.0%。根据欧盟统计局公布的资料，2009年，希腊赤字率超过15%，爱尔兰为13.9%，西班牙达到11.1%，葡萄牙达到9.9%。欧盟27个成员国中有22个国家出现赤字超标问题，欧盟为此频频发出预警信号。与赤字高涨相伴的，是政府债务的高涨。一方面，经济衰退迫使政府必须发更多的债；另一方面，增长乏力又让偿还债务陷入难以为继的恶性循环。

2019年年底，面对突如其来的新冠疫情，欧盟各国入不敷出的财政状况进一步加剧。财政赤字率也伴随着疫情和经济变化而波动。根据欧盟统计局的数据，2020—2022年欧元区19国的平均财政赤字率分别为7.1%、5.3%、3.6%，欧盟27个成员国的平均财政赤字率分别为6.7%、4.8%、3.4%。2020年，欧盟27个成员国中除了丹麦略有财政盈余外，其他成员国都发生了财政赤字，且有25个国家的财政赤字率超过3%；2021年，欧盟27个成员国中有24个国家发生了财政赤字，其中15个国家的财政赤字率超过3%；2022年，欧盟27个成员国中仍然有20个国家发生了财政赤字，其中有12个国家的财政赤字率超过3%。

与欧盟情况相似，受金融危机影响，美国2009财政年度②的赤字额也达到惊人的1.42万亿美元，相当于GDP的10%，创第二次世界大战结束以来最高纪录。当然，美国巨额赤字的出现有其客观必然性：一方面，金融危机引发经济衰退，导致联邦税收减少4 000多亿美元；另一方面，为拯救金融系统、刺激经济，美国政府投入了7 880亿美元。为了在保增长、保就业的同时平息外界对高赤字的担忧，奥巴马政府采取了一系列“开源节流”举措，使得联邦赤字连续七年下降。按照美国财政部的数据，2016年联邦赤字约为5 856亿美元，相当于GDP的3.2%。然而好景不长，美国政府在2020财政年度财政赤字创下了3.13万亿美元的历史新高，财政赤字占美国国内生产总值的比重高达15.2%。2021财政年度美国的财政赤字率下降至12.4%，2022财政年度进一步下降至5.5%。当然，美国近年的高财政赤字水平反映了数万亿美元的政府支出以抵消新冠疫情带来的破坏性影响。

---

① 赤字率=财政赤字/国内生产总值（GDP）×100%。

② 起止时间为2008年10月1日至2009年9月30日。

中华人民共和国成立以来，中国在财政工作中一直坚持“收支平衡，略有结余”的方针，但在不少年份也出现赤字。按当时的统计口径，1950—1978 年的 29 年中 10 年有赤字，而在 1979—2022 年的 44 年中除 1985 年和 2007 年外，按现行口径计算，每年都有赤字（见表 13-1）。

**表 13-1 中国 1979—2022 年财政赤字的情况**

| 年份 | 赤字额/亿元 | 赤字率/% | 年份 | 赤字额/亿元 | 赤字率/% |
|---|---|---|---|---|---|
| 1979 | 135.4 | 3.3 | 2007 | -1 540.4 | -0.6 |
| 1980 | 68.9 | 1.5 | 2008 | 1 262.3 | 0.4 |
| 1985 | -0.57 | -0.0 | 2009 | 7 781.6 | 2.2 |
| 1990 | 146.5 | 0.8 | 2010 | 6 772.7 | 1.6 |
| 1995 | 581.5 | 1.0 | 2011 | 5 373.4 | 1.1 |
| 1996 | 529.6 | 0.7 | 2012 | 8 699.5 | 1.6 |
| 1997 | 582.5 | 0.7 | 2013 | 11 002.5 | 1.9 |
| 1998 | 922.2 | 1.1 | 2014 | 11 415.5 | 1.8 |
| 1999 | 1 743.6 | 1.9 | 2015 | 16 200.0 | 2.4 |
| 2000 | 2 491.3 | 2.5 | 2016 | 21 800.0 | 2.9 |
| 2001 | 2 516.6 | 2.3 | 2017 | 23 800.0 | 2.9 |
| 2002 | 3 149.6 | 2.6 | 2018 | 23 800.0 | 2.6 |
| 2003 | 2 934.7 | 2.2 | 2019 | 27 600.0 | 2.8 |
| 2004 | 2 090.4 | 1.3 | 2020 | 37 600.0 | 3.6 |
| 2005 | 2 281.0 | 1.2 | 2021 | 35 700.0 | 3.1 |
| 2006 | 1 662.5 | 0.8 | 2022 | 33 700.0 | 2.8 |

注：其中，2014 年以前（含 2014 年）的赤字额为实际赤字，即“一般公共预算支出”减去“一般公共预算收入”后的差额。2015 年以来的赤字额为调节后的财政赤字，计算公式为：财政赤字 = 实际赤字 -（中央调节基金净调入额 + 地方调节基金净调入额 + 从政府性基金预算和国有资本经营预算等其他三本账调入资金净额）。

资料来源：各年度《中国统计年鉴》。

改革开放以来中国财政赤字产生的主要原因包括：（1）计划经济转向市场经济，市场微观主体面对更大的竞争性和不确定性，企业盈亏波动加大，带来财政收入增长波动。（2）对外开放也放大了国际经济波动对中国经济增长和波动的冲击，进而带来财政收入增长波动。（3）财政支出刚性和社会保障等福利性支出增长，带来财政支出增长压力。（4）中央政府摒弃了片面追求财政平衡的局部平衡观和静态平衡观，从宏观经济总体平衡视角实施更为积极的财政政策，赤字财政成为中国政府应对经济波动的重要手段。

需要指出的是，赤字率的波动带有明显的阶段性特征。例如，1998 年，中国政府为应对亚洲金融危机带来的通货紧缩，实施扩张社会需求的积极财政政策后，赤字率曾经一度攀高，2000 年达到 2.5%，2002 年达到 2.6%；2005 年以后，随着稳健财政政策的实施，加上经济快速增长，赤字率相应降低，2007 年甚至实现了财政结余。2009 年后，为应对全球性金融危机导致巨额财政赤字再次出现。2020 年，为应对新冠疫情对经济的负面冲击，中国政府实施了大规模经济支持方案，发行 1 万亿元抗疫特别国债，增加 1.6 万亿元地方政府专项债券，及时出台规模性助企纾困政策，赤字率也高达 3.6%。

总体而言，改革开放以来，中国财政赤字总额不断攀升，现已超过 3 万亿元，但财政赤字率除了 2020 年和 2021 年因为新冠疫情冲击突破 3%以外，基本上控制在 3%以下。不同国家的国情不同，欧盟的警戒线赤字率 3%的标准不可能成为世界各国的绝对标准，而仅仅是一个参考指标，以此来衡量中国赤字水平高低并不客观。各国确定赤字率警戒线应当根据本国经济发展、物价水平、债务余额、财政政策取向等情况综合考虑。改革开放以来，中国一直保持较高的经济增长速度，储蓄率自 20 世纪 90 年代中期以来一直高达 40%，并且有较大的存差，这说明国民经济没有超分配，依然存在一定的财政赤字空间。当然，如果财政赤字长期居高不下就会引发潜在的债务规模失控等风险，因此，谨慎对待财政赤字并通过增收节支等财政改革努力降低财政赤字水平仍然是保持经济稳定发展的根本之策。

## 三、财政赤字的弥补方式

### （一）动用历年财政结余

财政失衡出现财政结余的情形通常容易应对。财政赤字一旦出现，就要考虑如何弥补的问题。如果以前年份有财政结余，那么动用历年结余即可。当今世界各国多选择赤字政策，财政赤字已是家常便饭，动用结余几无可能。

### （二）发行货币或向银行透支

从理论上说，政府可以通过发行货币来弥补赤字，获得铸币税①收入。为弥补赤字而增发货币，容易带来通货膨胀，这与各国中央银行币值稳定目标相悖。

① 铸币税不是一个税种，而是对货币发行收入的理论界定。在金属货币时代，货币若用等值金属制成，则无货币发行收入；如果所用金属的价值小于货币所代表的价值，那么差额部分就构成铸币税收入。当货币形式发展到信用货币时代，货币发行从技术上脱离了实体经济的束缚，成为一种能为发行者带来发行收入的特权。西方政府曾以铸币税的形式对私人银行发行的现钞课税，作为允许它们拥有货币发行特权的交换。

正常运行的经济体不会选择此类饮鸩止渴的做法。在计划经济时期，中国奉行年度预算平衡原则，但也有若干年份出现财政赤字。赤字的弥补方式是向银行透支或借款。这类做法一直延续到改革开放十几年后。从1994年起，财政赤字不再向中国人民银行透支，而是通过发行公债来弥补。

（三）开征新税或提高税率

增加税收是弥补赤字的一个选项，看似一劳永逸，但不见得十全十美。理由如下：一是税收主要是满足经常性支出需要的。如果收不抵支只是暂时现象，那么增加税收的方法就不适宜。二是在现代民主国家，开征新税或提高税率一般要经过一系列耗时较长的政治程序，远水解不了近渴。三是长期连续赤字，即使增税，潜力也会很快被挖掘殆尽，难以通过持续增税来弥补赤字。

（四）举借债务

举借债务是当今世界各国普遍采用的方法，也被认为是最可靠的办法。举借外债要受各种因素的影响与制约，其难度较大，因此，最常用的是举借内债。举借债务弥补赤字除了会给以后年度的财政带来还本付息压力外，其利弊在于：从居民个人来看，如果是以减少即期消费来购买国债，则是把消费基金转化为积累基金，有利于加快建设速度；如果是以减少即期储蓄或从银行提取存款来购买国债，就会对银行信贷收支产生一定影响。从经济单位来看，如果是以压缩消费开支和生产规模来购买国债，对经济无大的影响；如果经济单位购买国债而生产与消费支出并未压缩，就必然增加银行贷款压力。从商业银行来看，如果商业银行以存款余额购买国债，而政府的国债收入又存入商业银行，则不会影响商业银行的信贷收支；如果政府将其存入中央银行，则势必压缩商业银行的信贷规模；如果商业银行将国债拿到中央银行贴现，商业银行的信贷规模也不会受影响；中央银行购买国债或办理商业银行的国债贴现而不相应压缩其贷款规模，则会直接扩大货币发行，容易引发通货膨胀。

## 四、财政赤字的经济效应①

依据凯恩斯主义者的功能财政思想②，第二次世界大战后西方国家普遍实行

① 财政赤字的经济效应主要通过增加财政支出来实现，而财政支出的经济效应包括多种宏微观效应，具体见第三章第三节的内容。这里主要是从宏观视角来分析财政赤字通过财政支出对社会有效需求和经济增长的影响。

② 功能财政思想主张政府的财政活动不应机械地以财政预算收支平衡作为最终目标，政府要审时度势，主动采取一些财政措施，稳定国家经济。如当经济出现衰退、总需求较低时，政府应削减税收或增加支出以刺激总需求，此称扩张性财政政策；反之，当总需求偏高、出现通货膨胀时，政府则应采取增加税收或削减开支的紧缩性财政政策抑制总需求。

逆经济风向行事的“相机抉择”财政政策，即根据反经济周期的需要，充分利用财政赤字或财政盈余进行社会有效需求管理，有意识地调节国家经济。财政赤字对于社会有效需求和经济增长的影响同时具有挤入和挤出两种效应。具体而言，财政赤字的挤入效应将引起私人部门的消费或投资增加，从而带动产出总量增长；挤出效应则刚好相反，财政赤字将挤出私人投资。财政赤字的最终作用效果由上述两种反向效应的相对大小决定。

（一）挤入效应

财政赤字的挤入效应是指财政赤字增加了政府支出，能够引导居民消费或投资增加，进而引起经济增长的效应。例如，财政赤字增加了政府对基础设施等的公共投资，会改善当地的投资环境，对私人部门投资产生正的外部效应，提高私人资本的边际生产率，有可能诱导私人部门投资的增加，进而带来总产出增加。再如，政府利用财政赤字为居民提供社会保障服务，可以形成人们对未来的良好预期，打消谨慎消费的念头，从而引起储蓄减少、消费和投资增加等一系列扩张性经济行为。

需要指出的是，财政赤字的挤入效应多在经济衰退、利率较低时的特定经济环境中出现，此时利率不再成为私人部门投资决策的主要影响因素，而更多受到总需求因素的影响，或者说，由于总需求不旺，形成私人部门的产品积压，进而产生私人部门的悲观性预期。此时，政府通过财政赤字实施扩张性财政政策，通过增加总需求（包括内需和外需两部分），提高了私人部门的产品销售和利润，以及对未来经济增长的乐观预期，这样即使在利率提高或者说企业筹资成本提高时，企业也会增加自主性投资，从而产生财政赤字的挤入效应。

（二）挤出效应

如果说挤入效应是由于财政赤字下政府支出行为的正外部性引致的，那么，挤出效应则是政府支出行为对私人部门的负外部性造成的，这种负的外部性主要是通过利率变量来传导的。财政赤字意味着政府需要发行公债增加财政支出，带动货币需求上涨，在金融市场上引起利率上升，致使私人部门投资减少。上述传导过程表明，财政赤字的挤出效应大小取决于货币需求对于利率的弹性、私人部门投资对利率的敏感度等因素。当货币需求对利率的弹性大、私人部门投资对利率敏感度高时，财政赤字的挤出效应就大；反之则小。

依照挤出效应的不同程度进行划分，财政赤字的挤出效应可以分为三类：古典主义极端情况下的完全挤出、凯恩斯主义极端情况下的零挤出和部分挤出效应。在古典主义极端情况下，货币需求对利率完全没有弹性，财政赤字导致利率上升将挤出同等规模的私人投资，财政赤字具有完全的挤出效应。在凯恩斯主义极端情况下，经济陷入流动性陷阱，此时货币需求对利率十分不敏感，政府的扩张性支出未引起利率变动，对私人部门投资无挤出作用。相较于上述两种特殊情形，位于古典区域和凯恩斯区域之间的部分挤出效应情形更贴近现实。

## 第二节 财政政策

### 一、财政政策的概念与分类

#### （一）财政政策的概念

广义而言，财政作为政府经济活动或收支活动，是在政策指导下展开的，因而财政政策既包含宏观政策又包含微观政策。本章所述财政政策主要是狭义的宏观政策，专指财政间接干预宏观经济运行以稳定经济的政策。

从政府宏观调控视角出发，财政政策是政府以一定的财政经济理论为依据，为实现预定的目标而制定的综合运用各种财政手段的基本规则。这一定义表明：（1）财政政策是政府为实现特定的目标而制定的。财政是政府对一部分社会产品的分配活动，这种分配活动的基本方针必然由政府规定。政府制定财政政策总有其特定的目标，如经济、政治、社会等方面的目标，这些目标是与政府在该时期中的整体战略目标相联系的。（2）财政政策包括多种财政政策手段的综合运用。政府为实现特定的目标，就要运用税收、债务、投资、补贴、财政支出、预算等多种财政政策手段，并使之彼此密切配合，形成合力，尽量避免或减少负效应。可以说，财政政策是财政政策目标和财政政策手段的有机统一。（3）财政政策是为实现特定目标而制定的运用财政政策手段的基本规则。财政政策的任务主要是规定财政作用的明确方向和若干的工作界限。一方面将政府在一定时期内的总路线、总目标具体化，另一方面又对财政部门制定工作规划、组织具体活动起到统领、指导和约束作用。所以，财政政策是政府组织和管理财政分配活动的一种手段和工具。（4）财政政策是以一定的财政经济理论为依据的。财政政策目标的确立、财政政策手段的选择，以及行动规则的确定，都以政府对财政经济内在规律的认识和对特定经济背景的分析为前提。不同的财政经济理论会引申出不同的政策主张，政府对某一财政经济理论的赞同和青睐会影响特定的政策选择。

#### （二）财政政策的分类

财政政策目标和财政政策手段是构成财政政策的两大基本要素，任何国家、任何时期的财政政策都是由这两大基本要素组合而成的。由于一定时期的财政政策目标是多重的，财政政策手段是多种多样的，所以，财政政策的内容也有多种。为便于从整体上分析和研究财政政策，我们可对其进行下述分类。

1. 按照财政政策手段划分

按照财政政策手段划分，财政政策可分为税收政策、财政支出政策、政府投资政策、国债政策等。

（1）税收政策。税收政策主要通过宏观税率和具体税率的确定、税种选择、税负分配（包括税负转嫁）以及税收优惠和税收惩罚等规定来体现政府的政策导向。首先，宏观税率（即税收收入占 GDP 的比重）是衡量财力集中与分散程度的一个重要指标，而宏观税率定得高意味着政府集中掌握的财力或动员资源的能力高，反之则低。但是，宏观税率必须适度，过高会加重私人部门负担，过低则难以保证政府提供公共产品的需要，也不利于政府的宏观调控。其次，税种设置的目的是形成合理有效的税收体系，从而确定税收调节的总范围，明确税收调节的若干层次，进而产生各税种相互配合的政策效应。再次，税负分配，一方面是由政府部门来进行，主要是通过税种选择和制定不同的具体税率来实现；另一方面是通过税负转嫁的形式体现出来。税负分配对于收入的变动、相应的个人与企业的生产经营活动以及各经济主体的行为，均会产生重大影响。最后，税收的优惠性措施包括减税、免税、宽限、加速折旧以及建立保税区等。税收优惠与税收惩罚主要是在征收正税的基础上，为了某些特殊需要而实行的鼓励性措施或惩罚性措施，具有一定的灵活性。

（2）财政支出政策。财政支出政策包括购买性支出和转移性支出两大部分，其中，前者是一种政府的直接消费或投资支出，后者则通过财政补贴等形式将货币收入从一方转移到另一方。财政补贴的运用一方面对实现体制的平稳过渡发挥了重大作用，另一方面则产生了一些诸如延续不合理的比价关系或资源配置格局等消极的影响。因而在应用时必须充分考虑它的双重作用。

（3）政府投资政策。政府投资政策是指财政用于资本项目的建设支出，它最终将形成各种类型的固定资产。在市场经济条件下，政府投资的项目主要是指那些具有自然垄断特征、外部性大、产业关联度高、具有示范和诱导作用的公共设施、农业等基础性产业以及新兴的高科技主导产业。投资方向对经济结构的调整起关键性作用。对于国民经济基础设施和基础产业的“瓶颈”制约现状，政府投资所产生的效应不局限于自身的投资效应；作为一种诱发性投资，它可将“基础瓶颈”制约所压抑的私人部门的生产潜力释放出来，并使国民收入的创造达到一个较高的水平。这就是政府投资在“基础瓶颈”条件下所产生的“乘数效应”。

（4）国债政策。作为一种财政信用形式，国债最初是用来弥补财政赤字的，随着信用制度的发展，国债已成为调节货币供求、协调财政与金融关系的重要政策手段，从而成为政府进行宏观经济调节的重要工具。

2. 根据调节经济周期的作用划分

根据调节经济周期的作用划分，财政政策可分为自动稳定的财政政策和相机抉择的财政政策。

（1）自动稳定的财政政策。这种政策本身具有内在的调节功能，能够根据经济波动情况，无须借助外力而自动地发挥稳定作用。比如税收体系，特别是企业所得税和累进的个人所得税，对经济活动水平的变化反应相当敏感。如果政府预算是平衡的，税率没有变动，而经济活动出现不景气，国民产出就要减少，这时税收收入也会自动下降；如果政府预算支出保持不变，由于税收收入减少而使预算赤字发生，则这种赤字具有一种内在的扩张力量，会“自动”地抑制国民产出的继续下滑。又如，政府为维持居民的最低必要生活水平会提供失业救济金和最低生活保障金等福利性支出。当国民经济出现衰退时，会有一大批居民享有失业救济金和低保收入，从而可以使总需求不致猛然下降；而当经济繁荣来临时，失业者可重新获得工作机会，政府就可以停止失业救济和低保支出，从而可以抑制总需求的过旺。

（2）相机抉择的财政政策。这种政策是政府利用本身财力有意识地干预经济运行的行为，政府可以根据当时的经济形势，采用不同的财政措施，消除通货膨胀缺口或通货紧缩缺口。比如，在经济繁荣时期，为了减少通货膨胀因素，政府通过增收减支等政策以抑制和减少社会有效需求；而在经济萧条时期，为了减少通货紧缩因素，政府则通过增支减收等政策来增加消费和投资需求，谋求整个社会经济有效需求的增加。

3. 根据调节国民经济总量的不同功能划分

根据调节国民经济总量的不同功能划分，财政政策可分为扩张性财政政策、紧缩性财政政策和中性财政政策。

（1）扩张性财政政策。扩张性财政政策是指通过财政收支规模的变动来增加和刺激社会的总需求，在总需求不足时，通过扩张性财政政策使总需求与总供给的差额缩小以至平衡。扩张性财政政策的载体主要是增加财政支出和减少税收，两者相比，前者的扩张效应更大一些。财政支出是社会总需求的直接构成因素，财政支出规模的扩大会直接增加总需求。减税政策可以增加私人部门的可支配收入，在财政支出规模不变的情况下，也可以扩大社会总需求。同时，减税的种类和方式不同，其扩张效应也不同。流转税的减收在增加需求的同时，对供给的刺激作用更大，所以，它的扩张效应主要表现在供给方面。所得税尤其是个人所得税的减收，主要在于增加人们的可支配收入，它的扩张效应体现在需求方面。在增加财政支出与减少税收并举的情况下，扩张效应虽然更大，但可能导致财政赤字，从这个意义上说，扩张性财政政策等同于赤字财政政策。

（2）紧缩性财政政策。紧缩性财政政策是指通过财政收支规模的变动来减少和抑制总需求，在国民经济已出现总需求过旺的情况下，通过紧缩性财政政策可以消除通货膨胀，达到供求平衡。实施紧缩性财政政策的手段主要是减少财政支出和增加税收。减少财政支出可以降低政府的消费需求和投资需求，增加税收可以减少私人部门的可支配收入，进而降低其消费需求和投资需求。所以，无论是减支还是增税，都具有减少和抑制社会总需求的效应。如果在一定经济状态下，增税与减支并举，财政盈余就有可能出现，在一定程度上说，紧缩性财政政策等同于盈余财政政策。

（3）中性财政政策。中性财政政策是指财政收支活动对社会总需求的影响保持中性，既不产生扩张效应，也不产生紧缩效应。在一般情况下，中性财政政策要求财政收支保持平衡。在经济政策理论中，一般把通过增加盈余或减少盈余以及增加赤字或减少赤字的形式表现出来的财政政策，称为非均衡财政政策，而以收支均衡的形式表现出来的财政政策，称为均衡财政政策。均衡财政政策的主要目的在于力求避免预算盈余或预算赤字可能带来的消极后果。但是，预算收支平衡或均衡财政政策，并不等于中性财政政策。因为通过支出结构的调整和税收政策的调整，在保持预算平衡的同时仍然会对经济发挥调节作用。

4. 按照财政政策作用的不同方面划分

按照财政政策作用的不同方面划分，即将财政政策本身的内容与对经济运行状态的影响结合起来进行分析，可将其分为总量调节政策和结构调节政策。

总量调节政策是通过调整财政收支及其总量对比关系实现社会总供求平衡的政策。结构调节政策是通过调整财政收支结构及其他措施影响社会供求结构的政策。

此外，财政政策还可以按照作用的范围分为一般政策和个别（特殊）政策；按适用的时间分为长期政策、短期政策等。

## 二、财政政策的目标

财政政策的目标是指政府通过运用各种财政政策所要实现的目的，它构成财政政策的核心内容，是财政政策中的主导方面。财政政策目标的确定因不同国家不同时期而异。西方国家政府的财政政策目标经历了一个由财政目标到经济目标、由单一内容到多元内容的变化过程。大体而言，自由资本主义时期直至第一次世界大战以前的财政政策是尽可能减少干预的“廉价政府”政策，当时的财政政策目标是一元的，即财政自身平衡。“大萧条”期间及之后的财政政策是广泛干预、积极调节的政策，财政政策目标趋于复杂。20 世纪 40 年代中期，美、英等主要资本主义国家政府把凯恩斯主义奉为制定财政政策的指导思想，以法律的形式宣称谋求充分就业是政府的责任。这一时期财政政策的目标就是实现充分就业。20 世纪 50 年代末和 60 年代，主要资本主义国家出于对外扩张的需要，把经济增长视为主要的政策目标，认为只要经济增长了，就业问题就自然而然地得到解决。这种以经济高速增长为目标的财政政策却成为 20 世纪 70 年代经济“滞胀”的重要成因。此后，各主要资本主义国家纷纷对自己所信奉的经济理论和制定的经济政策进行反思，并以多元政策目标取代单一政策目标。近些年来，西方发达国家普遍把充分就业、稳定物价、经济增长、国际收支平衡作为财政政策目标。这种从单一政策目标向多元政策目标变化的趋势既反映出资本主义社会中经济活动和各种矛盾的复杂性，又说明了单一政策目标的局限性。

中国的财政政策目标不应以财政本身的状况而定，而主要应由经济和社会发展的要求来决定。而且，中国财政政策的目标也是多元的，多元的财政政策目标之间有着内在的联系，它们有层次之别，可分为长远目标和近期目标。财政政策的长远目标即总目标；财政政策的近期目标也称分目标或阶段性目标，是实现长远目标的前提条件。

### （一）财政政策的长远目标

确立财政政策的长远目标，首先必须明确中国特色社会主义经济发展道路的要求，即在中国共产党的领导下，立足基本国情，以经济建设为中心，坚持四项基本原则，坚持改革开放，解放和发展社会生产力，建设中国特色社会主义市场经济、社会主义民主政治、社会主义先进文化、社会主义和谐社会、社会主义生态文明，促进人的全面发展，逐步实现全体人民共同富裕，建设富强民主文明和谐美丽的社会主义现代化强国。这是各项经济活动的出发点和归宿，各种经济政策的目标都必须统一到这一根本点上。自然，它也决定了财政政策的根本方向。习近平在党的十九大报告中强调，中国特色社会主义进入新时代，我国社会主要矛盾已经转化为人民日益增长的美好生活需要和不平衡不充分的发展之间的矛盾。这种公共需要的满足，综合表现为人民生活质量的提高，如公共安全、环境质量、公共卫生与健康、基础科学研究、普及教育等水平的提高都标志着生活质量的提高和美好生活需要的满足。财政政策把人民群众生活质量的提高作为最终目标，是因为提高生活质量，仅靠市场是远远不够的，还必须依靠政府部门提供足够的高质量的社会公共服务。

### （二）财政政策的近期目标

#### 1. 充分就业

无论对个人还是家庭来说，就业是避免贫困和消除依赖性的最可靠途径，它不仅是人谋生的手段，同时也是人融入社会大家庭的基本方式。从这个意义上讲，就业是人的最基本权利，就业是最基本的民生。全体人民的“各尽其能、各得其所”是社会主义和谐社会的本质特点。因此，社会主义和谐社会也就是实现了充分就业的社会。当然，“充分就业”并非失业率为零的就业状态，而是指在允许适度失业率（比如4%~6%）的前提下，所有有就业意愿的劳动年龄人口都能找到维持生存与发展需要的就业岗位的状态。

2. 物价相对稳定

这是世界各国均在追求的重要目标，也是财政政策稳定功能的基本要求。物价相对稳定并不是冻结物价，而是把物价总水平的波动约束在经济稳定发展可容纳的空间。物价相对稳定，可以具体释义为，避免过度的通货膨胀或通货紧缩。在采取财政措施时必须首先弄清导致通货膨胀或通货紧缩的原因，如果是由于需求过旺或需求不足造成的，则需要调整投资性支出或通过税收控制工资的增长幅度，如果是由结构性摩擦造成的，则必须从调整经济结构着手。物价不稳定对于发展中国家来说始终是经济发展中的一大隐患，因此在财政政策目标的选择上必须予以充分考虑。

3. 收入合理分配

在现代市场经济条件下，理想的收入分布形态是“两头小、中间大”，但中国目前在不同收入群体的分布上，中等收入和中等偏上收入群体相对较小，合计只占总人数的30%左右。由于收入水平提高较快的少数最高收入者将其他收入群体相对地向下排挤，低收入和中等偏下收入群体相对过大。这种收入群体分布结构，很容易造成人们对收入差距过大的心理失衡。因为群体内部收入差距不大的中低收入者和最低收入者居多，中等和中等偏上收入者偏少，所以，低收入者往往把目光定位在最高收入者那里，进而造成很大的心理反差。

在改革开放之前，“吃大锅饭”的平均主义分配抑制了劳动者的生产积极性，不利于经济的发展；改革开放后收入分配不合理，贫富悬殊，又不利于社会经济的稳定。在社会主义市场经济条件下，同资源配置机制一样，应使市场分配起基础作用，同时实施政府的宏观调控。收入分配既要有利于充分调动社会成员的劳动积极性，又要防止过分贫富悬殊，因此，在政策的导向上存在着公平与效率的协调问题。税收负担的合理分配，建立完善的社会保障体系，是实现收入合理分配目标的关键点。

4. 经济适度增长

适度增长的含义，在中国当前就是努力推动经济实现质的有效提升和量的合理增长。这一方面要求提升经济增长的质量，另一方面要求保持一定的经济增长速度。具体说来，一是保持经济的平稳较快增长。中国仍是一个生产力低下的发展中国家，必须要有一个较快的增长速度，同时要注重增长的质量和效益，加快经济结构的战略性调整；要进一步扩大国内需求，调整消费与投资的关系，增强消费的推动力；要保持社会供求总量的基本平衡，避免经济的大起大落。二是加快经济增长方式的转变。中国土地、淡水、矿产资源和环境状况对经济发展构成严重的制约，必须把节约资源作为基本国策，发展循环经济，保护生态环境，建设资源节约型、环境友好型社会，促进经济发展与人口、资源、环境相互协调，实现可持续发展。三是提高自主创新能力。把增强自主创新能力作为科学技术发展的战略基点和调整产业结构、转变增长方式的中心环节，特别是提高原始创新能力、集成创新能力和引进消化吸收再创新能力。四是促进城乡区域协调发展。把"三农"问题作为当前工作的重中之重，推进社会主义新农村建设，促进城镇化健康发展；落实区域发展总体战略，形成中东西部地区优势互补、良性循环的区域协调发展机制。五是着力提高人民生活品质。坚持尽力而为、量力而行，加强普惠性、基础性、兜底线民生建设。以人为本，切实解决关系人民群众切身利益的现实问题，注重经济与社会的协调发展，保持社会安定团结。

为促进经济的适度增长，财政政策必须在经济增长的基础上保持财政收入的适度增长，优化支出结构。当前要加大"三农"的投入，实施乡村振兴战略，促进城乡协调发展；加大教育、卫生、科技和社会保障等各项社会事业的投入，促进经济与社会协调发展；加大转移支付力度，促进地区的协调发展。

## 三、财政政策的作用机理

财政政策手段包括税收政策、财政支出政策、政府投资政策和国债政策，下面我们分别对各项政策的作用机理进行说明。

### （一）税收政策的作用机理

税收政策影响宏观经济的作用机理主要是通过乘数（倍数）效应实现的。所谓乘数效应，是指税收或财政支出变动引起社会总需求变动（扩张或收缩），进而引起国民收入（或国内生产总值）的变化。税收政策引起的乘数效应的倍数称为税收乘数。

为了更好地说明乘数效应，我们以宏观经济学中国民收入的决定方程式来进行简单的推导。假设一个只包括家庭、企业和政府的三部门封闭经济体，在社会总供给和总需求均衡时，国民收入的决定方程式可表示为：

$$Y=C+I+G \tag{13-1}$$

其中，$Y$ 代表国民收入，$C$ 代表家庭消费支出，$I$ 代表企业投资支出，$G$ 代表政府购买性支出。

进一步，家庭消费支出取决于其可支配收入和边际消费倾向：

$$C=C_0+c(Y-T+R) \tag{13-2}$$

其中，$C_0$ 是家庭消费支出中的常数，表示家庭即使在短期内没有收入也必须进行的消费支出；$c$ 表示边际消费倾向；$T$ 是家庭支付的税收，$R$ 是家庭得到的政府转移性收入，由此 $Y-T+R$ 表示家庭的可支配收入。

将式（13-2）带入式（13-1）后整理可得：

$$Y=\frac{1}{1-c}(C_0-cT+cR+I+G) \tag{13-3}$$

接下来我们就可以分析政府减税所产生的乘数效应了。假设财政支出不变，即政府购买性支出 $G$ 和政府转移性支出 $R$ 不变，政府通过减少税收 $T$ 来影响总需求，其对国民收入产生的乘数大小需要追踪收入变动的每一步。由式（13-2）可知，税收减少 $\Delta T$ 使得家庭第一期可支配收入 $Y-T+R$ 增加 $\Delta T$，从而引起家庭消费支出增加了 $c\cdot\Delta T$。消费支出的这一增加会提高第二期的收入和支出，使得第二期消费支出增加 $c^2\cdot\Delta T$。这会进一步提高第三期的收入的和支出，依次类推，这种从消费到收入又到消费的反馈会无限期延续下去，对国民收入的总影响为：$\Delta Y=-(c+c^2+c^3+\cdots)\Delta T$。由此可得税收变动对国民收入的总效应：

$$\Delta Y/\Delta T=-\frac{c}{1-c} \tag{13-4}$$

式（13-4）就是税收乘数①，即减税 1 元可以引起国民收入增加 $\frac{c}{1-c}$ 元。例如，如果边际消费倾向是 0.6，则税收乘数为：$\Delta Y/\Delta T=-0.6/(1-0.6)=-1.5$。

（二）财政支出政策的作用机理②

与税收政策类似，财政支出政策影响宏观经济的作用机理也是通过相应的乘数效应实现的。与税收乘数类似，我们可以基于式（13-3）依据相同的逻辑推导得到政府购买性支出乘数和转移性支出乘数。

假定其他变量不变，政府购买性支出增加 $\Delta G$，当期就使得国民收入 $Y$ 增加了 $\Delta G$，从而引起消费支出增加了 $c\cdot\Delta G$。消费支出的这一增加会提高第二期的收入和支出，使得第二期消费支出增加 $c^2\cdot\Delta G$。依次类推，我们可得到政府购买性支出增加对国民收入变动的总效应，即政府购买性支出乘数为 $\Delta Y/\Delta G=1/(1-c)$③。例如，如果边际消费倾向是 0.6，则政府购买性支出乘数为：$\Delta Y/\Delta G=1/(1-0.6)=2.5$。

假设其他变量不变，根据式（13-3），政府转移性支出与税收对国民收入的

---

① 负号表示国民收入与税收的变动方向相反。实际上，基于式（13-3），利用简单的微积分即可推导得到税收乘数。固定其他变量不变，由 $Y$ 对 $T$ 求导可得 $dY/dT=-c/(1-c)$，即得到相应的税收乘数。

② 财政支出政策的作用机理与第三章第三节中“财政支出的经济增长效应”在理论逻辑上是一致的。

③ 政府购买性支出乘数也可以通过对式（13-3）中 $Y$ 对 $G$ 求导得到。

影响一样，都是直接影响了家庭可支配收入 $Y-T+R$，因此政府转移性支出乘数与税收乘数相同，只是符号相反：$\Delta Y/\Delta T=c/(1-c)$。①

因为税收乘数、政府购买性支出乘数、政府转移性支出乘数大小和符号有所差别，不同政策组合的综合乘数大小需要进行具体测算和权衡。

（三）政府投资政策的作用机理

政府投资对宏观经济的影响，一种是直接作用，即政府投资直接增加了社会投资，进而带来产出增长。同时，政府的投资能力与投资方向对经济结构的调整也产生了关键性作用。另一种是间接作用，即政府投资对私人投资的影响。一方面，考虑到国民经济基础设施和基础产业的“瓶颈”制约现状，政府投资所产生的效应，就不局限于自身的投资效应；作为一种诱发性投资，它可将“基础瓶颈”制约所压抑的私人部门的生产潜力释放出来，从而产生对私人投资的“挤入效应”，并使国民收入的创造达到一个较高的水平，这就是政府投资在“基础瓶颈”条件下所产生的“乘数效应”。另一方面，政府投资也可能产生“挤出效应”，它通过减少私人投资机会或提高信贷利率水平减少了私人投资规模。因此，政府投资对宏观经济的影响需要考虑不同宏观形势和综合作用结果。

（四）国债政策的作用机理

在现代信用经济条件下，国债对宏观经济的调节作用主要体现在下述三种效应上：一是“挤出效应”，即由于国债的发行，使私人部门的投资或消费资金减少，从而对民间部门的投资或消费产生挤出效应；二是“货币流动效应”，即国债发行引起货币供求变动，一方面可能使部分“潜在货币”变为现实流通货币，另一方面则可能把存于民间部门的货币转到政府部门；三是“管理效应”，政府可以通过调整国债规模、选择购买对象、区分国债偿还期限、制定不同国债利率等来实现财政政策的目标。

## 四、财政政策与货币政策的配合

（一）货币政策概述

所谓货币政策，是指一国政府为实现一定的宏观经济目标所制定的关于调整货币供应的基本方针及其相应的措施。它是由信贷政策、利率政策、汇率政策等具体政策构成的一个有机的政策体系。在传统的体制下，货币政策从属于财政政策，独立的作用很小。随着社会主义市场经济体制的转变，银行的从属地位已经改变，在国民经济运行中的作用日益增强。货币政策作为国家经济政策的组成部分，同财政政策一样，其最终目标与国家的宏观经济目标是一致的。

① 政府转移性支出乘数也可以通过对式（13-3）中 $Y$ 对 $R$ 求导得到。

中国货币政策的基本目标是稳定货币。稳定货币是指把货币供应量控制在客观需要量的范围内，这就是说，货币供应量不能超过货币的客观需要量，但货币投放量究竟多少为宜，可以在货币需要量所允许的空间内进行选择。稳定货币和发展经济的目标是一致的。货币是发展生产的第一推动力和持续推动力，特别是当潜在的生产要素未被充分利用时，追加货币投放，可以使潜在的生产要素变为现实的生产要素，促进经济的发展。稳定货币是发展经济的必要条件，中国经济建设的实践证明，没有一个良好的、稳定的货币金融环境，要保持经济的稳定发展是不可能的；但发展经济又是稳定货币的前提，只有经济持续、稳定和协调发展，才能保持货币的稳定。不过在稳定货币与发展经济之间也会出现矛盾，比如要发展经济，有时需要适度投放货币加以推动，而一旦投放过度，不但与稳定货币的目标相矛盾，而且会干扰经济的正常运行。这种发展经济与稳定货币目标相矛盾的状况，在中国经济体制改革的过程中曾几度出现。因此，应把稳定货币与发展经济作为一个总体目标来把握，求得二者的最佳结合。

货币政策是借助于货币政策手段即货币政策工具发挥作用的。目前，中国中央银行的货币政策手段主要是：（1）中央银行对各商业银行（专业银行）的贷款。（2）存款准备金制度。即各专业银行要将吸收的存款按一定比例交存中央银行。（3）利率。中央银行根据资金松紧情况调高或调低利率。

货币政策的核心是通过变动货币供应量，使货币供应量与货币需要量之间形成一定的对比关系，进而调节社会的总需求与总供给。因此，如同财政政策的分类一样，从总量调节出发，也把货币政策分为扩张性货币政策、紧缩性货币政策和中性货币政策三种类型。扩张性货币政策是指货币供应量超过经济过程对货币的实际需要量，其主要功能是刺激社会总需求的增长；紧缩性货币政策是指货币供应量小于货币的实际需要量，其主要功能是抑制社会总需求的增长；中性货币政策是指货币供应量大体上等于货币需要量，对社会总需求与总供给的对比状况不产生影响。

（二）财政政策与货币政策的作用机制差异

财政政策与货币政策虽然都能对社会总需求和总供给进行调节，但在消费需求和投资需求形成中的作用又是不同的，而且这种作用不可相互替代。可以从以下几个方面来看两者的不同作用。

1. 传导过程差异

中央银行的货币政策措施一般是通过商业银行传导到企业和居民，影响企业和居民的经济行为，进而达到宏观调控的目标。由此可见，货币政策的传导过程具有多层次性的特点。而财政政策措施一般是直接作用于企业和居民。如通过调整税率或累进的个人所得税税率，以及对个人的转移支付，直接影响个人的经济行为；财政政策对企业的作用过程也是直接的，具有直接性的特点。

2. 政策调整时滞差异

由于政策运行本身是在不断变化的，为了实现既定的宏观经济管理目标，政策制定者必须适时调整政策。然而，从政策制定者对经济形势的确认到政策调整、再到调整后的政策作用于市场经济行为主体进而实现政策目标，需要耗费一定的时间，经济学称这种时间耗费为政策调整时滞。财政政策和货币政策之间存在政策调整时滞差异。

先看货币政策。一般情况下，中央银行或者政府及其财政部门对经济形势变化情况的确认时间是相近的，尽管有时看法有所不同。但是，从其对形势的确认到政策的调整来看，中央银行一般不需要花太多的时间，它可以随时调整货币政策。因此，货币政策的调整时滞比较短。

财政政策则不同。一般地，财政政策的制定与调整必须依法按财政年度进行。因此，它不像货币政策那样可以随时调整，政策调整的时间比较长。此外，由于财政政策的调整必须经过必要的法律程序，即经过议会或人民代表大会的审查批准，这样，就进一步延长了财政政策的调整时滞。

3. 政策调节的侧重点差异

一般地，货币政策侧重于对总量的调节，财政政策则侧重于对结构的调节。各种货币政策工具的运用，基本上是以对货币量或货币流通的规模调节为目标的，诸如利率调节、存款准备金调节乃至计划手段的调节等，最终都将导致货币规模的变动，进而实现对需求的调节。因此，货币政策调节的侧重点在总量。各种财政政策工具的运用，首先是通过对结构的调节来发挥其作用的，如支出结构的调整直接引起社会需求结构的变化，等等。

除以上内容以外，在财政政策和货币政策之间还存在着其他一些差异，如货币政策的透明度较差，而财政政策的透明度较高等。财政政策和货币政策之间的差异表明，两种政策的作用是不可相互替代的，只有相互配合、相互协调，才能有效地达到对国民经济进行宏观调控的目的。

（三）财政政策和货币政策的松紧搭配

如前所述，货币政策分为扩张性货币政策、紧缩性货币政策和中性货币政策三类。这样，在财政政策与货币政策的协调方面，将形成不同的政策组合。我们集中分析以下四种松紧搭配的政策组合方式。

1. 紧的财政政策和紧的货币政策

简称“双紧”政策。紧的财政政策一般是指旨在抑制社会总需求的财政政策，主要通过增加税收、削减政府支出规模等手段来限制支出、抑制社会总需求。紧的货币政策是指以紧缩需求、抑制通货膨胀为目的的货币政策，主要通过提高法定准备金率等市场经济手段以及紧缩信贷计划等行政计划手段减少货币供给，进而达到紧缩的目的。这种政策组合通常可以有效地制止和压缩需求膨胀和通货膨胀，同时也会对经济增长产生抑制作用。

2. 紧的财政政策和松的货币政策

松的货币政策是以扩大社会总需求以刺激经济增长为目标的货币政策。由于紧的财政政策具有抑制需求的作用，所以它和松的货币政策相配合，一般可以起到既可控制需求、又可保持适度经济增长的作用。但两者也有个松紧搭配适度的问题，过松的货币政策可能会在总量上抵消紧的财政政策对需求的抑制作用，进而产生通货膨胀；过紧的财政政策则可能会进一步放慢经济增长速度，甚至产生经济停滞。

3. 松的财政政策和紧的货币政策

松的财政政策具有刺激需求、加大对经济结构调整力度的作用；紧的货币政策则可以防止过高的通货膨胀。因此，这种政策组合既可以使经济保持适度增长，实现对经济的结构性调整，又可以尽可能地避免通货膨胀。但若松紧搭配不当，可能会产生其他不良后果。例如，过松的财政政策有可能造成赤字累积，并且同时造成社会总需求过于旺盛，进而在总量上抵消紧的货币政策的抑制需求作用。反之，如果货币政策过紧，也往往会对经济增长产生不良的阻碍作用。

4. 松的财政政策和松的货币政策

简称“双松”政策。松的财政政策主要通过减少税收和增加政府财政开支来扩大社会总需求，由于政府财政支出和税收一般都带有明显的方向性，因此会对经济结构和资源配置结构产生重要影响；松的货币政策在总量上会扩大货币供给，进而扩大社会需求总量，因而在方向上同财政政策是一致的。在社会总需求不足的情况下，采取这种政策组合可以起到扩大需求、刺激经济、增加就业的作用。但是，与此同时，这种政策组合往往会造成严重的通货膨胀。

通过对以上四种政策组合的介绍，我们可以看出，所谓“松”“紧”搭配，主要是利用财政政策和货币政策各自的特殊功能，达到在总量上平衡需求、在结构上调整市场资源配置的目的。此外，对政策组合的选择，往往还要考虑政治上和体制上的因素。

## 五、中国财政政策的实践①

### （一）市场型财政政策实践

1992年，随着社会主义市场经济体制改革目标的明确，财政政策的运作进入新阶段。以1992年为界，改革开放以来的第一个阶段，计划手段与财政政策手段

> **编 者 谈**
>
> 新中国成立以来财政政策的经验总结与未来选择

① 杨志勇：《新中国财政政策70年》，中国财政经济出版社2020年版，第8—10页。有修改。

混合发挥作用，计划在其中发挥主导作用，这样的财政政策可称为“计划型财政政策”；第二个阶段，财政政策已经开始相对独立地发挥作用，虽然计划的作用仍然存在，但按照市场经济要求的财政政策特征即市场型财政政策的特征已越来越明显，这样的财政政策可称为“市场型财政政策”。与此同时，中国经济从“卖方市场”转向“买方市场”，这为扩张性财政政策的实施提供了物质基础。现实中，财政政策类型的表述与市场经济国家已没有什么两样（见表 13-2），基本上是按照扩张性、中性、紧缩性的类型来描述财政政策。积极的财政政策等同于扩张性财政政策，稳健的财政政策等同于中性财政政策。

**表 13-2 1993 年以来中国的财政政策**

| 时期 | 财政政策类型 |
|---|---|
| 1993—1998 年 | 适度从紧的财政政策 |
| 1998—2004 年 | 积极的财政政策 |
| 2005—2008 年 | 稳健的财政政策 |
| 2008 年至今 | 积极的财政政策 |

资料来源：谢旭人主编：《中国财政 60 年（上下卷）》，经济科学出版社 2009 年版。

在 1993 年之前，中国没有明确的财政政策类型的说法，在财政实际运行中一直强调财政平衡，但 1978—1993 年除了 1985 年按照当时的口径财政略有结余之外，其他年份都有赤字，因此总体上是一种扩张性的财政政策。

（二）新时代的财政政策

党的十八大以来，中国特色社会主义进入新时代。2013 年，党的十八届三中全会赋予了财政新的定位——财政是国家治理的基础和重要支柱。这意味着，深化财税体制改革的目标是建立现代财政制度，财政政策除了促进宏观经济稳定目标的实现之外，还应该在国家治理体系和治理能力现代化中扮演重要角色，财政政策必须从现代化国家建设的视角来理解，财政政策的实施应该有助于现代化经济体系的建立，有利于高质量发展目标的实现。

2012 年以来，财政政策延续了 2008 年以来实行的积极的财政政策，但在具体运作上有了较多改变。2008 年积极的财政政策强调结构性减税，2018 年强调减税降费，2019 年更是强调加力提效，2020 年强调更加积极可为，2021 年强调提质增效、更可持续，2022 年强调提升效能，2023 年再次强调加力提效。不同的侧重点体现了财政政策的不同着力点。

近年来，国际环境依然风高浪急，国内改革发展稳定任务依然艰巨繁重，全球治理面临百年未有之大变局，财政政策决策之复杂性前所未有。中国经济面对需求收缩、供给冲击、预期转弱三重压力，积极财政政策加力提效是重要的举措。但是，财政政策不能代替市场作用，不能代替社会作用，市场和社会的作用均需要得到充分的尊重。财政政策的运行也面临一些压力，财政风险在持续加大，地方债特别是一些隐性债务及或有债务，给宏观经济运行带来了严重的隐患。

随着社会主义市场经济条件下市场在资源配置中决定性作用的强调，财政政策的运作更多的是在尊重市场规律的前提下进行的，供给侧结构性改革下的财政政策正面临新的选择，这是新时代财政政策运作的新背景。当今世界正经历百年未有之大变局，在构建人类命运共同体的大背景下，一国财政政策的选择再也不能只考虑自身因素，财政政策的国际协调变得前所未有的重要，开放经济条件下的财政政策选择对于所有国家和地区来说，都是必须面对的新课题。

## 思考题

1. 你认为什么样的财政平衡口径是合理的？
2. 你如何看待不同的财政赤字口径？试结合中国财政赤字口径的变化进行分析。
3. 请简述财政政策发挥作用的基本机理。
4. 请结合财政政策与货币政策的作用机制差异，说明经济过热和经济低迷阶段适宜的财政政策和货币政策组合模式。
5. 请分析 1992 年以来中国财政政策的变化特征及原因。
6. 请根据经济形势变化阐述未来五年中国的财政政策走向。

▶ 即测即评

# 第十四章　国际财政

国际财政是国家财政的延伸。随着经济全球化的加快，国际经济往来日趋频繁，国际经济活动日渐增多，国际财政问题也变得越发突出，需要在全球视野下重新审视财政的职能和地位。

本章共分三节。第一节为国际财政概述，介绍国际财政的概念、产生与发展，对国际财政进行理论分析，并介绍了中国的国际财政定位与发展。第二节为国际财政支出，介绍对外援助支出和对国际组织的支出。第三节为国际税收治理，介绍国际税收治理的主要方法以及中国参与全球税收治理的实践等。

## 第一节　国际财政概述

### 一、国际财政的概念

关于国际财政的概念，主要有两种观点：一是把国际财政视为世界或全球视角的财政，即世界财政或全球财政；二是把国际财政视为国际关系中各国政府财政行为的相互交往。前者是以世界性的权力机构或“世界政府”为后盾，并在此基础之上建立一个世界或全球范围的财政当局，世界或全球范围内的税收和支出方案由该财政当局制定、颁布和执行。后者是国家财政的延伸，是国际关系中的国家财政。前者在现实中还不存在，只有个别国际组织（如联合国）有“世界政府”的雏形，并有世界财政当局的初步形态。后者表现为国与国之间的财政关系，在现实中广泛存在。一国卷入全球化程度越深，国际财政问题就显得越重要。

与早期的国际财政实践相比，现代意义上的国际财政活动涉及面广、涉及问题多，既有涉及具体经济主体（个人、家庭、企业、非营利性组织等）的国际财政行为，也有国家层面的财政政策协调与配合，还有应对国际共同事务所要求的共同财政行动。

国际财政活动包括各种类型的国际财政协调与合作，几乎覆盖全部财政活动。国与国之间签订国际税收协定、国与国之间在税收征管上的合作、财政政策的国际协调、全球共同事务的国际联合应对、国际财政援助等，都是国际财政活动的具体内容。国际财政活动还包括国家与国际组织之间的财政关系。虽然国际财政活动中没有统一的“世界政府”征税并安排相应支出，但一些国际组织，如联合国、世界银行、国际货币基金组织（IMF）、欧洲联盟（EU）等，已经建立了相对比较成熟的收入和支出体系，构成了国际财政的重要内容。

## 二、国际财政的产生与发展

国家产生之后就有了国家财政，同时也就有了国际财政。国与国之间经济联系不是特别密切时，国际财政活动相对简单。随着国际经济联系的增多，国家财政主权之间的冲突表现得尤其突出，一些跨国经济活动会受到不同国家财政行为的扭曲，国与国之间需要有协调财政活动的适当渠道，需要有协调和处理跨国经济活动所引起的财政行为冲突的原则框架，需要有适当的国际组织担负起相应的职责，由此国际财政协调与国际组织的作用与日俱增。

国与国之间因为经济交往的增多，会出现国家税收主权的争夺问题。当一国涉外经济规模很小时，相关的税收权益也相对较小，税收主权的争夺问题就不会很严重。而当一国经济开放度大大提高时，无论从税收权益还是从市场的公平竞争来看，一国政府都不能无视税收主权问题，也不能轻视国际经济活动减免税所带来的各种经济主体间的公平竞争环境问题。国际税收治理因此就变得越来越重要。相应地，国际税收规则和国际税收秩序就必须确立起来，并随着经济社会环境的变化，进行相应的调整。

## 三、国际财政的理论分析

### （一）国际资源配置

1. 国际资源配置职能的含义

国际财政具有国际资源配置的职能，国际财政活动应该能够促进全球性公共产品的最优配置。这里重要的是国家之间就全球性公共产品提供及成本分摊机制的决策问题。

全球性公共产品的受益范围超过一个国家，可能覆盖特定地区，极而言之，也可能让全球受益。全球性公共产品是在全球范围内具有消费上的非竞争性和非排他性的产品。公共产品一旦提供，全球人都会受益，且一个人的消费不会影响其他人的消费。要将世界上的一个人排除在全球性公共产品的消费范围之外，或无法做到，或成本太高而得不偿失不值得去做。

参照一国范围内的公共产品分类，全球性公共产品也可以分为全球性纯公共产品和准公共产品。准公共产品是只具有消费上的竞争性和排他性中某一特征的产品，包括俱乐部产品和公共资源。俱乐部产品只是对全球范围内付费的各方开放的产品，通常对应于区域性公共产品。公共资源是对全球开放的，但存在消费上的竞争性，一方的消费可能会影响另一方的消费。

全球性公共产品的种类繁多，有与气候环境相关的应对气候变化的行动，有与应对生物入侵相关的保护生物多样性的计划，有与全人类生命健康密切相关的食品安全保障和应对禽流感、埃博拉、寨卡、新冠等病毒的卫生防疫措施，有为国际投资、国际贸易、国际金融等活动提供保护的国际经济法律体系，有各种各样的适用于全球范围的国际规则和秩序。

根据成本和收益对称的原则，全球性公共产品应该由受益方共同出资。这类公共产品包括世界和平、永续的环境、统一的世界商品和服务市场、全球人类健康、基础知识的全球普及等。

2. 全球性公共产品提供的难题与破解

全球只要有共同利益存在，就有全球性公共产品存在的必要。全球不同区域联系较少的时候，各国合作提供全球性公共产品的行动几乎不存在。只有在国际交往增多、人类面对的共同问题不断增加的背景下，全球性公共产品提供的必要性才会凸显。20 世纪以来，全球性公共产品的需求越来越多。两次世界大战、历次区域性战争和冲突以及各种恐怖活动，给热爱和平的人们带来了巨大的苦难，增强了人们对世界和平这种全球性公共产品的需求。工业化和城市化使生产力得到了迅速的发展，但随之而来的全球环境污染问题也变得越发突出，环境保护成为全球迫切需要的公共产品。各国在相互交往中获利的同时，也需要合理的规则和秩序来加以规范和约束，全球治理也因此成为全球性公共产品。

一国范围的公共产品提供存在困难，但这是一国内部的事，解决起来相对简单。没有世界统一的政府，全球性公共产品的提供更多地要通过国际组织、通过作为不同利益主体的国家间的磋商协调加以解决，决策难度加大。现实中，各国之间对某些事物认识的分歧更是加大了全球性公共产品提供的困难。

公共产品的国际合作提供的难题之一是政府存在“搭便车”心理。无政府状态下的公共产品的联合提供很容易出现“囚徒困境”，各国政府可能“搭便车”导致公共产品不能顺利提供，或所提供的公共产品远远低于合理的水平。难题之二是成本合理分摊标准的确定。大国和小国在全球性公共产品提供中成本应该如何分摊，以经济发展水平作为成本分摊的标准是否合适，如何区别对待不同经济发展水平的成本提供差异，都是需要解决的问题。

国际双边或多边对话、谈判、协调，国际组织活动等已经成为破解全球性公共产品提供难题的重要途径。各国都在为全球性公共产品的提供寻找出路，如按能力为全球性公共产品出资、按受益原则为全球性公共产品出资，甚至允许能力比较弱的国家“搭便车”享受全球性公共产品的收益等。

### （二）国际收入分配

1. 国际收入分配职能的含义

一国财政具有收入分配职能，国际财政也承担着一定的收入分配职能。国际收入分配职能旨在促进国际的收入公平，是通过国际税收、国际财政支出以及其他国际财政活动来实现的。它可以区分为两个层次：一是国家层面的收入公平，这主要是指国际财政权益在国家之间根据公平的规则进行分配；二是泛国际层面的收入公平，这主要是指超越国界的人们之间的公平问题。如果说国家财政层面的收入分配职能解决的是一国之内的收入分配问题，那么国际收入分配职能所要解决的是作为一个整体的地球村的收入分配问题。一国之内的收入分配工具在这里仍然可用，但由于国家主权的约束，工具的使用受到一定限制。

2. 国际税收

国际税收是国内税收的延伸。与国内税收不同，国际上不存在一个扮演征税角色的类似政府的国际组织，但有跨越国界的税收活动，即国际税收活动。国际税收活动与国内税收关系密切。没有国内税收，也就没有国际税收。但是，国际税收基于国内税收，产生之后又有不同于国内税收的活动规则。国际税收是在一定规则约束下，国家（地区）处理涉及国与国之间税收利益分配关系活动的总称。

国际税收利益的冲突需要国家（地区）间的协调。协调的基础是各国税收管辖权。税收管辖权的确定原则包括属地原则和属人原则，不同的原则引出不同的税收管辖权。在属地原则下，可能实行的税收管辖权包括来源地税收管辖权、财产所在地税收管辖权、目的地税收管辖权、原产地税收管辖权等。在属人原则下，可能实行的税收管辖权包括公民税收管辖权、居民税收管辖权等。当两种原则并用时，不可避免地会出现国际重复课税问题。当适用一种原则时，由于对原则的理解不同，国际重复课税问题也可能出现。

3. 对外援助

对外援助是国际惯例，多表现为发达国家对发展中国家的援助。经济实力相对较强的发展中国家对相对较弱的发展中国家也会有对外援助。在特定情形下，出于某种紧急情况，经济实力弱的国家也可能对实力强的国家施以援助，包括发展中国家对发达国家的援助。

对外援助在很大程度上是国际收入分配差距所致。经济能力较强的国家，在正常的贸易投资和经贸交往中获利较多，有义务对市场经济中相对不足的一方给予补偿。对外援助是维护全球稳定的需要，是维护国家利益和安全的需要，是落实国际人道主义的需要。一个国家对其他国家的援助有助于巩固和发展双边及多边经贸关系，巩固国家（地区）间的友谊，可以让世界各国共享经济增长的红利。

（三）国际经济稳定与发展

1. 国际经济稳定与发展职能的含义

国际财政应该具有国际经济稳定与发展职能。这与国家财政是一致的。在经济全球化背景下，一国面临的问题，同样是国际财政必须面对的问题。国际财政的这一职能旨在促进国际经济（全球经济）的稳定与发展。实现这一职能的目标手段主要是国际财政政策的协调与合作。

2. 国际财政政策的协调与合作

开放经济条件下，一国经济政策不能只考虑本国情况，其他国家的经济政策选择也会影响本国政策的有效性。全球经济稳定是各国需要共同面对的问题。经济全球化要求国际经济政策包括财政政策的协调与合作。1997 年亚洲金融危机和 2008 年国际金融危机爆发之后，无论是学术界还是社会各界，都在重新反思宏观经济政策，重新思考财政政策的作用，财政政策在应对金融危机上的优势已经得到事实证明。

在开放经济条件下，财政政策的运作已不能只考虑一国的自身因素。随着经济全球化的加快，一国只考虑自身因素选择财政政策，容易出现“以邻为壑”现象，越来越不能适应现实发展的需要。在全球经济治理体系中，大国与小国的经济力量对比悬殊，不能期望其发挥同样的作用；有时，甚至会出现大国之间经济政策方向相左之事。因此，财政政策的国际协调就显得特别重要。

## 四、中国的国际财政关系

### （一）中国在全球治理中的定位与发展

全球治理是国家（也包括非国家行为主体）通过谈判协商，在国际资源配置、收入分配、经济稳定和发展上，权衡各自利益，为解决各种全球性问题而建立的自我实施性质的国际规则或机制的总和。

经过 40 余年的改革开放，中国已经成为全球第二大经济体，是世界最大货物贸易国、第二大对外投资国、最大外汇储备国、最大旅游市场和最大的发展中国家。中国作为一个负责任的大国，正在并将继续为全球治理贡献自己的力量。首先，中国是人类命运共同体的积极倡导者，引领全球治理走向，彰显了中国的大国担当和世界视野。其次，中国通过联合国、世界银行、国际货币基金组织等现有的国际组织以及各类区域性国际组织平台参与全球治理，并根据需要发起新的组织以更好地发挥自身作用。最后，完善国际规则秩序，是中国参与全球治理的重要内容。国际规则秩序界定了世界各国参与全球治理的权利与义务、利益与责任，国际规则的制定权、解释权和执行权也充分体现了全球治理的话语权。中国围绕适应和引导经济全球化、开创世界经济增长新动力等重大问题积极阐释中国理念，提出中国方案，采取中国行动，显著增强了全球治理话语权和国际规则制定权。

（二）中国在国际财政中的定位与发展

全球治理格局正在发生变化，中国正日益走近世界舞台的中央，在国际财政关系中扮演着重要角色。中国财政必须按照大国财政的要求进行运作，配合中国在全球治理中的角色定位，发挥支撑作用。

在全球性公共产品的提供中，中国虽然还是一个发展中国家，人均国内生产总值处于较低水平，但仍立足国情，在全球气候变化、国际安全秩序等全球性公共产品提供方面，尽己所能，履行责任。比如，中国在应对全球气候变化方面专门设立“中国气候变化南南合作基金”，得到国际上的高度评价。

在国际收入分配方面，中国参与国际税收活动从最初的被动接受规则，到逐步参与国际税收秩序的制定，影响力与日俱增；中国在条件非常艰苦的条件下持续进行对外援助，随着国力的增强，国际财政支出规模不断扩大。

在国际稳定和发展方面，中国与世界经济的联系越来越密切，世界经济的中国因素与中国经济的世界因素越来越多，中国一直注意与其他国家和国际组织的政策协调，共同促进全球经济稳定与发展。中国加入世界贸易组织（WTO）以来，进出口贸易总额不断扩大，中国经济与世界经济的联系更加密切。中国加入各种国际经济组织，与其他国家开展双边或多边对话，建立各种形式的合作关系，这都需要得到财政的强有力支持。中国发起“一带一路”倡议并身体力行，推动亚洲基础设施投资银行（AIIB）的成立与运作，成立丝路基金，让中国与共建“一带一路”国家共同受益。

## 第二节　国际财政支出

全球性公共产品的提供以及国际合作需要有对应的财政支出。本节阐述对外援助支出和对国际组织支出的基本内容，并着重介绍中国的国际财政支出基本情况。

### 一、对外援助支出

（一）对外援助支出概述

从财政支出方式来看，对外援助可分为项目援助和现金援助。出于援助方和受援方双赢的考虑，一般情况下，援助方经常选择项目援助，以保证援助目标的真正落实。从理论上看，现金援助对受援方最为有利，但是现金援助可能导致援助现金的使用偏离援助方规定的方向，也不利于援助方企业在援助中发挥作用，不利于援助方可能的技术配套支持。

对外援助资金按照援助的条件可以分为无偿援助、无息贷款和优惠贷款三种类型。（1）无偿援助。这是指援助方政府向受援方提供的无偿赠予性质的援助资金，主要用于受援方在减贫、民生、社会福利、公共服务以及人道主义等方面的援助需求。（2）无息贷款。这是指援助方政府向受援方直接提供的零利息政府贷款资金，主要用于受援方在公共基础设施和工农业生产等方面的援助需求。无息贷款的援助表现在利息豁免上，受援方需要偿还本金。本金可以以现汇、可变现商品或其他约定的偿还方式偿还。（3）优惠贷款。这是指援助方政府通过政策性金融机构（如开发性金融机构）对外提供的具有政府援助性质、含有赠予成分的中、长期贷款援助，通常用于受援方能够带来经济效益的项目建设，项目建设本身可以有一定的收益。优惠贷款有期限规定，本金需要受援方在规定的偿还期限内以约定的方式偿还，优惠利率和市场利率（商业利率）之间的利差由援助方政府补偿。

对外援助通常是在建立外交关系的国家或地区之间进行的，但某些出于人道主义考虑和紧急情形的对外援助不受此限。

### （二）中国的对外援助支出

中国对外援助历经 70 余年风雨，已向 160 多个发展中国家提供了数千个成套和物资援助项目，开展了上万个技术合作和人力资源开发合作项目，培训各类人员 40 多万人次。

表 14-1 提供了 2011—2022 年中国对外援助支出和国际组织支出的具体金额。对外援助支出从 2011 年的 159.09 亿元增加到 2015 年的 195.37 亿元；2016 年中国对外援助力度有所回落，为 157.21 亿元；2018—2022 年中国每年对外援助支出稳定在 200 亿元左右。国际组织支出从 2011 年的 48.33 亿元增加至 2015 年的 172.18 亿元；2016 年出现大幅下降，仅为 26.79 亿元；2017 年大幅增加到 213.69 亿元，至 2022 年每年都维持在较高的支出水平上。

**表 14-1 2011—2022 年中国对外援助和国际组织支出** 单位：亿元

| 项目 | 对外援助支出 | 国际组织支出 |
|---|---|---|
| 2011 年 | 159.09 | 48.33 |
| 2012 年 | 166.95 | 72.3 |
| 2013 年 | 170.52 | 56.32 |
| 2014 年 | 184.58 | 73.72 |
| 2015 年 | 195.37 | 172.18 |
| 2016 年 | 157.21 | 26.79 |
| 2017 年 | 168.99 | 213.69 |

续表

| 项目 | 对外援助支出 | 国际组织支出 |
| --- | --- | --- |
| 2018 年 | 204. 83 | 192. 24 |
| 2019 年 | 215. 49 | 244. 03 |
| 2020 年 | 203. 04 | 177. 02 |
| 2021 年 | 198. 6 | 180. 68 |
| 2022 年 | 209. 77 | 169. 24 |

资料来源：全国财政决算（2011—2022 年），财政部网站。

中国对外援助的主要项目类型有成套项目和物资项目，技术援助项目和人力资源开发合作项目也增长显著。

中国对外援助支出的重点是帮助其他发展中国家加强基础设施和自主发展能力建设，帮助它们减少贫困和改善民生，提高教育水平，改善医疗服务，实现经济社会发展，建设社会公益设施，并在其他国家遭遇重大灾害时及时提供人道主义援助。

## 二、对国际组织的支出

国际组织承担各种国际事务。国际组织的经费来源多种多样，成员国家（地区）往往需要根据不同的标准缴纳不同的经费。中国参加了全球性国际组织、区域性国际组织，同时还牵头发起新的区域性国际组织，并按照规则承担各类组织运作的相应经费（或注入资本）。

### （一）全球性国际组织缴款

#### 1. 联合国会费

联合国是世界上最大的非营利性的、由世界主权国家组成的政府间国际组织，其预算经费主要来源于现有 193 个会员国所缴纳的会费。所缴会费的比例是根据每个国家的国民总收入、人口以及支付能力等因素确定的。所以从各国的会费缴纳上，也是能够体现各国的经济、综合国力以及世界影响力的。

在 2000 年以前，中国的联合国会费的分摊比例只有 0. 995%，到 2010 年已上升到 3. 189%，2016 年飙升到 7. 920%，到 2022 年更是上涨到 15. 254%。目前中国承担联合国会费比例排在第二位，这也是中国国际影响力大幅提升的重要标志。2022 年其他分摊比例较高的国家有：美国（22. 000%）、日本（8. 033%）、德国（6. 111%）、英国（4. 375%）、法国（4. 318%）等。[①]

① 资料来源：联合国网站。

2. 世界银行股金

世界银行由189个成员国构成，其使命已从过去通过国际复兴开发银行促进战后重建和发展，演变成为目前通过五个机构（国际复兴开发银行、国际开发协会、国际金融公司、多边投资担保机构、国际投资争端解决中心）致力于为发展中国家减少贫困和建立共享繁荣提供可持续的解决方案。

世界银行的资金来源包括各成员国缴纳的股金、国际金融市场借款、发行债券和收取贷款利息。世界银行的贷款对象为成员国官方、国有企业、私营企业；贷款种类包括具体投资贷款、部门贷款、结构调整贷款、技术援助贷款和紧急复兴贷款；贷款额度根据借款国人均国民生产总值、债务信用强弱、借款国发展目标和需要、投资项目的可行性及在世界经济发展中的次序而定；贷款期限一般为20~30年，贷款利率低于市场利率，但必须专款专用，接受世界银行监督。

世界银行的重要事项都需成员国投票决定，投票权与成员国认购股本成正比，世界银行下属每个组织中的投票分配方式不同。截至2023年7月7日，中国在国际复兴开发银行的投票权占比为5.58%，在189个成员国中位列第三位，仅次于美国（15.75%）和日本（7.19%）；截至2023年7月5日，中国在国际金融公司的投票权占比为2.84%，在186个成员国中位列第十位；截至2023年6月30日，中国在国际开发协会的投票权占比为2.51%，在174个成员国中位列第八位；截至2023年6月30日，中国在多边投资担保机构的投票权占比为2.61%，在182个成员国中与俄罗斯、沙特阿拉伯并列第六位。①

3. 国际货币基金组织股金

国际货币基金组织于1944年7月在联合国布雷顿森林会议上被构想提出，它具有三大重要使命：促进国际货币合作，支持贸易发展和经济增长，阻止有损繁荣的政策。

国际货币基金组织现有190个成员，资金来源于各成员认缴的份额、信贷安排以及双边借款协议。与世界银行不同，国际货币基金组织不为特定项目提供贷款，而是向可能面临外汇短缺的国家提供资金，以使它们有时间调整经济政策和恢复经济增长，而不必采取破坏本国或其他成员经济的行动。国际货币基金组织的贷款分两类，一是按非优惠利率提供的资金，二是以优惠条件（低息或无息）向更贫穷的国家提供的贷款。

2016年1月，国际货币基金组织宣布2010年份额和治理改革方案已正式生效。根据方案，约6%的份额将向有活力的新兴市场和发展中国家转移，中国份额占比从3.996%升至6.394%，排名从第六位跃居第三位，仅次于美国和日本。

---

① 资料来源：世界银行网站。

中国、巴西、印度和俄罗斯 4 个新兴经济体跻身国际货币基金组织股东行列前十名。

4. 世界卫生组织会费及捐赠

世界卫生组织是联合国下属的一个机构，是世界最大的政府间卫生组织，现有 194 个会员国和 2 个准会员。其预算资金来自评定会费和自愿捐款。评定会费是各国为成为世界卫生组织会员而缴纳的会费。各会员国必须缴纳的金额根据该国的财富和人口计算。近几年评定会费在规划预算中所占的总体百分比有所下降，不到总额的 20%，其余资金来自自愿捐款。世界卫生组织的支出主要集中在流行病防治和公共卫生等方面。

中国一直高度支持世界卫生组织的事业，2022—2023 年度世界卫生组织的数据显示，中国评定会费占总体评定会费的比重为 12.005 8%，位列世界第二位，仅次于美国（22%）。①

（二）区域性国际组织缴款

1. 亚洲开发银行股金

亚洲开发银行（简称亚行）成立于 1966 年，现有 68 个成员，总部位于菲律宾的马尼拉，致力于实现繁荣、包容、韧性和可持续的亚太地区，同时继续努力消除亚太地区的极端贫困。亚行的收入来自各成员认缴的股份，主要援助方式包括贷款、技术援助、赠款和股权投资等。

中国于 1986 年 3 月 10 日加入亚行。根据 2022 年亚行年度报告，亚行各成员按认股份额排名，中国居第三位（6.429%），日本和美国并列第一（15.571%）。按各成员投票权排名，中国同样居第三位（5.437%），日本和美国并列第一（12.571%）。②

2. 亚洲基础设施投资银行股金

亚洲基础设施投资银行（简称亚投行）是首个由中国倡议设立的多边金融机构，通过在基础设施及其他生产性领域的投资，促进亚洲经济可持续发展、创造财富并改善基础设施互联互通；与其他多边和双边开发机构紧密合作，推进区域合作和伙伴关系，应对发展挑战。亚投行总部设在北京，法定资本 1 000 亿美元。截至 2023 年 5 月 8 日，亚投行的成员数量由 2016 年 1 月开业时的 57 个增至 106 个（包括 92 个正式成员和 14 个意向成员），覆盖亚洲、欧洲、非洲、北美洲、南美洲、大洋洲六大洲。成员主体为发展中国家，同时吸收了包括英国、法国、德国、加拿大等在内的发达国家。

---

① 资料来源：世界卫生组织网站。

② 资料来源：亚洲开发银行网站。

截至 2023 年 5 月 8 日，中国对亚投行的出资在 92 个正式成员中的占比为 30.712 6%，为最大股东，投票权占比 26.583 9%。① 中国遵循多边程序和规则参与银行的管理，推动亚投行规范运作、高效运营。关于亚投行的宗旨和职能，参见专栏 14-1。

**专栏 14-1 亚投行的宗旨和职能**

第一条 宗旨

一、银行宗旨在于：

（一）通过在基础设施及其他生产性领域的投资，促进亚洲经济可持续发展、创造财富并改善基础设施互联互通；

（二）与其他多边和双边开发机构紧密合作，推进区域合作和伙伴关系，应对发展挑战。

二、本协定中凡提及“亚洲”和“本区域”之处，除理事会另有规定外，均指根据联合国定义所指的属亚洲和大洋洲的地理区划和组成。

第二条 职能

为履行其宗旨，银行应具备以下职能：

（一）推动区域内发展领域的公共和私营资本投资，尤其是基础设施和其他生产性领域的发展；

（二）利用其可支配资金为本区域发展事业提供融资支持，包括能最有效支持本区域整体经济和谐发展的项目和规划，并特别关注本区域欠发达成员的需求；

（三）鼓励私营资本参与投资有利于区域经济发展，尤其是基础设施和其他生产性领域发展的项目、企业和活动，并在无法以合理条件获取私营资本融资时，对私营投资进行补充；

（四）为强化这些职能开展的其他活动和提供的其他服务。

资料来源：《亚洲基础设施投资银行协定》。

3. 金砖国家新开发银行出资

金砖国家新开发银行于 2015 年成立，总部设在上海，是由金砖国家（巴西、俄罗斯、印度、中国和南非）共同倡议建立的国际性金融机构。金砖国家新开发银行的法定股本金为 1 000 亿美元，初始认缴股本金为 500 亿美元，由 5 个创始成员平均出资，其贷款主要面向金砖国家以及其他新兴市场国家和发展中国家的基础设施建设和可持续发展。

① 资料来源：亚洲基础设施投资银行网站。

# 第三节　国际税收治理

## 一、国际税收问题的成因

国际税收问题的成因有三个方面：国际经济交往的增加、国家间税收主权的冲突和各国税制的差异。

（一）国际经济交往的增加

国际经济交往越来越多，国与国之间的经济联系也不再是涉外经济所能涵盖的。经济全球化的加速让地球向地球村的方向迈进，国际经济交往不再是蜻蜓点水式的，也不只是局部的经济交往，而是深入开放型经济的内部，使得国界这一传统的税收利益分配的“防火墙”在很大程度上失效。

初始阶段的国际税收问题往往涉及实质性的经济往来，而今，随着互联网时代的到来以及数字经济的兴起，本来只涉及一国内部的税收事务可能会与第二国、第三国甚至更多的国家或地区关联；本来只涉及甲国和乙国的税收事务也可能会引来第三国、第四国甚至更多的国家或地区。跨国税源流动的便利度前所未有地提高，以传统的国际税收思维来加以应对已经很难奏效，不可避免地会造成国家税收利益的损失。如果不采取措施，国家税源流失问题可能非常严重。不少国家已经注意到这一问题，但是当前的税收制度对这些事情的发生常常显得苍白无力。国际经济交往程度在全面加深，国际税收秩序也日益变得纷繁复杂。

（二）国家间税收主权的冲突

税收主权是国家主权的表现之一。维护税收主权是每个国家的天然职责，但在不同的背景下，维护税收主权的方式各有不同。现行的居民税收管辖权和收入来源地税收管辖权就是税收主权的内容。各国根据自身利益，选择适合自己的税收管辖权，或择其一，或二者兼用，但这种税收管辖权的自主选择会造成重复征税问题，妨碍人员、资本、货物的流动。当国内税收收入较为充足时，各国往往对海外税源重视不足；当国内税收收入受到严重影响时，国际税收问题才会得到更多关注，税收主权的争夺就会更加激烈。要改变这一现状，可以选择继续加强现有国际税收秩序，如美国的“肥猫条款”，即《海外账户税收遵从法》（Foreign Account Tax Compliance Act，FATCA），也可以选择追求新国际税收秩序，如BEPS（Base Erosion and Profit Shifting，税基侵蚀和利润转移）行动计划。此外，税收管辖权的确定需要一系列配套条件，如税收信息的跨境收集，往往需要各主权国家在维护主权的前提下加以协同。

(三) 各国税制的差异

各国税制差异仍然广泛存在。企业所得税就是一个重要的例子。德国和意大利应税所得与会计利润非常接近，英国、荷兰、美国应税所得与会计利润之间的差异可能很大。同样是企业所得税，各国税基表现出极大的差异。尽管国际税收竞争的加剧使各国税制在某种程度上出现了趋同，但并没有从根本上改变税制的差异。随着经济活动的日趋复杂，既有的会计准则本身就需要改变，以此为基础的会计核算与应税所得的计算也会相应改变。这也可能对国际税收秩序提出新的要求。

## 二、国际税收治理的方法

(一) 消除国际重复征税

国际税收活动的重要目标之一是消除国际重复征税，以促进国际经济活动的正常开展并维护国家税收主权。消除国际重复征税既可以是一国单方面的行动，也可以是相关各方共同采取措施。

消除国际重复征税的方法包括：

(1) 免税法，即一国对所有来源于境外的所得免税。这种方法简单易行，却是以一国牺牲境外税收利益为代价的。

(2) 扣除法，即一国对本国企业和个人在境外所缴纳的税收视为成本费用予以扣除。

(3) 抵免法，即一国对本国企业和个人在境外所缴纳的税收可以抵免限额内对应的税收。各国通常对抵免有限额规定。限额通常设定为根据国内税法计算的应纳税额。不超过该应纳税额的，可以全额抵免；超过的，最高抵免额是限额。限额可以是根据国别计算的，即不同国家分别适用不同的限额；还可以是汇总计算的，即将不同国家的所得额合并在一起，根据国内税法计算出应纳税额，并将其作为限额。抵免法包括直接抵免法和间接抵免法。前者一般适用的是境内总公司与分公司之间的税收抵免；后者一般对应的是母公司与子公司之间的税收抵免。

在抵免法下，一国通常对本国企业和个人在境外所缴纳税收的实际金额进行抵免。在现实中，一些国家对另一些国家的税收优惠所导致的实际少缴纳的税额也视为已纳税额予以抵免。这通常是发达国家对发展中国家的税收优惠政策予以认可的结果。这种特殊的税收抵免称为“税收饶让”。税收饶让可以让发展中国家的税收优惠政策真正有效。如果发达国家不认可发展中国家的税收优惠政策，那么来自发达国家的投资者在东道国（发展中国家）的税收优惠利益就会被母国（发达国家）攫取。多数发达国家认可税收饶让，但美国例外。

（二）国际税收协定

消除国际重复征税通常不是一个国家的单独决定，而是由不同国家通过协定方式规定下来的。国际税收协定（也称为国际税收条约）是指两个或两个以上主权国家为了协调跨国纳税人的税收事务，在对等原则下，通过政府间谈判所签订的约定各自在国际税收分配关系中地位的具有法律效力的书面协议。国际税收协定是各国解决国与国之间税收利益冲突的有效工具之一。

签署国际税收协定一般依据两个范本。一是经济合作与发展组织的协定范本，即《经济合作与发展组织关于对所得和财产避免双重征税的协定范本》（OECD 范本）。1963 年，OECD 首次公布了范本草案，1977 年发布修订范本，此后，该范本继续得到修订。该范本强调居民税收管辖权，对收入管辖权有所限制，更加符合当时作为资本净输出国的发达国家的利益，故多为发达国家所接受。二是《联合国关于发达国家与发展中国家间避免双重征税的协定范本》（UN 范本）。UN 范本于 1977 年颁布，注重收入来源地的税收管辖权，更符合发展中国家的利益，因此，发展中国家在谈判和缔结双边税收协定时更多参照 UN 范本。

1976 年，美国提出自己的协定范本，作为与其他国家谈判签订的基础，即所谓美国范本。2006 年，美国财政部发布《美国所得税协定范本》及《范本技术解释》。美国范本与 OECD 范本基本相同，略有差别，如单设处理税收协定滥用的条款等。

（三）自由贸易区与自由贸易港

与国际税收联系较紧密的还有自由贸易区和自由贸易港。关税同盟是自由贸易区的早期形式，在自由贸易区内，各成员国（地区）取消关税，而且相互之间往往还有其他税收优惠待遇。自由贸易港一般是指，设在一国（或地区）境内关外、货物资金人员进出自由、绝大多数商品免征关税的特定区域，是目前全球开放水平最高的特殊经济功能区。

1. 自由贸易区

历史上最早的关税同盟是德意志关税同盟（1833 年签约）。它最初是由几个日耳曼诸侯国组成，后来扩大到其他所有各邦国（汉堡及不来梅等自由港除外）。同盟各国彼此之间取消关税，商品自由流通，对外使用统一关税。1951 年，西欧六国（法国、德国、意大利、荷兰、比利时和卢森堡）组成以关税同盟为基础的经济共同体，其后逐步扩大到 12 国。1960 年，英国、丹麦等 7 国组成欧洲自由贸易联盟。1993 年，欧洲联盟正式成立，欧盟内部逐渐统一间接税。

在北美洲，1989 年 1 月，美国与加拿大签订了《美加自由贸易协定》并于当年生效。两国在10年之内逐步取消了全部关税和贸易壁垒。1990年，美国开始与墨西哥进行自由贸易谈判。1991年，美、加、墨三方开始进行北美自由贸易区谈判，1992年，三方签订了《北美自由贸易协定》，涉及削减关税的该协定于1994年生效。2018年，美国、加拿大、墨西哥签署了“全新的、面向21世纪的现代化”贸易协定，即《美国-墨西哥-加拿大协定》。

在南美洲，自由贸易区及其初级形式（如关税同盟）也大量出现。在南美大陆的南锥体共同市场国家和一些拉丁美洲国家之间，交叉成立了为数不少的区域性贸易组织。原有的区域性贸易组织中，安第斯条约组织和南方共同市场成员国统一有共同的对外关税。

在非洲，中非关税与经济同盟采取了一系列新的一体化措施，包括实行统一的对外关税，用关税取代进口配额，逐步取消同盟内部关税等。

在亚洲，全球覆盖人口最多的自由贸易区——中国-东盟自由贸易区（CAFTA）已于2010年1月1日正式全面启动。

2. 自由贸易港

传统的自由贸易港的概念发端于欧洲。早在13世纪，法国就将马赛港开辟为自由贸易区，直到1547年，意大利将热那亚湾的里南那港定名为自由贸易港，这也是世界上第一个正式命名的自由贸易港。世界集装箱港口中转量排名第一、第二位的新加坡港、中国香港，均实施自由贸易港政策。2018年4月13日，我国党中央决定支持海南全岛建设自由贸易试验区，支持海南逐步探索、稳步推进中国特色自由贸易港建设；2020年6月1日，中共中央、国务院印发了《海南自由贸易港建设总体方案》。

最初的自由贸易港主要从事转口贸易活动，这与当时生产与贸易国际化水平尚处于初级形态相适应，单一转口贸易功能就能满足当时的国际生产力发展需求。第二次世界大战后，随着世界范围内经济联系密切程度的加深，原先单一功能的自由贸易港已远不能满足当时国际化生产的需求，因此自由贸易港转向工贸结合型，集加工贸易与转口贸易功能于一身。此后，随着经济全球化程度及要求进一步加深，世界自由贸易港呈现综合型趋势。国际上自由贸易港具有以下普遍特征：

（1）投资便利自由。投资便利主要体现在公司注册和设立便利上，投资自由体现在负面清单上。

（2）服务贸易自由。服务贸易包括四种形态：跨境交付、境外消费、商业存在、自然人的流动。

（3）货物进出自由。自由贸易港是需要大流量经济活动作为支撑的，通关便利化措施是货物进出自由的技术保障。

（4）资金流动自由。自由贸易港的资金流动自由的前提是建立了与国内金融市场隔离的离岸金融市场。

（5）人员往来自由。人员往来自由主要体现在签证便利、居留工作自由。

（6）数据流动自由。数据的自由流动是推动科技进步的源动力，促进了人、物、资金的有效整合与运行。

（7）税收方面普遍实行“零关税、低税率、简税制”模式。例如，《海南自由贸易港建设总体方案》提出，全岛封关运作前，对部分进口商品，免征进口关税、进口环节增值税和消费税。全岛封关运作、简并税制后，对进口征税商品目录以外、允许海南自由贸易港进口的商品，免征进口关税。对在海南自由贸易港实质经营的企业，实行企业所得税优惠税率。对符合条件的个人，实行个人所得税优惠税率。结合中国税制改革方向，探索推进简化税制。

## 三、中国与全球税收治理

中国国际税收走过了从创造条件、多予优惠和加强管理的涉外税收发展阶段，到服务“引进来”与“走出去”并重战略的国际税收发展阶段，再到助推构建开放型经济新体制的大国税收发展阶段。

### （一）涉外税收

改革开放40余年来，中国国际税收发生了巨大变化。没有改革开放就没有涉外税收的建立和国际税收的发展。最初，国际税收在很大程度上只是“涉外税收”，涉外税收收入占全国税收总收入的比例较小，国际税收事务较少。1978—1992年，中国逐渐加强涉外税收管理，服务改革开放战略。到1992年，涉外税收收入达到107亿元，而到了2000年，这一数字增至约2 217亿元，涉外税收占全国税收收入比重高达17.5%，为经济发展提供了雄厚财力保障。

### （二）国际税收管理

随着中国加入世界贸易组织（WTO），对外开放事业取得了突破性进展，国际经济往来日益增多，国际税收利益冲突越来越多，中国涉外税收实现了向国际税收管理的转变。1993—2012年，涉外税收向国际税收转型并走向快车道，加强国际税收征管协作，服务“引进来”和“走出去”。党的十八大以来，国际税收合作实现跨越发展。从1983年9月6日中国与日本签署第一个综合性国际税收协定以来，截至2021年年底，中国税收协定网络已覆盖112个国家（地区），基本涵盖了中国对外投资主要目的地以及来华投资主要国家（地区）。2013年8月，中国加入《多边税收征管互助公约》，该公约于2016年2月1日对我国生效，自2017年1月1日起开始执行。①

此外，中国积极参与G20和OECD的税基侵蚀和利润转移行动计划，签署了《金融账户涉税信息自动交换多边主管当局间协议》（2015年12月签署）和《实施税收协定相关措施以防止税基侵蚀和利润转移的多边公约》（2017年6月签署）。

（三）国际税收秩序

加入世界贸易组织（WTO）20多年来，中国深度参与了国际税收秩序的重塑与治理，逐渐从国际规则的追随者、执行者，转变为国际规则制定的重要参与者、贡献者。国际税收秩序是全球经济治理体系的组成部分，中国在参与重塑国际税收秩序的同时，也对完善全球经济治理体系做出了自己的贡献。

编者谈

党的十八大以来国际税收秩序的重塑与中国贡献

党的十八大以来，中国坚定不移扩大对外开放，参与全球经济治理，推动国际税收秩序重建。中国参与制定BEPS行动计划并积极推动落实。中国在国际税收探索中提出的新理念新主张（如地域成本节约，本地企业在无形资产价值提升、维护、保护、应用和推广方面的价值贡献等），已经体现在联合国《发展中国家转让定价操作手册》之中，对国际税收管理形成影响。中国加强双边、多边国际税收合作，充分利用税收征管论坛（Forum on Tax Administration，FTA）加强国际税收合作，推进国际税改成果落实。

在经济数字化大背景下，国际税收规则的改革事关各国的国家主权和税收利益，目前取得了实质性进展。2021年10月，经济合作与发展组织（OECD）发布公告，由OECD协调谈判的“双支柱”国际税收制度改革已获得全球136个国家和司法管辖区的赞同与认可，新税收制度从2023年起落实。在谈判过程中，中国以OECD合作伙伴身份，全程参与了OECD和G20的税基侵蚀和利润转移行动计划，贡献了中国方案和中国智慧，在尽力维护本国税收利益和企业发展空间的同时，也增强了在国际税收规则制定方面的话语权。

## 思考题

1. 如何理解中国提出“一带一路”倡议？这对全球治理体系完善能起到怎样的作用？
2. 国际财政与国家财政相比有何特点？

① 资料来源：国家税务总局网站。

3. 请用全球性公共产品理论分析联合国存在的必要性与行动的困难。
4. 中国作为一个发展中国家，应该如何参与国际援助？
5. 请结合现实案例，阐述中国在国际税收秩序重塑中的贡献。

▶ 即测即评

# 阅读文献

■ 马克思、恩格斯：《共产党宣言》，《马克思恩格斯文集》第二卷，人民出版社 2009 年版。

■ 马克思：《路易·波拿巴的雾月十八日》，《马克思恩格斯文集》第二卷，人民出版社 2009 年版。

■ 马克思：《哥达纲领批判》，《马克思恩格斯文集》第三卷，人民出版社 2009 年版。

■ 马克思：《资本论》第一卷，《马克思恩格斯文集》第五卷，人民出版社 2009 年版。

■ 恩格斯：《英国状况——十八世纪》，《马克思恩格斯文集》第一卷，人民出版社 2009 年版。

■ 恩格斯：《家庭、私有制和国家的起源》，《马克思恩格斯文集》第四卷，人民出版社 2009 年版。

■ 恩格斯：《反杜林论（欧根·杜林先生在科学中实行的变革）》，《马克思恩格斯文集》第九卷，人民出版社 2009 年版。

■ 列宁：《在俄共（布）莫斯科市和莫斯科省支部书记及支部负责代表会议上关于粮食税的报告》，《列宁全集》第四十一卷，人民出版社 2017 年版。

■ 毛泽东：《我们的经济政策》，《毛泽东选集》第一卷，人民出版社 1991 年版。

■ 毛泽东：《抗日时期的经济问题和财政问题》，《毛泽东选集》第三卷，人民出版社 1991 年版。

■ 毛泽东：《有困难，有办法，有希望》，《毛泽东文集》第六卷，人民出版社 1999 年版。

■ 邓小平：《财政工作的六条方针》，《邓小平文选》第一卷，人民出版社 1994 年版。

■ 习近平：《决胜全面建成小康社会　夺取新时代中国特色社会主义伟大胜利——在中国共产党第十九次全国代表大会上的报告》，人民出版社 2017 年版。

■《习近平谈治国理政》第二卷，外文出版社 2017 年版。

■《习近平谈治国理政》第一卷，外文出版社 2018 年版。

■《习近平谈治国理政》第三卷，外文出版社 2020 年版。

■《习近平谈治国理政》第四卷，外文出版社 2020 年版。

■ 习近平：《高举中国特色社会主义伟大旗帜　为全面建设社会主义现代化国家而团结奋斗——在中国共产党第二十次全国代表大会上的报告》，人民出版社 2022 年版。

■《中共中央关于完善社会主义市场经济体制若干问题的决定》，人民出版社 2003 年版。

■《中共中央关于全面深化改革若干重大问题的决定》，人民出版社 2013 年版。

■ 中共中央文献研究室编：《习近平关于全面深化改革论述摘编》，中央文献出版社 2014 年版。

■ 中共中央宣传部编：《习近平新时代中国特色社会主义思想三十讲》，学习出版社 2018 年版。

■ 王传纶、高培勇：《当代西方财政经济理论》，商务印书馆 1995 年版。

■ 邓子基：《财政理论专题研究》，中国经济出版社 1998 年版。

■ 张馨：《公共财政论纲》，经济科学出版社 1999 年版。

■ 楼继伟：《中国政府间财政关系再思考》，中国财政经济出版社 2013 年版。

■ 高培勇：《财税体制改革与国家治理现代化》，社会科学文献出版社 2014 年版。

■［英］亚当·斯密：《国民财富的性质和原因的研究》，郭大力、王亚南译，商务印书馆 1974 年版。

■［美］理查德·A. 马斯格雷夫、［美］佩吉·B. 马斯格雷夫：《财政理论与实践》，邓子基、邓力平译校，中国财政经济出版社 2003 年版。

■［美］维托·坦齐、［德］卢德格尔·舒克内希特：《20 世纪的公共支出》，胡家勇译，商务印书馆 2005 年版。

# 人名译名对照表

| | | |
|---|---|---|
| [美] | 阿克洛夫，乔治 | George A. Akerlof |
| [美] | 奥茨，华莱士 | Wallace E. Oates |
| [美] | 鲍莫尔，威廉·杰克 | William Jack Baumol |
| [英] | 庇古，亚瑟·赛斯尔 | Arthur Cecil Pigou |
| [美] | 蒂布特，查尔斯 | Charles Tiebout |
| [美] | 哈丁，加勒特 | Garrett Hardin |
| [美] | 华莱士，尼尔 | Nell Wallace |
| [美] | 吉尔德，乔治 | George Gilder |
| [美] | 卡尔德，尼古拉斯 | Nicholas Calder |
| [英] | 卡尔多，尼古拉斯 | Nicholas Kaldor |
| [英] | 凯恩斯，约翰·梅纳德 | John Maynard Keynes |
| [美] | 克林顿，威廉·杰斐逊 | William Jefferson Clinton |
| [美] | 拉弗，阿瑟 | Arthur Betz Laffer |
| [英] | 李嘉图，大卫 | David Ricardo |
| [瑞典] | 林达尔，埃里克·罗伯特 | Erik Robert Lindahl |
| [美] | 卢卡斯，罗伯特 | Robert E. Lucas Jr |
| [美] | 罗斯托，华尔特·惠特曼 | Walt Whitman Rostow |
| [美] | 马斯格雷夫，理查德·阿贝尔 | Richard Abel Musgrave |
| [英] | 马歇尔，阿尔弗雷德 | Alfred Marshall |
| [美] | 蒙代尔，罗伯特 | Robert A. Mundell |
| [英] | 穆勒，约翰·斯图尔特 | John Stuart Mill |
| [美] | 诺德豪斯，威廉 | William D. Nordhaus |
| [意] | 帕累托，菲尔弗雷多 | Vilfredo Pareto |
| [法] | 帕帕特，朱乐斯 | Zhu Roxy · Papa Te |
| [英] | 配第，威廉 | William Petty |
| [英] | 皮考克，艾伦 | Alan Peacock |
| [美] | 萨金特，托马斯 | Thomas J. Sargent |
| [美] | 萨缪尔森，保罗 | Paul A. Samuelson |
| [法] | 圣西门，克劳德·昂利 | Claude-Henri de Rouvroy |
| [美] | 斯蒂格勒，乔治 | George Stigler |
| [美] | 斯蒂格利茨，约瑟夫·尤金 | Joseph Eugene Stiglitz |
| [英] | 斯密，亚当 | Adam Smith |

| | | |
|---|---|---|
| [意] | 塔贝利尼 | Tabellini |
| [德] | 瓦格纳，阿道夫 | Adolph Wagner |
| [英] | 威斯曼，杰克 | Jack Wiseman |
| [英] | 希克斯，约翰·理查德 | John Richard Hicks |

# 后　　记

《公共财政概论》是马克思主义理论研究和建设工程重点教材，由教育部组织编写，经国家教材委员会审核通过。在编写过程中，得到了国家教材委员会高校哲学社会科学（马工程）专家委员会、思想政治审议专家委员会以及教育部原马工程重点教材审议委员会的指导。同时，广泛听取了高校教师和学生的意见建议。

本教材2019年出版，由樊丽明主持编写，杨志勇任副主编。绪论，樊丽明、李齐云撰写；第一章，第七章，第九章，李齐云撰写；第二章，第十章，石绍宾、杨志勇撰写；第三章，马海涛、姜爱华撰写；第四章，第五章，第六章，陈东撰写；第八章，朱青撰写；第十一章，邓淑莲、石绍宾撰写；第十二章，孙开撰写；第十三章，林致远、杨志勇撰写；第十四章，杨志勇撰写。

为及时、深入贯彻党的理论创新成果和党的代表大会精神，扎实推动习近平新时代中国特色社会主义思想进教材、进课堂、进头脑，充分反映马克思主义中国化时代化最新成果、中国特色社会主义丰富实践和本学科领域最新进展，党的二十大召开后，教育部组建了修订组，组织了集中修订，形成了本教材第二版。

第二版由樊丽明主持修订工作，杨志勇、李齐云、石绍宾、马海涛、姜爱华、陈东、朱青、孙开、谢贞发参加了具体的修订工作。

2023年10月